中华诗文鉴赏典丛

诗经鉴赏辞典

杨合鸣◎主编

序

王国维《宋元戏曲考》自序云："凡一代有一代之文学：楚之骚、汉之赋、六代之骈语、唐之诗、宋之词、元之曲，皆所谓一代之文学，而后世莫能继焉者也。"王氏意在强调每一时代都有其最具特色之文学，这种文学样式在这一时代所达到的繁荣程度和艺术高度，"后世莫能继焉"。王氏此说影响巨大，其后文学史家常常称引此说，几成共识。

诗、词、文、曲是中国古代文学的主要品类，是中华传统文化标志性的艺术成果。它们在其悠久的存在历程中，各有其发生发展期、高峰期、持续发展期。在其高峰期，成为"一代之文学"。

每一时代之文学，对后世的影响除了其自身元素之外，后人的筌选和笺解也是一个反复阐释、不断增益的经典确认和影响过程。

人类对经典的确认不是有限行为，而是持续性的无限行为。意大利著名学者贝奈戴托·克罗齐（1866—1952）在其《历史学的理论与实际》中提出了一个著名的命题——"一切历史都是当代史"。这是一个耐人寻味的历史哲学命题，它指向人类对历史之意义的理解和不断阐释，每一次阐释，既是对历史的，也是对现实的；既是对非我之既往的，也是对自我心灵之已然与未然的。每一次阐释都是当代人与古人的心灵对话和文化默契。历史因为这种持续的阐释而对人类的存续不断地产生价值和意义。

丹麦文学理论家勃兰兑斯曾经说过："文学史，就其本质意义上来说，是心灵史，是一个民族心灵的历史。"（《十九世纪文学主潮·序》）中国古代文学数千年的积淀，淘洗出许多堪称经典的作品，它们是中华民族心灵史的记录，对未来人类的心灵史不断发生着深刻微妙的持续影响。

这套丛书以唐诗、宋词、元曲为主,三者都是文学中的文学,是各种文学样式中审美抒情意味最浓郁的文学样式。相对于小说戏剧,诗词曲短小优美有韵的体性特质,便于读者随时阅读和记忆,尤其是其中的秀句名言,特别容易记忆和传诵。因此经典的诗、词、曲作品,既适合用作童蒙读物,也方便入选小学、中学、大学教材。在此基础上,比较集中的精选笺释读物,则可以满足不同层次的爱好者进一步拓展阅读。

文化和文明与时俱进,每一时代有每一时代的文化背景、阅读方式和思考习惯。因此,对经典文化遗产的重新诠选、笺释、鉴赏导读,便成为每一时代专家学者对文化传播义不容辞的责任。而优秀的学者善于将自己的阅读经验通过这种方式传达给大众,又往往能做到后出转精,既充分参考前人的选读经验和解释成果,又利用自己的智慧和文化积累,用最适合当代人审美趣味的话语方式重新阐释经典,为当代人理解古人以滋养自己的心灵疏通脉络,化解障碍。这就是唐诗、宋词、元曲、经典美文总能以"一百首""三百首""鉴赏辞典"等形式不断翻新的心灵史依据和文化史价值。

每一次"翻新",都是一次重新阐释、解读、鉴赏。其方式方法就会有许多因人而异的因素。陈寅恪先生倡导阅读古文须具备"理解之同情"。理解古人之处境、身世、写作背景,写作意图,都是基本前提。面对既成而不可变的文本,这些基本的阅读准备是不可或缺的,这就是作者小传、作品注释的基本任务。在此基础上,将古人的作品置于当代文化视阈中,与解读者个人的学养、人生经验、人生观和世界观相融洽会通,碰撞出心情志趣审美趣味的火花,古人的作品便在这碰撞和融洽中得到了新的文化和审美的阐释。所谓"作者未必然而读者何必不然""一千个读者就有一千个哈姆雷特",道理正在于此。至于具体而微的解读视角、鉴赏技巧,正是每一位选注笺释者可以发挥之处。

广东工业大学通识教育中心乐云教授是一位优秀学者,学养深富,多年来致力于传统文化的研究与传播工作,又比普通学者更具文化担当的责任感和使命感,因而他在繁忙的教学和研究之余,又主编这套《中华诗文鉴赏典丛》,其意义和价值已如上述。相信他对丛书编著团队的选择一定是有新意的,这套丛书必将是一项优质的文化传承工程。我期待其早日刊行,以慰读者之期盼。

中山大学中文系教授、博士生导师
中华诗教学会常务副会长及秘书长
张海鸥

前　言

　　《诗经》是我国最早的一部诗歌总集,共 305 首诗。它原名《诗》或《诗三百》,至汉代奉为经典,故称《诗经》,这一名称一直沿用至今。《诗经》所反映的是距今三千年至二千五百年的上古社会生活。由于时代遥远,语言艰涩,是最难读的古书之一。汉代的学者就曾发出"诗无达诂"的浩叹。事实正是如此。无论是对《诗经》词语的诠释,还是对《诗经》主题的说解,无不见仁见智,呈现出几千年纷纭无定解的局面,因而继续研读《诗经》很有必要。

　　《诗经》有"六义",即风、雅、颂、赋、比、兴。风、雅、颂为《诗经》的体制,赋、比、兴为《诗经》的表现手法。风、雅、颂是音乐上的分类。风包括十五国风,是各地的土乐。雅包括"小雅"、"大雅",是王都的正乐。"雅"含"正"意,上古"雅"、"夏"同音,西周王都在夏人旧地,故名"雅"。颂包括"周颂"、"鲁颂"、"商颂",是宗庙的乐歌。上古"颂"、"镛(大钟)"通用,故名"颂"。因以大钟伴奏,故其声调舒缓。赋是"铺陈其事",即直接地写景、叙事和抒情。比是"以彼物比此物",即通过比喻来叙事抒情。兴是"先言他物以引起所咏之词",兼有联想、烘托、象征、起韵等作用。钟嵘《诗品序》说:"若专用比兴,患在意深;但用赋体,患在意浮。若三者酌而用之,干之以风力,润之以丹彩",便可达到"味之者无极,闻之者动心"的艺术效果。在这方面,《诗经》是一个榜样。

　　《诗经》收诗所涉地域相当辽阔,大致包括陕西、山西、河南、河北、山东、湖北等地区。周南、召南均属风诗,为何称"南"不称"风"?一般认为,"南"是一种很古老的乐器,后来演变成为一种地方曲调名。因这种曲调产生于南方,故"南"又是方位之称。二南的大部分诗来自江汉之间的一些小国。有少数诗篇远及周公旦和召公奭(shì)分治的地区,即河南洛阳一带。这些诗因受"南音"的影响,故命名"周南"、"召南"。邶、鄘、卫均是古国名。西周初年,邶与鄘就并入了卫国。因卫诗篇数过多,故将部分诗编入邶、鄘之下。其地旧说在今河南汤阴县东南、南汲县东北及南洪县附近。王即王畿(jī)的简称。所谓"王畿",就是周王朝直接统治的地区。诗称"王风"而不称"周风",这是因为周平王东迁洛邑,而洛邑也称"王城"之故。其地在今河南洛阳一带。郑是姬姓古国。西周灭亡,郑武公与周平王东迁,建都新郑。其地在河南中部。齐本是姜尚(姜太公)的封国。春秋时期,已发展成为一个大国。其地包括今山东中部、东北部及河北沧州的南部。魏是周初所封的姬姓小国,后为晋所灭。其地在今山西芮城一带。唐是传说中帝尧的旧都。周成王时,封弟叔虞为唐侯。因南有晋水,故改国号为晋。称"唐风"不称"晋风",是沿用始封的旧号。其地在今山西中部。秦本是周朝的附庸之国。秦襄公护送周平王东迁,建有功绩,始封为诸侯。其地包括陕西一带及甘肃东南部。陈是西周小国。周武王封妫满于陈,建都宛丘(今河南淮阳)。其地包括河南东部和安徽西北部。桧字又作"郐",西周小国。其地在河南中部。曹是西周小国。周武王封叔振铎于曹。其地在山东西南部。豳字又作"邠",古都邑名。周始祖后稷本封于邰(tái),至公刘迁居于豳。其地在今陕西栒邑、邠县一带。西周灭亡后,其地为秦占有。雅诗产生于西周都城镐京(西安)和东周都城洛邑(洛阳)。周颂产生于西周都城镐京。鲁颂产生于鲁国的首都曲阜。商颂产生于商代的都城殷(今河南安阳小屯村)。商汤灭夏后,建都于亳(山东曹县南),曾多次迁移。后盘庚迁都于殷,故商也被称为殷。

《诗经》的内容极为丰富,它可以说是西周初年至春秋中叶五百多年社会生活的一面镜子。保存在国风和小雅中的民歌是最有价值的作品。有的揭露贵族统治者的腐朽本质;有的描写徭役和战争所造成的灾难;有的表现被弃妇女的悲惨遭遇;有的歌咏美好纯洁的爱情等等。另一部分出自贵族文人之手的宫廷诗、祭祀诗、颂祖诗,虽然有一定的认识价值和史料价值,但思想性和艺术性都较差。《诗经》的民歌具有很高的艺术水平。主要表现在以下几个方面：一是风格多样，或豪放，或婉曲，或庄重，或诙谐，或富丽，或质朴，或深沉，或飘逸，或柔曼，或愤激，真可谓千姿百态。二是重章复沓，反复吟唱，使诗意回环往复，韵味无穷。三是酌用赋、比、兴，使诗意丰厚而含蓄，使语言生动而形象。四是善用联绵词、重叠词写景状物。诚如刘勰《文心雕龙·物色篇》所说："写气图貌，既附物以宛转；属采附声，亦与心而徘徊。故'灼灼'状桃花之鲜，'依依'尽杨柳之貌，'杲杲'为日出之容，'瀌瀌'拟雨雪之状，'喈喈'逐黄鸟之声，'喓喓'学草虫之韵。'皎日''嘒星'，一言穷理；'参差'、'沃若'，两字穷形。以少总多，情貌无遗。"五是句法灵活，节奏明快，韵律和谐，读来觉得有一种悠远的情韵贯注于其间。因此，《诗经》在我国文学史上占有重要的地位。后世诗人无不从中汲取丰富的营养，其影响是非常深远而巨大的。

《诗经》大约结集于春秋中叶。自此以后，《诗经》在历代广为流传，一些名篇常诵不衰。它流传的历史大致可划分为五个时期。（一）春秋战国为"赋诗言志"的时期。当时，无论是宗庙祭祀，还是婚姻宴饮，都要演奏相应的乐歌。无论是诸侯相会，还是外交场合，也常"赋诗言志"。应当指出的是，这种"赋诗言志"实为断章取义，而非诗的本意。（二）汉唐为由四家诗转到毛诗独尊的时期。《诗经》经秦火以后，至汉代传授《诗经》的有四家。齐人辕固生传授的叫齐诗，鲁人申培传授的叫鲁诗，燕人韩婴传授的叫韩诗，鲁人毛亨传授的叫毛诗。东汉以后，毛诗渐盛，三家诗渐废。齐诗到三国时失传，鲁诗到西晋时失传，韩诗到西晋以后也无人传授，于是毛诗独尊而流传至今。（三）宋元明为怀疑《诗序》修正《毛传》的时期。旧说《诗序》是孔子弟子子夏所作，是"圣人"之言。所以很长一个时期，它对解说《诗经》的主题起着决定的作用。宋人怀疑《诗序》，对它的权威性提出了勇敢的挑战。郑樵作《诗辨妄》，攻击《诗序》是"村野妄人所作"；王质作《诗总闻》，主张"去序言诗"；朱熹作《诗序辨说》，说《诗序》是"后人杜撰"，实不可信。至此，《毛诗》才逐渐失去了权威，而朱熹《诗集传》在元明二代影响尤大。

(四)清代为《诗经》研究的发展时期。其间名家辈出,著述如林。尊崇《毛诗》的"汉学"派,注重考据、训诂,说诗以《诗序》为准。如陈启源《毛诗稽古编》、陈奂《诗毛氏传疏》、马瑞辰《毛诗传笺通释》等。尊奉朱熹《诗集传》的"宋学"派,注重发挥义理,力主三家义而摒弃《诗序》,如魏源《诗古微》等。独立思考派,能突破汉宋诸家旧说,力求从诗文本推求意旨,具有创新精神。如:崔述《读风偶识》、姚际恒《诗经通论》、方玉润《诗经原始》等。(五)现当代为《诗经》研究的繁盛时期。具有新思想、新精神的学者们,不再用"经学"的目光去看待《诗经》,而是用文学的、社会学的、民俗学的方法去透视这一古老的诗歌总集,并取得了辉煌的实绩。尤其在新中国成立以后,《诗经》研究出现了空前繁荣的局面。主要著作有:张西堂《诗经六论》、于省吾《诗经新证》、余冠英《诗经选》、陈子展《诗经直解》、高亨《诗经今注》、金启华《诗经全译》、向熹《诗经词典》、夏传才《诗经研究史概要》、王宗石《诗经分类诠释》等。目前,《诗经》研究正方兴未艾。可以预料,在21世纪,《诗经》研究必将取得更加辉煌的成就。

  《诗经》的主题,自古至今说解纷纭,莫衷一是。如《齐风·南山》,有的说是"刺齐襄公",有的说是"刺文姜",有的说是"刺鲁桓公",有的说是"兼刺齐襄公、文姜、鲁桓公"。意见如此分歧,必然使初学者如堕五里雾中,不知何从。正是基于这种情况,我们特地编写了《诗经鉴赏辞典》一书。此书一共精选了205首诗。每首诗的后面分两个部分:一是对每首诗的疑难词语作简要注释;二是对每首诗的主要内容、主题思想和艺术特点进行鉴赏。此书若能对读者研读《诗经》有所裨益,则于愿足矣。

  此书出版得到崇文书局的领导和编辑同志的大力支持,在此谨致谢忱。由于本人学殖荒落,书中缺点错误在所难免,尚祈方家及读者批评指正。

杨合鸣
2015年5月

凡　　例

一、本书选收《诗经》作品205首。作品涵盖风、雅、颂三部分，多为经典名作。

二、作品按原书顺序排列。每篇包括诗作原文、注释以及鉴赏文字等。

三、鉴赏文字务求行文简练，达意为主。大致包括如下内容：作品主旨、内容讲析、艺术特色、各家评说等。因为《诗经》年代久远，作品主题难考，历代各家歧见迭出，本书择其要者加以辨析。

四、本书多参考历代注诗名作，主要包括《毛诗序》、朱熹《诗集传》、姚际恒《诗经通论》、陈奂《诗毛氏传疏》、王先谦《诗三家义集疏》、方玉润《诗经原始》、吴闿生《诗义会通》、闻一多《风诗类抄》、陈子展《诗经直解》等，余不一一列举。

五、注释务求详细。注释主要包括难懂字词、难读字音、名物、典故等。

六、本书使用简化字。在可能产生歧义时，酌用繁体字或异体字。

七、本书精选与所收作品内容相关的插图数十幅，冀图从另一侧面反映上古社会的风土人情与时代风貌。

八、本书附录部分《诗经》名句等，供读者快速查考。

目　录

前言 ·················· 1

周　南

关雎 ·················· 1
葛覃 ·················· 3
卷耳 ·················· 4
桃夭 ·················· 6
芣苢 ·················· 7
汉广 ·················· 8
汝坟 ·················· 10

召　南

鹊巢 ·················· 12
采蘩 ·················· 13
草虫 ·················· 14
甘棠 ·················· 16
行露 ·················· 17
羔羊 ·················· 18
殷其雷 ················ 19
摽有梅 ················ 20
野有死麕 ·············· 22
驺虞 ·················· 23

邶　风

柏舟 ·················· 25
绿衣 ·················· 27
燕燕 ·················· 28

终风 ·················· 30
击鼓 ·················· 31
凯风 ·················· 33
匏有苦叶 ·············· 34
谷风 ·················· 35
式微 ·················· 38
简兮 ·················· 39
泉水 ·················· 41
北门 ·················· 43
北风 ·················· 44
静女 ·················· 45
新台 ·················· 47

鄘　风

柏舟 ·················· 49
墙有茨 ················ 50
桑中 ·················· 51
定之方中 ·············· 53
相鼠 ·················· 54
载驰 ·················· 55

卫　风

淇奥 ·················· 58
硕人 ·················· 59
氓 ···················· 61
竹竿 ·················· 64

1

河广 …… 66	齐 风
伯兮 …… 67	鸡鸣 …… 103
木瓜 …… 68	还 …… 104
王 风	著 …… 105
黍离 …… 70	东方未明 …… 106
君子于役 …… 72	南山 …… 107
君子阳阳 …… 73	甫田 …… 109
扬之水 …… 74	卢令 …… 110
中谷有蓷 …… 75	载驱 …… 111
兔爰 …… 76	魏 风
葛藟 …… 77	葛屦 …… 113
采葛 …… 78	园有桃 …… 114
大车 …… 80	陟岵 …… 115
丘中有麻 …… 81	十亩之间 …… 117
郑 风	伐檀 …… 117
将仲子 …… 83	硕鼠 …… 119
叔于田 …… 84	唐 风
大叔于田 …… 85	蟋蟀 …… 121
女曰鸡鸣 …… 87	山有枢 …… 123
有女同车 …… 88	椒聊 …… 124
山有扶苏 …… 89	绸缪 …… 125
萚兮 …… 90	鸨羽 …… 126
狡童 …… 91	葛生 …… 127
褰裳 …… 93	采苓 …… 129
丰 …… 94	秦 风
东门之墠 …… 95	驷驖 …… 131
风雨 …… 96	蒹葭 …… 132
子衿 …… 97	黄鸟 …… 134
出其东门 …… 98	晨风 …… 135
野有蔓草 …… 100	无衣 …… 137
溱洧 …… 101	权舆 …… 138

陈风

宛丘 …………………… 140
东门之枌 ………………… 141
衡门 …………………… 143
东门之杨 ………………… 144
墓门 …………………… 145
防有鹊巢 ………………… 147
月出 …………………… 148
株林 …………………… 149
泽陂 …………………… 151

桧风

素冠 …………………… 153
隰有苌楚 ………………… 154
匪风 …………………… 155

曹风

候人 …………………… 157
鸤鸠 …………………… 158
下泉 …………………… 160

豳风

七月 …………………… 162
鸱鸮 …………………… 166
东山 …………………… 168
破斧 …………………… 171
伐柯 …………………… 172
狼跋 …………………… 173

小雅

鹿鸣 …………………… 175
四牡 …………………… 176
皇皇者华 ………………… 178
常棣 …………………… 179
伐木 …………………… 181

采薇 …………………… 183
杕杜 …………………… 185
南有嘉鱼 ………………… 187
彤弓 …………………… 188
菁菁者莪 ………………… 190
采芑 …………………… 191
车攻 …………………… 193
鸿雁 …………………… 195
庭燎 …………………… 196
鹤鸣 …………………… 198
黄鸟 …………………… 199
斯干 …………………… 200
无羊 …………………… 203
节南山 ………………… 205
正月 …………………… 208
十月之交 ………………… 213
雨无正 ………………… 216
小弁 …………………… 219
巷伯 …………………… 222
大东 …………………… 225
北山 …………………… 228
楚茨 …………………… 230
信南山 ………………… 233
大田 …………………… 235
青蝇 …………………… 236
宾之初筵 ………………… 238
鱼藻 …………………… 241
采菽 …………………… 242
角弓 …………………… 244
采绿 …………………… 246
苕之华 ………………… 247

3

| 何草不黄 ················· 248 | 臣工 ····················· 321 |

大 雅

文王 ····················· 250	噫嘻 ····················· 323
大明 ····················· 253	振鹭 ····················· 324
绵 ························ 256	丰年 ····················· 325
棫朴 ····················· 259	有瞽 ····················· 326
皇矣 ····················· 260	潜 ························ 327
灵台 ····················· 265	有客 ····················· 328
生民 ····················· 266	武 ························ 329
公刘 ····················· 270	闵予小子 ················· 331
卷阿 ····················· 273	敬之 ····················· 332
民劳 ····················· 276	小毖 ····················· 333
板 ························ 279	载芟 ····················· 334
荡 ························ 282	酌 ························ 336
桑柔 ····················· 286	桓 ························ 337
云汉 ····················· 291	赉 ························ 338
崧高 ····················· 294	般 ························ 340
烝民 ····················· 298

鲁 颂

韩奕 ····················· 301	駉 ························ 341
江汉 ····················· 304	有駜 ····················· 343
常武 ····················· 307	泮水 ····················· 345
瞻卬 ····················· 310	閟宫 ····················· 348

周 颂

商 颂

清庙 ····················· 314	那 ························ 355
烈文 ····················· 315	玄鸟 ····················· 356
天作 ····················· 316	殷武 ····················· 357

附 录

| 昊天有成命 ··············· 318 | 《诗经》名句荟萃 ············ 363 |
| 时迈 ····················· 319 |
| 思文 ····················· 320 |

周 南

关 雎

关关雎鸠①,在河之洲②。
窈窕淑女③,君子好逑④。

参差荇菜⑤,左右流之⑥。
窈窕淑女,寤寐求之⑦。
求之不得,寤寐思服⑧。
悠哉悠哉⑨,辗转反侧⑩。

参差荇菜,左右采之。
窈窕淑女,琴瑟友之⑪。

参差荇菜,左右芼之⑫。
窈窕淑女,钟鼓乐之⑬。

【注释】①关关:象声词。鸟的和鸣声。雎(jū)鸠:鱼鹰。栖息水边,善于捕鱼。②河:特指黄河。洲:水中的陆地。③窈窕(yǎo tiǎo):容貌美丽。淑:心地善良。④好 逑(hǎo qiú):即"好仇"。理想的配偶。⑤参差(cēn cī):长短不齐。荇(xìng)菜:又名"接余"。一种水草,浮在水上,其白茎、嫩叶可食。⑥左右:向左边,向右边。流:通"摎(jiū)"。择取。⑦寤寐(wù mèi):睡醒为"寤",睡着为"寐"。"寤""寐"连用,犹言日夜。⑧思服:思念。"服"与"思"义同。"思""服"连用,有加重语气的作用。《韩诗外传》:"思服之。"《后汉书·章帝纪赞》:"思服帝道。"均用此义。⑨悠:长。钱钟书《管锥编》:"'悠'作长、远解,亦无不可。何夜之长？其人则远！正复顺理成章。"⑩**辗转反侧**:同义连用,翻来覆去。⑪**琴瑟**:古代乐器名。琴有五弦或七弦,瑟有五十弦、二十弦、十五弦等几种。**友**:亲爱。⑫**芼**(mào):通"覒"。择取。⑬**乐之**:使她快乐。"乐"用作使动。

【鉴赏】这是贵族青年男女的恋歌。

《关雎》列为《诗经》之首,足见其地位的重要。古人认为,夫妇为人伦之始,天下一切道德的完善,都必须以夫妇之德为基础。这恐怕就是如此编排的用意吧。

全诗四章。一章以河洲上对对和鸣的鱼鹰,兴比淑女是君子的好配偶。此章统摄全诗,为下面的描写做了铺垫。二章以采摘长短不齐的荇菜,兴比君子对淑女的追求。"求"是全诗的关键字眼。君子因求之不得,故日夜思念,倍觉长夜难熬,卧躺床上,翻来覆去,彻夜难眠。其眷念之情,苦闷之状,可想而知。三、四章仍以采摘长短不齐的荇菜,兴比君子对淑女的追求。君子终于求而得之,欣喜无限。在婚礼之上,琴瑟并奏,钟鼓齐鸣。君子以悠扬的琴瑟亲爱淑女,以和美的钟鼓使淑女欢娱,气氛显得十分和谐而热烈。

《诗序》说:"后妃之德也。……乐得淑女以配君子。"朱熹《诗集传》说:"君子则指文王也。周之文王生有圣德,又得圣女姒氏以为之配。"这两种说法虽然有别,但均认为此诗是颂美"后妃"、"文王"和"太姒"。然而从诗中根本看不到"后妃"、"文王"和"太姒"的影子,故此说实属牵强附会。闻一多《风诗类抄》说:"女子采荇于河滨,君子见而悦之。"这种说法虽然接近诗意,但将兴体视作赋体也不切当。诗言"君子"、"淑女",这绝非一般农家的少男少女;诗言"琴瑟"、"钟鼓",这类乐器只有贵族家才配享用。因此,将此诗断定为贵族青年男女的恋歌较为合理。

葛覃

葛之覃兮①,施于中谷②,
维叶萋萋③。黄鸟于飞④,
集于灌木⑤,其鸣喈喈⑥。

葛之覃兮,施于中谷,
维叶莫莫⑦。是刈是濩⑧,
为絺为绤⑨,服之无斁⑩。

言告师氏⑪,言告言归。
薄污我私⑫,薄浣我衣⑬。
害浣害否⑭?归宁父母⑮。

【注释】①葛:植物名。茎皮纤维可织葛布。覃(tán):通"藤"。藤条。②施(yì):蔓延。于:介词。引进动作的处所,相当于"到"。中谷:即"谷中"的倒文。③维:犹"其"。指代"葛藤"。萋萋:茂盛貌。④黄鸟:黄鹂。于:语助词。无义,仅起凑足音节的作用。⑤灌木:丛生的小树。⑥喈喈(jiē):鸟鸣声。⑦莫莫:义同"萋萋"。⑧刈(yì):割。濩(huò):煮。⑨絺(chī):细葛布。绤(xì):粗葛布。⑩斁(yì):厌恶。⑪言:语助词。无义。告:告假。师氏:工头或师傅。⑫薄:语助词。无义。污:洗。私:内衣。⑬浣(huàn):义同"污"。⑭害:通"曷"。什么。⑮归宁:回家探望。

【鉴赏】 这是作坊女奴思归之诗。

全诗三章。一章写初夏山间的景色。既有静景,也有动景,静景与动景相映成趣,在读者眼前呈现出一幅美妙的初夏山色图:紫葛的藤条蔓延于谷中,它的叶子非常茂盛;黄鹂上下翻飞,停落在灌木丛中,它的叫声清脆圆润。此章不仅点明了季节,渲染了气氛,而且还交代了作坊的生产原料,即"葛覃"。二章写作坊生产的全过程。首先是割葛煮葛;接着是织成细葛布、粗葛布;最后是裁制葛布衣。这种葛布衣穿在身上舒舒服服。此章生动地描绘出了女奴们在作坊紧张而忙碌的苦役生活。三章写女奴思归告假。紧张的劳动暂且告一段落,女奴们向"师氏"告假,准备回家。女奴们除了洗自己的脏衣外,还问"师氏"的衣服哪些要洗,哪些不洗,因为洗完衣服就要回家探望父母。至于"师氏"是否准假,那就不得而知了。

《诗序》说:"后妃之本也。"其意是说后妃在娘家志在女工之事,而且尊敬教她妇道的"师氏",出嫁后还常回家探望父母。余冠英《诗经选》说:"这诗写一个贵族女子准备归宁的事。"这两种说法均有违诗意。无论是后妃,还是贵妇人,都不可能亲自从事割葛煮葛、织布制衣之类的劳动。从生产规模及紧张程度看,这当是描写手工作坊中女工生活的诗。我国西周时期,就已有手工业作坊。周代铜器铭文上就有"臣妾百工"的话。"臣妾"即家内奴隶,"百工"即手工业奴隶。再说"师氏"也非"女师"或"佣妇"。《诗经》中言及"师氏"的还有《小雅·十月之交》:"蹶维趣马,楀维师氏。"《大雅·云汉》:"趣马师氏,膳夫左右。""趣马"主管养马,"膳夫"主管国王后妃饮食。《诗经》中以"师氏"与"趣马"、"膳夫"并列,可见职位相当。由此看来,此诗的"师氏"当是作坊管理女奴的工头或师傅之类。邓荃《国风译注》说是"女奴思归",高亨《诗经今注》说是反映"贵族家女奴的生活情况",较合诗意。

卷 耳

采采卷耳①,不盈顷筐②。
嗟我怀人③,寘彼周行④。

陟彼崔嵬⑤,我马虺隤⑥。
我姑酌彼金罍⑦,维以不永怀⑧。

陟彼高冈,我马玄黄⑨。
我姑酌彼兕觥⑩,维以不永伤。

陟彼砠矣⑪,我马瘏矣⑫。
我仆痡矣⑬,云何吁矣⑭。

【注释】①采采:茂盛貌。卷耳:又名"苍耳"、"苓耳"。嫩苗可食。②盈:满。顷筐:浅口筐。③嗟(jiē):叹词。相当于"唉"。④寘:放置。周行(háng):大道。⑤陟(zhì):登上。崔嵬(cuī wéi):高山。⑥虺隤(huī tuí):腿软。⑦姑:姑且。金罍(léi):饰金的壶形酒器。⑧维:语助词。以:连词,表示目的,相当于"为了"。永:长。⑨玄黄:目眩。⑩兕觥(sì gōng):牛角酒杯。⑪砠(jū):石山。⑫瘏(tú):病。⑬痡(pū):病。⑭云:语助词。何:多么。吁(xū):通"忏"。忧愁。

【鉴赏】这是妇人思念征夫之诗。

全诗四章。这位妇人的丈夫有马,有仆,有金罍,有兕觥,可知是一个官吏无疑。

一章正面写妇人思念丈夫。卷耳易得,顷筐易盈,但这妇人采了许久竟然装不满一浅筐。这是何故?"嗟我怀人"一句便作了回答。原来是因为思夫殷切、无心采摘所致。于是她索性停止劳作,将顷筐抛在大路旁边。

后三章侧面写妇人思念丈夫。这三章不是写妇人如何思念丈夫,而是写丈夫如何思念妻子。这种"以他思写己思"的手法的确高明。妇人伫立草地,凝思默想,神驰远方,顿时眼前幻化出丈夫在征途中思念自己的种种苦况:征夫时而登上高山,时而登上高冈,时而又登上石山。由于长期奔波,艰辛备尝,马儿累坏了,仆人也累病了,再往前行举步维艰。他忧痛至极,多次驻马饮酒,想借以排遣"永怀"、"永伤"的愁绪。然而饮酒岂能浇愁。万般无奈,他只好仰天长叹:"我是多么忧愁啊!"一股思亲怀归之情溢于言表。

此诗多用赋体,在形象描绘中寄托行役之人的离情别恨。这种写法对后世有着深远的影响。晋陆机《又赴洛道中》诗云:"总辔登长路,鸣咽辞密亲。借问子何之?世网婴我身。"试看,在立意上二诗有一些相似之处。

《诗序》说:"后妃之志也。"其意是说后妃知臣下勤劳而忧念之。对这种说法,朱熹在《诗序辨说》中表示怀疑:"'嗟我怀人',则其言亲昵,非后妃之所得施于使臣者矣。"这一批驳可谓言之有理。但他认为这是后妃思念文王之诗也不切当。高亨《诗经今注》认为是小官吏"怀念着家中的妻子"。作如此理解,是将首章视作"小官吏"的悬想之词,这于理解诗意并无妨碍,可供参考。

桃 夭

桃之夭夭①,灼灼其华②。
之子于归③,宜其室家④。

桃之夭夭,有蕡其实⑤。
之子于归,宜其家室⑥。

桃之夭夭,其叶蓁蓁⑦。
之子于归,宜其家人⑧。

【注释】①夭夭:盛壮貌。②灼灼(zhuó):鲜艳貌。华:同"花"。③之子:这位女子。于:语助词。归:出嫁。④宜:和顺;和美。室家:家庭。⑤有蕡(fén):形容果实圆大。⑥家室:义同"室家"。⑦蓁蓁(zhēn):树叶繁盛貌。⑧家人:合家之人。

【鉴赏】这是祝贺女子出嫁之诗。

全诗三章。每章前二句皆为兴体,且具有象征的作用。一章以桃树盛壮、桃花鲜艳,象征女子年轻貌美。这个女子出嫁,会使家庭和顺。二章以桃树盛壮、桃实圆大,象征女子体健多子。这个女子出嫁,会使家庭兴旺。三章以桃树盛壮、桃叶繁茂,象征女子品性笃厚。这个女子出嫁,会使家人幸福。

由于前二句形象鲜明而生动,故而能引发出优美的联想,从而使得后二句祝颂之词变得可感可触,给人以深刻的印象。

此诗对后世影响很大。姚际恒《诗经通论》说:"桃花色最艳,故以喻女子,开千古词赋咏美人之祖。"唐崔护《题都城南庄》诗云:"去年今日此门中,人面桃花相映红。人面只今何处去?桃花依旧笑春风。"诗中以人面桃花相互辉映,激发人们的想象,使人得到新鲜生动的美感享受。追本溯源,最早将桃花与女性青春联系起来的,还是这首《桃夭》。

《诗序》说:"后妃之所致也。"其意是说由于后妃不妒忌,故男女以礼,婚姻以时,国无鳏民。朱熹《诗集传》也从其说。这种说法,纯属离开诗意的牵合,后世学者多不信从。

芣 苢

采采芣苢①,薄言采之②。
采采芣苢,薄言有之③。

采采芣苢,薄言掇之④。
采采芣苢,薄言捋之⑤。

采采芣苢,薄言袺之⑥。
采采芣苢,薄言襭之⑦。

【注释】①采采:茂盛貌。马瑞辰《毛诗传笺通释》:"此诗(指《卷耳》)及《芣苢》诗俱言'采采',盖极卷耳芣苢之盛。"芣苢(fú yǐ):植物名。即车前子。②薄言:语助词。无义,仅起凑足音节的作用。③有:取得。《广雅·释诂》:"有,取也。"④掇(duō):拾取。⑤捋(luō):成把地顺着茎条采下。⑥袺(jié):手提衣襟兜着。⑦襭(xié):掖起衣襟盛着。

【鉴赏】这是妇女们采摘芣苢之诗。

芣苢,俗名车前子。关于芣苢

的药用说法不一。一说"宜怀妊",一说可"安胎",一说可治妇女难产,一说可治男子"恶疾"。总之,芣苢是一种极有用的药草,无怪乎妇女们乐于去采摘。

全诗三章。此诗描绘出妇女们采摘劳动的全过程。这一过程是由"采"、"有"、"掇"、"捋"、"袺"、"襭"六个动词表现出来的。初夏时节,原野上长满茂盛的芣苢。妇女们三三五五来到原野,唱出了这首欢快的采摘芣苢之歌。

一章是劳动开始曲。"采之"、"有之"是说妇女们呼朋结伴去采摘芣苢,开始采得芣苢。二章是劳动进行曲。"掇之"、"捋之"是说妇女们一棵一棵地拾取芣苢,成把成把地摘下芣苢。三章是劳动结束曲。"袺之"、"襭之"是说妇女们手提衣襟兜着芣苢,掖起衣襟盛着芣苢。

此诗层次井然,节奏明快,韵律和谐,情绪欢乐,意境优美,具有浓郁的生活气息。方玉润《诗经原始》说得好:"读者试平心静气,涵泳此诗,恍听田家妇人,三三五五,于平原绣野,风和日丽中,群歌互答,余音袅袅,若远若近,忽断忽续,不知其情之何以移,而神之何以旷,则此诗可不必细绎而自得其妙焉。"方氏这一评语,对理解诗意很有帮助。

《诗序》说:"后妃之美也,和平则妇人乐有子。"此诗只是描写妇女们采摘芣苢的情景,既与"后妃之美"无关,也与"和平则妇人乐有子"无涉,《诗序》所言纯属想象之词。朱熹《诗集传》说:"化行俗美,家室和平,妇人无事,相与采此芣苢。"朱氏说妇人"相与采此芣苢"这本不误,但说"妇人无事"则是画蛇添足。又说"化行俗美,室家和平",这种把本来属于情感抒发的描写,硬与政治教化联系起来,实乃强为之解。《韩诗》说:"《芣苢》,伤夫有恶疾也。""夫有恶疾",妇人的内心必然忧伤。这种说法显与诗中欢愉的情调不合,故而也不足信。

汉 广

南有乔木①,不可休思②。
汉有游女③,不可求思。
汉之广矣,不可泳思④。

江之永矣⑤,不可方思⑥。

翘翘错薪⑦,言刈其楚⑧。
之子于归,言秣其马⑨。
汉之广矣,不可泳思。
江之永矣,不可方思。

翘翘错薪,言刈其蒌⑩。
之子于归,言秣其驹⑪。
汉之广矣,不可泳思。
江之永矣,不可方思。

【注释】①乔木:高大的树木。②休:休息。思:语助词。③游女:神女。④泳:游泳渡水或潜水而行。⑤江:指长江。永:长。⑥方:环绕。⑦翘翘(qiáo):突起貌。错:错杂。薪:木柴。⑧刈(yì):割。楚:丛木。一名"荆"。⑨秣(mò):喂养。⑩蒌(lóu):蒿。⑪驹(jū):六尺高的马。

【鉴赏】这是男子求偶失望之诗。全诗三章。

一章写女子不可追求。此章皆为兴体。王先谦《诗三家义集疏》说:"此章乔木、神女、江汉三者皆兴而比也。"这一说法甚合诗意。诗以乔木不可休、神女不可求、汉广不可游、江永不可绕,兴比女子不可求。从四个"不可"以及下文"翘翘错薪"等意象中,可以想见这是一位德贤貌美的女子。难怪男子对她如此多情,如此倾慕,以至求之不得而深感痛苦和失望。

二、三章写幻想爱情实现。尽管求爱难得,但这男子并未放弃对女子的执著追求。每章的首二句也为兴体。诗以层层错杂的草木,当割取其中的荆条与蒌蒿,兴比男子求偶就要选择最好的姑娘。此时男子想象爱情理想的实现:等到女子嫁给我时,我就喂饱马驹驾车去迎娶她。当然,这只是一种虚幻的梦想。于是他又只得发出"汉广不可游,江永不可绕"的悲叹。

在艺术上,这首诗以"汉之广矣"四句置于每章末尾,反复咏唱,不仅具有浓厚的抒情色调,而且能激起人们丰富的联想。它的飘逸而又神奇的浪漫色彩在《诗经》中别具一格,显示了南方诗歌的瑰丽风姿。

《诗序》说:"德广所及也。文王之道,被于南国,美化行乎江汉之域,无思犯礼,求而不可得也。"朱熹《诗集传》说:"文王之化自近及远,先及于江汉之间,而有以变其淫乱之俗,故其出游之女,人望见之,而知其端庄静一,非复前日之可求矣。"以上谓"求而不可得",虽接近诗意,但其余之语均为政治说教,将这首生动的民间情歌凭空套上一层礼教的光圈,从而扼杀了诗的生命。《韩诗序》说:"《汉广》,悦人也。"闻一多《风诗类抄》说:"求女也。"陈子展《诗经直解》说:"《汉广》,当为江汉流域民间流传男女相悦之诗。"这些说法完全正确,故可依从。

汝 坟

遵彼汝坟①,伐其条枚②。
未见君子,惄如调饥③。

遵彼汝坟,伐其条肄④。
既见君子,不我遐弃⑤。

鲂鱼赪尾⑥,王室如燬⑦。
虽则如燬,父母孔迩⑧。

【注释】①遵:沿着。汝:水名。坟:大堤。②条枚:树木的枝条。③惄

(nì):忧思,心里难受。调(zhōu):通"朝"。早晨。④肄(yì):砍后再生的枝条。⑤遐(xiá):远。⑥鲂(fáng):鳊鱼。赪(chēng)尾:赤尾。⑦王室:王朝;朝廷。燬(huǐ):烈火。⑧孔:副词。相当于"很"。迩(ěr):近。

【鉴赏】 这是妻子怀念丈夫之诗。

全诗三章。一章写妻子未见丈夫归来的忧念之情。妻子沿着汝水大堤,正在砍伐那茂密的树枝。她未见到丈夫归来,满腹的忧思如同早饥思食一样急切难耐。二章写妻子见到丈夫归来的喜悦之情。妻子沿着汝水大堤,正在砍伐那茂密的树枝。她突然见到丈夫归来,心里无限惊喜,情不自禁地脱口而出:原来丈夫没有把我远远抛弃。三章写夫妻互倾情愫。丈夫慨叹地说:"鳊鱼尾红是由于过于劳累,我久役不归是因为暴政如火。"妻子则深情地说:"虽然暴政如火,但是现在父母就在身边。"这段对话,字里行间充溢着久别的思念与重逢的欣慰。

《诗序》说:"道化行也。文王之化行乎汝坟之国,妇人能闵其君子。"此说谓妻勉夫勤于王事,这显与诗意难符。伪《鲁诗说》:"《汝坟》,商人苦纣之虐,归心文王。"此说不仅无据,而且与诗中"未见君子,惄如调饥"、"既见君子,不我遐弃"的情感基调不类,故也不足取。

召 南

鹊 巢

维鹊有巢①,维鸠居之②。
之子于归,百两御之③。

维鹊有巢,维鸠方之④。
之子于归,百两将之⑤。

维鹊有巢,维鸠盈之⑥。
之子于归,百两成之⑦。

【注释】①鹊:喜鹊。②鸠:鸤鸠,即布谷鸟。③两:即"辆"。车有两轮,故称为两。御(yà):音义同"迓"。迎。④方:有;占有。⑤将:送。⑥盈:满。⑦成:使成为夫人。王先谦《诗三家义集疏》:"'之'者夫人,则'成之'是成夫人。"

【鉴赏】这是贵族女子出嫁之诗。
全诗三章。每章首二句皆为兴体。一章之"居",二章之"方",三章之"盈",意思相类,即"居住"、"占有"、"住满"之意。一章说:喜鹊有巢,鸤鸠居住它;二章说:喜鹊有巢,鸤鸠占有它;三章说:喜

鹊有巢,鸤鸠住满它。诗以此兴比女子出嫁后居住夫家。每章后二句极写婚礼美盛而隆重。一章说:这个女子出嫁,夫家用一百辆车子迎娶她;二章说:这个女子出嫁,娘家用一百辆车子护送她;三章说:这个女子出嫁,男女双方用一百辆车子迎送使她成为夫人。

《左传·昭公元年》载云:"赵孟为客,礼终乃宴。穆叔赋《鹊巢》,赵孟曰:'武不堪也。'"穆叔吟诵《鹊巢》,意在以鹊有巢而鸠居之比喻晋君有国而赵孟治之,含有称赏之意,故赵孟婉言辞谢。可见,《鹊巢》一诗在当时很有影响。

古今许多学者都认为这是歌咏女子出嫁之诗。伪《鲁诗说》:"诸侯嫁女,其民观焉。"吴闿生《诗义会通》说:"止是嫁女之乐歌,并无他义。"这种说法无疑是正确的。《诗序》说:"夫人之德也。……德如鸤鸠,乃可以配焉。"《诗序》在这里突出一个"德"字则失当。出现此误,是由于认为《召南》是表现"诸侯之风"所致。当今有的学者认为这是一首刺诗。一说是讽刺"奴隶主贵族婚礼之奢华",一说是讽刺"国君废了原配夫人,另娶一个新夫人"。这两种说法与诗的情感基调不协,故难以成立。

采 蘩

于以采蘩①?于沼于沚②。
于以用之?公侯之事③。

于以采蘩?于涧之中④。
于以用之?公侯之宫⑤。

被之僮僮⑥,夙夜在公⑦。
被之祁祁⑧,薄言还归⑨。

【注释】①于:介词。在。以:通"何"。何,何处。蘩:白蒿。②沼:水池。沚:小洲。③事:此指养蚕之事。④涧:夹在两山之间的水沟。⑤宫:指蚕室。⑥被(bèi):覆盖。僮僮(tóng):众多。⑦夙夜:早晚。公:公家。⑧祁祁(qí):众多。⑨薄言:语助词。无义。

【鉴赏】这是歌咏女子采蘩劳动的民歌。

蘩即白蒿,为养蚕所用之物。全诗三章。一、二章采用问答体的形式,通过一问一答,描绘出采蘩劳动的情景以及劳动的性质。一章说:在哪里采蘩?在那小池小洲。在何处用它?在公侯蚕事用它。二章说:在哪里采蘩?在那山涧小溪。在何处用它?在公侯蚕室用它。三章写大规模采蘩劳动的场面。采蘩女子一群群,为公侯早晚忙不停;采蘩女子不间断,劳动收工把家还。全诗组成了一幅完整的劳动图景。从诗意来看,其性质与《葛覃》相同,它当是写公侯养蚕作坊里女奴生活的诗篇。

《诗序》说:"夫人不失职也。夫人可以奉祭祀,则不失职也。"准此,蘩是祭祀之物。伪《鲁诗说》:"《采蘩》,美夫人亲蚕之诗。"准此,蘩是生蚕之物。这两种说法虽然有别,但是均认为采蘩者是诸侯夫人。试问,诸侯夫人岂能亲自采蘩?其误自不待言。

草　虫

喓喓草虫①,趯趯阜螽②。
未见君子,忧心忡忡③。
亦既见止④,亦既觏止⑤,
我心则降⑥。

陟彼南山,言采其蕨⑦。
未见君子,忧心惙惙⑧。
亦既见止,亦既觏止,
我心则说⑨。

陟彼南山,言采其薇⑩。
未见君子,我心伤悲。
亦既见止,亦既觏止,
我心则夷⑪。

【注释】①喓喓(yāo):虫鸣声。草虫:蝗类昆虫。也叫蝈蝈。②趯趯(tì):跳跃貌。阜螽(zhōng):蝗虫。也叫蚱蜢。③忡忡(chōng):忧思貌。④止:语助词。⑤觏(gòu):通"遘"。遇见。⑥降(jiàng):放下。⑦蕨(jué):野菜名。也叫蕨菜。嫩叶初生时卷曲如拳,可供食用。⑧惙惙(chuò):忧愁貌。⑨说(yuè):同"悦"。高兴。⑩薇(wēi):野菜名。茎叶似豆,后世称野豌豆。⑪夷:平静。

【鉴赏】这是妻子思念丈夫之诗。全诗三章。

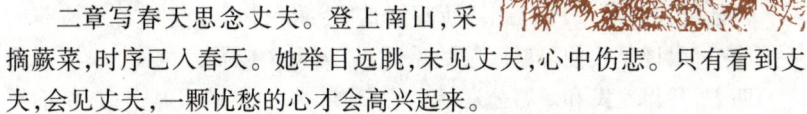

一章写秋天思念丈夫。蝈蝈喓喓叫,蚱蜢蹦蹦跳,时序已入秋天。这萧瑟的秋景触动了她的情思。她未见丈夫,忧心如焚。只有看到丈夫,会见丈夫,一颗悬着的心才会放下来。

二章写春天思念丈夫。登上南山,采摘蕨菜,时序已入春天。她举目远眺,未见丈夫,心中伤悲。只有看到丈夫,会见丈夫,一颗忧愁的心才会高兴起来。

三章写夏天思念丈夫。登上南山,采摘薇菜,时序已入夏天。她极目远望,未见丈夫,忧心沉重。只有看到丈夫,会见丈夫,一颗翻腾的心才会平静下来。

此诗写了两年的事情。由秋天写到春天,又由春天写到夏天。随着时序的推移、景物的变换,妻子对丈夫的思念之情更加强烈,更加浓厚。读罢此诗,令人感动。

方玉润《诗经原始》说得好:"始因秋虫以寄托,继历春景而忧思。既未能见,则更设为既见情形,以自慰其幽思无已之心。此善言情作也。然皆虚想,非真实觏。"此可谓善言诗矣。

《诗序》说:"大夫妻能以礼自防也。"其意是说大夫之妻能以礼教约束自己,防止行为出现偏差。《毛传》《郑笺》为了证明《诗序》之旨,对诗意作了曲解:说"喓喓草虫,趯趯阜螽"是兴比大夫之妻"待礼而行,随从君子";说"未见君子,忧心忡忡"是指大夫之妻在出嫁途中"忧不当君子,无以宁父母";说"陟彼南山,言采其蕨"是兴比大夫之妻"欲得礼"。这些说法支离破碎,牵强附会,离诗意太远。

甘 棠

蔽芾甘棠①,勿翦勿伐,召伯所茇②。

蔽芾甘棠,勿翦勿败③,召伯所憩④。

蔽芾甘棠,勿翦勿拜⑤,召伯所说⑥。

【注释】①蔽芾(fèi):茂盛貌。甘棠:棠梨树。召伯:召康公,名奭(shì)。②茇(bá):通"废"。居住。③败:折毁。④憩(qì):休息。⑤拜:攀折。⑥说(shuì):止息。

【鉴赏】这是怀念召伯之诗。

俗话说:"爱屋及乌。"此诗所写则是"爱人及树"。这棵甘棠树非同一般,它可以说是召伯显赫政绩的见证。《史记·燕召公世家》说:"召公之治西方,甚得兆民和。召公巡行乡邑,有棠树,决狱政事其下,自侯伯至庶人各得其所,无失职者。召公卒,而民人思召公之政,怀棠树,不敢伐,歌咏之,作《甘棠》之诗。"即召公去世后,人们思召公之政,于是作此诗怀念他。

全诗三章。一章说:茂盛的甘棠树,不要剪断,不要砍伐,因为这是召伯居住的地方。二章说:茂盛的甘棠树,不要剪断,不要毁坏,因为这是召伯休息的地方。三章说:茂盛的甘棠树,不要剪断,不要攀折,因为这是召伯止息的地方。

人们由爱人而及物,诗人则由咏物而怀人。借爱惜甘棠树以抒发对召伯敬仰、怀念、追思之情,是此诗在艺术上的鲜明特点。

关于此诗的主题虽无异议,但"召伯"究竟指谁则存在分歧。一说指召康公。召康公,名奭。因封地在召(今陕西岐县西南),故称召公或召伯。武王灭纣后,封召公于北燕,为燕的始祖。成王时为太保,与周公旦分陕(今河南陕县)而治。一说指召穆公。召穆公,名虎,召公奭的后代。周宣王时大臣,其政绩有二:一是领兵征讨淮夷,大获全胜;二是为宣王之舅申伯筑城建房。这两种说法对理解诗意虽无妨碍,但据《史记》记载,召康公的政绩与甘棠树有关,因而前说较为可信。

行　露

厌浥行露①，岂不夙夜②，
谓行多露③。

谁谓雀无角④，何以穿我屋⑤？
谁谓女无家⑥，何以速我狱⑦？
虽速我狱，室家不足⑧。

谁谓鼠无牙，何以穿我墉⑨？
谁谓女无家，何以速我讼⑩？
虽速我讼，亦不女从⑪。

【注释】①厌浥(yì)：潮湿。行：道路。②岂：副词。难道。夙(sù)：早。③谓：通"畏"。害怕。④角：鸟嘴。⑤何以：即"以何"的倒文，意为"凭什么"。⑥女：人称代词，相当于"你"。家：指妻室。⑦速：招致。狱：诉讼，打官司。⑧不足：指成婚的理由不充足。⑨墉(yōng)：墙。⑩讼：义同"狱"。⑪亦：也。"不女从"即"不从女"的倒文，意为"不顺从你"。

【鉴赏】这是女子为争取婚姻自主而唱出的抗争之歌。

一位男子已有妻室，但又想强娶一位未婚女子，并要挟说如不顺从就要让她吃官司。这种蛮横的举动，理所当然地遭到女方的拒绝。

全诗三章。一章全为兴体，二、三章首二句也为兴体。一章说：谁不想早点赶路程，但怕道上露淋淋。诗以此兴比女子谁不想早点成亲，但怕所嫁不是意中人。二章说：谁说鸟雀没有嘴？它凭什么穿透我的屋？诗以此兴比谁说你没有娶妻室？你凭什么让我吃官司？即使让我吃官司，要想成婚理不足。三章说：谁说老鼠没有牙？它凭什么穿透我的墙？诗以此兴比谁说你没有娶妻室？你凭什么让我吃官司？即使让我吃官司，我也决不屈从你。不难看出，这是一位性格刚毅的女子。她面对威胁，毫不畏惧，而是勇敢地迎接挑战，实在难能可贵。

此诗的语言技巧值得称道。开头以"厌浥行露"起兴,接着以雀、鼠为喻,最后以赋体抒情。全诗明朗而不浅露,婉转而不质直,确是一首声情并茂的优秀民歌。

《诗序》说:"召伯听讼也。"但从诗中看不出召伯如何听讼,这显然是一种误解。《列女传·召南申女传》说:"夫家轻礼违制,不可以行,遂不可往。"女不可往,不是因为夫家礼仪不备,而是因为男方已有妻室,故这种说法与诗意不符。闻一多《风诗类抄》说:"男以为女无夫家,遂往求之,而陷于法。"此说显与"谁谓女(你)无家"一句相违背,也不足信。

羔 羊

羔羊之皮①,素丝五紽②。
退食自公③,委蛇委蛇④。

羔羊之革⑤,素丝五緎⑥。
委蛇委蛇,自公退食。

羔羊之缝⑦,素丝五总⑧。
委蛇委蛇,退食自公。

【注释】①羔:小羊。皮:此指皮袄。②素:白色。紽(tuó):丝数。王引之《经义述闻》卷五:"紽、緎、总,皆数也。五丝为紽,四紽为緎,四緎为总。"五紽,即二十五丝。③退食：就食而退。自公：从公府。④委蛇(yí)：摇摇晃晃、悠闲自得貌。⑤革：兽皮。此指皮袄。⑥五緎(yù)：即一百丝。⑦缝：通"䋺"。皮革。闻一多《诗经新义》："皮、革一义，则缝亦当与之同。缝，依字当作䋺。"此指皮袄。⑧五总：即四百丝。

【鉴赏】这是讽刺官吏悠闲安逸之诗。

全诗三章。每章意思大体相同。此诗犹如一幅漫画，寥寥几笔，便将这位官吏饱食终日、悠闲自得的神态勾勒了出来。这位官吏身着一件羔裘。这羔裘非常讲究，上面绣有白丝花纹，所缝丝数由"五紽"而"五緎"，由"五緎"而"五总"，渐次加密，华丽美观。他吃得酒醉饭饱，从官府踱着方步退了出来，行走在回家的路上，摇摇晃晃，悠闲自得，真是丑态百出。

此诗运用白描的手法写真传神，虽着墨不多，但能传其精神。在描画人物时，能抓住主要特征，状饰纹反复三遍，写"委蛇"则叠言六次，以数十字的短小篇章，惟妙惟肖地刻画出了古代官吏骄奢悠闲的神态。

《诗序》说："在位皆节俭正直，德如羔羊也。"这位官吏身着华丽的羔裘，何以能看出他"节俭正直"？这位官吏吃得酒醉饭饱，在路上摇摇晃晃，又何以能体现他"德如羔羊"？此说牵强之迹十分明显。崔述《读风偶识》说："此篇特言国家无事，大臣得以优游暇豫。"这种视刺为美的说法，与诗意相去甚远。闻一多《风诗类抄》说："大夫受享于诸侯毕，以其所受赐之皮币而退归于家。"这是以礼说诗，同样不当。

殷其雷

殷其雷①，在南山之阳②。
何斯违斯③，莫敢或遑④。
振振君子⑤，归哉归哉！

殷其雷，在南山之侧⑥。
何斯违斯，莫敢遑息⑦。
振振君子，归哉归哉！

殷其雷,在南山之下⑧。
何斯违斯,莫或遑处⑨。
振振君子,归哉归哉!

【注释】①殷:雷声。②阳:指山的南面。③何斯违斯:为何此时离开这里。④或:有。遑:闲暇。⑤振振:忠厚。⑥侧:指山的北面。⑦息:休息。⑧下:指山足。⑨处:安居。

【鉴赏】 这是夫妻临别难舍之诗。

此诗选景典型,情景交融,语意恳切,感人至深。

全诗三章,皆用赋体。每章首二句描写丈夫外出时的自然环境。天不作美,就在丈夫正要外出之时,突然天空炸响了阵阵轰隆隆的雷声。这雷声由远而近,预示着一场暴风雨即将来临。丈夫在此时外出,岂不让妻子揪心!每章三四句点明丈夫此时外出之因。严粲《诗缉》说:"言殷然之雷声,在彼南山之南。何为此时违去此所乎?盖因公家之事,而不敢遑暇。"原来丈夫在风雨欲来之时离家外出,是因为公务在身,不敢偷闲。每章五六句写妻子的心愿。妻子深知丈夫为人忠厚,办事认真,只盼丈夫快点办完公事,早日回来。"归哉归哉"一句正表达了妻子盼丈夫早归的急切心情和美好心愿。

《诗序》说:"召南之大夫远行从政,不遑宁处,其室家能闵其勤劳,劝以义也。"此说是非参半。说妻子怜悯丈夫远行勤劳,这符合诗意;但说妻子对丈夫"劝以义",这显然是一种附会。吴闿生《诗义会通》说:"诗意但怀人之作。"闻一多《风诗类抄》说:"妇人寡居,闻雷惊怖,望其夫速归。"这种说法不算大误,只是对"何斯违斯"一句未作深究。此句意谓"为何此时离开这里",这表明丈夫此时并非在外,因而"怀人""寡居"云云不甚确切。

摽有梅

摽有梅①,其实七兮②。
求我庶士③,迨其吉兮④!

摽有梅,其实三兮⑤。
求我庶士,迨其今兮⑥!

摽有梅,顷筐塈之⑦。
求我庶士,迨其谓之⑧!

【注释】①摽(biào):坠落。有:名词词头。梅:落叶乔木,能开花结子。②其:代词,指代"梅"。实:梅子。七:指梅子还剩十分之七。③庶士:众多男子。④迨(dài):趁着。吉:吉日良辰。⑤三:指梅子还剩十分之三。⑥今:今日,即日。⑦顷筐:浅口筐。塈(jì):取。⑧谓:说。

【鉴赏】这是女子亟待婚嫁之诗。

一位女子正当芳龄,可是她尚未寻觅到意中人。她见梅子纷纷坠落,深感时光荏苒,青春易逝,于是她发出了向男子求爱的心声。

全诗三章。每章意思大体相同,但并非平列,而是层层递进。每章首二句为兴体。一章说:梅子开始坠落,树上还有七成;二章说:梅子纷纷坠落,树上还有三成;三章说:梅子全都落光,只用浅筐拾取。诗以此兴比女子的青春由盛而渐渐转衰。每章三四句为赋体。正因为女子深感青春易逝,故而求爱之心才更为急切。一章说:追求我的小伙子,就趁着吉日;二章说:追求我的小伙子,就趁着今天;三章说:追求我的小伙子,就趁着开口之时。吉日不一定就是今天,今天也难说就是开口之时,而诗先说"其吉",又说"其今",再说"谓之",恰似紧锣密鼓,敲响了女子急于求爱的迫切心音。

此诗用语之妙,在赋与兴的结合,直而婉的统一。首二句起兴,兴意委婉;末二句用赋,抒情明快。二者统一,诗意浑然。使人咏诵之余,有直而不露、情调明朗而又形象丰满之感。

《诗序》说:"男女及时也。召南之国被文王之化,男女得以及时也。"

《诗序》说"男女及时"婚配符合诗意,但又说"召南之国被文王之化"则属画蛇添足,误将泛论替代对作品的具体欣赏。姚际恒《诗经通论》说:"愚意此篇乃卿大夫为君求庶士之诗。""为君求庶士"与梅子坠落有何相干?这种说法显与诗中兴象不类。闻一多《风诗类抄》说:"在某种节令的聚会里,女子用新熟的果子,掷向她所属意的男子。"其说颇新,可供参考。

野有死麕

野有死麕①,白茅包之②。
有女怀春③,吉士诱之④。

林有朴樕⑤,野有死鹿。
白茅纯束⑥,有女如玉⑦。

舒而脱脱兮⑧,无感我帨兮⑨,
无使尨也吠⑩。

【注释】①麕(jūn):獐子。②白茅:又叫茅草、丝茅草。③怀春:向往爱情。④吉士:男子的美称。此指猎人。诱:引诱。⑤朴樕(sù):小树。⑥纯束:包捆。⑦如玉:比喻貌美。⑧舒:徐缓。脱脱(tuì):轻盈。⑨感(hàn):同"撼"。触动。帨(shuì):佩巾。⑩尨(máng):长毛狗。

【鉴赏】这是青年男女恋爱之诗。
全诗三章。此诗描写了一个饶有兴味的爱情故事。
一章写爱情的萌生。男子是一位猎人。他在郊野打死一只獐子,正在用茅草将獐子包裹起来。这时一位少女打从这儿经过,她目睹了男子的高超射艺,顿时萌生出爱慕之情。这男子也心领神会,于是用多情的话语挑逗少女。就这样两人一见钟情,心许目成。
二章写爱情的发展。第二天,男子在林中砍了一些小树,又在郊野打死一只鹿,正在用茅草将小树和鹿捆束起来。这时少女又来到郊野。俗话说:"情人眼里出西施。"男子这时端详少女,不禁暗自赞叹道:她的容貌真美,就像白玉一般光彩照人。就这样两人更加相互爱慕,爱情得到了进一步发展。

三章写约会的情景。傍晚时分,男子主动上门邀约少女幽会。少女悄悄地走了出来,小声叮嘱说:"你要慢一点,轻一点,别触动我的佩巾,别使我家的长毛狗汪汪叫。"幽会自然是幸福的,但少女心存顾虑却给这幸福掺杂了一丝苦涩味。

《诗序》说:"恶无礼也。天下大乱,强暴相陵,遂成淫风。"《毛传》说:"无礼者为不由媒妁,雁币不至,劫胁以成婚。"以上所说"无礼",一是指未经"媒妁",二是指男子"强暴"、"劫胁",三是指无聘礼"雁币"。这些说法恐难成立。此诗所写是男女自由恋爱,斥之"未由媒妁",这是以礼说诗。诗言"有女怀春"、"吉士诱之",这表明男女双方是相互爱慕,丝毫看不出男子有"强暴"、"劫胁"的举动。"死麕"、"死鹿"是男子赖以为生的猎物,无关聘礼"雁币"。宋代的学者多将此诗视作"淫奔之诗"同样不当。姚际恒《诗经通论》评述说:"此篇若以为刺淫之诗,则何为称'吉士',女称'如玉'?若以为贞女不为强暴所污,则何为女称'怀春',男称'吉士'?……愚意此篇是山野之民相与及时为婚姻之诗。"此言不仅驳之有理,而且甚合诗意。

驺 虞

彼茁者葭①,壹发五豝②,
于嗟乎驺虞③!

彼茁者蓬④,壹发五豵⑤,
于嗟乎驺虞!

【注释】①苗:繁茂。葭(jiā):芦苇。②壹:即一。发:射箭。豝(bā):二岁的野猪。③于嗟乎:叹词,表示赞美。驺(zōu):为王公贵族养马并管驾车的人。虞:管理苑囿的小官。④蓬:蓬蒿。⑤豵(zōng):一岁的野猪。

【鉴赏】这是赞美诸侯田猎之诗。

周代春秋时期,诸侯也辟有苑囿。据《孟子·梁惠王下》记载,梁惠王的苑囿方圆有四十里,可见诸侯苑囿范围之广。在苑囿里,草木繁茂,灵禽飞鸣,走兽出没。国君经常前往苑囿观赏娱乐。游兴浓时,国君则乘坐马车,追逐野兽,以显身手。

全诗两章。每章首二句赞美国君精湛的射艺。一章说:在繁茂的芦苇中,潜藏着许多野兽。国君拉满弓弦,只发一箭,就射中五头大野猪。二章说:在繁茂的蓬蒿中,潜藏着许多野兽。国君拉满弓弦,只发一箭,就射中五头小野猪。此诗以夸张的手法,赞美国君高超的射艺。每章末句赞美"驺虞"的配合之功。国君田猎须有"驺虞"相助。"驺"即"趣马","虞"即"虞人"。《礼记·月令》:"天子乃教于田猎,以习五戎,班马政,命仆及七驺咸驾。"贾谊《新书》:"虞,囿之司兽者也。"戴震《毛郑诗考正》:"驺与虞田猎必共有事,《诗》因而兼言两官耳。……叹美驺虞,意不在驺虞,所以美君也。壹发者,君也。"国君在田猎之时,趣马御车,技艺娴熟;虞人驱兽,动作敏捷。由于配合默契,故国君能"壹发五豝"、"壹发五豵"。

《诗序》说:"《鹊巢》之应也。……则庶类蕃殖,蒐田以时,仁如驺虞,则王道成也。"其意是说,从《召南》第一篇《鹊巢》至最后一篇《驺虞》,都体现了文王后妃之化。因而将"驺虞"训作"不食生物"的义兽。由于君王像义兽一样仁厚,故能按时田猎,而且不肯多杀生物。这种说法显然有违诗意。姚际恒《诗经通论》说:"小序谓'《鹊巢》之应',《毛传》以驺虞为义兽,谬并同。……此为诗人美驺虞之官克称之职也。若为美文王仁心之至,一发五豝,何以见其仁之至耶?"姚氏谓"美驺虞之官克称其职"虽未中的,但批驳《序》、《传》之说则非常有力。陈子展《诗经直解》说:"《驺虞》,为有关春日田猎驱除害兽,举行一种仪式之诗。"此说虽新,但恐非诗意。

邶风

柏 舟

汎彼柏舟①,亦泛其流②。
耿耿不寐③,如有隐忧④。
微我无酒⑤,以敖以游⑥。

我心匪鉴⑦,不可以茹⑧。
亦有兄弟,不可以据⑨。
薄言往愬⑩,逢彼之怒。

我心匪石,不可转也。
我心匪席,不可卷也。
威仪棣棣⑪,不可选也⑫。

忧心悄悄⑬,愠于群小⑭。
觏闵既多⑮,受侮不少。
薄言思之,寤辟有摽⑯。

日居月诸⑰,胡迭而微⑱?
心之忧矣,如匪澣衣⑲。
静言思之,不能奋飞⑳。

【注释】①汎(fàn):同"泛"。漂浮的样子。柏舟:用柏木制作的船。②流:

指河流。③耿耿:忧烦焦灼貌。寐(mèi):入睡。④如:而。隐:通"殷"。大,深。⑤微:非,不是。⑥敖:游乐。⑦匪:非,不是。鉴:镜子。⑧茹:容纳。⑨据:依靠。⑩愬(sù):诉说,告诉。⑪威仪:仪表。棣棣:庄重貌。⑫选:通"巽"。退让。⑬悄悄:忧愁貌。⑭愠(yùn):怒,恨。于:介词,表示被动。群小:指众多小人。⑮觏(gòu):遭遇。闵:忧患。⑯辟:用手抚心。有:通"又"。摽(biào):用手捶胸。⑰居、诸:语助词。⑱胡:何,为什么。迭:更迭。微:昏暗不明。⑲匪:同"筐"。竹器。澣衣:通"翰音"。鸡。⑳奋飞:展翅高飞。

【鉴赏】 这是卫国同姓贤臣忧谗悯乱之诗。

此诗当作于卫顷公之时。卫顷公的事迹,史书记载不多。《史记·卫康叔世家》说:"顷侯厚赂周夷王,夷王命卫为侯。顷侯立十二年卒。"从"厚赂"一语透露出当时从天子至诸侯的腐败之风。顷公在位期间,政治混乱,小人当权,贤臣遭祸,国势衰败。卫国同姓贤臣,目睹国是之非,心存危亡之虑,于是作此诗以抒泄满腔的幽愤。

全诗五章。《诗序》说:"《柏舟》,言仁而不遇也。卫顷公之时,仁人不遇,小人在侧。"此说符合诗意。

一章写忧愁深重,无法排除。诗以河中飘浮不定的柏舟,比喻国家动荡不安。为此诗人忧心如焚,焦灼不安,彻夜不眠。并非我无美酒游乐以泄忧,但酒又岂能消除心中的深忧。

二章写满腔幽愤,无处倾诉。我的心不是镜子,不能将美丑都包容。诗人悲愤交集,不可告语。他深知虽有兄弟,不可依靠,但万般无奈,还是向兄弟进谏。正如诗人所预料的那样,兄弟非但不采纳忠言,反而"逢彼之怒"。

三章写矢志不渝,威仪不变。我的心不是石头,不可任意转动;我的心不是席子,不可随意收卷;我的威仪端庄严正,不可屈挠退让。这掷地有声的诗句,表明诗人坚定的决心,刚强的意志,决不屈从恶势力,决不丧失自己的威仪。

四章写为群小侵侮,捶胸自伤。诗人忧心沉重,是因为被小人忌恨。

因而他遭受的忧患很多，受到的侮辱不少。静静地想一想，睡醒之后只好捶胸自悼。

五章写身处困境，不能奋飞。诗以日月更替昏暗，比喻国君昏庸不明。诗人的心情郁闷难受，就像那笼中之鸡。静静地想一想，不能展翅高飞。

朱熹《诗集传》说："妇人不得于其夫，故以柏舟自比。"闻一多《风诗类抄》说："嫡见侮于众妾。"余冠英《诗经选》说："从诗中用语，像'如匪澣衣'这样的比喻看来，口吻似较适合于女子。"以上诸家认定这是一首弃妇之诗。这种说法虽勉强可通，但仍有可疑之处。诗言"微我无酒，以敖以游"。饮酒游乐，恐非妇人之事。诗言"愠于群小"。谓"群小"为"众妾"实无典据。上古之时并无呼"妾"为"小"这一称呼。诗言"如匪澣衣"，此句并非"好像未洗之衣"之意，而当训作"如笼中之鸡"。只有作如此解释，才能与下面"不能奋飞"相连贯。由此可见，弃妇之说实难成立。

绿 衣

绿兮衣兮①，绿衣黄里②。
心之忧矣，曷维其已③。

绿兮衣兮，绿衣黄裳④。
心之忧矣，曷维其亡⑤？

绿兮丝兮，女所治兮⑥。
我思古人⑦，俾无訧兮⑧。

絺兮绤兮⑨，凄其以风⑩。
我思古人，实获我心⑪。

【注释】①绿兮衣：即绿衣。兮，语助词。②里：内衣。③曷：何时。维其：语助词。已：停止。④裳：下衣。⑤亡：通"忘"。遗忘。⑥治：梳理而编织。⑦古人：即故人。指亡妻。⑧俾(bǐ)：使。訧(yóu)：过错。⑨絺(zhī)：细葛布。绤

(xī):粗葛布。⑩凄:寒凉。以:犹似,如。⑪获:得,合。

【鉴赏】 这是悼亡之诗。

一对夫妻非常恩爱,然而天有不测风云,妻子先丈夫而去,致使梧桐半死,鸳鸯分飞,这给丈夫在心灵上造成了极大痛苦。

全诗四章。可分两层理解。前二章写睹物怀人。丈夫每当看到亡妻的遗物绿色的外衣和黄色的内衣,心中便涌起无限的悲伤。这悲伤之情何时才能停止!后二章写情意难忘。亡妻勤俭而贤惠,绿色丝线是她亲手梳理,还常以善言相劝。我想起亡妻,就会使我无有过错。亡妻心灵手巧,葛布衣裳是她亲手裁制,穿在身上凉爽如风。我想起亡妻,实在合我心意。此诗写得极为沉痛,令人不忍卒读。

此诗在文学史上有较大的影响。晋潘岳《悼亡诗》云:"望庐思其人,入室想所历。帏屏无仿佛,翰墨有余迹。流芳未及歇,遗挂犹在壁。"诗中描写遗物犹在而人去室空、睹物悼亡的情景,与《绿衣》十分相似,在表现手法上受《绿衣》的影响非常明显。

《诗序》说:"卫庄姜伤己也。妾上僭,夫人失位。"旧说以黄色为正色,比喻夫人;以绿色为杂色,比喻贱妾。杂色在表在上,正色在里在下,这是隐喻夫人与贱妾地位的颠倒。这些显属附会之说,实不可信。闻一多《风诗类抄》说:"妇人无过被出,非其夫所愿。他日因衣妇旧所制衣,感而念之。"闻氏此说虽不算大误,但与诗的情感基调难协,因而不能视作确论。

燕 燕

燕燕于飞①,差池其羽②。
之子于归③,远送于野。
瞻望弗及④,泣涕如雨。

燕燕于飞,颉之颃之⑤。
之子于归,远于将之⑥。

瞻望弗及,伫立以泣⑦。

燕燕于飞,下上其音。
之子于归,远送于南。
瞻望弗及,实劳我心⑧。

仲氏任只⑨,其心塞渊⑩。
终温且惠⑪,淑慎其身⑫。
先君之思⑬,以勖寡人⑭。

【注释】①燕燕:燕子。②差(cī)池:不齐貌。③之子:这个女子。归:出嫁。④弗:不。⑤颉(xié):向上飞。颃(háng):向下飞。⑥将:送。⑦伫立:久立。⑧劳:忧伤;愁苦。⑨仲氏:次女。任:诚实。⑩塞渊:厚道。⑪终:既。惠:恭顺。⑫淑:善良。⑬先君:先父,前辈国君。⑭勖(xù):勉励。寡人:国君自称。

【鉴赏】这是国君送妹远嫁之诗。

全诗四章。前三章写送别时的情景。三章意思大体相同,每章首二句皆为兴体。一章说燕子飞翔,羽翅参差;二章说燕子飞翔,忽上忽下;三章说燕子飞翔,上下飞鸣。诗以此兴比国君与妹妹出行于道,或前或后相互倾谈,依依不舍。妹妹出嫁,他送了一程又一程。已送到郊外,仍继续送行,一直送到南边。迎亲的车队渐渐远去,再也见不到妹妹的身影,他不禁潸然泪下,久立饮泣,劳念伤心。四章写妹妹的品德。这位二妹心地诚实厚道,为人既温和又谦恭,既贤淑又谨慎。临行前夕,她还以要思念先君的遗训来勉励自己。

《诗序》说:"卫庄姜送归妾也。"《郑笺》说:"庄姜无子,陈女戴妫生子名完,庄姜以为己子。庄公薨,完立,而州吁杀之。戴妫于是大归,庄姜远送于野,作诗以见己志。"此说实不可信。《史记·卫康叔世家》说:"庄公五年,取齐女为夫人,好而无子。又取陈女为夫人,生子蚤死。陈女女弟亦幸于公,而生子完。完母死,庄公令夫人齐女子之,立为太子。"据此可知,完在立太子之前,其母戴妫已死。谓"庄姜送归妾"与史实不符。"之子于归"在《诗经》中有着特殊的含义,即"这个女子出嫁"。如《周南·桃夭》"之子于归,宜其室家"、《周南·汉广》"之子于归,言秣其马"等即是。谓"庄姜送归妾"与句意不符。上古时期,"寡人"为国君的谦称,此诗的"寡人"绝非指"庄姜"。谓"庄姜送归妾"与人物的身份也不符。

终 风

终风且暴①,顾我则笑。
谑浪笑敖②,中心是悼③。

终风且霾④,惠然肯来⑤。
莫往莫来,悠悠我思⑥。

终风且曀⑦,不日有曀⑧。
寤言不寐,愿言则嚏⑨。

曀曀其阴,虺虺其雷⑩。
寤言不寐,愿言则怀⑪。

【注释】①终:既。风:刮风。用作动词。暴:猛烈。②谑(xiè):调戏。浪:放荡。笑:调笑。敖:傲慢。③悼:悲伤。④霾(mái):阴沉。⑤惠然:和顺。⑥悠悠:久长。⑦曀(yì):阴暗。⑧不日:不几天。有:通"又"。⑨愿:思念;想念。嚏(tì):打喷嚏。⑩虺虺(huī):雷声。⑪怀:伤怀,感怀。

【鉴赏】这是女子斥责男友之诗。

全诗四章。每章皆以气象起兴。一章说既已刮风而且猛烈;二章说既已刮风而且阴沉;三章说既已刮风而且阴暗;四章说天空阴沉而且雷声轰轰。诗以此兴比男子性情暴躁,反复无常,鲁莽无礼。这男子对爱情很不严肃,对女友极不尊重。他一见到女友就嬉皮笑脸,而且对女友表现出戏谑、放荡、调笑、傲慢的态度。为此,女子的内心无比悲伤。这男子也偶尔前来相会,但离去之后又多日不来,使得女子思绪绵绵,难以入睡,忧思萦怀,感伤不已。这女子既恨男友,又爱男友,不忍遽然割舍,因而陷入一种矛盾和痛苦之中。

此诗比兴很有特色。陈启源《毛诗稽古编》评述曰:"篇中取喻非一,曰终风曰暴,曰霾曰曀,曰阴曰雷,其昏惑乱常,狂易失心之态,难与一朝居。"这些比兴突出了这个男子性情暴躁,反复无常,鲁莽无礼,从而衬托出这位女子悲惨的命运,具有强烈的艺术震撼力。

《诗序》说:"卫庄姜伤己也。遭州吁之暴,见侮慢而不能正也。"庄姜是庄公的夫人,州吁是庄公的儿子,两人身份不同。谓庄姜"遭州吁之暴"显与诗的情感基调不协。诚如朱熹《诗序辨说》所言:"详味此诗,有夫妇之情,无母子之意。"但朱氏在《诗集传》中却说:"庄公为人狂荡暴疾,庄姜实不忍斥言之,故但以'终风且暴'为比。"此说则又大谬不然。作为庄公夫人的庄姜,以"终风且暴"比喻庄公,以"谑浪笑敖"斥责庄公,似不大可能。

击 鼓

击鼓其镗①,踊跃用兵②。
土国城漕③,我独南行。

从孙子仲④,平陈与宋⑤。
不我以归⑥,忧心有忡。

爰居爰处⑦,爰丧其马⑧。
于以求之⑨?于林之下。

死生契阔⑩,与子成说⑪。
执子之手,与子偕老。

于嗟阔兮⑫,不我活兮⑬。
于嗟洵兮⑭,不我信兮⑮。

【注释】①镗(táng):鼓声。②踊跃:跳跃。用兵:操练兵器。③土国:在国都兴建土木。城漕:在漕邑修筑城墙。④孙子仲:军队统帅名。⑤平:平定。陈、宋:皆国名。⑥以:犹使。⑦爰:语助词。居、处:住下来。⑧丧:丢失。⑨于以:在何处。⑩契阔:聚合。胡承珙《后笺》:"言死生相与约结,不相离弃。"⑪成说:订约。⑫于嗟:叹词。叹息声。阔:遥远。⑬不我活:不让我活。⑭洵:久远。⑮不我信:不让我守信用。

【鉴赏】这是士兵厌战思归之诗。

春秋时期,诸侯之间战争频仍。据《左传》记载,鲁宣公十二年,宋国攻打陈国,卫国出兵救援陈国。十三年,晋国不满意卫国救援陈国而出兵讨伐卫国。这可能就是此诗产生的历史背景。

全诗五章。一章写应征入伍。诗一开头就笼罩紧张的备战气氛。战鼓咚咚响,士兵们正在跳跃着操练刀枪。有的人在国都兴建土木,有的人在漕邑修筑城墙,而主人公却出征南方。二章写随帅出征。士兵们随从统帅孙子仲,去平定陈国与宋国的战乱。这场战乱虽然平息,但情势有变,仍不让士兵回家。为此,士兵们非常忧伤。三章写驻守待命。士兵们无可奈何,只得寄住异乡。由于军心涣散,情绪低落,连战马也丢失了,只好到林中去寻找。

四章写夫妻离别。这是回想之词。在临别前夕,主人公与妻子发过誓言:死生与共;还拉着妻子的手说:与你偕老。而如今被迫分离,不能朝夕相处,怎不叫人牵肠挂肚。五章写厌战思归。主人公久戍不归,思家心切,他不停地叹息道:唉!离家遥远,简直不让我活下去;戍时太久,硬是不让我守信用。字里行间,充溢着对统治者的怨愤之情。

此诗全篇用赋,从各个不同的角度描写从军士兵的行为、心理和语言。文笔简练,形象传神。篇中写景若绘,篇末抒情真切。它不朽的艺术魅力永远地传达着中国人民热爱和平的愿望。

凯 风

凯风自南①,吹彼棘心②。
棘心夭夭③,母氏劬劳④。

凯风自南,吹彼棘薪⑤。
母氏圣善⑥,我无令人⑦。

爰有寒泉,在浚之下⑧。
有子七人,母氏劳苦。

睍睆黄鸟⑨,载好其音⑩。
有子七人,莫慰母心。

【注释】①凯风:温暖的风。②棘心:小枣树。③夭夭:柔曲貌。④劬(pú)劳:辛苦。⑤棘薪:大枣树。⑥圣善:贤惠慈善。⑦令:善。⑧浚(jùn):邑名。在今河南省濮阳县南。⑨睍睆(xiàn huàn):美好貌。⑩载:语助词。"载好其音"即"载其音好"的倒文。

【鉴赏】这是感戴母恩之诗。

全诗四章。前二章写母亲辛勤抚养子女。"凯风"比喻母亲,"棘心"、"棘薪"比喻子女。诗以温暖的南风吹拂"棘心"、"棘薪",比喻母亲把幼子抚养成人。母亲抚养子女该是多么辛劳!母亲为人又是多么贤惠慈善!而我们子女则不争气,都是些没有才德之人。后二章写子女自愧不能报答母恩。每章首二句为反兴。浚邑之下的寒泉能滋润大地,美丽的黄鸟能唱出悦耳动听的歌声。陈奂《传疏》说得好:"后二章以寒泉之益于浚,黄鸟之好其音,喻七子不能事悦其母,泉鸟之不如也。"这即是说我们七子连"寒泉"、"黄鸟"也不如,致使母亲辛劳,还不能安慰母亲的心,深感愧疚。

汉乐府《长歌行》:"凯风吹长棘,夭夭枝叶倾。黄鸟飞相追,咬咬弄好音。"就是融会《凯风》而写成。唐孟郊《游子吟》的名句"谁言寸草心,报得三春晖",实际上也是脱胎于《凯风》"棘心夭夭,母氏劬劳"两句。

对此诗的主题另有两种说法。一是母亲想改嫁说。《诗序》说:"卫之淫风流行,虽有七子之母,犹不能安其室。"高亨《诗经今注》说:"卫国一个妇人生了七个儿子,因家境贫困想要改嫁。"二是父亲虐待母亲。闻一多《风诗类抄》说:"大风吹棘,夭夭欲折,喻父不能善待母而使之忧劳也。……寒泉浸薪,使之湿腐,亦喻父之虐待母。"这些说法带有较多的想象成分,故不能视作定论。

匏有苦叶

匏有苦叶①,济有深涉②。
深则厉③,浅则揭④。

有瀰济盈⑤,有鷕雉鸣⑥。
济盈不濡轨⑦。雉鸣求其牡⑧。

雝雝鸣雁⑨,旭日始旦。
士如归妻⑩,迨冰未泮⑪。

招招舟子⑫,人涉卬否⑬。
人涉卬否,卬须我友⑭。

【注释】①匏(páo):葫芦。苦叶:枯叶。②济:水名。涉:渡口。③厉:指系着葫芦。④揭:指举着葫芦。⑤有瀰:水势浩大貌。济盈:济水涨满。⑥有鷕(wěi):雉鸣声。⑦濡(rú)轨:水淹至车轴。⑧牡:雄性。⑨雝雝(yōng):雁鸣声。⑩归妻:娶妻。⑪迨(dài):趁着。泮(pàn):融化。⑫招招:身体摇动貌。舟子:船夫。⑬卬(áng):我。否:不。⑭须:等待。

【鉴赏】 这是姑娘等待男友之诗。

全诗四章。此诗想象瑰丽,构思奇妙,言短意长,令人回味无穷。

前二章意象朦胧,飘忽不定。姑娘徘徊河边,看到葫芦的叶子已经枯黄,济水的渡口已经涨满。于是她产生联想:如果水深就系着葫芦过河,如果水浅就举着葫芦过河。这就好比婚事,也要顺应时节把它办成。她看到河水茫茫,她听见野鸡鸣叫,心中又泛起层层涟漪。济水虽满,但不濡车轨,男友完全可以蹚河而来;雌鸡尚且飞鸣求偶,男友岂不日夜想我!短短几句,写得真切而含蓄。

后二章意象明朗,表达直白。姑娘听见鸿雁鸣叫,看到红日始升,心中充满着希望。这时她思念之情更为殷切,迫不及待地呼唤道:"男友如果要迎妻,就趁着冰块尚未融化时。"她正想得出神,一只渡船出现在河边。船夫问姑娘过不过河?姑娘连声答道:"别人渡河我不渡,我在等待我男友。"诗至末尾,才点明主人公为谁。这种写法,在《诗经》中是很特殊的。

《诗序》说:"刺卫宣公也。公与夫人并为淫乱。"朱熹《诗集传》说:"此刺淫乱之诗。"这分明是一首优美而健康的民间情歌,而《诗序》《诗集传》目之为"刺淫乱"之诗,这显然是一种误解,难以令人置信。

谷 风

习习谷风①,以阴以雨②。
黾勉同心③,不宜有怒。

采葑采菲④,无以下体⑤。
德音莫违⑥,及尔同死。

行道迟迟⑦,中心有违⑧。
不远伊迩⑨,薄送我畿⑩。
谁谓荼苦⑪,其甘如荠⑫。
宴尔新婚,如兄如弟。

泾以渭浊⑬,湜湜其沚⑭。
宴尔新婚,不我屑以⑮。
毋逝我梁⑯,毋发我笱⑰。
我躬不阅⑱,遑恤我后⑲!

就其深矣,方之舟之⑳。
就其浅矣,泳之游之。
何有何亡㉑,黾勉求之。
凡民有丧㉒,匍匐救之㉓。

不我能慉㉔,反以我为雠㉕。
既阻我德㉖,贾用不售㉗。
昔育恐育鞫㉘,及尔颠覆㉙。
既生既育,比予于毒㉚。

我有旨蓄㉛,亦以御冬㉜。
宴尔新婚,以我御穷。
有洸有溃㉝,既诒我肄㉞。
不念昔者,伊余来墍㉟。

【注释】①习习:犹"飒飒"。风声。谷风:山谷狂风。②以:连词。连接词或词组。③黾(mǐn)勉:竭力自勉。④葑(fēng):芜菁。菲:萝卜。⑤以:动词。

用。下体:指叶。王夫之《诗经稗疏》:"草木逆生,则根在下为上体,叶在上为下体。"⑥德音:好听的话。即指下文"及尔同死"。违:背离。⑦迟迟:犹豫徘徊貌。⑧有违:足欲进而心不忍。⑨伊:语助词。迩:近。⑩畿(jī):门槛,门口。⑪荼:苦菜。⑫荠(jì):甜菜。⑬泾:水名。泾水清,比喻新人。以:犹"使"。渭:水名。渭水浊,比喻自己。⑭湜湜(shí):水清貌。其:指代"渭"。沚:当作"止"。指止水。⑮屑:洁。以:犹"已"。语助。⑯梁:捕鱼的石堰。⑰笱(gǒu):捕鱼的竹器。⑱躬:自己。阅:容纳。⑲遑:暇。恤:担忧。后:指后事。⑳方:小筏。舟:船。㉑亡:通"无"。没有。㉒丧:灾难。㉓匍匐:爬行。这里形容尽力。㉔能:犹"而"。乃。"能"当在"不"字前,转写误倒。慉(xù):爱悦。㉕雠:同"仇"。㉖阻:拒绝。㉗贾(gǔ):卖物。用:因。不售:卖不出去。㉘育:生计。鞫(jū):穷困。㉙颠覆:指艰难困顿的日子。㉚毒:毒虫。㉛蓄:咸菜。㉜御:防备。㉝有洸:即"洸洸"。水波动荡闪光貌。有溃:即"溃溃"。河水满溢貌。㉞诒(yí):送给。肄(yì):嫩枝。㉟墍(xì):通"忾"。爱。

【鉴赏】 这是弃妇之诗。

全诗六章。此诗讲述了一个悲剧性的婚姻故事。全诗以弃妇的口吻道来,哀婉缠绵,读后令人心碎。

一章写妇人斥夫变心。狂风飒飒,时阴时雨。诗以此兴比丈夫性情暴躁,反复无常。妇人尽力同心同德,丈夫不该动不动就发怒。婚姻要靠真情来维系,而丈夫只看重姿色,就好比"采葑采菲"只要根而不用叶。丈夫曾立下"及尔同死"的誓言,希望不要背离这好听的话语。

二章写妇人被遣返家。妇人在返家途中,步履沉重,犹豫徘徊,依依不舍,不忍离去。丈夫太绝情,不肯远送,只是送到门口。谁说荼菜苦?它的甘甜如同荠菜。此时你们新婚多么快乐,如兄如弟,亲亲热热。

三章写妇人被弃之因。妇人被弃,原因在于色衰。此章以河水设喻,生动而贴切。泾浊渭清是自古以来的传说,其实是泾清而渭浊。泾水清比喻新人美,渭水浊比喻旧人丑。渭河的水本来也是清的,只是由于泾渭合流,渭水才显得混浊;旧人本来也是美的,只是因为丈夫有了新人,才觉得自己丑。想到这里,妇人把一腔怨恨都发泄到新人身上,并警告说:"不要到我的鱼梁去!不要动我的捕鱼器!"但继而一想,自己现在已不见容,哪里还顾得上以后的事呢?

四章写妇人勤俭持家。当年家境贫困,生活拮据。妇人殚精竭虑,治家有功。就像渡河要因时制宜,水深就坐筏乘船,水浅就泅水游过。家中有啥缺啥心里有谱,并尽力操持。凡邻居遭遇灾难,也能尽力救助。

五章写妇人斥夫负恩。丈夫不但不爱妇人,反把妇人当作仇人。既已拒绝妇人美好的德行,妇人的一片真情就像卖货物而卖不出去。过去生活恐慌生计贫困,夫妻共同度过了一段艰难困顿的日子。现在家业发展了,生活富裕了,丈夫把妇人比作毒物予以抛弃,真是忘恩负义。

六章写妇人回忆过去。妇人腌好咸菜,可以度过冬天。丈夫与新人尽情欢乐,只是让妇人应付穷困。想当年两人恋爱之时,曾一同在春水弥漫的江边漫步,丈夫还送给她嫩枝条作为信物,并说唯我是爱。然而如今丈夫竟把往日的一切全都忘记,真令人心酸。

此诗将比兴与赋和谐地结合了起来。诗以"习习谷风,以阴以雨"兴比丈夫性情暴躁,反复无常。以"采葑采菲,无以下体"兴比丈夫舍本逐末,重色轻德。以"谁谓荼苦,其甘如荠"极言弃妇内心苦楚。以"方之舟之""泳之游之"兴比弃妇尽心竭力操持家务。这些都深厚含蕴、委婉动人。又有铺陈述事和直言抒情,与比兴完美结合,感人至深。

这是一首弃妇之诗,诸家并无异议。但在理解上略有不同。方玉润《诗经原始》说:"此诗通篇皆弃妇辞,自无异议。……是语虽巾帼,而志则丈夫。故知其为托词耳。"吴闿生《诗义会通》说:"窃疑此人臣不得志于君,而托为弃妇之词以自伤。"这种说法对理解诗意并无妨碍,但"托词"说似求之过深,未必含有这层寓意。

式 微

式微式微[①],胡不归?

微君之故②。胡为乎中露③!

式微式微,胡不归?
微君之躬④,胡为乎泥中⑤!

【注释】①式:发语词。微:衰微,卑微。②微:非,若不是。③中露:即露中。意谓冒风霜雨露。④躬:身。⑤泥中:泥水中。

【鉴赏】这是黎国臣子劝黎侯归国之诗。春秋时期,在今山西境内有一个小国黎。因遭受邻国赤狄潞氏的侵犯,黎侯放弃了故国,逃奔到卫国。卫国让黎国君民在两个城邑暂时寄住下来。随着时间的流逝,黎侯复国的念头逐渐被淡忘了。于是黎臣便写下这首"劝归之作"。全诗二章。诗的大意是:国势衰微国势衰微,为何还不回归故国?臣民要不是为了您啊,怎么会宿于露中,怎么会宿于泥中。很显然,创作此诗的目的是为了激励黎侯的复国之志。

《诗序》说:"黎侯寓于卫,其臣劝以归也。"此说正确。鲁诗说以为这是黎庄夫人及其傅母唱和之诗。据《列女传·贞顺篇》记载,黎庄夫人是卫侯之女。因为夫妻性情不合,心里很不愉快。于是傅母劝告她说:"式微式微,胡不归?"意思说:您的地位已经卑微了,为何还不回到故国去呢?黎庄夫人答道:"微君之故,胡为乎中露!"意思说:若没有国君的旨意,我怎能餐风饮露回卫国呢?准此,黎庄夫人并未宿于"中露""泥中",这与诗中"胡为乎中露""胡为乎泥中"的词气不类,故此说甚可怀疑。余冠英《诗经选》将"式微"释作"将暮",并断定"这是苦于劳役的人所发出的怨声"。此说要备一解,故录以存参。此诗"式微"一词生命力极强,直到现在还在沿用,足见其影响深远。

简 兮

简兮简兮①,方将万舞②。
日之方中,在前上处③。

硕人俣俣④,公庭万舞⑤。
有力如虎,执辔如组⑥。

左手执籥⑦,右手秉翟⑧,
赫如渥赭⑨,公言锡爵⑩。

山有榛⑪,隰有苓⑫。
云谁之思?西方美人⑬。
彼美人兮,西方之人兮。

【注释】①简:通"伣"。勇武之貌。②方将:即将。万舞:大舞。包括武舞和文舞。武舞手持干戚,文舞手持籥翟。③在前上处:在队列前的上头。④硕人:高大的人。这里指舞师。俣俣(yǔ):雄壮英武貌。⑤公庭:公堂前的庭院。⑥执辔:手持马缰。组:编织的丝组。⑦籥(yuè):古乐器。⑧秉翟(dí):手执山雉尾羽。⑨赫:红色。渥(wò):润湿。赭(zhě):赤土。⑩公:指卫君。锡:赐。爵:酒器。⑪榛(zhēn):树名。即榛栗。⑫隰(xí):低湿地。苓:草名。即卷耳。⑬西方:指周。美人:指舞师。

【鉴赏】这是女孩爱慕舞师之诗。

全诗四章。首章写舞师出场。这位舞师出场亮相,显得威武雄壮。这预示着一场大型"万舞"表演即将开始。此时一轮红日当空高悬,舞师站在队列前方领头的位置之上。二章写表演武舞。这位舞师身材高大,壮美英武,他在公庭跳起了武舞。他的动作苍劲有力犹如猛虎,手执缰绳如同丝组,整齐优美,挥动自如。三章写表演文舞。这位舞师左手握着籥管,右手持着雉羽,动作雍容和谐。表演完毕,他面部赤红若丹。卫君十分欣赏他的舞技,吩咐赐酒嘉奖。四章写女子思念舞师。这位女子观看了这场"万舞"表演,舞师的形象及精湛的舞技给她留下了难忘的印象,并使她萌生出爱慕之情。"山有榛"与"隰有苓"对举正是男女之思的隐语。她久郁心底,深长浓厚的情感不可遏止,思念的话语便脱口而出:"我思念谁呢?就是那西方的美男子。那个美男子,是西方之人。"不用说,这"美人"就是指的那位舞师。这里,"西方美人""美人西方"虽然只是颠倒词序,而女主人凝目西眺,穷情思远的神态仿佛可见,其意境圆美而情思隽永。

《诗序》说是"刺不用贤也"。意思是说,诗中的舞师本是一位能文善武的贤者,因生在衰世,故只能充当地位卑贱的伶官。但细玩诗意,感到诗中赞美的只是舞师的高超舞技,而无一句暗示他是贤者;流露的只是男女情思而无向往西周盛世之意。因此,这种说法恐难成立。

泉 水

毖彼泉水①,亦流于淇②。
有怀于卫③,靡日不思④。
娈彼诸姬⑤,聊与之谋⑥。

出宿于泲⑦,饮饯于祢⑧。
女子有行⑨,远父母兄弟。
问我诸姑,遂及伯姊。

出宿于干⑩,饮饯于言⑪。
载脂载舝⑫,还车言迈。
遄臻于卫⑬,不瑕有害⑭。

我思肥泉⑮,兹之永叹⑯。
思须与漕⑰,我心悠悠。
驾言出游,以写我忧⑱。

【注释】①毖:泉水涌流貌。②淇:水名。古为黄河支流。③有:语助词。④靡:无。⑤娈(luán):美好貌。诸姬:指从嫁的侄娣。⑥聊:姑且。⑦泲(jǐ):地名。⑧饮饯:设酒宴送行。祢(nǐ):地名。⑨有行:女子出嫁。⑩干:地名。⑪言:地名。⑫载:语助词。脂:油脂。这里作动词,用油脂涂抹。舝(xiá):车轴两端的铁键。⑬遄(chuán):迅速。臻:至,到。⑭不:语助词。瑕:胡,何。⑮肥泉:水名。⑯兹:通"滋"。增加。永叹:长叹。⑰须、漕:皆邑名。⑱写(xiè):宣泄。

【鉴赏】这是卫女思归之诗。
诗中的主人公想必是一位诸侯夫人。究竟是哪个诸侯的夫人,因诗中没有明言，不敢臆断。她思归的原因，恐怕与卫国的政局有关。据史书记载，卫懿公在位时，狄人进攻卫国。卫师与狄人战于荧泽，结果卫国大败，卫懿公也战死。在宋国的帮助下，卫国的流散臣民暂时安顿在漕邑，并立新君卫戴公。她出于忧国之情，想回卫国去探问亲人。

全诗四章。一章写商量回国。卫国涌流的泉水一同注入淇河。诗以此比喻她的满腔爱国深情像泉水一样向着自己的祖国。如今祖国遭受这样巨大的灾难，她没有一天不在思念。为此，她打算同贤惠的众姐妹去商量回国之事。二、三章写回国受阻。商量的结果是决定回国。她乘坐车马，朝着卫国的方向行进。她在沵地夜宿，在祢地饯饮。她想：如今已出嫁异国，远离了父母兄弟，心中没有主张。遇到问题，她只好询问"诸姑"及"伯姊"。询问的结果还是继续前行。她在干地夜宿，在言地饯饮。为了尽快赶路，于是给车轴涂上油脂。就在此时回国受阻。这从"还车言迈"一句便可看出。万般无奈，她只得掉转车头而行。她边行边想，急回卫国探问亲人，这又有何过错！四章写出游泄忧。她虽然不能回到卫国，但她的心却早已飞回卫国。她想到卫国的肥泉，不禁一声长叹；她想到卫国的须邑和漕邑，悲伤更是绵绵不断。这满腔的忧思无法排遣，她只得驾车出游以泄忧思。

古代有的学者认为此诗是运用以幻写真的艺术手法。陈震《读诗识小录》："全诗皆以冥想幻出奇文，谋与问皆非实有其事。"戴君恩《读诗臆评》："波澜横生，峰峦叠出，可谓千古奇观。"真乃赞赏备至。

此诗写卫女思归，对此古今无有异议。但对三个问题看法不一。一是卫女为谁。有的说是诸侯夫人，有的说是陪嫁的媵妾，有的说是许穆夫人，有的说是一般女子。二是思归之因。有的说是父母去世，有的说是出于忧国之情，有的说是婚姻不如人意。三是对二、三章的理解。有的说是对昔日出嫁情景的回忆，有的说是对计划返回故国的设想，有的说是对返回故国路线的叙事。这些细微差别，读者可在仔细体味诗意的基础之上，判断正误并决定取舍。

北 门

出自北门,忧心殷殷①。
终窭且贫②,莫知我艰。
已焉哉! 天实为之,
谓之何哉③?

王事适我④,政事一埤益我⑤。
我入自外,室人交遍谪我⑥。
已焉哉! 天实为之,
谓之何哉?

王事敦我⑦,政事一埤遗我⑧。
我入自外,室人交遍摧我⑨。
已焉哉! 天实为之,
谓之何哉?

【注释】①殷殷:忧愁深重貌。②终:既,已。窭(jù):住宅简陋。③谓之何哉:还说什么呢。④王事:指劳役之事。适(zhé):通"擿"。推给。⑤政事:指赋税之事。一:全部。埤(pí)益:加给。⑥交:更迭。遍:都。谪(zhé):责备。⑦敦:逼迫;催促。⑧埤遗:留给。⑨摧:讥讽。

【鉴赏】这是小吏自叹贫困辛劳之诗。

春秋时期,等级森严。达官贵人骄奢淫逸,悠闲自在,而下层小吏生活困顿,公务繁重。此诗所写正是一个小吏的痛苦心声。

全诗三章。一章前四句写小吏生活困顿。他从北门外出,忧心无比沉重。他愁什么呢? 他愁家里不仅房屋简陋,而且经济拮据。更为可叹的是,竟没有谁了解他的艰辛。二、三章前四句写小吏公务繁重。劳役之事推给他,赋税之事也全都留给他。这样一来,家庭的生计他全然顾不上。每当他从外面回来,他心里就更加烦恼。一家老小交相责备他,还纷纷讥讽他,使他心力交瘁,苦不堪言。每章后三句写小吏悲叹命苦。无论是生活困顿,还是公务繁重,这一切都是老天爷注定的命运。既然如此,那就算了吧,说它又有何用?这是一种无可奈何、听天由命的悲叹。

诗中连用"我"字,蕴含着浓郁的感情色彩。邓翔《诗经绎参》评曰:"三章共八'我'字,无所控诉,一腔热血。"足见小吏悲愤至极。

《诗序》说是"卫之忠臣不得其志"。这种说法不够确切。诗中的小吏生活在困境之中,既不得不承担繁重的公务,又不能对家人陈明苦衷,而只能自叹自艾,怨天尤人。像这样一卑弱、凡庸的小吏,怎么能说是一位不得其志的忠臣呢?

北 风

北风其凉,雨雪其雱①。
惠而好我②,携手同行。
其虚其邪③,既亟只且④。

北风其喈⑤,雨雪其霏⑥。
惠而好我,携手同归。
其虚其邪,既亟只且。

莫赤匪狐⑦,莫黑匪乌⑧。
惠而好我,携手同车。
其虚其邪,既亟只且。

【注释】①雨雪:下雪。雱(páng):雪盛貌。②惠:友好。好:友好。③虚:从容不迫。邪:通"徐"。徐缓。④亟(jí):急迫。只且(jú):语助词。⑤喈(jiē):猛烈。⑥霏:纷飞貌。⑦莫赤匪狐:没有红的不是狐狸。⑧莫黑匪乌:没有黑的不是乌鸦。

【鉴赏】这是刺虐之诗。

春秋时代,卫国政治十分黑暗,时局异常动荡。统治者荒淫暴虐,残酷地压榨百姓。百姓不堪暴政,为了避免祸患,不得不背井离乡,大批逃亡。

全诗三章。一、二章以北风、下雪为喻,三章以狐狸、乌鸦为喻。诗以北风寒凉而猛烈、下雪浓密而纷飞,比喻卫国政治黑暗、时局动荡;诗以没有红的不是狐狸、没有黑的不是乌鸦,比喻统治者都是一样的残酷暴虐。在这种肃杀的氛围之中,诗人号召相互友爱的人们,携手同行,逃离家乡,去寻找自己的生路;不要犹豫,不要徘徊,形势危殆,急不可待。读着此诗,我们仿佛看到在苛政下民众大批出逃的景象。

古乐府《北风行》,诗题即效此诗。《古诗十九首》:"愿得常巧笑,携手同车归",盖亦本于此诗。唐李白《北风行》,也明显受到《北风》的启发。由此可见,《北风》一诗对后世的深远影响。

姚际恒《诗经通论》说:"此诗自是贤者见几之作,不必说及百姓。"准此,逃亡者不是百姓而是贤者。邓荃《国风译注》说:"恋人相邀避战祸。"据此,逃亡者也不是百姓而是一对恋人。这两种说法,虽不影响对诗意的理解,但联系当时卫国的暴政,深受其害的当是百姓,而绝非贤者;逃亡者当是成千上万,而绝非仅只一对恋人。因此,谓"百姓逃亡"要优于其他诸说。

静　女

静女其姝①,俟我于城隅②。
爱而不见③,搔首踟蹰④。

静女其娈⑤,贻我彤管⑥。
彤管有炜⑦,说怿女美⑧。

自牧归荑⑨,洵美且异⑩。
匪女之为美,美人之贻。

【注释】①静女：淑女，善良的姑娘。姝（shū）：美好貌。②俟（sì）：等候。城隅：墙角。③爱：通"薆"，隐藏。④搔首：抓头。踟蹰（chí chú）：徘徊不定。⑤娈（luán）：美好貌。⑥贻：赠送。彤管：红管茅草，即下文的"荑"。⑦炜（wěi）：红而有光貌。⑧说怿（yuè yì）：喜悦。女：指代"彤管"。⑨牧：野外。归：通"馈"，赠送。荑（yí）：初生的丹茅。⑩洵（xún）：实在，的确。异：奇异。

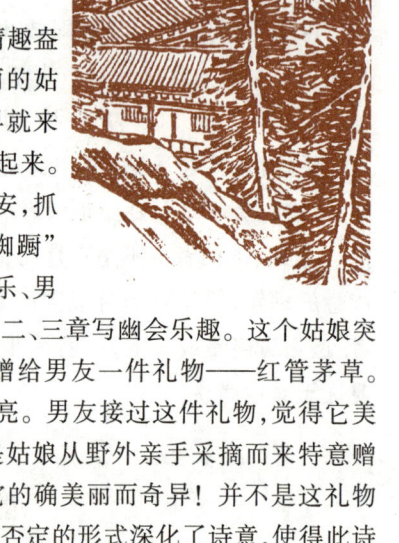

【鉴赏】这是情人幽会之诗。

全诗三章。此诗写得生动逼真，情趣盎然。一章写按时赴约。一个善良美丽的姑娘与男友相约在"城隅"幽会。姑娘早就来到幽会之地，她为了逗乐，悄悄地躲了起来。男友来后却不见姑娘，害得他焦灼不安，抓着头皮，来回走动。"爱而不见，搔首踟蹰"二句写得极为传神，它将姑娘故意逗乐、男子焦灼不安的神情，刻画得活灵活现。二、三章写幽会乐趣。这个姑娘突然露面了，男友顿时转忧为喜。姑娘赠给男友一件礼物——红管茅草。这礼物非同一般，它红光闪闪，鲜艳明亮。男友接过这件礼物，觉得它美丽无比。这件礼物极其珍贵，因为它是姑娘从野外亲手采摘而来特意赠给男友的。所以男友深情地赞颂道：它的确美丽而奇异！并不是这礼物有多美，因为它是美人所赠予。这里用否定的形式深化了诗意，使得此诗波澜起伏而又宛转多趣。

《诗序》说："卫君无道，夫人无德。"《正义》说："陈静女之美，欲以易今夫人也，庶辅赞于君，使之有道也。"方玉润《诗经原始》说："静女，即宣姜也。……（宣公）竟不顾惜廉耻，自取而纳之。"无论是陈古以刺今，还是直接讽刺宣公无道、宣姜无德，都不符合诗意。从"自牧归荑"一句看来，这显然是一首民间情诗，它与"卫君""夫人"无涉。朱熹《诗集传》说："此淫奔期会之诗也。"姚际恒《诗经通论》说："此刺淫之诗也。"朱、姚二氏虽看出这是一首情诗，但囿于封建礼教，目之为"淫"，也不近情理。试问,男女相悦,幽期密约,这又有什么值得非议的呢?

新 台

新台有泚①,河水瀰瀰②。
燕婉之求③,籧篨不鲜④。

新台有洒⑤,河水浼浼⑥。
燕婉之求,籧篨不殄⑦。

鱼网之设,鸿则离之⑧。
燕婉之求,得此戚施⑨。

【注释】①新台:新修的楼台。泚(cǐ):鲜明貌。②瀰瀰(mǐ):水盛貌。③燕婉:指容貌美好的爱人。④籧篨(qú chú):蛤蟆。不鲜:不美。⑤洒(cuǐ):义同"泚"。⑥浼浼(měi):水大貌。⑦不殄(tiǎn):义同"不鲜"。殄,通"腆"。⑧鸿:鸿雁。离:通"罹"。网得。⑨戚施:蛤蟆。

【鉴赏】这是讽刺卫宣公之诗。

此诗包含着一个真实的故事。卫国有一个君主叫宣公。此人一向荒淫无耻。他同庶母夷姜私通,生有一子名伋。太子伋长大后,准备娶齐女为妻。宣公听说儿媳很漂亮,就起了坏心思,想将儿媳占为己有。他恐怕齐女不顺从自己,就在河边修筑了一座新楼台,强行邀集相会,造成既成事实。国人憎恨宣公的这一丑行,于是就写了《新台》这首诗来讽刺他。

全诗三章。一、二章意思相同。前二句既是赋体,也是兴体。新台鲜明,河水弥漫,相互掩映,环境优美。然而,这里既是宣公作恶之地,也是宣公罪恶的见证。诗从新台、河水着笔,便寄寓了辛辣的讽刺。此外,这两句还是一种反兴,即"将物之有,兴起自家之所无"。诗正是以新台鲜明、河水弥漫,反兴自己本想找一个年轻貌美的好配偶,不料却嫁给了一个类似蛤蟆的丑老头!三章前二句也是兴体。诗以"所得过所望"反兴"所得非所求"。诗言"人家设网为捕鱼,竟网得一只大鸿雁"。这即是

47

"所得过所望";诗言"本想找一个年轻貌美的好配偶,不料却得到一个好似蛤蟆的丑老头"。这即是"所求非所得"。两相对照,形成一种极大的情感反差,从而表达了诗人所嫁非所愿的怨愤之情。

兰菊孙《国风今译》说:"我仔细揣摩原诗,倒好像是一位妇人遭了媒人的欺骗,所嫁非人,因而发出的怨词。"此说虽新,但并不确切。宣公强占儿媳的丑行,在《左传》《史记》中均有记载,而且篇名《新台》也与史实契合,故旧说为宜。

鄘 风

柏 舟

泛彼柏舟①,在彼中河②。
髧彼两髦③,实维我仪④。
之死矢靡它⑤,母也天只⑥,
不谅人只。

泛彼柏舟,在彼河侧。
髧彼两髦,实维我特⑦。
之死矢靡慝⑧,母也天只,
不谅人只。

【注释】①泛:漂浮。②中河:即河中。③髧(dàn):发垂貌。两髦:男子未成年时,头发梳成双髻。④维:是。仪:配偶。⑤之死:到死。矢:通"誓"。发誓。靡它:无二心。⑥天:指父亲。只:语助词。⑦特:对象。⑧慝(tè):变心。

【鉴赏】 这是女子忠于爱情至死不渝之诗。

全诗两章。在古代,青年男女的婚姻不能自主,必须经过"父母之命,媒妁之言"才能成婚。否则,就会遭到世人乃至家人的非议和反对。诗中的女子在爱情上就遇到了巨大的阻力。诗正是以河中漂浮的柏舟兴比爱情生活中的波澜起伏。从诗意来看,这种阻力来自她的父母。这个女子背着父母,自由恋爱,私订终身。她公开地声言:那个头发分披的小伙子,就是我理想的对象。尽管父母极力反对,但她发誓至死无有二心,至死不改其志。可见,她对爱情是何等专一,何等忠贞。正因为她热烈地追求理想的爱情,所以她才敢于责怪父母不体谅自己的心思。不难看出,这是一位性格刚强的女子。她的爱情因遭到父母的极力阻挠而显得异常强烈,就像溪水因受山石的阻挡而激起浪花一样。

晚唐五代韦庄《思帝乡》词曰:"春日游,杏花吹满头。陌上谁家少年,足风流。妾拟将身嫁与,一生休。纵被无情弃,不能羞。"试将诗与词作一比较,不难看出,词中的"陌上谁家少年"四句与诗中的"髧彼两髦"三句表达的感情是类似的。她们的爱都充满了赤诚,表现得率直大胆。所不同的是诗中少女的爱比词中少女的爱显得更为强烈。

《诗序》说:"共姜自誓也。卫世子共伯蚤死,其妻守义,父母欲夺而嫁之,誓而弗许。"此说实不可信。据推算,共伯死时,已有四十多岁,不能算早死。共伯为国君,其身份也不是世子。四十多岁的共伯,绝不会打扮成"髧彼两髦"的童子模样。由此可见,"共姜自誓"说难以成立。陈子展《诗经直解》说:"贞女寡妇矢志不嫁之词。"这种说法显然背离诗意。诗明言"髧彼两髦,实维我仪""髧彼两髦,实维我特",这表明,诗中的女子很想嫁给她的意中人。因此,谓"贞女寡妇矢志不嫁",毫无根据。

墙有茨

墙有茨①,不可扫也。
中冓之言②,不可道也。
所可道也,言之丑也。

墙有茨,不可襄也③。
中冓之言,不可详也。
所可详也,言之长也。

墙有茨,不可束也④。
中冓之言,不可读也⑤。
所可读也,言之辱也。

【注释】①茨(cí):蒺藜。②中冓(gòu):宫中密室。③襄:通"攘"。除去。④束:捆束。⑤读:诵说。

【鉴赏】这是揭露卫国宫廷生活腐朽糜烂之诗。

卫国宫廷生活腐朽糜烂,丑闻不断传出。最典型的有两件:一是卫宣公上通庶母夷姜,下占儿媳齐女;二是宣公死后,其子昭伯顽竟与宣姜姘居,生有三男二女。这些丧尽天理人伦的兽行并不是孤立的,它只是宫廷中众多丑闻中的一部分。

全诗三章。诗将宫廷中的丑事比作墙上的蒺藜,生动而贴切。一章说:墙上的蒺藜,不能扫除走。宫中的那些丑事,无法说出口。若要说出口,那可真太丑。二章说:墙上的蒺藜,不能铲除光。宫中的那些丑事,无法详细谈。若要详细谈,那话就太长。三章说:墙上的蒺藜,不能去捆束。宫中的那些丑事,无法说清楚。若要说清楚,那可真羞辱。这些揭露,真是痛快淋漓,入木三分。

此诗在艺术上有两个显著特点:一是以蒺藜隐喻宫中的丑事,形象鲜明而又寓意深长。二是不言之言,让读者去想象。诗中虽未实指丑事,但却巧妙地揭露了宫中污浊至极、淫秽不堪的实质。

闻一多《风诗类抄》说:"刺人不能防闲其妻也。"邓荃《国风译注》说:"姑娘受辱后的哭泣。"此说虽新,但并不符合诗意。作如此理解,也无意贬低了此诗的社会意义,故不可取。

桑 中

爰采唐矣①? 沫之乡矣②。
云谁之思? 美孟姜矣③。
期我乎桑中④,要我乎上宫⑤,
送我乎淇之上矣⑥。

爰采麦矣? 沫之北矣。
云谁之思? 美孟弋矣⑦。

期我乎桑中,要我乎上官,
送我乎淇之上矣。

爰采葑矣⑧?沫之东矣。
云谁之思?美孟庸矣⑨。
期我乎桑中,要我乎上官,
送我乎淇之上矣。

【注释】①爰:语助词。唐:菟丝草。②沫(mèi):邑名。③孟姜:姜家的大姑娘。④期:等候。桑中:桑林之中。⑤要:通"邀"。邀约。上官:地名。⑥淇:水名。⑦孟弋(yì):弋家的大姑娘。⑧葑:芜菁。⑨孟庸:庸家的大姑娘。

【鉴赏】这是青年男女幽会之诗。

全诗三章。每章前四句写男子思念女子。这里运用问答的形式,唱出了男子对女子的思念之情。从"采唐""采麦""采葑"等词语来看,这是民间的青年男女无疑。一章说:到哪里去采唐?到那沫邑之乡。思念谁呢?就是美孟姜。二章说:到哪里去采麦?到那沫邑之北。思念谁呢?就是那美孟弋。三章说:到哪里去采葑?到那沫邑之东。思念谁呢?就是那美孟庸。每章后三句写甜蜜的幽会。这三章说:女友约我在桑中见面,又邀我去上官玩赏,最后送我到淇水边上。须得说明的是,诗中出现三种植物"唐"、"麦"和"葑",出现三个地点"沫之乡"、"沫之北"与"沫之东",出现三个女子"美孟姜"、"美孟弋"与"美孟庸"。乍一看,这似乎不近情理。但这正是风诗的艺术特点。方玉润《诗经原始》说:"三人、三地、三物,各章所咏不同,而所期、所要、所送之地则一,章法板中寓活。"黄焞《诗说》也说:"风诗主题常在首章,其次章以下,有异而实同,韵虽换其义则一者。"这就告诉我们,阅读风诗不可过于拘泥,否则就会以辞害意。

《诗序》说是讽刺"卫之公室淫乱,男女相奔。至于世族在位,相窃妻妾。"陈子展《诗经直解》说是"揭露卫之统治阶级贵族男女淫乱成风之作。"此说显与诗中轻松、叹美的情调不合。再说诗中明言"采唐"、"采麦"、"采葑",也与公室贵族的生活绝不相类,足见此说不合诗之本意。

定之方中

定之方中①,作于楚宫②。
揆之以日③,作于楚室④。
树之榛栗⑤,椅桐梓漆⑥。
爰伐琴瑟⑦。

升彼虚矣⑧,以望楚矣。
望楚与堂⑨,景山与京⑩。
降观于桑⑪,卜云其吉,
终焉允臧⑫。

灵雨既零⑬,命彼倌人⑭。
星言夙驾⑮,说于桑田⑯。
匪直也人⑰,秉心塞渊⑱,
騋牝三千⑲。

【注释】①定:星名。又名营室星。夏正十月,定星在正中,可依据它定方位,建官室。②作:建造。楚宫:楚丘之宫。③揆(kuí):测量。④楚室:楚丘之室。⑤树:栽种。⑥椅:树名。落叶乔木。⑦伐:砍伐。⑧升:登。虚:同"墟"。大丘。⑨堂:堂邑。⑩景山:大山。京:高丘。⑪于桑:在桑树林。⑫允臧:确实很好。⑬灵雨:好雨。零:降落。⑭倌人:掌管车马的小臣。⑮星:雨止星现。夙:早。⑯说(shuì):停车止息。⑰匪:同"非"。不。直:持,只。⑱秉心:操心。塞渊:深远。⑲騋牝(lái pìn):健壮的母马。三千:极言多。

【鉴赏】这是歌颂卫文公复国之诗。

据《左传》记载,卫懿公时,狄人入卫,懿公战死。戴公立一年而卒,文公继位。他发愤图强,力图振兴卫国。为此,他革新政治,轻赋平罪,选贤任能;重视农业,发展工商,兴办教育。经过努力奋斗,终使卫国得到了巩固与发展。此诗正是形象地再现了当年卫文公身体力行,重建家园的情景。

全诗三章。首章写营建宫室。定星高悬天空,在楚丘兴建新宫。按照日影测定方向,在楚丘建造新房。还在四周栽种了各种树木,以便将来用以制作琴瑟。二章写规划城邑。卫文公登上丘陵,眺望楚丘、堂邑以及大山与高丘。接着他走下山来,观察桑林。他再卜上一卦,卜语吉祥,最终相信这儿确实是一片好地方,于是决定在这里兴建城邑。三章写察看农牧。这天,一场好雨纷纷降落。当晚卫文公命令倌人备好车马。他说:"明日天晴就早早出发,到桑园农田停车止息。"卫文公非但不是一位平庸之君,而且操心国事,谋略深远,正因如此,卫国良马众多,蕃育富盛。

此诗全用赋体。语言质朴无华,平实自然。诗中没有虚伪的阿谀奉承,没有肉麻的歌功颂德,有的只是对卫文公政绩的具体描写。透过此诗,我们仿佛看到了一位精明务实的古代政治家的形象。

相 鼠

相鼠有皮①,人而无仪②。
人而无仪,不死何为③。

相鼠有齿,人而无止④。
人而无止,不死何俟⑤。

相鼠有体,人而无礼。
人而无礼,胡不遄死⑥。

【注释】①相:看。②仪:仪表。③何为:做什么。④止:容止。⑤俟(sì):

等待。⑥遄(chuán)：快。

【鉴赏】这是讽刺统治者毫无廉耻之诗。

老鼠是一种害人的动物。它不仅肮脏猥琐，而且窃粮毁物，行为丑恶，因而为人厌恶，受人诅咒。俗话说："老鼠过街，人人喊打。"这表达了人们对老鼠的切齿之恨。此诗借鼠讽刺不顾礼义廉耻之人，是再恰当不过了。

全诗三章。每章均运用反衬手法，将所刺之人与老鼠对比，大有人不如鼠之感。一章说：看老鼠还有一层毛皮，人却没有威仪。人如果没有威仪，不死还做什么。二章说：看老鼠还有满口牙齿，人却没有容止。人如果没有容止，不死还等什么。三章说：看老鼠还有一副肢体，人却没有礼义。人如果没有礼义，为什么不快点去死。诗中变换词语，斥责再三，一针见血，从而表达了人们对统治者强烈的憎恨之情。

这是一首刺诗，古今无有异议。但讽刺的对象究竟是谁，则有不同看法。《诗序》说是"刺在位承先君之化，无礼义也。"《白虎通·谏诤》说是"妻谏夫之诗"。从诗中激烈的言词看，前一种说法较为合理。

载　驰

载驰载驱①，归唁卫侯②。
驱马悠悠③，言至于漕④。
大夫跋涉⑤，我心则忧。

既不我嘉⑥，不能旋反⑦。
视尔不臧⑧，我思不远⑨。
既不我嘉，不能旋济⑩。
视尔不臧，我思不閟⑪。

陟彼阿丘，言采其蝱⑫。
女子善怀⑬，亦各有行⑭。

许人尤之⑮,众稚且狂⑯。

我行其野,芃芃其麦⑰。
控于大邦⑱,谁因谁极⑲。
大夫君子,无我有尤⑳。
百尔所思,不如我所之㉑。

【注释】①载:语助词。驰、驱:策马飞奔。②唁:吊问诸侯失国。卫侯:指卫文公。③悠悠:道路漫长。④漕:卫国邑名。⑤大夫:指许国大夫。⑥嘉:赞同。⑦旋反:返回许国。⑧臧:善。⑨思:考虑。远:迂阔。⑩旋济:渡河回去。⑪閟(bì):闭塞。⑫蝱(máng):药名。贝母。据说可治郁闷病。⑬善怀:容易动情。⑭行:道理。⑮尤:责难。⑯稚:不明事理。狂:狂妄自大。⑰芃芃(péng):茂盛貌。⑱控:赴告,陈述。⑲谁因:谁可依靠。谁至:谁来救援。⑳尤:过失。㉑所之:所往,指所选择的方向。

【鉴赏】这是许穆夫人回卫吊问文公之诗。

许穆夫人是我国历史上第一位有姓名可考的爱国女诗人。她是卫国君主的女儿,嫁给许国穆公为夫人。卫国自懿公始,就接连遭到不幸。赤狄入侵,懿公战死;戴公继位,一年而卒;文公继位,国力大衰。在这种危急关头,许穆夫人激于爱国之情,决定回卫吊问其兄文公,并出谋划策,为复国建国献出自己的力量。但按照礼法,许穆夫人回卫吊问其兄是一种违礼的举动,因此遭到许国大夫的阻挠与反对。许穆夫人冲破常规,排除阻力,终于回到祖国。

全诗四章。一章写长驱返回卫国。她驾着车马,飞速前进,回到卫国去吊问卫侯。她扬鞭策马,道路漫长,终于到达卫国的漕邑。可许国大夫跋涉赶来,劝她回许,为此她心中充满了忧伤。二章写她批评许国大夫。虽然许国大夫不赞同她回卫的主张,但她也决不返回许国。她批评许国大夫劝阻她归国,实为不善之举,并坚信自己的考虑不迂阔,不闭塞。三章写她斥责许国大夫。她登上小丘,采摘贝母,是为了消除心中的郁闷。女子虽然容易动情,但也有她自己的道理。她斥责许国大夫埋怨自己,真是幼稚无知,狂妄自大。四章写救国方略。在麦子成熟的季节,她在田野中漫步。她想,要拯救卫国,必须赴告大国,争取外援。哪个国家可靠,哪个国家会前来支援,要做到心中有数。只有如此,复国建国的计划才能得以实现。最后表明不顾"大夫君子"的指责,仍按既定的主张行事。

不难看出,诗中的爱国情思是深沉的,情与景的结合是自然的,所表现出的政治见识是卓绝的。《左传》记载说,许穆夫人归卫不久,齐国就派了齐桓公之子无亏率车三百乘,甲士三千人戍漕,对卫进行了军事上和政治上的支援。可以认为,这正是许穆夫人"控于大邦"政治主张的一个实绩。

对此诗的主题虽无异议,但在许穆夫人是否回到卫国这个问题上则存在着分歧。一是认为许穆夫人并未回到卫国。《诗序》说:"思归唁其兄,又义不得。"朱熹《诗集传》说:"未至,而许之大夫有奔走跋涉而来者。"吴闿生《诗义会通》说:"皆托为之辞,以自抒其忧愤。"一是认为许穆夫人已回到卫国。林庚等《中国历代诗歌选》说:"这首诗写许穆夫人不顾许国大夫的阻挠而毅然回国。"诗言"言至于漕"。"至"有"到达"义,而无"前往"意。由此可知,"不能旋反"、"不能旋济",是说许穆夫人已回到卫国,不能立即返回许国。诗中"载驰载驱"、"驱马悠悠"也非想象之词,而为实有之事。因此,应以后说为是。

卫 风

淇 奥

瞻彼淇奥①,绿竹猗猗②。
有匪君子③,如切如磋,如琢如磨。
瑟兮僩兮④,赫兮咺兮⑤。
有匪君子,终不可谖兮⑥。

瞻彼淇奥,绿竹青青。
有匪君子,充耳琇莹⑦,会弁如星⑧。
瑟兮僩兮,赫兮咺兮。
有匪君子,终不可谖兮。

瞻彼淇奥,绿竹如箦⑨。
有匪君子,如金如锡⑩,如圭如璧⑪。
宽兮绰兮,猗重较兮⑫。
善戏谑兮⑬,不为虐兮⑭。

【注释】①淇奥:淇水弯曲处。②猗猗:茂盛貌。③匪:通"斐"。文采貌。④瑟:态度庄重。僩(xiàn):胸襟宽阔。⑤赫:光明正大。咺(xuān):仪表堂堂。⑥谖(xuán):忘。⑦琇莹:晶莹的宝石。⑧会弁如星:皮帽饰以珠玉,闪烁如星。⑨箦(zè):密集。⑩如金如锡:比喻精纯。⑪如圭如璧:比喻可贵。⑫猗:通"倚"。依靠。重较:卿士所乘之车。⑬戏谑:开玩笑。⑭虐:粗暴无礼。

【鉴赏】这是赞美卫武公之诗。

卫武公名和,他在周宣王十六年始为卫侯,曾做过周平王的卿士。传说他立身谨慎,年当九十五岁的高龄,还欢迎朝臣的规谏,并作《懿戒》以自警。

全诗三章。每章前二句以淇水岸边的绿竹起兴。一章以绿竹茂盛象征武公学问日进;二章以绿竹青翠象征武公服饰隆盛;三章以绿竹密集象征武公品德成就。每章中五句具体赞美卫武公。一章赞美学问精密。他对学问一丝不苟,犹如牛骨象牙经过切磋,宛若美玉宝石经过琢磨。他态度庄重而又心胸宽阔,光明磊落而又仪表堂堂。这位文采斐然的君子,终究不会被人忘怀。二章赞美服饰美盛。他对衣冠非常讲究,两耳旁边悬系着晶莹的宝石,皮帽上装饰的珠玉像星星般闪闪发光。他态度庄重而又心胸宽阔,光明磊落,仪表堂堂。这位文采斐然的君子,终究不会被人忘怀。这几句反复吟唱,足见武公为人深得民心。三章赞美道德纯粹。他注重道德修养,其道德像金、锡一样精纯,像圭、璧一般可贵。他倚靠车耳,显得宽厚轻松,怡然自得。他说话幽默风趣,态度和蔼可亲,绝无粗暴无礼之举。由此可见,武公不失为当时贵族官僚中一位斐然杰出的人物。

此诗主题除"美武公"之说外,还有一种"女夸男"的说法。孙作云《诗经恋歌发微》说是"女子赞美男子之歌",袁梅《诗经译注》说是"古代贵族女子与丈夫分别后的思夫夸夫之歌"。但诗中主要赞美君子修业立德,与男女之思情调不合,故这种说法似不可取。

硕 人

硕人其颀①,衣锦褧衣②。

齐侯之子③,卫侯之妻④。
东宫之妹⑤,邢侯之姨⑥。
谭公维私⑦。

手如柔荑⑧,肤如凝脂⑨,
领如蝤蛴⑩,齿如瓠犀⑪,
螓首蛾眉⑫,巧笑倩兮⑬,
美目盼兮⑭。

硕人敖敖⑮,说于农郊。
四牡有骄,朱幩镳镳⑯,
翟茀以朝⑰。大夫夙退,
无使君劳。

河水洋洋,北流活活⑱。
施罛濊濊⑲,鳣鲔发发⑳,
葭菼揭揭㉑,庶姜孽孽㉒,
庶士有朅㉓。

【注释】①硕:高大。颀(qí):长大貌。②褧(jiǒng):麻布外衣。③齐侯:指齐庄公。④卫侯:指卫庄公。⑤东宫:指齐太子得臣。⑥邢侯:邢国的君主。⑦谭公:谭国的君主。私:指庄姜姊妹的丈夫。⑧荑:初生茅芽。⑨凝脂:凝固的脂膏。⑩蝤蛴(qiú qí):天牛的幼虫。⑪瓠犀(hù xī):瓠瓜的子。⑫螓(qín):蝉的一种。螓首,形容女子额头广而方。蛾:蚕蛾。蛾眉,形容女子眉毛弯长而秀美。⑬巧笑:轻巧俏丽的笑。倩(qiàn):笑时面颊上露出酒窝。⑭盼:眼珠黑白分明。⑮敖敖:长大貌。⑯朱幩(fén):以红绸缠马嚼作扇汗之用。镳镳(biāo):装饰美盛。⑰翟茀(dí fú):饰有雉羽的彩车。⑱活活(guō):流水声。⑲施罛(gū):设网。濊濊(huò):渔网入水之声。⑳鳣鲔(zhān wěi):鲤鱼、鲟鱼。发发(bō):鱼摆尾击水之声。㉑葭菼(jiā tǎn):芦荻。揭揭:高出貌。㉒庶姜:随从的众多齐女。孽孽:盛饰貌。㉓庶士:随从的众多武士。朅(jié):威武貌。

【鉴赏】这是庄姜初嫁之诗。

全诗四章。一章写庄姜出身高贵。她身材高大,仪态端庄。身着锦衣罩衫,更衬出她的美丽。她是齐侯的公主,卫侯的夫人,齐太子得臣的妹妹,邢侯夫人的姊妹,谭国君主则是她的妹夫。二章写庄姜容貌美丽。她的手像初生的茅芽一样细软,皮肤像凝固的脂膏一样洁白,脖子像蜗牛颈子一样柔嫩,牙齿像瓠瓜子儿一样整齐。她前额宽广而方正,眉毛弯长而秀美。她轻巧一笑现酒窝,美丽的眼睛黑白分明,波光流动,美好无比。三章写结婚的仪式。她在城郊整妆,然后乘车进入卫宫。四匹马雄壮矫健,朱绸缠着的马嚼闪着红光,饰有彩羽的轿车异常华美。当车马进入卫宫,各位大夫就立即退朝,为的是不使卫君过于劳累。四章写送嫁的盛况。黄河里水势茫茫,流水声哗哗作响,这象征着齐卫两国繁荣富强;撒开一张大网,鲤鱼鲟鱼活泼肥壮,这象征着卫侯夫妇婚姻美满幸福、欢乐无疆;河边的翠苇青荻高大茂密,这象征着随嫁的众多齐女亭亭玉立,送嫁的众多武士英武雄壮。足见送嫁的车队是何等美盛。

此诗在艺术上有两个显著特点:一是描写女性美十分出色。第二章连用四个比喻描写庄姜容貌美丽,宛若一幅美人图。其中"巧笑倩兮,美目盼兮"二语,化静为动,尤为传神。二是叠字运用更富于特色。第四章七句中就有六句连用叠字,显得音韵和谐,气势生动,情趣洋溢。

《诗序》说:"悯庄姜也。"细玩诗意,此诗与庄姜"无子"之事毫不相关,又绝无悲伤忧虑之情,故"闵庄姜"之说难以成立。刘向《列女传》说:"(庄姜)始往,操行衰惰,有冶容之行、淫佚之心。傅母见其妇道不正,谕之曰:'子之家世世尊荣,当为民法则。……衣锦绚裳,饰在舆马,是不贵德也。'乃作诗曰。"这种说法与诗意不合,恐是将后人的断章取义误作诗之本义,所以也不足为据。

氓

氓之蚩蚩①,抱布贸丝②。
匪来贸丝,来即我谋③。
送子涉淇,至于顿丘④。

匪我愆期⑤,子无良谋。
将子无怒⑥,秋以为期。

乘彼垝垣⑦,以望复关⑧。
不见复关,泣涕涟涟⑨。
既见复关,载笑载言。
尔卜尔筮⑩,体无咎言⑪。
以尔车来,以我贿迁⑫。

桑之未落,其叶沃若⑬。
于嗟鸠兮,无食桑葚⑭。
于嗟女兮,无与士耽⑮。
士之耽兮,犹可说也⑯。
女之耽兮,不可说也。

桑之落矣,其黄而陨⑰。
自我徂尔⑱,三岁食贫⑲。
淇水汤汤⑳,渐车帷裳㉑。
女也不爽㉒,士贰其行㉓。
士也罔极㉔,二三其德㉕。

三岁为妇,靡室劳矣㉖。
夙兴夜寐,靡有朝矣㉗。
言既遂矣㉘,至于暴矣。
兄弟不知,咥其笑矣㉙。
静言思之,躬自悼矣㉚。

及尔偕老,老使我怨。
淇则有岸,隰则有泮㉛。

总角之宴㉜,言笑晏晏㉝,
信誓旦旦㉞,不思其反㉟。
反是不思㊱,亦已焉哉㊲。

【注释】①氓(méng):民。此指女子的丈夫。蚩蚩(chī):嬉笑貌。②布:货币。贸:购买。③即:就。④顿丘:地名。⑤愆(qiān)期:拖延婚期。⑥将:请。怒:性急。⑦垝垣(guǐ yuán):断墙。⑧复关:地名。氓所居之地。此代氓。⑨涟涟:泪流不断貌。⑩卜:用龟甲占卜。筮(shì):用蓍草占卜。⑪体:卦辞,卦象。无咎言:无凶辞。⑫贿:指嫁妆。⑬沃若:光泽貌。⑭桑葚(shèn):桑枣。⑮耽(dān):沉溺,迷恋。⑯说:通"脱"。解脱。⑰陨(yǔn):坠落。⑱徂(cú):往,指出嫁。⑲食贫:过贫苦的生活。⑳汤汤(shāng):水盛貌。㉑渐:浸湿。帷裳:车的布幔。㉒爽:差错。㉓贰:不专一。㉔罔极:没有准则。㉕二三其德:三心二意,反复无常。㉖靡室劳:不仅是室内劳动。㉗靡有朝:不止一天。㉘遂:心愿得到满足。㉙咥(xì):大笑貌。㉚躬:自己。悼:悲伤。㉛泮:通"畔"。边。㉜总角:束发。泛指童年。宴:欢乐。㉝晏晏:温和貌。㉞信誓:发誓。信,通"申"。旦旦:诚恳貌。㉟反:违反。㊱不思:不念旧情。㊲已:罢了。焉哉:语助词。

【鉴赏】 这是弃妇之诗。

全诗六章。此诗以弃妇的口吻,讲述了一个哀婉动人的婚姻悲剧故事。

一章写甜蜜恋爱。一天,男子笑嘻嘻,怀揣货币来买丝。其实他不是来买丝,而是为了商量婚姻大事。男子要离去,女子送他渡过淇水,一直送到顿丘。临别时,女子解释道:不是我故意拖延婚期,而是因为你没有好媒人。请你不要性急,到了秋天,咱俩就成亲。

二章写如期结婚。自那天离别后,男子好久没有再来。为此她焦灼不安。她登上断墙,眺望"复关"。她未见男子,不禁泪流满面;她既见男子,顿时破涕为笑。男子卜了一卦,结果卦象吉祥。于是她叫男子驾车而来,将自己的嫁妆运了过去。就这样他俩就如期结了婚。

三章写自陷情网。桑枣未落,其叶润泽。诗以此兴比女子年轻貌美。难怪男子会如此热烈地去追求她。她从婚姻的失败之中,得出了痛苦的经验教训。她沉痛地说道:斑鸠啊,不要贪吃桑枣。如果贪吃桑枣,就会迷醉。女子啊,不要沉溺于爱情。男子沉溺于爱情,还可以解脱出来;而女子一旦沉溺于爱情,就无法解脱了。她后悔自己误陷情网而不能自拔。

四章写被弃之因。桑枣坠落,其叶枯黄而飘零。诗以此兴比女子容颜衰老。正因如此,她被男子无情地抛弃。她被遣返家,途经淇水。此时淇水浩荡,浸湿了车幔。她的心里也如同这淇水一样滔滔不平。她想:自己并没有什么过错,只是因为他品性不端,反复无常,朝三暮四,才将自己抛弃。

五章写受夫虐待。她嫁给男子已有三年。为了操持这个家,她忙里忙外,早起晚睡,天天如此,艰辛备尝。男子的心意已得到满足,就一反常

态,变得非常粗暴。回到娘家,非但得不到兄弟的理解与同情,反而在一旁大加嘲笑。静静地想一想,她心里就感到无限悲伤。

六章写痛苦决绝。想当初他曾发过白头偕老的誓言,谁知到老却使自己更加愁怨。淇水总有岸,洼地总有边,而自己的愁怨却没有尽头。儿时的欢乐,丈夫的誓言,还仿佛在眼前耳边,然而,不料他竟然违背誓言,全然忘却旧情。既然如此,那就算了吧,咱俩一刀两断。

《诗序》说:"淫风大行,男女无别,遂想奔诱,华落色衰,复相弃背。"朱熹《诗集传》说:"此淫妇为人所弃。"这种说法不合诗意。诗明言"子无良媒",这表明女子要求男子要请一个好媒人;诗明言"以尔车来,以我贿迁",这说明他俩成亲还举行了婚礼。因此,谓"奔诱",谓"淫妇",实乃无根之言。方玉润《诗经原始》说:"此女始终总为情误,固非私奔失节者比。"方氏此说甚是,故可依从。

竹　竿

籊籊竹竿①,以钓于淇。
岂不尔思?远莫致之②。

泉源在左③,淇水在右。
女子有行,远兄弟父母。

淇水在右,泉源在左。
巧笑之瑳④,佩玉之傩⑤。

淇水悠悠⑥,桧楫松舟⑦。
驾言出游,以写我忧。

【注释】①籊籊(tì):细长貌。②致:达到。③泉源:水名。即百泉。④瑳(cuō):笑时露齿貌。⑤傩(nuó):行有节度。⑥悠悠:水流貌。⑦桧(guì)楫:桧木制的桨。⑧写:同"泻"。消除。

【鉴赏】这是男子失恋之诗。

这个男子曾与那女子有过一段恋情。他俩常到百泉、淇水边上漫步,相互倾吐情愫,无比欢乐。但不知何故,他俩最终还是分手了。当听说那女子已经出嫁,他备感惆怅与悲伤。

全诗四章。一章以垂钓于淇兴比往日的恋事。男子遥对女子说:难道我不想你吗? 只是两地相距遥远,不能前往相见。二章说:泉源在左边,淇水在右边。这里正是他俩昔日游赏之地。如今她已出嫁,远离了父母兄弟,岂不令人触景伤情。三章说:淇水在右边,泉源在左边。这次他旧地重游,眼前又仿佛浮现出她那轻巧的笑容、多姿的倩影。四章说:淇水悠悠不停地流,似乎又在同你荡桨划舟。然而现在这只是一个梦。万般无奈,他只好驾车出游,借以排遣内心的忧愁。

姚际恒《诗经通论》评价说:"简妙,风致嫣然。"的确如此。此诗叙事抒情含而不露,意境优美,做到了情景交融,令人读后觉得情味别致,余意无穷。

《诗序》说:"卫女思归也。"朱熹《诗集传》说:"卫女嫁于诸侯,思归宁而不可得。"姚际恒《诗经通论》说:"此或许穆夫人之滕,亦卫女,而思归。"方玉润《诗经原始》说:"何氏楷则谓《泉水》及此篇皆许穆夫人作。……不必定求其人以实之。""卫女"为谁? 以上诸说虽然有别,但是"思归"则同。这种说法显然有违诗意。此诗是以第一人称"我"而写的。

"巧笑之瑳,佩玉之傩",这分明是女子的神态。由此可以断定,"岂不尔思"之"尔"指代女子,"以写我忧"之"我"指代男子。如果认为诗中之"我"指代"卫女",岂有自己夸自己"巧笑之瑳,佩玉之傩"的道理吗?闻一多《风诗类抄》说:"女子出适,失恋者见而自伤也。"此说正确,故可依从。

河 广

谁谓河广?一苇杭之①。
谁谓宋远?跂予望之②。

谁谓河广?曾不容刀③。
谁谓宋远?曾不崇朝④。

【注释】 ①苇:扁舟。杭:通"航"。渡。②跂(qì):踮起脚尖。③曾:副词。竟。刀:即"舠"。小船。④崇朝:一个早上。

【鉴赏】 这是思乡之诗。

全诗两章。此人想必是一个流浪者。他是宋国人,长期侨居卫国。由于思乡心切,于是他唱出了这首悲歌。一章说:谁说黄河宽广?一叶扁舟就可以横渡过去。谁说宋国遥远?只要踮起脚尖就可以望见。二章说:谁说黄河宽广?竟然容不下一只小船。谁说宋国遥远?不要一个早上就可以回到家园。黄河波涛翻滚,这能说不宽?所谓"一苇杭之"、"曾不容刀",只是极力夸张黄河狭窄。宋国路途遥遥,这能说不远?所谓"跂予望之"、"曾不崇朝",只是极力夸张宋国很近。此诗不写难归,反而极言其易,正是为了反衬其难,发人深思。

《诗序》说:"宋襄公母归于卫,思而不止。"《正义》说:"宋襄公母本为夫所出而归于卫,及襄公即位,思欲向宋而不止,以义不可往。"意思是说,宋桓夫人被出回卫,虽想念儿子襄公,但按照礼法而不能返宋。陈奂《传疏》说:"当时卫有狄人之难,宋襄母归在卫,见其宗国颠覆,君灭国破,忧思不已。故篇内皆叙其望宋渡河救卫,辞甚急也。"意思是说,宋桓夫人已回归卫国,眼见祖国遭受狄人入侵之难,急盼宋国派兵前来救援。然而,诗中的主人公没有出现,只有四个问答句,因而以上两种说法未必可靠。陈子展《诗经直解》:"《河广》一诗,当为流行卫、宋民间,言两国相去不远,水陆密迩之歌谣,无他要义。"这种说法比较通脱,故录以存参。

伯 兮

伯兮揭兮①,邦之杰兮。
伯也执殳②,为王前驱③。

自伯之东④,首如飞蓬⑤。
岂无膏沐⑥,谁适为容⑦?

其雨其雨,杲杲出日⑧。
愿言思伯⑨,甘心首疾⑩。

焉得谖草⑪,言树之背⑫。
愿言思伯,使我心痗⑬。

【注释】①揭(jié):勇武貌。②殳(shū):似矛的兵器。③王:指国君。前驱:先锋。④之:往。⑤首:代指头发。⑥膏:油脂。此指润发油。沐:洗头。⑦适:语助词。谁适为,即"为谁"的倒序。容:修饰打扮。⑧杲杲(gǎo):明亮貌。⑨愿:每。⑩首疾:头痛。⑪焉得:怎么得到。谖(xuān)草:又名萱草。忘忧草。⑫树:栽种。背:北堂。⑬痗(mèi):病。

【鉴赏】这是妇人思念征夫之诗。

据史书记载,周平王死后,其孙即位,是为桓王。由于周王室疏远郑国而亲近虢国,故引起郑庄公极度不满。为此,周桓王派遣蔡国、卫国、陈国、虢国的军队去讨伐郑国,结果联军大败,郑军获胜。此诗之"伯"很可能参加了这次战役,而且担当先锋,是死是活不得而知。因此,其妻在家日思夜想,盼夫早归。

全诗四章。一章写丈夫奉命出征。妇人的丈夫非常勇武,而且是卫国的俊杰。出发那天,他手持武器,威风凛凛,站在队伍的前列,为国君担当先锋。二章写妻子刻骨思念。自从丈夫出征东方,她的头发乱如飞蓬。难道是没有发油洗头?是因为丈夫不在身边,为谁而修饰打扮?三章写妻子盼夫早归。下雨吧,下雨吧,可是偏偏升起一轮红日。诗以此兴比妇人原本盼夫早归,然而至今杳无音讯。每当她思念丈夫,便觉得心苦而头痛。四章写妻子忧思难除。哪里可得到忘忧草?把它种在北堂上。每当她思念丈夫,就使她心头疼痛。

此诗在艺术上有两个明显的特点:一是取材典型。诗中写妇人无心修容的细节,就具有典型性和概括性。二是比喻新奇。诗以"飞蓬"比喻妇人头发纷乱,以"其雨"而"出日"比喻妇人盼夫而不归,就很生动而贴切。

《诗序》说:"刺时也。"此说含混,因为诗中毫无讽刺的意味。此外,对诗中个别词语的解释也不尽相同。"为王前驱"之"王",《郑笺》说:"卫宣公之时,蔡人、卫人、陈人从王伐郑。"准此,"王"指周天子。其实当时诸侯在国内也可称王,如《北门》"王事适我"之"王"即是。"甘心首疾"之"甘心",余冠英《诗经选》训作"心甘情愿"似欠确切。陈奂《传疏》说:"快意谓之甘心,忧念之思,满足于心,亦谓之甘心。"此训正确。"甘心首疾"即"甘心疾首",意谓"使心苦,使头痛"。

木 瓜

投我以木瓜①,报之以琼琚②。
匪报也,永以为好也③。

投我以木桃④,报之以琼瑶⑤。
匪报也,永以为好也。

投我以木李⑥,报之以琼玖⑦。
匪报也,永以为好也。

【注释】①投:赠送。木瓜:果类。②报:回赠。琼:美丽。琚:佩玉。③好:爱。④木桃:桃子。⑤瑶:玉。⑥木李:李子。⑦玖:黑玉。

【鉴赏】这是青年男女互赠礼物之诗。

全诗三章。青年男女互赠礼物,作为定情的信物,以表永结同心之好。此诗为男子所唱。每章首二句写互赠礼物。一章说:她送给我香甜的木瓜,我用美丽的佩玉回赠她。二章说:她送给我新鲜的木桃,我用美丽的佩玉来回报。三章说:她送给我鲜美的李子,我用美丽的佩玉来回礼。每章后二句写回赠的目的。男子说:这不是什么回报,而是为了永结同心之好。须得说明的是,风诗的主题常在首章。二、三章写女子送给男子"木瓜""木桃""木李",男子回赠女子"琼琚""琼瑶""琼玖",只是为了便于吟唱的需要,而并不是说女子赠送男子三物,男子回赠女子三物。对此,不必过于拘泥。

此诗语言珠圆玉润,音韵和谐,诗情精粹要约,便于讽诵。所以千古以来,流传不衰。

《诗序》说:"卫国有狄人之败。出处于漕。齐桓公救而封之,遗之车马器服焉。卫人思之,欲厚报之。"但诗中是赠之轻而报之厚,与当时的情事不合,因而此说实在可疑。

王 风

黍 离

彼黍离离①,彼稷之苗②。
行迈靡靡③,中心摇摇④。
知我者,谓我心忧。
不知我者,谓我何求。
悠悠苍天,此何人哉⑤!

彼黍离离,彼稷之穗。
行迈靡靡,中心如醉。
知我者,谓我心忧。
不知我者,谓我何求。
悠悠苍天,此何人哉!

彼黍离离,彼稷之实。
行迈靡靡,中心如噎⑥。
知我者,谓我心忧。
不知我者,谓我何求。
悠悠苍天,此何人哉!

【注释】①黍(shǔ):小米。离离:行列貌。②稷(jì):高粱。③行迈:行走。靡靡:迟缓貌。④中心:心中。摇摇:心神不定。⑤此何人哉:这是何人所为。⑥噎(yè):咽喉哽塞。

【鉴赏】这是忧国之诗。

西周末年,犬戎攻入镐京,周幽王被杀,西周从此灭亡。周平王在诸侯援助下迁都洛邑,建立了东周。东周国势衰落,其实力已与一般诸侯差不多。周大夫行役途经宗周故都,看见宫殿毁坏,长满庄稼,不胜古今之慨。

全诗三章。每章前二句写途中所见之景。故都镐京,如今宫殿荡然无存,到处长满庄稼。小米长得整整齐齐,高粱已经出苗,高粱已经抽穗,高粱已经结果。诗人将此景融入诗意,既可便于叠章换韵,又可烘托出因西京荒废已久而愈益浓烈的凄凉之情。每章后几句写满腹的忧国之情。诗人徘徊于西京旧址,心里恍惚不定,心里如同酒醉,喉中如同哽塞,久久不忍离去。他边走边想,了解自己的人说是因为内心忧伤,不了解自己的人说是在寻找什么。诗最后对天呼问:遥遥的苍天啊,这种结局究竟是何人造成的呢!

此诗每章开端借景抒情,景中含情;中间摹写忧心情态,极为传神;最后直呼苍天,含蓄蕴藉。三章反复回环,织成一曲寓意深厚而又缠绵悱恻的悲歌。

《诗序》说:"闵宗周也。"此说不误。刘向《新序·节士》说:"卫宣公子寿,闵其兄伋之且见害。"此用《鲁诗》。曹植《令鸟恶禽论》说:"昔尹吉甫(周宣王大臣)信后妻之谗,而杀孝子伯奇,其弟伯封求而不得。"此用《韩诗》。这两种说法与诗的内容不合,可能是将用诗之义误作本义了。余冠英《诗经选》说是"一个流浪者诉忧之辞",可供参考。

君子于役

君子于役①,不知其期。
曷至哉②?鸡栖于埘③,
日之夕矣,羊牛下来。
君子于役,如之何勿思④。

君子于役,不日不月⑤。
曷其有佸⑥?鸡栖于桀⑦,
日之夕矣,羊牛下括⑧。
君子于役,苟无饥渴⑨。

【注释】①君子:指丈夫。于:语助词。②曷至:到什么地方。③埘(shí):凿墙做成的鸡窝。④如之何:怎么。⑤不日不月:不能用日月计算。⑥佸(huó):相会。⑦桀:木栅栏的鸡舍。⑧括:会聚。⑨苟:尚,或许。

【鉴赏】这是妇人思念征夫之诗。

春秋时期,周天子大权旁落,诸侯之间相互攻伐,因而战争频仍,徭役繁重,致使无数对夫妻长期分离,给人民带来了深重的灾难和无限的痛苦。此诗正是写一位妇人思念在外久役的丈夫。至于诗中的"君子",究竟是服兵役,还是服徭役,因未明言,难以详考,可不深究。

全诗两章。每章前三句写役期之久。丈夫在外服役,不知役期多长,现在他到了什么地方?丈夫在外服役,不能用日月计算,何时才能回家团圆?每章中三句写黄昏之景。黄昏时分,落日的余晖映照着山村。这时,鸡子已回了窝,羊牛已进了圈。这是妇人眼中之景,景中含情。鸡、羊、牛尚能按时回窝进圈,而自己的丈夫却久久不能回家。这黄昏之景与妇人盼夫不归的愁绪恰成鲜明的对比。每章末二句写思夫之切。丈夫在外服役,这叫她怎能不思念呢?丈夫在外服役,但愿他无饥无渴。这几句充分表达了妇人对丈夫的深切思念与无限关爱。

许瑶光《再读诗经》评述曰:"鸡栖于桀下牛羊,饥渴萦怀对夕阳。已启唐人闺怨句,最难消遣是昏黄。"许氏认为此诗开创了唐人闺怨诗的先河,这并非过誉。

《诗序》说:"君子行役无期度,大夫思其危难以风焉。"此说将诗中的主人公说成君子与丈夫,这显与诗中景象不合。诗中所展现的鸡归于窝,羊牛下山,这分明是农家的景象。再说诗中薄暮思归,也只能是夫妻之情,而绝非朋友之谊。故《序》说实非。

君子阳阳

君子阳阳①,左执簧②,
右招我由房③。其乐只且④!

君子陶陶⑤,左执翿⑥,
右招我由敖⑦。其乐只且!

【注释】①阳阳:和乐貌。②簧:乐器名。③由房:通"游放"。游戏。一说由房中出;一说房中之乐。④只且:语气助词。⑤陶陶:义同"阳阳"。⑥翿(dào):鸟羽之类的舞具。⑦由敖:通"游遨"。玩乐。一说"敖"是舞曲名。

【鉴赏】这是乐师约友出游之诗。

此诗当为乐师之友所唱。全诗二章。这位乐师喜气洋洋,他左手拿着笙簧和羽毛,右手招我一同去游逛,真是欢乐无疆!此诗写乐师生活中的一个小镜头。

《诗序》说:"君子遭乱,相招为禄仕。"《诗集传》说:"此诗疑亦前篇妇人所作。盖其夫既归,不以行役为苦,而安于贫贱以自乐。"这两种说法均误。姚际恒《诗经通论》说:"大序谓'君子遭乱,相招为禄仕',此据'招'之一字为说,臆测也。《诗集传》谓'疑亦前篇妇人所作',此据'房'之一字为说,更鄙而稚。"姚氏的这一批评是非常中肯定的。现代学者中,有的说是舞师夫妻"聚首言欢",有的说是"情人相约出游"。但从诗中还无法肯定其为夫妇或情人,故此二说仍不可信从。

扬之水

扬之水①,不流束薪②。
彼其之子③,不与我戍申④。
怀哉怀哉,曷月予还归哉⑤?

扬之水,不流束楚⑥。
彼其之子,不与我戍甫⑦。
怀哉怀哉,曷月予还归哉?

扬之水,不流束蒲⑧。
彼其之子,不与我戍许⑨。
怀哉怀哉,曷月予还归哉?

【注释】 ①扬:激扬。②束:捆。薪:柴。③彼其之子:那个女子,此指戍卒之妻。④戍:驻守。申:国名。姜姓。周平王的母家。在今河南唐河县境。⑤曷:何。⑥楚:荆条。⑦甫:国名。姜姓。在今河南南阳市境。⑧蒲:蒲柳。⑨许:国名。姜姓。在今河南许昌。

【鉴赏】 这是征夫思归之诗。

周平王在位时,国势非常衰弱。而南方的楚国日渐强大,经常派兵侵犯申国以及临近的甫国与许国。为了抵御楚国的侵犯,于是周平王征发境内的百姓到申国、甫国、许国去戍守。由于战争连绵,戍守的士兵长期不能与家人团聚。这可能就是此诗产生的历史背景。

全诗三章。每章前四句写戍卒与妻分离。激扬之水,不能流走"束薪"、"束楚"、"束蒲"。这可能是当时的俗语,隐喻夫妻间阻,不能团圆。所以诗接着说:那家中的妻子,不能与我一同"戍申"、"戍甫"、"戍许"。这"申"、"甫"、"许"虽确有其国,但不必理解为这个戍卒转徙三地。这样写,只是为了重章换韵的需要。每章末二句写戍卒急盼归家。这个戍卒远离亲人,长期驻守,深感孤寂。他深深地叹息道:思念啊,思念啊,我何时才能返回家乡与亲人团聚?

对此诗主题虽无异议,但在个别词语的理解上却各不相同。如"扬之水,不流束薪",有的说是隐喻夫妻分离,有的说是隐喻周室衰弱;"彼其之子",有的说是指戍卒之妻,有的说是指统治者,有的说是指其他诸侯国之当戍者;"戍申"、"戍甫"、"戍许",有的说是为了重章换韵需要,有的说是辗转换防。因有这些不同,对诗意的理解自然也不一致。对此,我们也应有所了解。

中谷有蓷

中谷有蓷①,暵其干矣②。
有女仳离③,嘅其叹矣④。
嘅其叹矣,遇人之艰难矣⑤。

中谷有蓷,暵其脩矣⑥。
有女仳离,条其歗矣⑦。
条其歗矣,遇人之不淑矣⑧。

中谷有蓷,暵其湿矣⑨。
有女仳离,啜其泣矣⑩。
啜其泣矣,何嗟及矣⑪。

【注释】①蓷(tuī):益母草。②暵(hàn):干枯。③仳(pǐ)离:分离。特指妻子被弃。④嘅(kǎi):叹息貌。⑤艰难:指识人不易。⑥脩:干枯。⑦条:长。歗:(xiào):同"啸"。叹息。⑧淑:善。⑨湿:通"㬎"。干枯。⑩啜(chuò):哭泣貌。⑪何嗟及:即"嗟何及"。悲叹已经来不及。

【鉴赏】这是弃妇之诗。

全诗三章。每章首二句为兴体。诗以谷中益母草之枯萎,兴比妇人被弃的不幸遭遇。每章中二句写妇人怨恨之情。妇人被弃,悲叹不已。首章言"叹",二章言"欷",三章言"泣",妇人怨恨一节急似一节。这表明妇人的情感随着诗意的推进而愈益强烈。每章末三句写妇人被弃之因。一章"遇人之艰难"是突出识人之难。二章"遇人之不淑"是突出男子缺德。三章"何嗟及"是突出追悔莫及。蒋立甫《诗经选注》说:"诗人把弃妇的遭遇归结为错嫁的偶然的原因,而不认识这是'男尊女卑'的不合理社会造成的,这是时代的局限。"这一说法是中肯的。

《诗序》说:"夫妇日以衰薄,凶年饥馑,室家相弃。"此说不算大误,只是把妇人被弃说成夫妻相弃,并将其原因归结为"凶年饥馑",这恐不恰当。

兔 爰

有兔爰爰①,雉离于罗②。
我生之初,尚无为③。
我生之后,逢此百罹④。
尚寐无吪⑤。

有兔爰爰,雉离于罦⑥。
我生之初,尚无造⑦。
我生之后,逢此百忧。
尚寐无觉。

有兔爰爰,雉离于罿⑧。
我生之初,尚无庸⑨。
我生之后,逢此百凶。
尚寐无聪⑩。

【注释】①爰爰(huǎn):逍遥自在。②雉(zhì):野鸡。离:遭到。罗:网。

③为:指徭役。④罹(lí):多种忧患。⑤吪(é):动。⑥罦(fú):带有机轮的罗网。古名覆车。⑦造:义同"为"。⑧罿(chōng):捕鸟的网。⑨庸:劳役。⑩聪:听觉。

【鉴赏】这是百姓苦于劳役而思死之诗。

东周初年,国势衰弱,战祸连绵,徭役繁重,百姓苦不堪言。此诗中的主人公当是一位老者。他饱经沧桑,历经了治世与乱世两个阶段,深感今不如昔,痛不欲生,于是唱出了这首厌世感伤的悲歌。

全诗三章。每章意思大体相同。首二句为兴体。兴象鲜明,寓意深刻,发人深思。诗以狡兔逍遥自在,兴比统治者骄奢淫逸;诗以野鸡陷入罗网,兴比老百姓惨遭不幸。中三句写怀旧情绪。这是一个动荡而黑暗的时代,百姓在苦难中挣扎呻吟。面对这一切,老者的心里便产生出一种怀旧的情绪。他感叹道:往日天下还算无事,可如今却遭到多种忧患。思前想后,这怎不令人悲伤。末句写厌世思死。他继而一想,即使愁思满怀,这又有何用? 还不如酣然长睡,不要动,不要醒,不要听。说白了,逃脱苦难的方法只有一条:唯有一死。这是多么令人寒心的事啊!

《诗序》说是"君子不乐其生",高亨《诗经今注》说是"没落贵族的哀吟"。这两种说法可备一解。但从诗意来看,应为苦难百姓之诗。因为在社会动乱之中,遭受"百罹"、"百忧"、"百凶"之苦的,首先是普通的人民大众。

葛藟

绵绵葛藟①,在河之浒②。
终远兄弟③,谓他人父④。
谓他人父,亦莫我顾⑤。

绵绵葛藟,在河之涘⑥。
终远兄弟,谓他人母。
谓他人母,亦莫我有⑦。

绵绵葛藟,在河之漘⑧。
终远兄弟,谓他人昆⑨。
谓他人昆,亦莫我闻⑩。

【注释】①绵绵:长而不绝貌。葛藟(lěi):葛藤。②浒:岸。③终:既,已。④谓:称呼。⑤顾:照顾。⑥涘(sì):水边。⑦有:通"友"。亲爱。⑧漘(chún):水边。⑨昆:兄。⑩闻:通"问"。恤问。

【鉴赏】这是流浪者自我悲叹之诗。

在动乱的时代,由于战争、苛政、饥荒等天灾人祸,造成无数平民家庭的破裂。人们走投无路,只得背井离乡,四处流浪。此诗正真实地反映了一位流浪者的悲惨生活。

全诗三章。每章首二句为兴体。诗以绕根而生的葛藤在那河边岸上,反兴流浪者犹如水面浮萍,四处漂泊。每章后四句写流浪生活。他为了生存,不得不远离兄弟,四处漂泊,真是连葛藤也不如。更为可悲的是,为了乞食,还得在异乡称呼他人为父、为母、为兄。尽管如此,但人们对自己并不照顾,并不亲爱,并不怜悯。不难想见,这个流浪者一定是每天都在挨饿。读罢此诗。真令人心酸。

此诗语言朴实无华,情感真挚沉痛。它是流浪者发自肺腑的呼喊,也是对黑暗社会的控诉与抗争。诗人如果不是亲身体验,不可能写得如此生动逼真,感人肺腑。

《诗序》说:"王族刺平王也。周室道衰,弃其九族焉。"此说将每句诗都作了曲解。认为"绵绵葛藟"是比喻"王之同姓得王之恩施以生长其子孙";认为"终远兄弟"是刺平王寡于施恩,弃其九族;认为"谓他人父"是刺平王缺乏父恩。如此支离诗意,显然是一种曲说,故后世依从者甚少。

采 葛

彼采葛兮①,一日不见,
如三月兮。

彼采萧兮②,一日不见,
如三秋兮③。

彼采艾兮④,一日不见,
如三岁兮。

【注释】①彼:她。②萧:香蒿。又名荻。③三秋:三个季节。④艾:菊科植物。制成艾绒,可以灸病。

【鉴赏】这是男思女之诗。

全诗三章。从"采葛"、"采萧"、"采艾"等词语来看,这是一首民间情歌无疑。这对青年男女,曾有过一段恋情。不知何故,那女子离他而去,使得他思念不已。他的眼前浮现出意中人正在从事采集劳动的情景,一颗思念的心早已飞到女子的身边。一章说:"她正在采葛藤,一天不见面,就像过了三月整。"二章说:"她正在采香荻,一天不见面,就像过了整三季。"三章说:"她正在采香艾,一天不见面,就像熬过三年来。"

此诗篇幅短小,内容单纯,但由于运用了夸张手法,从心理上加以刻画,又使人感到内容充实,情意绵长。诗人抓住别离恨时长这一典型心理,用率真的语言反复咏唱。时间由"三月"而"三秋",由"三秋"而"三岁",夸张的程度由小而大,表示相思之情也愈益浓烈,故而能强烈地拨动读者的心弦。

《诗序》说:"惧谗也。"严粲《诗缉》说:"人臣任事于外则谗易生。一日不见于君,己惧小人乘间而谗之,如三月之久也。"这种说法显然不合诗意。君王住在深宫,君子哪能每天得见。一天不见君王就惧怕别人进谗,那么天下有几个臣子不被谗毁?朱熹《辨说》:"此淫奔之诗。"今玩诗意,并未见有"淫"之意。"男思女",乃人之常情,这又有何不可?方玉润《诗经原始》说是"怀友"。此说固然可通,但"男思女"说则更符合情理。

大 车

大车槛槛①,毳衣如菼②。
岂不尔思,畏子不敢。

大车啍啍③,毳衣如璊④,
岂不尔思,畏子不奔。

谷则异室⑤,死则同穴⑥。
谓予不信⑦,有如皦日⑧。

【注释】①大车:牛车。槛槛:车行声。②毳(cuì)衣:毛织衣。菼(tǎn):初生的芦荻,其色淡青。③啍啍(tūn):车行声。④璊(mén):红色的玉。⑤谷:活着。⑥穴:墓穴。⑦谓:说。信:诚实。⑧皦(jiǎo)日:白日。

【鉴赏】这是女子劝男子出奔之诗。

在古代,青年男女的恋爱往往会受到家庭及社会的阻挠和反对。而要实现爱情的圆满结合,就必须冲破阻力,乃至双双出逃异乡以争取婚姻自由。此诗的主人公当是一位勇敢的女子,她深深地爱上了一个赶大车的小伙子。他俩的恋爱很可能是遭到双方父母的反对,于是女子便向男子唱出了自己的心声。

全诗三章。一、二章写女子劝男子出奔。大车行进隆隆响,你身着毛衣颜色亮。难道我不把你想,只怕你出奔没胆量。诗言"畏子不敢"、"畏子不奔",正是为了激励男子冲破阻力,鼓起勇气,一同出奔异乡。三章写女子表白忠贞的爱情。女子对男子深情地说道:咱俩活着不能成夫妻,死后也要同葬在一起。如说我的誓言不诚信,有如白日挂天际。女子对爱情忠贞不二,于此可见。

诗中"谷则异室,死则同穴"是我国最早的爱情誓言。它鼓舞着后世青年为争取婚姻自由而斗争的勇气和力量。

《诗序》说:"礼义陵迟,男女淫奔。"朱熹《诗集传》说:"周衰,大夫犹有能以刑政治其私邑者,故淫奔者畏而歌之如此。"此说虽看出这是一首情诗,但均目之为"淫奔",这是在以礼说诗,固然不当。方玉润《诗经原始》说:"周人从军,迄无宁岁。恐此生永无团聚之期,故念其室家而与诀绝如此。"然而从诗中看不出有战争的迹象,因而此说恐难成立。

丘中有麻

丘中有麻,彼留子嗟①。
彼留子嗟,将其来施施②。

丘中有麦,彼留子国③。
彼留子国,将其来食④。

丘中有李,彼留之子⑤。
彼留之子,贻我佩玖⑥。

【注释】①留:通"刘"。姓。子嗟:人名。②将:语助词。施施:喜悦貌。③子国:人名。④食:幽会合欢的隐语。⑤留之子:意谓"留子嗟是留子国之子"。⑥贻(yí):赠。玖:美玉。

【鉴赏】这是男女幽会之诗。

全诗三章。幽会的地点是"丘中"。诗中的"留子嗟"、"留子国"、"留之子"并非三人,而实指一人。《诗经》有重章互足法,各章句意可以相互补足。因此,这三句可合为一句来读,即"留子嗟"是"留子国之子"。这当然是一个虚拟的人名,并非实有其人。从诗意来看,是一位女子正在"丘中"等候情人"留子嗟"前来幽会。全诗写了三个画面,画面与画面之间转换自然,能为读者提供想象的空间。一章写女子先来到丘中,她举目眺望,远远地看见情人面带笑容朝自己走来。二章写男子来到她的身边,两人互倾情愫,亲热了一番。三章写两人将要分别,男子赠给他一个佩玖,以作为相爱的信物。可见,这的确是一首绝妙的爱情短诗。

《诗序》说是"思贤",方玉润《诗经原始》说是"招贤偕隐"。这两种说法显然与诗的情调不合。朱熹《诗集传》说:"妇人望其所与私者而不来,故疑丘中有麻之处,复有与之私者而留之者。"此说之误有三:一是"丘中有麻"只是点明幽会之地,并非男子隐身之处。二是"留"为姓氏,而非"留住"之意。三是诗中只有一个女子,而非男子分会二女。不过朱氏看出这是一首情诗还是正确的。

郑 风

将仲子

将仲子兮①,无逾我里②,无折我树杞③。
岂敢爱之,畏我父母。
仲可怀也④,父母之言,亦可畏也。

将仲子兮,无逾我墙,无折我树桑。
岂敢爱之,畏我诸兄。
仲可怀也,诸兄之言,亦可畏也。

将仲子兮,无逾我园⑤,无折我树檀⑥。
岂敢爱之,畏人之多言。
仲可怀也,人之多言,亦可畏也。

【注释】①将(qiāng):请求,希望。仲子:男子名。②逾:翻越。里:里墙。③树杞(qǐ):杞树,杞柳。④仲:仲子的省称。⑤园:园墙。⑥树檀:檀树。

【鉴赏】这是女子赠给男友之诗。

全诗三章。每章意思大体相同。诗中的女子性格柔弱。她的男友冒失地翻越院墙,前来与她幽会。面对男友的这一举动,她非常害怕。于是她向男友倾吐自己的心声:希望你今后不要翻越院墙,不要折断树枝,我岂是爱惜这些小树,实在是害怕父母、诸兄及外人发现。你虽然令人想念,但是父母之言、诸兄之言及外人之言也很可怕。此诗表现的是一种矛盾的情思,一方面想念男友仲子,另一方面又不赞同他越墙幽会的鲁莽做法。父母、诸兄的责难,社会舆论的压力,像一片乌云笼罩在她的心头。此诗将这种复杂的情感表现得恰到好处。它意脉婉转屈伸,反复回环,显得真实自然而又蕴藉动人。

《诗序》说是"刺庄公"。庄公即郑庄公,他有个弟弟名叫共叔段。段好勇而无礼,与其母姜氏串通一气,合谋篡权夺国。郑大夫祭仲曾劝庄公及早准备,以免后患。庄公不听,最后共叔段终于叛乱。此说认为本诗就是庄公答复祭仲的。"仲子"就是指祭仲,"无逾我里"就是说不要干涉我们家中之事,"无折我树杞"就是说不要伤害我的兄弟。这种说法与诗意明显不合,故今人均不采用此说。

叔于田

叔于田①,巷无居人。
岂无居人?不如叔也,
洵美且仁②。

叔于狩,巷无饮酒。
岂无饮酒?不如叔也,
洵美且好。

叔适野,巷无服马③。
岂无服马?不如叔也,
洵美且武④。

【注释】①叔:代称男子。于:语助词。田:打猎。②洵(xún):副词。的确,实在。仁:指态度温和。③服马:驾驶马车。④武:刚健英武。

【鉴赏】这是赞美猎人之诗。

全诗三章。一章说:叔去野外打猎,闾巷之中便空无一人。难道真的空无一人?不是的,是因为其他人都不如叔俊美而温和。二章说:叔去野外打猎,闾巷之中便无饮酒之人。难道真的无饮酒之人?不是的,是因为其他人都不如叔俊美而豪爽。三章说:叔去野外打猎,闾巷之中便无驾车之人。难道真的无驾车之人?不是的,是因为其他人都不如叔俊美而勇武。诗以"巷无居人"、"巷无饮酒"、"巷无服马"极力形容叔的举止超凡出众。运用这种烘托法,比直接叙述或描写要高明得多。

《诗序》说是"刺庄公"。并断定诗中之"叔"就是指共叔段。这不可信。以伯、仲、叔、季称呼男子,是春秋战国时的惯例,岂能断定这里的"叔"就是共叔段呢?

大叔于田

叔于田,乘乘马①。
执辔如组,两骖如舞②。
叔在薮③,火烈具举。
袒裼暴虎④,献于公所。
将叔无狃⑤,戒其伤女。

叔于田,乘乘黄⑥。
两服上襄⑦,两骖雁行⑧。
叔在薮,火烈具扬。
叔善射忌,又良御忌。
抑磬控忌⑨,抑纵送忌⑩。

叔于田,乘乘鸨⑪。
两服齐首⑫,两骖如手。
叔在薮,火烈具阜⑬。
叔马慢忌,叔发罕忌。
抑释掤忌⑭,抑鬯弓忌⑮。

【注释】①乘马:四匹马。②两骖:两旁驾车的马。③薮(sǒu):草泽之地。④袒裼(tǎn xī):赤膊。暴虎:空手搏虎。⑤狃(niǔ):习以为常,粗心大意。⑥黄:指黄马。⑦两服:中间夹辕的两匹马。上襄:在前面驾车。⑧雁行:像飞雁的行列。⑨抑:或者。磬控:掌握马速,控制其快慢。磬,纵马驰骋。控,止马不前。⑩纵送:开弓射箭。⑪鸨(bǎo):黑白间杂的乌骢马。⑫齐首:齐头并进。⑬阜:火势旺盛。⑭释掤(bīng):解下箭筒的盖子。⑮鬯(chàng)弓:把弓装在囊中。

【鉴赏】这也是赞美猎人之诗。

《叔于田》与此诗是属于同一题材的姊妹篇。上篇重在抒情,概略抽象,单纯短小,而此篇重在叙事,描写入微,辞藻繁富,篇幅较长。为了以示区别,故此篇名之为《大叔于田》。

全诗三章。首章写叔徒手搏虎。叔去野外打猎,他乘坐四匹马拉的车子。他手执的缰绳如同丝组,两匹骖马奔驰若舞。叔在草泽旁边,猎火熊熊燃起。突然窜出一只老虎,叔脱去上衣,徒手跟老虎搏斗,最终打死老虎,将它献给公侯。请叔不要粗心大意,当心老虎伤着你。二章写叔车上逐射。叔去野外打猎,他乘坐四匹黄马拉的车子。两匹服马在前面套车,两匹骖马像雁列分在两旁。叔在草泽旁边,猎火纷纷扬扬。叔既善于射箭,又善于驾车。他在车上调度车速,时徐时疾,一边还引弓搭箭,追逐野兽。三章写叔猎毕还归。叔去野外打猎,他乘坐四匹乌骢马拉的车子。两匹服马在前面齐头并驰,两匹骖马像双手分在两旁。叔在草泽旁边,猎火烧得很旺。到了最后,他放慢了车速,箭也射得少了。他一边解下箭筒的盖子,将箭收起,一边将弓装进袋中。一场紧张的狩猎活动就此宣告结束了。

此诗描写了叔出猎的全过程。全诗用笔细腻,刻画入微,使读者仿佛可见叔超绝的技艺和无畏的英姿。后世写田猎的诗赋,多受它的影响。姚际恒《诗经通论》说:"(此诗)描摹工艳,铺张亦复淋漓尽致,便为《长杨》《羽猎》之祖。"这话是有道理的。

《诗序》说是"刺庄公"。并说"叔多才而好勇,不义而得众"。这显然是一种附会。据《左传·隐公元年》记载,共叔段怀有政治野心,图谋篡国夺权。郑庄公一派兵讨伐,其封地之民便立即背叛了他,最后只落得一逃至鄢,再逃至共的下场。可见共叔段并未"得众"。因此,诗中的"叔"断非"共叔段",而应是一位技艺高超而又英武豪迈的猎人。

女曰鸡鸣

女曰鸡鸣,士曰昧旦①。
子兴视夜,明星有烂②。
将翱将翔,弋凫与雁③。

弋言加之④,与子宜之⑤。
宜言饮酒,与子偕老。
琴瑟在御⑥,莫不静好⑦。

知子之来之⑧,杂佩以赠之⑨。
知子之顺之⑩,杂佩以问之⑪。
知子之好之,杂佩以报之。

【注释】①昧旦:天色将明未明之时。②明星:启明星。有烂:明亮。③弋

(yì):用箭射猎。凫(fú):野鸭。④言:语助词。加之:射中野禽。⑤宜之:将野禽做成美味食物。⑥御:调理。⑦静好:平静美好。⑧来:通"勑"。殷勤。⑨杂佩:各种佩饰之物。⑩顺:和顺。⑪问:赠送。

【鉴赏】 这是反映夫妻和美生活之诗。

全诗三章。诗中写的是凌晨时猎人夫妻间的一场精彩对话。妻子说:"鸡已叫了。"丈夫则说:"天刚破晓。"妻子又催促说:"你起来去看看夜空,启明星已经很亮了。"丈夫接着说:"我就起来,到四处去游猎,射那野鸭和大雁。"妻子听罢,便温情脉脉地说:"你射中野禽,我来做成美味菜肴。咱俩一边品尝野味,一边尽兴饮酒,与你白头偕老。愿你我之情如同琴瑟之音那样和谐,永远生活得宁静而又美好。"丈夫听到这番甜言柔语,深受感动。他不禁深情地说:"知道你对我盛意相爱,我才赠杂佩以表情怀;知道你对我柔顺情挚,我才赠杂佩以表慰问;知道你对我真心相好,我才赠杂佩以作回报。"

此诗采用人物对话的形式,由事入情,浮想联翩,将这对夫妻和谐融洽的生活、情挚意永的恩爱,表现得惟妙惟肖。

《诗序》说是"刺不说(悦)德"。此说显然不合诗意。诗言"女曰"、"士曰",这分明是男女之间的赠答之语;诗言"弋凫与雁",这分明是写猎人的生活;诗言"杂佩以赠之",这分明是表示男女之间的情爱。可见,此诗与"不说德"毫不相干,何刺之有?

有女同车

有女同车,颜如舜华①。
将翱将翔,佩玉琼琚②。
彼美孟姜③,洵美且都④。

有女同车,颜如舜英⑤。
将翱将翔,佩玉将将。
彼美孟姜,德音不忘⑥。

【注释】①颜:容貌。舜华:木槿花。②琼琚:佩玉之名。③孟姜:美女之共名。④都:娴雅,有风度。⑤舜英:义同"舜华"。⑥德音:美好的言辞。

【鉴赏】这是男子对同车女子回忆赞美之诗。

全诗二章。一个男子与一个女子曾一道同车而行,在车上还有过亲热的交谈。时间虽然短暂,但是那女子的容貌、佩戴、风度、言谈却给他留下难忘的印象。过后他回忆起来,还在为那女子赞叹不已。一章说:我与女子同车行,她容貌美丽如舜花。车行如飞越山野,她身佩琼琚闪光华。她就是那美孟姜,的确美丽而娴雅。二章说:我与美女同车行,她容貌美丽如舜英。车行如飞越山野,她身佩美玉响丁丁。她就是那美孟姜,妙语清音永记心。至于女子乘车去干什么?诗中未明言,也许是赴幽期密约吧。如此看来,这男子似乎在害单相思。

《诗序》说是"刺忽"。忽是郑庄公之子。据《左传·隐公七年》记载,忽与陈侯之女定婚,次年迎娶陈女。在此前后,齐侯也曾两次表示愿将女儿嫁给他,但都被他拒绝了。后来忽在国内政治斗争中之所以失败,就是因为他不娶齐女而失去大国援助的缘故。依据这一史实,此说将每章前四句解释为陈女徒有美色,娶之而无益于事;将每章后二句解释为齐女美丽娴雅,娶之而不至于被逐。这种为了附会史实而割裂诗意的做法,实不可取。闻一多《风诗类抄》说是"记亲迎"。此说也不可靠。春秋战国时期,贵族迎娶新妇,有许多烦琐的规定,其中并无同车亲迎的礼仪。

山有扶苏

山有扶苏①,隰有荷华②。
不见子都③,乃见狂且④。

山有乔松⑤,隰有游龙⑥。
不见子充⑦,乃见狡童⑧。

【注释】①扶苏:青桑。②荷华:荷花。③子都:美男子通称。④狂且(jū):狂徒。且:通"狙",猴子。⑤乔松:高松。⑥游龙:马蓼。⑦子充:义同"子都"。⑧狡童:狡猾的少年。

【鉴赏】这是女子戏谑男子之诗。

全诗二章。每章首二句为兴体。"山有扶苏,隰有荷华""山有乔松,隰有游龙"这类句子在《诗经》中屡见不鲜。如《邶风·简兮》的"山有榛,隰有苓"、《秦风·晨风》的"山有苞栎,隰有六驳"等即是。其中大多数是借以兴比男女情爱。"山有扶苏""山有乔松"喻男,"隰有荷华"、"隰有游龙"喻女。"扶苏"与"荷花"对举,"乔松"与"游龙"对举,正隐喻男女成双成对。每章后二句为女子戏谑男子之词。诗中的女子也许是前去与男子约会的。见面时不料这男子行为不够检点,言语也不够文雅,于是她半娇半嗔、连戏带骂地将男子嘲笑了一番。这女子说道:"不见子都美男子,却碰上个轻狂的坏娃娃!""不见子充美男子,却碰上个狡猾的坏少年!"这里的"狂且""狂童"均为戏谑之语,而并非贬词。有人认为诗中的女子本想去寻找一个理想的对象,但却遇上一个坏蛋,因此她生气地咒骂那恶少为"狂且""狂童"。作如此理解,似乎太拘泥于字面意义。试看同一《郑风》之内,《狡童》中的女子埋怨其情人说:"彼狡童兮,不与我言兮",《褰裳》中的女子也笑骂她的情人为"狂童之狂也且"。由此可见,戏呼情人为"狂且""狂童""狡童",似乎是当时的一种习俗。

《诗序》说:"刺忽也。所美非美然。"对"所美非美"又有两种看法。一是认为忽娶陈女而不娶齐女是"所美非美";一是认为忽弃贤臣而任小人是"所美非美"。这两种说法均属想象附会之词,与诗之本义毫不相关。

萚 兮

萚兮萚兮①,风其吹女②。
叔兮伯兮③,倡予和女④。

萚兮萚兮,风其漂女⑤。
叔兮伯兮,倡予要女⑥。

【注释】①萚(tuò):脱落的树叶。②女:同"汝"。指落叶。③叔、伯:对青年男子的称呼。④倡:领唱。和(hè):随唱。⑤漂:同"飘"。⑥要(yāo):义同"和"。

【鉴赏】这是女子邀请男子唱和之诗。

全诗二章。秋风吹起的落叶,在空中上下回旋飘荡。这种情景,足以使人产生心神摇动之感。诗借一形象以兴比女子春心萌动。诗中的女子,她那渴望得到爱情的心,宛若翻飞的落叶上下飘扬,久久不能平静。感情的闸门一经打开,她便主动地邀请意中人与自己同歌。她深情地唱道:叔啊伯啊,如果你来领唱,我就和你!这里的"叔""伯",是女子对同辈青年男子的称呼,此诗中代指情人。一唱一和,表达了女子对美好爱情的期待以及缔结良缘的愿望。寥寥几笔,便形象地刻画了这位女子在爱情追求中热情、主动、率直的性格。

《诗序》说:"刺忽也。君弱臣强,不倡而和也。""不倡而和",就是群臣皆不与国君相和之意。在这种情势下,国君忽只好向群臣呼唤道:"我倡,你们相和!"其意是希望群臣同心协力以助君。且不说国君称群臣为叔为伯不近情理,也且不说国君向臣下哀求唱和与诗的情调不相符合,单就句法而论也欠妥当。"倡予和女"并非"予倡女和"的倒装句。其实"倡"的主语是前句的"叔""伯",只是为了便于吟唱,要求句式整齐,才将"倡"字安在后面三字句"予和女"之前。作这样理解,不是既通句法,又合情理吗?

狡　童

彼狡童兮①,不与我言兮。
维子之故②,使我不能餐兮。

彼狡童兮,不与我食兮。
维子之故,使我不能息兮③。

【注释】①狡:狡猾。②维:因为。子:指狡童。③息:安睡。

【鉴赏】这是女子失恋之诗。

全诗二章。此诗虽然短小，但诗意丰厚，韵味无穷。诗中的一对情人原先情投意合，成天有说有笑，还常常一同进餐，好不亲热。但后来不知何故，那"狡童"一反常态，再也不跟她谈笑了，也不与她一同吃饭了。为了这个缘故，这女子竟然饭也吃不下，觉也睡不好。相思之苦，幽怨之情，便从这"不能餐""不能息"中流露出来。另有二说值得一提。一是男子绝情后女子自宽之词。朱熹《诗集传》："言悦己者众，子虽见绝，未至于使我不能餐也。"若据此说，则这女子性格豁达，善能自宽自慰，她内心不仅没有失恋的痛苦，反而以嘲弄的口吻回敬那"狡童"。但将末句"使我"释为"未至于使我"，显有增字解经之嫌，未必符合诗的原意。一是女子戏谑男子之词。孙作云《诗经恋歌发微》说："这是女子向男子挑逗之语，也是谑词。"若据此说，那"狡童"并非真的"不与我言"、"不与我餐"，这只不过是假托男子如此罢了。因此，这"不能餐""不能息"，只是女子故作娇态，纯属调谑之语。似乎不如此，就不足以表达她对那"狡童"的挚爱之情。此说很富情趣。郑国的女子在爱情上多热情大胆。为了表达爱情，她们有时故意撒娇，忸怩作态。因此谑词的可能性也是存在的。

《诗序》说："刺忽也。不能与贤人图事，权臣擅命也。"此说不可据信。姚际恒《诗经通论》说："小序谓'刺忽'，呼君为'狡童'，似未安。或谓刺祭仲，祭仲此时非童也。"这一批评是中肯的。但姚氏以为此诗"有深于忧时之意"，同样不当。

褰 裳

子惠思我①,褰裳涉溱②。
子不我思,岂无他人?
狂童之狂也且③!

子惠思我,褰裳涉洧④。
子不我思,岂无他士⑤?
狂童之狂也且!

【注释】①惠:爱。②褰(qiān):提起。溱(zhēn):水名。③狂童:傻小子。也且:语助词。④洧(wěi):水名。⑤士:男子的通称。

【鉴赏】这是情人相会之诗。

古代郑国境内,有两条河流,一条叫溱水,一条叫洧水。它们汇为一处,名叫双洎河。这溱、洧一带的风俗,在当时比较开放。青年男女所受的限制较少,有时还能自由地交游往来。因此,这一带的青年人在爱情追求中,也多显得生气蓬勃,富有情趣。

全诗二章。诗中写的是一对情人相会的动人情景:脚下清清的河水,将他俩隔在两岸。女子对她的情人说:你要是爱着我,想着我,就提起裤管过河来吧。你如果不想我,难道我就没有他人可爱吗?你真是个头号的大傻瓜。"子不我思,岂无他人"不单是开玩笑,其中还有挑战的意味。这是勇敢而热情的试探,其意是要男的当机立断,明确表态。结尾的"狂童之狂"则是明显的戏谑之语。这并非贬词,而是一种亲昵的表示。不难看出,这是一个性格活泼、热情大胆、诙谐多趣的女子。

"褰裳"后来成了男女渡水相会、寄语传情的代名词。梁王僧孺《为人有赠》诗曰:"幸有褰裳便,含情寄一语。"这一形象构思,便是从此诗脱胎而来。

《诗序》说是"思见正"。当时郑国的国君是"忽",他有个弟弟名"突"的想篡夺君位。"忽"力量微弱,打不过"突",所以国人希望得到大国的支援来"正己"。此说与史实不符。据《左传》记载,当时一些诸侯国都援助"突"而伐"忽",说国人怨恨"突"篡国而思大国"正己"似不可能。

丰

子之丰兮①,俟我乎巷兮②,
悔予不送兮③。

子之昌兮④,俟我乎堂兮⑤,
悔予不将兮⑥。

衣锦褧衣⑦,裳锦褧裳。
叔兮伯兮,驾予与行。

裳锦褧裳,衣锦褧衣。
叔兮伯兮,驾予与归。

【注释】①丰:丰满。②巷:门外。③送:出嫁。④昌:健壮。⑤堂:堂前。⑥将:义同"送"。⑦褧(jiǒng):罩衣。

【鉴赏】这是男子亲迎而女子未随之诗。

全诗四章。一对青年,本已缔结了婚约。然而待到男方驾车前往亲迎时,情况却起了变化。首二章写女子因这场风波而起的内心悔恨。从诗中看,这一对青年本来是有情的。小伙子长得挺不错,他不仅体魄健壮,而且相貌堂堂。这"丰""昌"二字从女子口中唱出,说明她是很爱这个小伙子的。然而临到关键时刻,女方却反悔了这门亲事。引起婚姻变故的原因,当是由于女子父母变心。就这样,一场圆满的婚姻被破坏了。女子为此而痛苦,为自己的软弱、不能自主而悔恨。她想到小伙子亲迎时"俟乎巷""俟乎堂"的情景,十分懊悔自己未能与他同去。末二章写女子急盼男子再来迎娶。自从男子失望而去之后,这女子成天闷闷不乐。她在闺房里还时不时穿着锦绣的嫁衣。她几乎是向男子呼唤道:"只要你驾车来,我就与你一同归去!"这女子能否如愿,就很难说了。

《诗序》说是"婚姻之道缺……男行而女不随"。其意是说郑国衰乱,婚姻之礼废弛,有男亲迎而女不从的事情发生。这是附会封建礼教的说法。朱熹《辨说》说是"淫奔之诗"。试问,难道有淫奔者等待于堂上的吗?难道有穿着嫁衣乘车淫奔的吗?

东门之墠

东门之墠①,茹藘在阪②。
其室则迩③,其人甚远。

东门之栗,有践家室④。
岂不尔思,子不我即⑤。

【注释】①墠(shàn):平坦之地。②茹藘(lú):茜草。阪(bǎn):斜坡。③迩(ěr):近。④有践:美好。⑤即:接近。

【鉴赏】这是女思男之诗。

全诗两章。此诗写得深沉而含蓄。诗中的女子与一个男子相邻近,能经常见到他,并暗暗地爱上了他。古语说"爱屋及乌",她则是"爱人及屋"。她将那男子的房屋及其周围环境,看得那么的清,记得那么的深。他住房的前面是一片平坦之地,平地之外有一道斜坡,斜坡上长满茜草,房屋的周围还栽满栗树,这确是一个美好的家室。这一切都深印在她的脑海里。可是那男子对于她的一片爱慕之情,毫未觉察。两人虽近在咫尺,却

如同万里之遥。"其室则迩,其人甚远",这深切的感受,非亲身体验者不能道出。首章虽不露一个"思"字,但思情仍无处不在。下章正面点出"思"字。"岂不尔思",直抒胸臆,思之深切可见;"子不我即",正释"人远",幽怨之意溢于言表。这几句,表现了女子希望男子前来相会,共结良缘的愿望。

《诗序》说:"刺乱也。男女有不待礼而相奔者也。"持此说者将诗中的女子视作一位贞女,男子欲求此女,此女贞洁自守,不肯苟从,故男子有"室迩人远"之叹。此说将"东门之墠""东门之栗"都当作兴体:墠是平坦易行之地,栗是寻常易取之物,但是若不循礼,则易行之地也难行,易取之物难得。这就说明男女都应待礼而行。此说在情诗中填入礼义的内容,支裂了诗意,显然是一种曲解,不可信从。

风　雨

风雨凄凄①,鸡鸣喈喈②。
既见君子,云胡不夷③?

风雨潇潇④,鸡鸣胶胶⑤。
既见君子,云胡不瘳⑥?

风雨如晦⑦,鸡鸣不已⑧。
既见君子,云胡不喜?

【注释】①凄凄:寒凉。②喈(jiē)喈:鸡初叫声。③云:语助词。胡:何。夷:平。④潇潇:风雨声。⑤胶胶:鸡再叫声。⑥瘳(chóu):病愈。⑦晦:昏暗。⑧不已:不止。鸡叫三遍,天将发亮。

【鉴赏】这是女子期待情人前来相会之诗。

全诗三章。每章意思基本相同,只是意有轻重之别罢了。从诗意看,这次相会可能约定在晚间,不料一场风雨竟破坏了这幸福的时刻。老天爷不作美,一到晚上就刮起了凄风,下起了苦雨。这潇潇的风雨声灌进女子的耳中,真是"别有一番滋味在心头"了。随着沉沉黑夜中风雨的加剧,她在焦灼的期待中又滋生了一些担忧的情绪。她从傍晚一直等到半夜鸡叫,又一直等到天快发亮。就在鸡叫三遍,黑夜将逝的当儿,她突然看见久久盼望的情人来了。刹那间她眼前的愁云消散了,翻滚的思潮平静了,萦回的忧虑解除了,幸福的笑影飞上了眉梢。诗中"云胡不夷""云胡不瘳""云胡不喜"三句,便将这个女子刹那间的心理变化、感情起伏表达了出来。诗先用"凄凄"、"潇潇"的风雨,"喈喈"、"胶胶"的鸡鸣,渲染出凄苦缠绵的心理氛围,寄托女子的愁思;既而用这种愁思来反衬"既见君子"的欣喜之情,收到了强烈的艺术效果。

《诗序》说:"思君子也。乱世则思君子不改其度焉。"此说以"风雨"比作乱世,以"鸡鸣守时"比作君子"不改其度"。然而,这种君子世上又没有,因此"居乱思治,欲得贤才以移易之"。如果一旦见到这种君子,怎能叫人不喜悦呢?这种说法以一种外在的观念去比附诗,因而与诗的意境相悖,不为后人所取。

子 衿

青青子衿①,悠悠我心②。
纵我不往,子宁不嗣音③?

青青子佩④,悠悠我思。
纵我不往,子宁不来?

挑兮达兮⑤,在城阙兮⑥。
一日不见,如三月兮。

【注释】①子:古时对男子的美称。衿(jīn):衣领。②悠悠:忧思深长貌。③宁:难道。嗣:寄,捎。④佩:佩玉的绶带。⑤挑、达(tà):来回走动貌。⑥城阙:城门楼。

【鉴赏】这是女子焦灼地等候情人之诗。

全诗三章。热恋中的青年男女时常为一些细小的缘故而引出层层的心理波澜。此诗中的女子也正处在这种心态之中。从诗中看,在此之前,她与男友的交往是亲密的,感情是融洽的。他俩经常相会,互倾情愫。然而不知何故,这对恋人之间似乎有了一点小的曲折和误会,闹了一点小别扭。她终于有些沉不住气了,于是来到以前他俩时常幽会的地方,希望能重见他的身影。

一、二章写女子思望之情。她在城阙上等了一会儿,但不见情人的身影。她的眼前浮现出情人青青的衣领、青青的绶带,一腔忧思之情不禁油然而生。她心里不免埋怨起情人来了。她想:纵然我没有去,难道你就不能主动捎个信来?纵然我没有去,难道你就不能前来?

末章写女子思望之态。她久等情人,还不见来,急得在"城阙"上来回走动。"挑兮达兮"一句,生动地表现了她急切期待、焦躁不安的心情。结尾两句,用夸张的笔墨,抒发了女子深沉的思念之情。一天没见着情人,对她好似隔了三个月之久。这正是欢娱觉时短,忧思恨时长。在表达女子相思之苦上,此诗是很真切自然的。

《诗序》说是"刺学校废"。意思是说,郑国处在乱世,学校荒废,许多学子散去了,那些留下来的学子责备他们道:纵然我不往见你,你难道不来学习?为何要废弃学业而只在城阙上游玩呢?须知一日不见礼乐,则相隔如三个月啊!这种说法与诗意相去甚远。

出其东门

出其东门^①,有女如云。
虽则如云,匪我思存^②。
缟衣綦巾^③,聊乐我员^④。

出其闉阇^⑤,有女如荼^⑥。
虽则如荼,匪我思且^⑦。
缟衣茹藘^⑧,聊可与娱^⑨。

【注释】①东门:郑国城门。②匪:非,不是。思存:想念。③缟(gǎo):白色。綦(qí):暗绿色。④聊:愿,可以。员:同"云"。语助词。⑤闉闍(yīn dū):外城的城门。⑥荼(tú):茅花。⑦思且:同"思存"。⑧茹藘(lú):茜草。⑨娱:欢娱。

【鉴赏】这是男子钟情一位女子之诗。

按郑国的风俗,每逢春天,男男女女出游踏青,盛况非常。此诗所写,正是诗人出游时的所见所感。

全诗二章。此诗写得很别致,艺术上也很高明。诗人走出东门一看,哟嗬,出游的女子多极了,宛若天上的云朵。"如云"二字正是形容游女众多。再仔细一瞧,游女岂只是众多,而且美丽,如同遍野的白茅花。"如荼"二字正是形容游女貌美。作者如此运笔,是别有用意的。所以接下去,诗人笔锋一转,一个"虽"字便道出了正意。游女虽多且美,但都不是他所思念的人。他在众多的游女之中,只看中了一位衣着朴素的贫女。那位白衣青巾的姑娘,才是他所爱的人,因此愿与她一同游乐。诗用"如云"与"一位"对比,表明他对爱情的专一;用"如荼"与"缟衣綦巾"对比,表明他在爱情选择上的坚贞。这种对比的手法,使得全诗显得形象鲜明,情感真挚。

《诗序》说是"悯乱"。其意是说,由于兵革不息,战乱不止,男女相弃,不能保其家室。兵荒马乱之中,难道逃荒的全都是女子吗?可见此说与情理不合。朱熹《诗集传》说:"人见淫奔之女,而作此诗。"然而私奔本是隐秘的行为,哪有成群结队一起淫奔的事呢?此说也无道理。

野有蔓草

野有蔓草①,零露漙兮②。
有美一人,清扬婉兮③。
邂逅相遇④,适我愿兮⑤。

野有蔓草,零露瀼瀼⑥。
有美一人,婉如清扬⑦。
邂逅相遇,与子偕臧⑧。

【注释】①蔓草:细长的蔓生草。②零:落。漙(tuán):露水结成珠。③清扬:眼珠灵活有神。婉:美好。④邂逅:偶然碰见。⑤适:合。⑥瀼(ráng):露水多貌。⑦如:然。⑧偕臧:相好,相爱。

【鉴赏】这是情人不期而遇之诗。

全诗二章。每章首二句写景。田野里长满蔓草,草上挂满了晶莹的露珠,在旭日的拂照下闪闪发光,耀眼夺目。这是赋,又是兴。诗正是以秀美的景色兴比女子貌美。每章中二句写人。鲁迅说过:"要极省俭的画出一个人的特点,最好是画他的眼睛。"此诗正是从眼睛来描绘女子容貌的。男子在田野里一见到这女子,立即就被她的眼睛给迷住了。这个女子有一对水汪汪的大眼睛,那眼珠儿滴溜溜的,很有神采,如同草尖上的露珠儿,晶莹闪动,漂亮极了。诗仅用"清扬婉"三字便将她的美貌活灵活现地勾勒了出来,真是"以少总多"的传神之笔。每章末二句抒情。这男子一见钟情。偶然相遇,在他的心里就播下了爱情的种子。他暗自想道:"这女子真合我的心愿!"之后,这种爱慕之情愈益浓烈。他便直截了当地向女子表白道:"我们相爱吧!"多么大胆,多么率直!这种求爱方式的原始性,反映了当时郑国的婚姻习俗。

《诗序》说:"思遇时也。君之泽不下流,民穷于兵革,男女失时,思不期而会焉。"此说不算大误,只是添进了一些政治内容。吴闿生《诗义会通》引苏辙说:"郑人思得君子,以被其膏泽。庶几邂逅见之,以适我愿。"姚际恒《诗经通论》指出:"或以为邂逅贤者作,然则贤其'清扬婉兮'之美耶?"这一批评是非常中肯的。

溱洧

溱与洧,方涣涣兮①。
士与女,方秉蕳兮②。
女曰观乎?士曰既且③。
且往观乎④?洧之外,洵订且乐⑤!
维士与女,伊其相谑⑥,
赠之以勺药⑦。

溱与洧,浏其清矣⑧。
士与女,殷其盈矣⑨。
女曰观乎?士曰既且。
且往观乎?洧之外,洵订且乐!
维士与女,伊其将谑⑩,
赠之以勺药。

【注释】①涣涣:水流弥漫貌。②秉:手持。蕳(jiān):泽兰。③且:同"徂"。往,去。④且:再。⑤洵(xún):的确。订(xū):大。⑥伊:语助词。谑(xuè):调笑。⑦勺药:香草名。⑧浏:水清貌。⑨殷:众多。⑩将:相互。

【鉴赏】这是女子邀约男友春游之诗。

郑国民间有一种风俗,每逢春天三月初的上巳节,在溱洧二水的两岸,都要举行一场盛大的集会。这一天,男男女女涌向河边,消除不祥,祈求平安。而那少男少女们,自然不会放过这一良机,和所爱的情人去踏青春游。

全诗二章。每章首四句写环境之美与场面之大。那溱、洧二水,一到春天就碧绿澄清,浩浩荡荡。这不仅点明了三月桃花水涨的节令,还为春日的盛会添加了壮美的背景。每当此时,青年男女就手持兰草,纷纷从各地赶来。顿时溱、洧岸边汇成了一片欢乐的海洋,与"涣涣"、"浏清"的春水交相辉映,好不壮观!"殷其盈",正是对男女杂沓、欢声笑语场面的高度概括。中五句写女邀男同往赴会。这是一场精彩的对话。女的说:"去游吧!"男的说:"已游过了。"女的又说:"再去游游吧!洧水边场面大,人多又快乐!"经女子这么一劝,男子便欣然同往了。每章末三句写男女欢聚的情景。这场上巳节的游乐,密切了他们的关系,缔结了爱情。他们相互调笑,彼此赠送勺药以作定情的信物。这一结尾,巧妙地揭示了此诗的主题。

古代学者多认为这是一首"淫诗"或"刺淫"诗。这是从封建礼教的观点出发来评说此诗,因此曲解诗意就是不可避免的了。

齐　风

鸡　鸣

鸡既鸣矣,朝既盈矣①。
匪鸡则鸣②,苍蝇之声。

东方明矣,朝既昌矣③。
匪东方则明,月出之光。

虫飞薨薨④,甘与子同梦。
会且归矣⑤,无庶予子憎⑥。

【注释】①朝:早晨。盈:指日光圆满。②则:犹"之"。③昌:指日光明亮。④薨薨(hōng):虫子群飞的声音。⑤会:幽会。且:将要。⑥无庶:即"庶无"的倒文。希望不要。子:疑为衍字。

【鉴赏】这是男女幽会之诗。

全诗三章。写的是一对恋人幽会将终时的窃窃私语,表达了燕尔亲昵难舍难分的热恋之情。一章重在写听觉。女子说:"鸡已叫了,天快亮了。"男子说:"不是鸡的叫声,而是苍蝇的声音。"二章重在写视觉。女子说:"东方发白,天已大亮。"男子说:"不是东方发白,而是月亮的光华。"这些对白,道出了这对恋人害怕天明的复杂心理。三章写幽会将终难舍难分。男子说:"虫子群飞薨薨响,愿与你一同入梦乡。"女子说:"幽会期限已到,我该马上回家,希望你不要恨我。"足见这对恋人情笃意厚,如胶似漆。但女子心存顾忌,又不得不即将分离。

钱钟书《管锥编》评述曰:"女促男起,男则淹恋;女曰鸡鸣,男辟之蝇声;女曰东方明,男辟之曰月光。亦如《女曰鸡鸣》之士女对答耳。"他还举出莎士比亚剧中的例子作为旁证:"莎士比亚剧中写情人相会,女曰:'天尚未明,此夜莺啼,非云雀鸣也。'男曰:'云雀报曙,东方云开透日矣。'女曰:'此非晨光,乃流星耳。'可以比勘。"这种中西文学中的实例比较,可以加深对此诗的理解。

《诗序》说:"思贤妃也。"意思是说哀公荒淫女色,怠慢朝政,故歌咏古之贤妃夙夜警戒国君。出现此误,是因为对"朝既盈""朝既昌""会且归"理解不当所致。《正义》训"朝既盈"为"满于朝上",训"朝既昌"为"朝上既已盛",训"会"为"会于朝"。这实在是一种误解。其实,"朝既盈""朝既昌"是说"天快亮""天大亮","会且归"是说"幽会将终马上归家",这与贤妃警戒国君无关。陆侃如《中国诗史》说:"此诗所写乃是幽会将终,男女二人临别时的对话。"这种说法符合诗意,故可依从。

还

子之还兮①,遭我乎峱之间兮②。
并驱从两肩兮③,揖我谓我儇兮④。

子之茂兮⑤,遭我乎峱之道兮。
并驱从两牡兮⑥,揖我谓我好兮。

子之昌兮⑦,遭我乎峱之阳兮⑧。
并驱从两狼兮,揖我谓我臧兮⑨。

【注释】①还(xuán):通"旋"。敏捷。②遭:相遇。峱(náo):山名。③肩:通"豜(jiān)"。三岁的兽。泛指大兽。④揖:拱手作揖。儇(xuān):利落。⑤茂:健美。⑥牡(mǔ):雄兽。⑦昌:强壮。⑧阳:山的南面。⑨臧:射艺好。

【鉴赏】这是歌咏猎人之诗。

全诗三章。诗中写了两个猎人。甲猎人称赞乙猎人为"还",为"茂",为"昌"。仅此三字便将乙猎人敏捷、健美、强壮的英姿再现了出来。他俩在峱山相遇,并马追逐野兽,猎取野物。打猎结束时,乙猎人拱手作揖,并称赞甲猎人为"儇",为"好",为"臧"。也仅此三字,便将甲猎人利落、壮美、善射的雄姿勾勒了出来。方玉润《诗经原始》说:"章潢

曰:子之还兮,己誉人也。谓我儇兮,人誉己也。并驱,则人己皆与有能也。寥寥数语,自具分合变化之妙。猎固便捷,诗亦轻利,神乎技矣。"这段评论,正道出了此诗在艺术上的特色。类似的场面在诗中出现了三次:一次是相逢于"峱之间",并马追逐"两肩";一次是相逢于"峱之道",并马追逐"两牡";一次是相逢于"峱之阳",并马追逐"两狼"。如此变换词语,只是为了便于吟唱的需要,并非是说他俩相逢三次,共猎三场。

此诗在句法上,每章杂用四言、七言、六言三种句式。三章并列,活泼中见整齐。另外,全诗共用九个"我"字,点缀其中,使全诗显得节奏顿挫,充溢着一种阳刚之气。

《诗序》说:"刺荒也。哀公好田猎,从禽兽而无厌。国人化之,遂成风俗。"诗中既无"君"的字样,也无"公"的字样,且全诗洋溢着赞美之情,断为刺"哀公好田猎",实无据。至于说由于哀公好田猎,"国人化之,遂成风俗",这也不当。田猎是劳动人民赖以为生的手段,对这种正当的田猎活动尤不当刺。朱熹《诗集传》说两个猎人如此相互称誉,"而不自知其非也。则其俗之不美可见。"这种看法也不正确。姚际恒《诗经通论》指出:"以为见齐俗之尚功利则可,若必曰'不自知其非',曰'其俗不美',无乃矮人观场之见乎!"姚氏的这一批评是非常中肯的。

著

俟我于著乎而,充耳以素乎而②,
尚之以琼华乎而③。

俟我于庭乎而④,充耳以青乎而⑤,
尚之以琼莹乎而⑥。

俟我于堂乎而⑦,充耳以黄乎而⑧,
尚之以琼英乎而⑨。

【注释】①俟(sì):等候。著:大门和屏风之间的地方。乎而:语助词。②充耳:帽子两旁的玉制饰物,下垂至耳。素:系玉的白色丝带。③尚:加。琼:赤玉。华:光彩。④庭:堂前的平地。⑤青:系玉的青色丝带。⑥莹:晶莹。⑦堂:正房;堂屋。⑧黄:系玉的黄色丝带。⑨英:明亮。

【鉴赏】这是贵族男子迎亲之诗。

全诗三章。此诗描写了一位光彩照人的新郎形象。这位新郎形象,是通过新娘的眼睛打量出来的,是通过新娘的口吻歌咏出来的。因而话语之中饱含叹赏之情,称美之意,读来别有风味。一章说:新郎迎亲等候在门槛,帽子两旁垂着白色的丝带,还缀有一种绚丽的红玉。二章说:新郎迎亲等候在前庭,帽子两旁垂着青色的丝带,还缀有一种晶莹的红玉。三章说:新郎迎亲等候在堂上,帽子两旁垂着黄色的丝带,还缀有一种漂亮的红玉。新郎迎亲由门槛至前庭,又由前庭至堂上,愈来愈近,新娘的视线也随之而转移,愈看愈真。通过仔细端详,一位服饰鲜丽、气度华贵的新郎形象就浮现在新娘眼前,难怪她惊喜不已,反复赞美。

《诗序》说:"刺时也。时不亲迎。"刺之法有二:《正义》说:"以时不亲迎,故陈亲迎之礼以刺之也。"朱熹《诗集传》说:"时齐俗不亲迎,故女至婿门,始见其俟己也。"这两种说法都不符合诗意。姚际恒《诗经通论》指出:"按此本言亲迎,必欲反之为刺,何据?"问得有理。

东方未明

东方未明,颠倒衣裳。
颠之倒之,自公召之①。

东方未晞②,颠倒裳衣。
颠之倒之,自公令之③。

折柳樊圃④,狂夫瞿瞿⑤。
不能辰夜⑥,不夙则莫⑦。

【注释】①公:指王公贵族。召:传令当差。②晞(xī):天刚发亮。③令:号令。④樊:篱笆。此作动词,编篱笆。圃:菜园。⑤狂夫:监工。瞿瞿(jù):怒视貌。⑥辰:司,掌握。⑦夙:早。莫:同"暮"。晚。

【鉴赏】这是农奴怨恨官差频繁之诗。

全诗三章。一、二章写农奴出工很早。天还未亮,监工就催促农奴起床。他如狼似虎地呼叫,使得农奴一片慌乱,竟连衣服也穿颠倒了。诗人抓住这一典型细节,反复咏叹,把官府压榨下农奴夜不安寝的辛劳表现得生动而形象。三章写农奴收工很晚。农奴们紧张地折断柳枝,编扎菜园的篱笆,而监工站在一旁怒目监视,凶神恶煞。直到很晚,监工还不让农奴收工。统治者有意混淆日夜界限,不是失之早,就是失之晚。"不能辰夜,不夙则莫"正是农奴向官府发出的怨恨与控诉的呼声。

《诗序》说:"刺无节也。朝廷兴居无节,号令不时,挈壶氏不能掌其职焉。"意思是说,天还未亮,挈壶氏就向朝中报告时间,致使朝中一片混乱,群臣上朝竟连衣服也穿颠倒了。柳木柔脆不能作篱笆,比喻狂夫惊顾不宜作挈壶之官。由于挈壶氏不能准确地掌握时间,结果不是太早就是太晚。这种说法实误。将挈壶氏比作"狂夫"似觉不类;将赋体"折柳樊圃"视作兴体也不确切。

南 山

南山崔崔①,雄狐绥绥②。
鲁道有荡③,齐子由归④。
既曰归止⑤,曷又怀止⑥?

葛屦五两⁷,冠緌双止⁸。
鲁道有荡,齐子庸止⁹。
既曰庸止,曷又从止?

艺麻如之何⁑? 衡从其亩⑪。
取妻如之何? 必告父母。
既曰告止,曷又鞫止⑫。

析薪如之何⑬? 匪斧不克。
取妻如之何? 匪媒不得。
既曰得止,曷又极止⑭?

【注释】①崔崔:高大貌。②绥绥:求偶貌。③鲁道:由齐至鲁的道路。荡:平坦。④齐子:指文姜。归:出嫁。⑤曰:语助词。止:语气词。⑥曷:何,为何。⑦葛屦(jù):用葛制成的鞋。五:古作"乂",交叉之状。两:即"緉"。鞋带。⑧緌(ruí):系帽子的带子。⑨庸:用,由。⑩艺:种植。⑪衡从:即横纵。⑫鞫(jū):穷。⑬析薪:劈柴。⑭极:义同"鞫"。

【鉴赏】这是讽刺襄公淫妹之诗。

襄公一向荒淫无耻,其妹文姜也不正派。文姜出嫁之前,襄公就与她保持着暧昧关系。文姜嫁给鲁桓公之后,襄公依然继续与她私通。国人憎恶襄公这禽兽不如的丑行,就作了这首诗来讽刺他。

全诗四章。每章首二句皆为兴体。一章以南山高大比喻襄公地位显赫,以雄狐求偶比喻襄公淫行丑恶。文姜既已出嫁,有了丈夫,襄公的兽行本应收场,但他依然怀念文姜。"曷又怀止"之"怀"正刺中了襄公的隐私。二章以鞋带成对、帽缨成双,比喻男女各有配偶,不容紊乱。文姜既已出嫁,有了丈夫,襄公的兽行本应收敛,但他依然跟从文姜。"曷又从止"之"从"正披露了襄公的丑行。三、四章以种麻要依田亩、劈柴需用斧子,比喻鲁桓公娶妻已告父母,已聘媒人,符合礼仪。鲁桓公发现文姜与襄公私通,当然不悦,斥责文姜几句也理属当然。然而襄公听了文姜的诉说之后,顿生歹心,竟下毒手,指使公子彭生杀害了鲁桓公。此事见于《左传·桓公十八年》载。这一骇人听闻的历史事件,也在此诗中得到了反映。"曷又鞠止"之"鞠"、"曷又极止"之"极",正揭露了襄公穷凶极恶的面目。

《诗序》说:"刺襄公也。鸟兽之行,淫乎其妹。"此说正确。有的说是"刺文姜",有的说是"刺鲁桓",这是因为未能细察史实、深玩文意所致。另有兼刺襄公、文姜、鲁桓的说法,则未免割裂诗意,更不足取。

甫 田

无田甫田①,维莠骄骄②。
无思远人,劳心忉忉③。

无田甫田,维莠桀桀④。
无思远人,劳心怛怛⑤。

婉兮娈兮⑥,总角丱兮⑦。
未几见兮⑧,突而弁兮⑨。

【注释】①田(diàn):通"佃"。耕种。甫田:大田。②莠(yǒu):杂草。骄骄:高大貌。③忉忉(dāo):忧愁貌。④桀桀:义同"骄骄"。⑤怛怛(dá):忧伤貌。⑥婉、娈:少好貌。⑦总角:头发扎成两髻,形似角。丱(guàn):两髻对称竖起貌。⑧未几:不久。⑨突而:忽然。弁(biàn):成人的帽子。

【鉴赏】这是哲理之诗。

全诗三章。此诗寓哲理于形象之中,趣味别致而耐人深思。首二章以种田、思人为喻。不要耕治大田,如果耕治大田,田中就只能长出高大的杂草。也不要思念远人,如果思念远人,心中就只会生出无限的烦恼。诗以此隐喻凡做事不要厌小忽近,贪大图远,而要从小事做起,从近处着眼,否则将会徒劳无功。末章以小孩成长为喻。一个美貌婉娈的儿童,不久前头上还扎着羊角辫髻,可是过不多时再见,他的头上却忽然戴上了成人的帽子,成了一个风度翩翩的青年。诗以此隐喻凡做事不要急于求成,只要循序渐进,便可达到预期的目的。朱熹《诗集传》说:"以戒时人厌小而务大,忽近而图远。"朱氏正是将它当作哲理诗去理解、去发挥的。

《诗序》说:"大夫刺襄公也。无礼义而求大功,不修德而求诸侯,志大心劳,所以求者非其道也。"此诗意在告诫时人不要贪大图远,而要循序渐进,与"无礼义""不修德"无关,因而谓"刺襄公"未免牵强。另有"思远人"说值得一提。或说少女思少男,或说母亲思儿子。这些均为推测之词,仅可作为理解诗意的参考。

卢 令

卢令令①,其人美且仁②。

卢重环③,其人美且鬈④。

卢重鋂⑤,其人美且偲⑥。

【注释】①卢:猎犬。令令:铃声。②仁:亲善,仁爱。③重环:子母环,大环贯小环。④鬈(quán):通"拳"。勇壮貌。⑤重鋂(méi):一大环贯二小环。⑥偲(cāi):多才。

【鉴赏】这是赞美猎人之诗。

全诗三章。每章首句写猎狗。"卢令令",是说猎狗颈上套的环铛发出"令令"的声响;"卢重环"、"卢重鋂",是说猎狗颈上套着双环、三环。写猎狗装饰之盛,是为了衬托猎人的英武。每章末句直接赞美猎人。首章"美且仁",是赞美猎人品德高尚;次章"美且鬈",是赞美猎人体态勇壮;末章"美且偲",是赞美猎人技艺高超。寥寥几笔,便将一位品德高尚、体态勇壮、技艺高超的猎人形象勾勒了出来。

《诗序》说:"刺荒也。襄公好田猎毕弋,而不修民事。百姓苦之,故陈古以风焉。"意思是说古代贤君顺时田猎,与民同乐。歌颂这位贤君,其目的是为了讽刺襄公荒于田猎。这显然与诗意不符。因为诗中绝对体会不出丝毫讽刺之意。朱熹《诗集传》说:"此诗大意与《还》略同。"此说正确。

载 驱

载驱薄薄①,簟茀朱鞹②。
鲁道有荡,齐子发夕③。

四骊济济④,垂辔沵沵⑤。
鲁道有荡,齐子岂弟⑥。

汶水汤汤⑦,行人彭彭⑧。
鲁道有荡,齐子翱翔。

汶水滔滔,行人儦儦⑨。
鲁道有荡,齐子游敖。

【注释】①载:语助词。薄薄:驱车之声。②簟(diàn):方纹竹席。茀(fú):车帘。朱鞹(kuò):红色兽皮。③齐子:指文姜。发夕:旦夕。《经典释文》引《韩诗》云:"发,旦也。"④骊(lí):黑马。济济:美貌。⑤垂辔:下垂的缰绳。沵沵(nǐ):柔和貌。⑥岂弟:欢乐和易。此用于贬义。⑦汶水:水名,流经齐鲁之地。汤汤(shāng):水盛貌。⑧彭彭(páng):人众多貌。⑨儦儦(biāo):义同"彭彭"。

【鉴赏】这是讽刺文姜回齐国与襄公私通之诗。

据史书记载,文姜多次回齐与襄公相会。《春秋》载云:"鲁庄公二年,夫人姜氏会齐侯于禚","五年,夫人姜氏如齐师","七年,又会齐侯于谷"。这里的"禚"、"谷"均为齐地。可见这几次是文姜主动回齐国会襄公。

全诗四章。一、二章首二句写文姜车马之盛。车是华贵之车,马是高头大马。文姜乘坐马车,在通往齐国的大道上奔驰,车轮发出"薄薄"的声响。三、四章首二句写文姜随从之盛。文姜随从之多,犹如汶水弥漫,滚滚流淌。在光天化日之下,文姜带着众多随从回齐往会襄公,真是毫无忌惮的非礼行动。每章末句正是讽刺这种淫秽行为。"发夕"即旦夕,它与"岂弟"、"翱翔"、"游敖"可互为补充。"岂弟"同"恺悌",意为欢乐和易,这里用作贬词。欧阳修《诗本义》说:"安然乐易而无惭愧之色。"这几句是说,文姜在通往齐国的大道上,日夜兼程赶回齐国,寻欢作乐,而无一点惭愧羞耻之色。此诗形容巧妙,含蕴深邃,堪称一首著名的讽刺诗。

《诗序》说:"齐人刺襄公也。"诗中"齐子"指文姜,谓"刺襄公"并不确切。姚际恒《诗经通论》说:"因以前二章上二句指襄公。《诗集传》皆以为指文姜,意亦贯。"陈子展《诗经直解》说:"齐人为刺襄公、文姜兄妹。"此说有割裂诗意之嫌,故不足取。程俊英《诗经译注》说:"这是一首写齐女嫁鲁的诗。"此说认为"齐子"指哀姜。哀姜是襄公的小女儿。传说哀姜出嫁鲁庄公时,曾约定要庄公"远媵妾",然后才进入鲁国。因此,将"发夕"、"岂弟"、"翱翔"、"游敖"均训作"滞留久处"。《焦氏易林》说:"襄送季女,至于荡道。齐子旦夕,留连久处。"即用此义。此说可备一解,但不能视作定论。

魏　风

葛　屦

纠纠葛屦①,可以履霜②。
掺掺女手③,可以缝裳。
要之襋之④,好人服之⑤。

好人提提⑥,宛然左辟⑦。
佩其象揥⑧,维是褊心⑨。
是以为刺⑩。

【注释】①纠纠:纠结缠绕貌。葛屦(jù):葛布鞋。②履:踏。③掺掺(xiān):纤细。④要:缝衣服的腰身。襋(jí):缝衣领。⑤好人:指贵妇人。⑥提提:斜目而视貌。⑦宛然:回转貌。辟:同"避"。躲闪。⑧佩:插。象揥(tì):象牙发簪。⑨维:因。褊心:心地狭窄。⑩是以:因此。刺:讽刺。

【鉴赏】这是婢妾讽刺贵族夫人之诗。

全诗两章。诗意紧相承接,一气呵成。这位婢妾勤劳手巧。她制作的葛布鞋,可以践踏寒霜,可见其手工是何等精细。她生就一双纤纤细手,可以缝制各种衣裳。她缝了腰身又缝衣领,一件漂亮的新衣终于缝制完毕。这新衣是为尊贵的夫人而缝制的。当新衣送到贵夫人面前时,她不理不睬,先是斜眼而视,然后将身子朝左一扭,悠闲地把一根象牙发簪插在头上,显得非常傲慢。这个婢妾见此情状,内心激起了无比的怨恨。她再也无法忍受,便喊出了"维是褊心,是以为刺"的呼声。

《诗序》说:"刺褊也。魏地狭隘,其民机巧趋利,其君俭啬褊急,而无德以将之。"此说与诗意不符。从诗中根本看不出百姓机巧趋利、君主俭啬褊急之意。姚际恒《诗经通论》说:"此诗疑其夫人之妾媵所作,以刺夫人者。"姚氏认定讽刺对象是嫡妻,这无疑是正确的。

园有桃

园有桃,其实之殽①。
心之忧矣,我歌且谣。
不知我者,谓我士也骄②。
彼人是哉③,子曰何其④?
心之忧矣,其谁知之!
其谁知之,盖亦勿思。

园有棘⑤,其实之食。
心之忧矣,聊以行国⑥。
不知我者,谓我士也罔极⑦。
彼人是哉,子曰何其?
心之忧矣,其谁知之!
其谁知之,盖亦勿思。

【注释】①殽(yáo):吃。②士:诗人自称。③彼人:那人。是:对,正确。④何其:怎么样。⑤棘:枣树。⑥聊:姑且。行国:周游于国中。⑦罔极:无常。

【鉴赏】这是贤士忧时伤己之诗。

全诗两章。每章首二句为兴体。诗以园中的桃子、枣子可供人食用,反兴自己有德有才而无所用。每章三、四句写诗人心忧。朱熹《诗集传》说:"诗人忧其国小而无政。"国家"无政",小人当道,贤良被逐,国家的前途不堪设想。诗人忧伤的原因在此。这满腔的忧愁无法排遣,他百般无奈,只得长歌当哭,且歌且谣,以歌泄忧。然而,歌谣又岂能泄忧?他只好又遍游国中以泄忧愤。这几句诗,将诗人内心忧伤之深,表现到了极点。

每章后六句写知音之难得。心中有忧，别人如果理解，还可得到一点宽慰。然而可叹的是，国中竟没有一个知己。诗人以"歌谣"、"行国"泄忧，那些"不知我者"，不仅不表同情，反而对这些举动横加指责，说他骄傲，说他无常。对此，诗人表示愤慨，他问道："那人说得对吗？你说怎么样呢？"最后诗人完全失望了，他只好无可奈何地感叹道："我的忧心有谁知？干脆再别去想吧！"不想怎么行呢？这不过是忧思难遣时的自慰自解罢了。

《诗序》说："刺时也。"这是不错的。但说"大夫忧其君，国小而迫，而俭以啬"则不当。《郑笺》说："魏君薄公税，省国用，不取于民，食园桃而已。"国君俭啬，到了食桃枣为生的地步，似无可能。

陟　岵

陟彼岵兮①，瞻望父兮。
父曰：嗟②！予子行役，夙夜无已③。
上慎旃哉④，犹来无止⑤。

陟彼屺兮⑥，瞻望母兮。
母曰：嗟！予季行役⑦，夙夜无寐。
上慎旃哉，犹来无弃⑧。

陟彼冈兮，瞻望兄兮。

兄曰:嗟! 予弟行役,夙夜必偕⁹。
上慎旃哉,犹来无死。

【注释】①陟(zhì):登上。岵(hù):多草木的山。②嗟:叹息。相当于"唉"。③夙夜:早晚。无已:不止。④上:犹"尚"。表示希望的意思。旃(zhān):之。⑤犹:还。无止:不要久留在外。⑥屺(qǐ):光秃的山。⑦季:指小儿子。⑧无弃:不要弃家无归。⑨偕:自强,勤勉努力。闻一多《风诗类抄》:"偕,强也,勤也。谓力行不倦也。"

【鉴赏】 这是服役青年怀念亲人之诗。

全诗三章。每章首二句写他登上高山,遥望亲人。他登上山顶,极目远眺,瞻望父亲、母亲和哥哥。尽管山重水复,千里迢迢,肉眼无法看见亲人的身影,但他的心却早已飞到亲人的身边。每章后四句是设想亲人念己之词。他的耳畔响起亲人深情的话语。他设想父亲说:"唉,我的孩子!你行役在外,日夜辛劳不止。你要小心谨慎,还是快点回来,不要久滞异乡。"他设想母亲说:"唉,我的小儿子!你行役在外,早晚不得安睡。你要小心谨慎,还是快点回来,不要弃家无归。"他设想哥哥说:"唉,我的弟弟!你行役在外,日夜勤勉不倦。你要小心谨慎,还是快点回来,不要死在外面。"此诗手法曲致巧妙,委婉动人。正如沈德潜《说诗晬语》所说:"三段中但念父、母、兄之思己,而不言己之思父、母与兄。盖一说出,情便浅也。情到极深,每说不出。"的确,以设想对方念己,来映衬自己对亲人的思念,要比直接倾吐深沉得多。

这种奇妙的构思给后世诗人以艺术的启示。唐王建《行见月》:"家人见月望我归,正是道上思家时。"唐白居易《至夜思亲》:"想得家中夜深坐,还应说着远游人。"可见《陟岵》对后世文学影响深远。

对此诗主题虽无异议,但在理解上仍存在差异。《郑笺》说:"孝子行役,思其父之戒。"《正义》说:"我本欲行之时,而父教戒我曰。"以上认定这是征夫在行役途中的回忆之词。但仔细体味诗意,不像是临别时的语气,而应是行役途中的设想之词。

十亩之间

十亩之间兮①,桑者闲闲兮②。
行与子还兮③。

十亩之外兮,桑者泄泄兮④。
行与子逝兮⑤。

【注释】①十亩:形容桑园之大。②桑者:采桑女子。闲闲:从容不迫貌。③行:副词。行将,将要。④泄泄:义同"闲闲"。⑤逝:还,回去。

【鉴赏】这是采桑女子之歌。

在古代,采桑养蚕的工作都由女子承担。她们在采桑之中,收工之时,都要唱着歌儿以为娱乐。此诗就是她们在收工前所唱的一首歌。

全诗两章。歌中展现的是这样一幅劳动情景:十亩桑园内外,一群采桑女子来来往往,从容不迫。将要收工时,她们以歌声相互召唤:"将与你一同回去!"歌中的景象是明朗的,诗意是轻松愉快的。此诗运用白描手法,短短几句就勾勒出一幅清新的劳动图景,使人感觉声情并茂,有着浓郁的田园民歌风味。

《诗序》说:"刺时也。言其国削小,民无所居焉。"《郑笺》说:"古者一夫百亩,今十亩之间,往来者闲闲然,削小之甚。"此说令人费解。魏国土地狭小,不足耕垦,乃历史的现实,非人为的祸患,岂可讽刺。朱熹《诗集传》说:"政乱国危,贤者不乐仕于其朝,而思与其友归于农圃。"朱氏认为这是一首贤者归隐之诗。但诗中根本未及朝廷之事,也没有暗示朝政危乱,故此说乃是没有证据的想象。毛奇龄《国风省篇》说:"《十亩之间》何也?曰淫奔也。"毛氏认为这是一首淫奔之诗。此说乃捕风捉影,过于武断,有人说是"戏论",不可当真。

伐　檀

坎坎伐檀兮①,置之河之干兮②。

河水清且涟漪③。
不稼不穑④,胡取禾三百廛兮⑤?
不狩不猎,胡瞻尔庭有悬貆兮⑥?
彼君子兮,不素餐兮⑦!

坎坎伐辐兮⑧,置之河之侧兮。
河水清且直猗⑨。
不稼不穑,胡取禾三百亿兮⑩?
不狩不猎,胡瞻尔庭有悬特兮⑪?
彼君子兮,不素食兮!

坎坎伐轮兮,置之河之漘兮⑫。
河水清且沦漪⑬。
不稼不穑,胡取禾三百囷兮⑭?
不狩不猎,胡瞻尔庭有悬鹑兮⑮?
彼君子兮,不素飧兮⑯!

【注释】①坎坎:伐木声。檀:树名。②置:放置。干:河岸。③涟:水的波纹。漪:语气词。相当于"兮"。④稼:种植庄稼。穑(sè):收割庄稼。⑤胡:为什么。三百:极言多。廛(chán):同"缠"。捆,束。⑥貆(huān):猪獾子。⑦素餐:白吃饭。⑧辐:车轮的辐条。⑨直:水流平直。⑩亿:同"繶"。捆,束。⑪特:大野兽。⑫漘(chún):水边。⑬沦:水纹。⑭囷:同"稇"。义同"廛"、"亿"。⑮鹑(chún):鹌鹑。⑯飧(sūn):熟食。此指吃饭。

【鉴赏】这是工匠控诉统治者不劳而获之诗。

全诗三章。每章意思基本相同,可分三层来理解。第一层写工匠的劳动。他们正在砍伐檀树,做辐做轮,制成车子,然后放置河边,从水路运回宫中,以供统治者之需。他们的劳作显得紧张而繁忙。第二层写工匠的思索。统治者一不种田,二不打猎,为何粮食堆满仓?为何野味挂满庭?这既是思考,也是质问。经过思考,他们终于觉醒了。原来他们的劳

动成果全被统治者剥夺去了。第三层揭露统治者的寄生虫本质。结尾"彼君子兮,不素餐兮"这显然是一句反话。意思是说:那些君子们,都是尸位素餐的寄生虫!这既是辛辣的讽刺,也是强烈的抗议。

《诗序》说:"刺贪也。在位贪鄙,无功而受禄,君子不得进仕尔。"《正义》说:"君子之人不得进仕,坎坎然身自斩伐檀木。……君子不进,由在位贪鄙。……彼伐檀之君子,终不肯而空餐兮!"此说认为"伐檀"者为"君子","不稼不穑"者为"在位"。由于"在位贪鄙",故使"君子不得进仕"。姚际恒不同意"刺贪"观点,他在《诗经通论》中说:"此诗美君子不素餐。'不稼'四句只是借小人以形君子,亦借君子以骂小人,乃反衬'不素餐'之义耳。末二句始露其旨。若以为'刺贪',失之矣。"以上诸说不仅割裂诗意,而且附会成分很多,故不为后人所取。

硕 鼠

硕鼠硕鼠①,无食我黍②。
三岁贯女③,莫我肯顾④。
逝将去女⑤,适彼乐土⑥。
乐土乐土,爰得我所⑦。

硕鼠硕鼠,无食我麦。
三岁贯女,莫我肯德⑧。
逝将去女,适彼乐国。
乐国乐国,爰得我直⑨。

硕鼠硕鼠,无食我苗。
三岁贯女,莫我肯劳⑩。
逝将去女,适彼乐郊。
乐郊乐郊,谁之永号⑪。

【注释】①硕:大。②黍:小米。③三岁:多年。贯:侍奉,养活。④顾:顾念。"莫我肯顾"即"莫肯顾我"的倒装句。⑤逝:通"誓"。发誓。去:离开。⑥适:往。乐土:安乐之地。⑦爱:语助词。所:处所。⑧德:恩德,恩惠。⑨直:同"值"。报酬。⑩劳:慰劳,抚恤。⑩之:犹"其"。语气词。永号:长叹。

【鉴赏】这是讽刺统治者横征暴敛之诗。

全诗三章。每章意思略同,可分两层来理解。第一层揭露统治者贪婪残酷的本性。诗中将统治者比作大老鼠生动而贴切。一章说:大老鼠啊大老鼠,不要吃我们的小米。我们侍奉了你多年,而你却不肯顾念我们。二章说:大老鼠啊大老鼠,不要吃我们的麦子。我们侍奉了你多年,而你却不肯施惠给我们。三章说:大老鼠啊大老鼠,不要吃我们的禾苗。我们侍奉了你多年,而你却不肯抚恤我们。第二层抒写农民美好的心愿。农民辛勤耕耘,不得温饱,发誓逃奔他乡,去寻找安乐之地。"爱得我所",是说可以安居乐业;"爱得我直",是说可以得到应得的报酬;"谁之永号",是说谁还会长吁短叹。这一层表现了农民对理想社会的向往与追求。此诗一气呵成而又显出变化。由于运用了比兴手法,感情强烈而又不直露,意思深厚而又不晦涩,确是一首好的作品。

《诗序》说:"刺重敛也。"此说不误。但"重敛"到什么程度则未明言。《潜夫论·班禄篇》说:"履亩税而《硕鼠》作。"《盐铁论·取下篇》说:"周之末涂,德惠塞而嗜欲众,君奢侈而上求多。民困于下,怠于公事,是以有履亩之税,《硕鼠》之诗是也。"意思是说:周代末年,君上奢侈,对下一味搜刮,不施仁政。人民困苦不堪,怠于公田事务。于是不论公田还是私田,一律按亩纳税,这就是"履亩税"。在此之前,农民每年只是出劳役耕种公田,受一重剥削;现在连私田也得纳税,就受双重剥削。写作此诗与"履亩税"有关则可肯定。

唐 风

蟋 蟀

蟋蟀在堂①,岁聿其莫②。
今我不乐,日月其除③。
无已大康④,职思其居⑤。
好乐无荒⑥,良士瞿瞿⑦。

蟋蟀在堂,岁聿其逝⑧。
今我不乐,日月其迈⑨。
无已大康,职思其外⑩。
好乐无荒,良士蹶蹶⑪。

蟋蟀在堂,役车其休⑫。
今我不乐,日月其慆⑬。
无已大康,职思其忧。
好乐无荒,良士休休⑭。

【注释】①蟋蟀:促织。堂:屋内。②聿:语助词。其:将。莫:同"暮"。晚。③除:逝去。④已:甚。大:同"太"。康:安乐。⑤职:应当。居:处,所处的职责。⑥好乐:喜好安乐。荒:过度享乐。⑦良士:贤良之人。瞿瞿:警惕貌。⑧逝:逝去。⑨迈:义同"逝"。⑩外:本职以外的事务。⑪蹶(guì)蹶:勤快貌。⑫役车:服役的车子。休:停止。⑬慆(tāo):逝去。⑭休休:惊惧貌。

【鉴赏】这是岁暮抒怀之诗。

全诗三章。每章意思大体相同。诗的主人公可能是一位士大夫。每章前四句写及时行乐。蟋蟀在堂,预示时序已入寒冬,岁暮时节已经到来。如果不及时行乐,那么岁月就会像流水一样逝去。每章后四句写好乐无荒。欢乐还是应该的,但不要过度沉醉,要有所节制。应当想想自己的职责,想想本职以外的事务,想想忧患的事情。要像"良士"那样,爱好欢乐而不荒废事务,要百倍警惕,要奋发勤快,要时刻惊惧。只有如此,才能成为一个"好乐无荒"的贤良之士。

晋陆机《短歌行》曰:"置酒高堂,悲歌临觞。人寿几何?逝如朝霜。……今我不乐,蟋蟀在房。"又曰:"我酒既旨,我肴既臧。短歌有咏,长夜无荒。"此诗就继承了《蟋蟀》的诗意。

《诗序》说:"刺晋僖公也。俭不中礼,故作是以闵之。"《郑笺》说:"是时农功毕,君可以自乐矣。……君虽当自乐,亦无甚大乐,欲其用礼为节也。"这样以礼说诗,明显是一种曲解。再说诗中三次提到"良士",显然与国君无关。朱熹《诗集传》说:"唐俗勤俭,故其民间终岁劳苦,不敢少休,及其岁晚务闲之时,乃敢相与燕饮为乐。"这大概是依据"役车其休"一句立说。其实此句只是借此说明时序的变化,并不是说所驾的"役车"停止运行。姚际恒《诗经通论》说:"观诗中'良士'二字,既非君上,亦不必尽是细民,乃士大夫之诗也。"此说是可信的。

山有枢

山有枢①,隰有榆②。
子有衣裳,弗曳弗娄③。
子有车马,弗驰弗驱④。
宛其死矣⑤,他人是愉⑥。

山有栲⑦,隰有杻⑧。
子有廷内,弗洒弗扫。
子有钟鼓,弗鼓弗考⑨。
宛其死矣,他人是保⑩。

山有漆,隰有栗。
子有酒食,何不日鼓瑟?
且以喜乐,且以永日⑪。
宛其死矣,他人入室。

【注释】①枢(shū):刺榆。②隰(xí):低湿之地。榆:白榆。③弗:不。曳(yì):拖。娄:通"搂"。拢起。④驰、驱:马快跑。⑤宛其:死貌。⑥愉:通"偷"。取。《郑笺》:"愉读曰偷,偷,取也。"⑦栲(kǎo):臭椿树。⑧杻(niǔ):檍树。⑨考:敲击。⑩保:居有。⑪且:姑且。永日:消遣岁月。

【鉴赏】这是讽刺守财奴之诗。

全诗三章。诗以山上和洼地有各种树木,兴比富人占有大量资财。但这个富人却非常吝啬。他有衣裳不穿不著,有车马不驰不驱,有庭室不洒不扫,有钟鼓不打不敲,有酒食不饮不吃,有琴瑟不弹不奏。要姑且以此享乐,要姑且以此消遣岁月。这些铺陈叙述,便将这个贪婪的守财奴形象刻画得活灵活现。人民极端厌恶这个守财奴,嘲笑地说道:"等你死了,这万贯家财,就会全让别人占有享用。"

《诗序》说:"刺晋昭公也。"高亨《诗经今注》说:"这首诗是贵族作品。

作者劝告贵族们活一天就享乐一天,不要吝惜财物。"这虽非诗的本意,但不影响对诗意的理解。朱熹《辨说》:"此诗盖以答《蟋蟀》之意。"这只是推想之词,恐未必如此。

椒 聊

椒聊之实①,蕃衍盈升②。
彼其之子③,硕大无朋④。
椒聊且,远条且⑤。

椒聊之实,蕃衍盈匊⑥。
彼其之子,硕大且笃⑦。
椒聊且,远条且。

【注释】①椒:花椒。聊:结子成串。②蕃衍:繁殖。盈:满。③彼:那。其:语助词。子:指女子。④朋:比。⑤远条:指香气远扬。胡承珙《毛诗后笺》:"远条二字,皆以气言之,不以枝言之。"⑥匊:同"掬"。两手合捧。⑦笃:忠厚。

【鉴赏】这是赞美女子之诗。

花椒树有两个显著的特点:一是结子繁多,二是香气四溢。诗以花椒比喻女子新奇而贴切。

全诗两章。每章首二句写花椒结子繁多。花椒结子成球成串,一球之内繁殖的果实可装满一升、一捧。每章三、四句赞美女子。那个女子,不仅身材高大无比,而且品性诚实敦厚。每章末二句写花椒香气四溢。花椒的果实香味浓烈,香气远扬。此诗在艺术上很有特点,每章首尾皆为兴体,每章中间皆为本体。诗以花椒结子繁多,兴比女子体健多子;诗以花椒香气四溢,兴比女子声名远播。可见这确是一首构思巧妙的诗篇。

《诗序》说:"刺晋昭公也。君子见沃之盛强,能修其政,知其蕃衍盛大,子孙将有晋国焉。"此说以花椒比喻曲沃桓叔,不伦不类,明显是附会史实,没有多少道理。高亨《诗经今注》说:"这首诗是赞美一个男子。"此说以花椒比喻男子,虽不算大误,但不甚确切。

绸 缪

绸缪束薪①,三星在天②。
今夕何夕,见此良人③。
子兮子兮④,如此良人何。

绸缪束刍⑤,三星在隅⑥。
今夕何夕,见此邂逅⑦。
子兮子兮,如此邂逅何。

绸缪束楚⑧,三星在户⑨。
今夕何夕,见此粲者⑩。
子兮子兮,如此粲者何。

【注释】①绸缪(chóu móu):缠绕。束薪:一束柴薪。②三星:参星。③良人:好人,指新娘。④子:你,指新郎。⑤束刍(chú):一束饲草。⑥隅:角落。⑦邂逅(xiè hòu):通"解觏"。爱悦。此作名词,指心爱者。⑧束楚:一束荆条。⑨户:门窗。⑩粲者:美人。

【鉴赏】这是贺新婚、闹新房之诗。

全诗三章。每章首句为兴体。诗以紧紧缠绕的"束薪"、"束刍"、"束楚",兴比男女婚姻之事。每章次句点明时间。参星由高高的天上转到天边,由天边又转到窗户之上。这表明贺新婚、闹新房的人们由黄昏一直到夜深还未散去。每章三、四句是对新娘的赞美。意思是说:"今夜是什么时光哪,遇上了这么个漂亮的新娘!"这是闹房者模拟新郎的话语,因而带有戏谑的意味。每章末二句是闹房者的话语。他们对新郎喊道:"新郎啊,新郎啊,你把这个漂亮的新娘怎么办呢?"话语之中,既含有庆贺新郎之情,也含有戏谑调笑新郎之意。活泼风趣的口语,将新房内欢乐热闹的场景都表现了出来。

刘大白《白屋说诗》曰:"《唐风·绸缪》一篇,实在是一篇闹房的诗,虽然所闹的似乎是新郎而不是新娘。因为闹房的习惯法中,本来颇有兼闹新郎的。"这种说法是很正确的。

《诗序》说:"刺晋乱也。国乱则婚姻不得其时焉。"《毛传》认为秋冬为婚姻正时,《郑笺》则认为仲春为婚姻正时。毛、郑的说法虽有区别,但都是以礼说诗,将诗当作礼的图解,因而违背了诗的本意。陆侃如《中国诗史》说:"这是一首描写野合的诗。'绸缪束薪'示其地,'三星在天'示其时。在这种境地得与意中人畅叙,当如何的欣幸呢?"此说值得重视,可供存参。

鸨羽

肃肃鸨羽①,集于苞栩②。
王事靡盬③,不能艺稷黍④。
父母何怙⑤?悠悠苍天,
曷其有所⑥。

肃肃鸨翼⑦,集于苞棘⑧。
王事靡盬,不能艺黍稷。
父母何食?悠悠苍天,
曷其有极⑨。

肃肃鸨行⑩,集于苞桑。
王事靡盬,不能艺稻粱。
父母何尝?悠悠苍天,
曷其有常⑪。

【注释】①肃肃:鸟飞声。鸨(bǎo):一种似雁而大的鸟。②苞栩(xǔ):丛生的柞树。③王事:泛指官差徭役。靡盬(gǔ):没有停息。④艺:种植。稷黍:泛指庄稼。⑤怙(hù):依靠。⑥曷:何时。所:处所,安息之所。⑦翼:翅膀。⑧棘:枣树。⑨极:尽头,止尽。⑩行(háng):即翮,羽茎。⑪常:正常。

【鉴赏】这是农民控诉沉重徭役之诗。

全诗三章。每章开头为兴体。诗以鸨鸟栖息树上站立不稳之苦状,兴比农民生活之痛苦,十分耐人寻味。诗接着写造成农民生活痛苦的原因。这个农民长期在外服役,而"王事"又没完没了。这样,庄稼不能种,田地荒芜了。统治者无休无止的徭役,是造成农民生活痛苦的重要原因。在这种困境中,他哪里有心思服役啊!他深切思念着父母,并为父母而忧心忡忡。年迈的父母指望他种庄稼来供养,现在自己长期服役在外,父母就没有依靠了,就要饿死。"父母何怙""父母何食""父母何尝",正是他绝望中痛苦的心声。最后,他悲愤地质问苍天:"何时才有个安身之所?这沉重的徭役何时才是尽头?何时才能过上正常的生活?"这三句问语,既是农民对统治者的强烈抗议,也反映了他们对自由生活的渴望。此诗所揭示的现象具有典型性和普遍性,因而能得到后人的同情与共鸣。

《诗序》说:"刺时也。昭公之后,大乱五世,君子下从征役,不得养其父母,而作是诗也。"这里应作两点说明:一是此诗产生的时代。《诗序》认定为昭公之后的"五世",即孝侯、鄂侯、哀侯、小子侯、晋侯缗五世大乱时,这是可能的,但并非肯定的。二是诗的主人公。《诗序》说是"君子"较为含混。从"不能艺稷黍"等诗句来看,诗的主人公为农民无疑。

葛 生

葛生蒙楚①,蔹蔓于野②。
予美亡此③,谁与独处?

葛生蒙棘,蔹蔓于域④。
予美亡此,谁与独息?

角枕粲兮⑤,锦衾烂兮⑥。
予美亡此,谁与独旦?

夏之日,冬之夜。
百岁之后,归于其居⑦。

冬之夜,夏之日。
百岁之后,归于其室⑧。

【注释】①蒙楚:覆盖在荆树上。②蔹(liǎn):一种野草。蔓:蔓延。③予美:我的爱人,此指丈夫。④域:墓地。⑤角枕:用兽角装饰的枕头。粲:鲜明。⑥锦衾(qīn):锦面的被子。烂:色彩鲜明。⑦居:指坟墓。⑧室:指墓室。

【鉴赏】这是妻子哀悼亡夫之诗。

据史书记载,晋献公是一个好战的国君。他不断地发动战争,致使无数家庭夫妻分离,许多征人甚至抛尸荒野,牺牲了生命。诗中妇人的丈夫很可能就是在战乱中不幸丧生。

全诗五章。前三章写妇人在郊外哀悼亡夫的情景。妇人来到郊野举目一望,葛藤盖满了荆树,野草爬遍了原野。见此荒凉景况,她不禁发出"予美亡此,谁与独处"的哀叹。接着她来到坟地,低头一看,葛藤盖满枣树,野草爬满墓地。见此悲凉景况,她不禁发出"予美亡此,谁与独息"的哀叹。此时,她想到家中漂亮的角枕和灿烂的锦被依然还在,又不禁发出"予美亡此,谁与独旦"的哀叹。后两章写妇人思念亡夫。夏日悠悠,冬夜漫漫。这么漫长的岁月,怎能熬得到头啊!她只望百年之后,与亡夫同眠黄泉之下。妇人忠贞纯洁之爱,悲切沉痛之情,显得凄婉感人。

此诗在艺术上有一种感人的力量。它以情感为经,以景物为纬,交织成一首悲凉的悼亡曲。它对后世悼亡诗有一定的影响。晋潘岳《悼亡诗》云:"驾言陟东皋,望坟思纡轸。徘徊墟墓间,欲去复不忍。"这几句写徘徊墓地、悼念亲人的情事,与《葛生》前两章的意思差不多。又云:"展转眄枕席,长簟竟床空。……独无李氏灵,仿佛睹尔容。"这几句也与《葛生》第三章命意相通。

《诗序》说:"刺晋献公也。好攻战,则国人多丧矣。"此说不误。朱熹

《诗集传》说:"妇人以夫久从征而不归,故言葛生而蒙于楚,蔹生而蔓,各有所依托,而予之所美者,独不在是,则谁与而独处于此乎?"此说将赋体"葛生蒙楚,蔹蔓于野"视作兴体,似觉欠当。"予美亡此"之"亡此",应释作"死在这里",而朱氏释作"不在是"也不确切。因此"悼亡"说要胜于"思存"说。高亨《诗经今注》说:"这是男子追悼亡妻的诗篇。"这对理解诗意并无妨碍,可备一说。

采 苓

采苓采苓①,首阳之巅②。
人之为言③,苟亦无信④。
舍旃舍旃⑤,苟亦无然⑥。
人之为言,胡得焉⑦?

采苦采苦⑧,首阳之下。
人之为言,苟亦无与⑨。
舍旃舍旃,苟亦无然。
人之为言,胡得焉?

采葑采葑⑩,首阳之东。
人之为言,苟亦无从⑪。
舍旃舍旃,苟亦无然。
人之为言,胡得焉?

【注释】①苓:甘草。②首阳:山名。巅:山顶。③为言:伪言,谗言。④苟:确实。⑤舍:弃。旃(zhān):之。指代谗言。⑥无然:不要以为是。⑦胡得:得到什么。⑧苦:即荼,苦菜名。⑨无与:不要信从。⑩葑:萝卜。⑪无从:不要听从。

【鉴赏】这是劝人不要听信谗言之诗。

全诗三章。每章首二句为兴体。甘草生于湿地而说生在"首阳之巅",苦菜生于田中而说生在"首阳之下",萝卜生于园圃而说生在"首阳之东"。诗以此兴比谗言不可相信。每章中二句劝人不要听信谗言。小人的假话,千万不要相信,不要采纳。每章末四句指出制止谗言的方法。大抵进谗言者,不怕别人不相信,而是怕别人能审察。开初别人虽不大相信,但他日益浸润,久而久之,别人就不得不信了。如果认真地审察一番,谗言的虚假便立即暴露出来。这样就能做到舍弃谗言,而那些爱进谗言的人就捞不到什么油水,不得不停止造假了。"人之为言,胡得焉",正是说的这个意思。

《诗序》说:"刺晋献公也。献公好听谗言焉。"献公好听谗言,虽有史可证,但从诗中看不出专刺献公,而应从"劝人不要听信谗言"为宜。

秦　风

驷　驖

驷驖孔阜①，六辔在手②。
公之媚子③，从公于狩。

奉时辰牡④，辰牡孔硕⑤。
公曰左之⑥，舍拔则获⑦。

游于北园⑧，四马既闲⑨。
輶车鸾镳⑩，载猃歇骄⑪。

【注释】①驷驖(tiě)：四匹黑色如铁的马。孔：很。阜：肥大。②辔：马缰绳。③媚子：宠爱的臣子。④奉：供给，驱赶。时：是，此。辰：通"麎(chén)"：母鹿。牡：公鹿。⑤孔硕：很肥大。⑥左之：车向左。⑦舍：放。拔：箭末，此代指箭。获：射中。⑧北园：秦园囿名。⑨闲：轻松貌。⑩輶(yóu)车：轻车。鸾：车铃。镳(biāo)：马嚼子。⑪猃(xiǎn)：长嘴猎犬。歇骄：短嘴猎犬。

【鉴赏】这是赞美秦襄公狩猎之诗。

据《史记·秦本纪》记载，秦国自襄公始才被周平王封为诸侯。因为只有成为诸侯，才能有苑囿狩猎那样大的排场。

全诗三章。首章写狩猎阵势之盛。驾车的四匹马，毛色铁色，肥壮剽悍。车把式手握六根缰绳，得心应手，熟悉自如。陪同前往狩猎的是襄公的宠爱之臣。这四句，将襄公狩猎阵势之盛简明地勾勒了出来。次章写狩猎的场面。襄公一行来到苑囿，虞人便将藏在草木丛中的母鹿、公鹿驱赶出来，以便襄公射获。这些野兽一匹匹长得膘肥体壮。这时，襄公命令车把式将车朝左一拐,他射出去的箭,就射中了野兽的躯体。一场紧张的、扣人心弦的狩猎场面就这样展开了。末章写猎后游园。狩猎完毕之后,襄公一行在"北园"游览了一阵。此时,四匹马显得悠闲而轻松。系在马嚼子上的铃铛随着马的行进发出清脆悦耳的声响。那名叫"猃"与"歇骄"的猎犬也载在轻车之上。此诗层次分明,结构紧凑。首章写猎队进发,次章写入园射获,末章写猎后游园,头绪清楚,环环相扣。

对此诗主题虽无异议,但对诗中"媚子"一词却说解不一。《正义》说是"贤人",严粲《诗缉》说是"男宠",朱熹《诗集传》说是"所亲爱之人",闻一多《风诗类抄》说是"公车之御",高亨《诗经今注》说是秦君的"儿子"。对此,可不必深究。但据诗意,"媚子"是指襄公"所宠爱的臣子"为宜。

蒹 葭

蒹葭苍苍①,白露为霜。
所谓伊人②,在水一方。
溯洄从之③,道阻且长④。
溯游从之⑤,宛在水中央⑥。

蒹葭凄凄⑦,白露未晞⑧。
所谓伊人,在水之湄⑨。
溯洄从之,道阻且跻⑩。
溯游从之,宛在水中坻⑪。

蒹葭采采⑫,白露未已⑬。
所谓伊人,在水之涘⑭。
溯洄从之,道阻且右⑮。
溯游从之,宛在水中沚⑯。

【注释】①蒹葭(jiān jiā):芦苇。苍苍:茂盛貌。②伊人:那个人。③溯(sù)洄:逆流而上。④阻:险阻。⑤溯游:顺流而下。⑥宛:好像。⑦凄凄:通"萋萋"。茂盛貌。⑧晞(xī):干。⑨湄:岸边。⑩跻(jī):地势渐高。⑪坻(chí):水中小块陆地。⑫采采:茂盛貌。⑬未已:未干,未收。⑭涘(sì):水边。⑮右:弯曲。⑯沚:水中的沙滩。

【鉴赏】这是优美的情诗。

诗中的"伊人"当是一位女子。这个男子对她的确是真诚倾慕,执著追求。

全诗三章。每章意思虽大体相同,但又略有变化。每章首二句描写景物。深秋时节,芦苇非常茂盛,清晨白露凝结成霜。时至上午白露还未干,时至中午白露仍未收。这凄清的秋景,正好烘托出男子求而不得的惆怅之情。每章后六句写男子执著追求。由于思念"伊人",他从清晨至中午一直在河边寻求。尽管道路险阻而且遥远,尽管道路险阻而且渐高,尽管道路险阻而且弯曲,但他依然沿着河边逆流而上、顺流而下来回寻求。而"伊人"呢,却神奇莫测,来去无踪,变幻不定,时而"宛在水中央",时而"宛在水中坻",时而又"宛在水中沚"。一个"宛"字,便将"伊人"闪烁缥缈、难以寻求之状渲染了出来,真是点睛欲飞之笔。

在秦风剽悍慷慨的时尚中,《蒹葭》以其潇洒的风姿与飘逸的辞采,显出特别的格调,而成为《诗经》中的名篇。

《诗序》说:"刺襄公也。未能用周礼,将无以固其国焉。"此诗与"未能用周礼"无关,其误不待多言而自明。姚际恒《诗经通论》说:"此自是贤人隐居水滨,而人慕而思见之诗。"此说认为"伊人"指"贤人",断定这是一首"招贤"诗,这虽说也有一定道理,但"男女爱情"说要优于"招贤"说。

黄 鸟

交交黄鸟,止于棘。
谁从穆公①?子车奄息②。
维此奄息,百夫之特③。
临其穴,惴惴其栗④。
彼苍者天,歼我良人⑤。
如可赎兮,人百其身⑥。

交交黄鸟,止于桑。
谁从穆公,子车仲行。
维此仲行,百夫之防⑦。
临其穴,惴惴其栗。
彼苍者天,歼我良人。
如可赎身,人百其身。

交交黄鸟,止于楚。
谁从穆公,子车鍼虎。
维此鍼虎,百夫之御⑧。
临其穴,惴惴其栗。
彼苍者天,歼我良人。
如可赎身,人百其身。

【注释】 ①从:从死,殉葬。穆公:秦国国君。②子车奄息:人名。子车为姓,奄息为名。下文"子车仲行"、"子车鍼虎"同此。③特:匹敌。④惴惴(zhuì):恐惧貌。栗:战栗。⑤歼:杀害。良人:好人,善人。⑥人百其身:以一百人赎代其身。⑦防:比,相当。⑧御:义同"防"。

【鉴赏】 这是控诉以人殉葬之诗。

古代有一种非常残酷的殉葬制度。据《史记·秦本纪》记载,秦穆公死,竟以177人陪葬,其中就包括"三良",即子车奄息、子车仲行、子车鍼虎三兄弟。人们哀悼他们,于是就写有《黄鸟》之诗。

全诗三章。诗以黄鸟止于树上各得其所,反兴"三良"从穆公殉葬而命归黄泉,大有人命不如黄鸟之感。这"三良"乃国中之俊杰,可与"百夫"相比。"百夫之特""百夫之防""百夫之御"都是此意。这表现了国人对失去"三良"的无限惋惜之情。"三良"殉葬之时,下看墓穴,恐惧战栗,显得十分痛苦,使人惨不忍睹。国人亲见"三良"被活埋殉葬,悲苦无告,只好呼天抢地,疾声喊道:"老天爷啊,你为何要杀我良人?如可替换,我们愿以百人赎回他们的生命。"这表现了国人对"三良"的同情和对统治者的愤恨。

《诗序》说:"哀三良也。国人刺穆公以人从死。"此说有据,符合诗意。《正义》说:"是穆公命从己死,此臣自杀从之。"此说违背了诗意。诗明言"临其穴,惴惴其栗",异常恐惧,无比痛苦,从哪里见出"三良"是心甘情愿地"自杀从之"呢?张守节《史记正义》引应昭曰:"秦穆公与群臣饮酒酣,公曰:'生共此乐,死共此哀。'于是奄息、仲行、鍼虎许诺。及公薨,皆从死。"此事的真实性姑且不论。即令属实,以人从葬仍是不道德的残酷行为。殉葬制度在春秋中叶已经开始动摇了。因此,秦穆公以"三良"等177人殉葬,乃是一种历史的反动,自然地激起了国人的不满与愤恨。

晨 风

鴥彼晨风①,郁彼北林②。
未见君子,忧心钦钦③。
如何如何,忘我实多。

山有苞栎④,隰有六駮⑤。
未见君子,忧心靡乐⑥。
如何如何,忘我实多。

山有苞棣⑦,隰有树檖⑧。
未见君子,忧心如醉⑨。
如何如何,忘我实多。

【注释】①鴥(yù):疾飞貌。晨风:猛禽,即"鹯(zhān)"。②郁:茂盛貌。北林:北山之林。③钦钦:忧思难忘貌。④苞栎:丛生的柞树。⑤六驳:梓榆。⑥靡:无。⑦苞棣(dì):丛生的棠梨。⑧檖(suì):山梨树。⑨醉:神魂颠倒,昏昏沉沉。

【鉴赏】这是妇人思念丈夫之诗。

妇人的丈夫出门在外多时,久久未归。她疑心丈夫忘记了自己,甚至无情地抛弃了自己。

全诗三章。首章以飞鸟归林起兴,引起妇人对丈夫的思念。"晨风"之鸟犹知飞归故林,而自己的丈夫却久不归家。她触景伤情,感到孤单凄苦,"忧心钦钦"。丈夫久不归家,其中必有原因。她不禁暗自思忖:莫非丈夫把自己忘记了!"忘我实多",正表达了她的这种忧虑之情。二、三章分别以"山有苞栎,隰有六驳"、"山有苞棣,隰有树檖"起兴。这种以山上洼地草木对举的方式,一般是兴比夫妻或男女情事。如:《郑风·简兮》:"山有榛,隰有苓"、《郑风·山有扶苏》"山有扶苏,隰有荷华"、"山有桥松,隰有游龙"等。本诗也是如此。妇女每当想起丈夫久出未归,内心就觉得没有一点儿乐趣,甚至于神魂颠倒,昏昏沉沉。一个"醉"字,便见妇人百感交集,忧苦万状。

细玩诗意,这个妇人尽管满怀忧虑,但仍然抱有一线希望。从"未见君子",可知相见的希望还有;从"忘我实多",可知并未全忘。这个妇人若是完全被弃,恐怕就会是另一番表白了。

《诗序》说:"刺康公也。忘穆公之业,始弃其贤臣焉。"《毛传》说:"先君招贤人,贤人往之,駛疾如晨风之飞入北林,今则忘之矣。"此说将诗分为上下两截。上截四句写穆公求贤,各地贤者犹如飞鸟投林般前来。穆公未见到贤者,内心就很忧愁,下截两句写穆公死后,康公就将这些贤者忘掉了。这应当是用诗之义,而不是诗的本义。

无 衣

岂曰无衣?与子同袍①。
王于兴师②,修我戈矛,
与子同仇③。

岂曰无衣?与子同泽④。
王于兴师,修我矛戟,
与子偕作⑤。

岂曰无衣,与子同裳。
王于兴师,修我甲兵⑥,
与子偕行⑦。

【注释】①袍:战袍。②于:语助词。兴师:起兵。③同仇:共同对敌。④泽:内衣。⑤偕作:共同行动。⑥甲兵:铠甲,兵器。⑦偕行:一起前往。

【鉴赏】这是秦国的军歌。

秦国地处陕西、甘肃一带,常常受到西方少数民族的骚扰侵犯。因此,秦国借着周天子的名号,发布命令,动员人民,抵抗外来的侵略。此诗就是在这种历史背景下而写成。

全诗三章。每章首二句采用问答的形式。一章说:"难道说没有衣裳?与你同穿一件战袍。"二章说:"难道说没有衣裳?与你同穿一件内衣。"三章说:"难道说没有衣裳,与你同穿一条裤子。"先说"袍",次说"泽",再说"裳",其意是说内外、上下衣物,都可以与战友共用。这表现了士兵们同甘共苦、团结一致的战斗意志和乐观精神。每章后三句写国王一旦起兵,士兵们便修整各种武器,共同对敌,同赴战场,英勇杀敌。这表现了士兵们同仇敌忾,慷慨从军的爱国热情。此诗今天读来仍给人以鼓舞的力量。

此诗形式整齐,节奏明快,音调铿锵。每章结句富于鼓动的力量,很适合出征行进中歌唱。认定它为秦国的军歌,是可信的。

《诗序》说:"刺用兵也。"朱熹《诗集传》说:"秦俗强悍,乐于战斗。"这些说法与诗意不符。从诗中不仅难以体会出讽刺之意,而且强烈感受到一股慷慨豪迈的战斗激情。承王命,卫家乡,本属正义之举,故诗中赞美之情溢于言表。

权 舆

於我乎①,夏屋渠渠②。
今也每食无余。
于嗟乎③! 不承权舆④。

於我乎,每食四簋⑤。
今也每食不饱。
于嗟乎! 不承权舆。

【注释】①於(wū):叹词。②夏屋:大屋。渠渠:深广貌。③于嗟:悲叹声。④承:继承。权舆:当初。⑤簋(guǐ):古代食器。

【鉴赏】这是没落贵族哀叹今不如昔之诗。

春秋时代,是我国社会大动荡、大变革的时代。新的地主阶层兴起,而一部分昔日养尊处优的贵族迅速地走向没落。全诗二章。一章前二句写过去的住房,二章前二句写过去的饮食。过去,这个贵族住的是高大宽敞的房屋,吃的是四簋盛装的美味佳肴。多么富裕,多么气派! 现在

住的是什么呢？诗中虽未明言，但可肯定大不如前。住的还无关紧要，最要紧的还是肚子啊！如今这贵族吃的是什么呢？由于他日趋破产，几乎到了将要断炊的地步。由以前的"每食四簋"到现在"每食无余"、"每食不饱"，正是他日趋破产的真实写照。难怪他接连发出四个哀叹声，感伤自己不能继承当初的盛况。全诗用今昔对照的手法，表现了没落贵族留连过去、感伤眼前的颓唐苦楚的心境。

《诗序》说："刺康公也。忘先君之旧臣与贤者，有始而无终也。"《正义》说："（康公）与贤者交接，有始而无终。初时殷勤，后则疏薄。"意思是说，秦康公当初还礼待贤士，让贤士住大屋，吃佳肴，而后来却"礼意寝衰"。贤士一日三餐由"无余"至"不饱"，说明康公"不能继其始"，所以贤士为此而哀叹。然而从诗中看不出"我"是一位贤士，因而此说显属附会之词，难以令人置信。

陈 风

宛 丘

子之汤兮①,宛丘之上兮②。
洵有情兮③,而无望兮④。

坎其击鼓⑤,宛丘之下。
无冬无夏,值其鹭羽⑥。

坎其击缶⑦,宛丘之道。
无冬无夏,值其鹭翿⑧。

【注释】①汤:通"荡"。形容舞姿轻盈飘荡。②宛丘:四周高中间低的场所。③洵:副词。诚,的确。④望:指望。⑤坎:象声词。⑥值:持。鹭羽:用白鹭羽毛制作的舞具。⑦缶(fǒu):瓦器。⑧鹭翿(dào):义同"鹭羽"。

【鉴赏】这是男子爱慕女巫之诗。

陈国巫风颇为盛行。国中有一部分女子,专门从事巫术,以舞蹈祭祀神灵。此诗正是写男子钟情于一位巫女。

全诗三章。首章写男子观望巫女舞蹈的情景。在宛丘之上,一位巫女正在纵情起舞。"子之汤兮"之"汤"极为传神。它将巫女轻盈飘荡的舞姿描摹得活灵活现。男子见到这天仙般的巫女,的确萌生了无限爱慕之情。但继而一想,与她相爱实无指望。这两句正道出了男子既爱慕又失望的复杂心情。二、三章写男子追求巫女的痴情。虽说求之"无望",但男子终不甘心。巫女手持"鹭羽"、"鹭翿",合着"坎坎"的鼓缶之声,无冬无夏地在宛丘上下舞蹈。这既表明此女子确是以祀神为职业的巫女,同时也可见出这男子一直都在观看巫女舞蹈,追求的情思未减分毫。不难看出,这确是一首男子单相思的情歌。

《诗序》说是刺幽公"游荡无度",《毛传》说是刺大夫"游荡无度"。后世学者多从此说。以上诸家以"汤"字立说,将它视作断定此诗主题的关键字眼。其实这是一种误解。这里的"汤"并非"游荡"之意。与下文"鹭羽"、"鹭翿"联系起来看,这一"汤"字,分明是形容舞姿轻盈飘荡。因而刺君臣"游荡无度"说实不可信。高亨《诗经今注》说:"这是一篇讽刺女巫的诗。"此说也不确切。陈国巫风盛行,人们习以为常,不以为非,且乐于从事,何烦诗人讽刺?

东门之枌

东门之枌①,宛丘之栩②。
子仲之子③,婆娑其下④。

榖旦于差⑤,南方之原。
不绩其麻,市也婆娑⑥。

榖旦于逝⑦,越以鬷迈⑧。
视尔如荍⑨,贻我握椒⑩。

【注释】①枌(fén):白榆树。②栩(xǔ):柞树。③子仲:姓氏。④婆娑:舞蹈。⑤榖旦:吉日良辰。差:选择。⑥市:集市。⑦逝:往。⑧越以:语助词。鬷(zōng):众,会聚。迈:行。⑨荍(qiáo):荆葵花。⑩贻(yí):赠送。握:一把。椒:花椒。

【鉴赏】这是男女相互爱悦之诗。

陈国巫风盛行,国人多喜歌舞,尤其是青年男女,选择吉日,或在"宛丘",或前往南方"原"地,并借聚会歌舞之机,相互倾吐爱慕之情。如果爱情成熟,便馈赠礼物以表爱悦。此诗正生动地再现了当时陈国的这一风俗。

全诗三章:首章前二句既点明了歌舞之地,也渲染了四周的环境。东门之外,宛丘之上,榆树、柞树浓阴覆盖,枝条飘拂,风景异常幽美。这正是青年男女聚会歌舞的好地方。后二句便端出了人物。一位姓"子仲"的姑娘,正在这天然的舞台上翩翩起舞。当然,偌大一个舞台绝非"子仲"姑娘一人独舞,要知道,诗只言"子仲之子",这分明是她的情人目中之所见。二章写这对情人邀约同赴舞会。男子对姑娘说,选定一个吉日良辰,同往"南方之原"去聚会歌舞。姑娘二话不说,当即欣然答应下来。这一天终于盼到了。姑娘放下手中的"绩麻"活计,欢快地舞蹈着通过集市,前往南方郊原去聚会。舞台由"东门"、"宛丘"移到南方之"原",这暗示出"原"地舞台更广阔,歌舞之会更盛大。三章写男女相悦之情。在一个美好的日子,这对情人结伴前往"南方之原"。"殷迈"一语表明,还有许多对情人偕同前往。不过,诗中只着重写这对情人罢了。这对情人一来到"原"地,一边纵情歌舞,一边互吐爱悦之情。男子赞美"子仲"姑娘容颜娇美,宛如一朵鲜艳的荆葵花,"子仲"姑娘也一往情深,赠给男子一把花椒,用以作为定情的信物。从诗中"不绩其麻"一语看来,这是一首平民青年男女的恋歌想必无疑。

《诗序》说:"疾乱也。"这显然是一种偏见,可略而不论。姚际恒《诗经通论》说:"何玄子谓'陈风巫觋盛行',似近之。……《潜夫论》曰:'诗刺不绩其麻,女也婆娑。今多不修中馈,休其蚕织,而起学巫觋,鼓舞事神,以欺诳细民'云云,足证诗意。"应该承认,陈国确有部分女子,放弃蚕织,以祀神为业,但此诗之女子绝非女巫。诗云"不绩其麻",这只是说女子为了在吉日与情人聚会才暂时放下手中活计,根本不是放弃本业,起学巫术之意。马瑞辰《毛诗传笺通释》据《韩诗》将"于差"训作"吁嗟"更无道理。他还说:"古者巫之事神,必吁嗟以请。"试问,"吁嗟"是向上天祈雨之词,这与"不绩其麻"有何相干?若是讽刺巫风盛行,诗言"视尔如荍,贻我握椒",这又作何理解?方玉润《诗经原始》认为是讽刺男女聚观巫觋祀神之诗,这固然不当,但他又说"视如荍而贻之椒"与《郑风·溱洧》之"采兰赠勺大约相类",则是对的。可惜的是,他仍斥之为"鄙俗荒乱",甚无道理。

衡 门

衡门之下①,可以栖迟②。
泌之洋洋③,可以乐饥④。

岂其食鱼,必河之鲂。
岂其取妻,必齐之姜。

岂其食鱼,必河之鲤。
岂其取妻,必宋之子。

【注释】①衡门:横木为门。②栖迟:游息。③泌(bì):泉水名。④乐:通"疗"。治疗。

【鉴赏】这是男子追求女子之诗。

此诗笔调轻松活泼,诙谐风趣。读着它,仿佛看到一个男子正在面对情人倾吐心曲,谈吐中还带有一种戏谑的意味。表面看来,这男子择偶的标准并不高,但从诗的表白之中,可以体味出他对自己的情人是够满意的了。

全诗三章。每章均用比兴手法,新鲜而奇特。诗先用"住"、"饮"作比。横木简陋,本难安身而偏说可以游息;洋洋泉水,本难饱肚而偏说可以疗饥。诗人写此是用以比喻自己所求不高。诗接着又用"食鱼"、"取妻"作比。"鲂"、"鲤"之鱼,体肥味美,谁不爱吃,但这男子却不奢求,即使小鱼他也爱吃;"齐姜""宋子",容貌娇美,谁不乐娶,但这男子却不过望,即使小姓女子他也乐娶。"岂其……必……"句,正是说的这个意思。诗人一连打了六个比方,无外乎是为向情人表白:贵族女子我不要,唯有你才是我的心上人。这正是"小家碧玉赛过名门闺秀"。不用说,这种恋爱观无疑是健康的。

《诗序》说:"诱僖公也。"意思是说,僖公为人小心畏忌而无大志,故作此诗以诱掖僖公。此说完全不合诗意。朱熹《诗集传》说:"此隐者自乐而无求者之辞。"此说虽可讲通,但也有可商之处。《诗经》中用"饥"比喻男女情欲未遂不乏其例,如:《周南·汝坟》"惄如调饥"、《曹风·候人》"季女斯饥"等即是。又《诗经》中用"食鱼"、"钓鱼"作为男女相恋的隐语也多处可见,如:《周南·关雎》用"关雎"(鱼鹰)食鱼象征男女恋爱;《卫风·竹竿》用"以钓于淇"象征男女恋情。此诗则用"泌之洋洋,可以乐饥"喻男子求爱时的愉悦之情;用"食鱼"不必鲂鲤喻娶妻不必大家闺秀。这些均可证明此诗是情歌,它与"隐者自乐"云云无涉。

东门之杨

东门之杨,其叶牂牂①。
昏以为期②,明星煌煌③。

东门之杨,其叶肺肺④。
昏以为期,明星晢晢⑤。

【注释】①牂牂(zāng):茂盛貌。②昏:黄昏。"昏以"即"以昏"的倒文。为期:作为约会之期。③明星:启明星。煌煌:明亮貌。④肺肺:义同"牂牂"。⑤晢晢(zhé):义同"煌煌"。

【鉴赏】这是等候情人之诗。

全诗两章。此诗虽短小,但一句一意,言简而意丰。每章一、二句既点明幽会之地,同时也描绘了此地之景。东门之外,白杨成排,树叶苍郁茂盛,环境异常幽静。在这个地方谈情说爱,该多有诗情画意。每章三句点明幽会之时。"昏以为期",即是说以黄昏作为幽会之期。时至黄昏,夜幕已经降临,一层层黑纱笼罩着大地,笼罩着"东门"。在这个时辰幽会密语,更是别有一番滋味。每章末句暗示一方负约不至。一方守信,按时来到幽会地点"东门"。可另一方不知何故却迟迟未来。他(或"她")等呵等呵,心中万分焦灼。但又不忍遽然离去,于是从黄昏一直等到夜深人静,"明星煌煌",爱情之执著于此可见。

此诗语言精粹,意境幽美,含蕴深邃。全诗虽重在写景,但诗中"昏以"、"明星"等字眼,却给读者留下了一个广阔的想象天地。就在景象的变换、时序的推移之中,巧妙地将这个情人焦灼而惆怅之情披露了出来,堪称一首抒情佳作。

《诗序》说是讽刺"婚姻失时"。《毛传》说男女春季成婚,"不逮秋冬",婚姻失秋冬之时。《郑笺》说杨叶已盛喻岁时已晚,婚姻"失仲春之月"。出现此误,病根在于囿于封建礼义。王闿运《补笺》说:"刺侈于婚礼者。"意思是说,迎亲之家极度铺张,在新婚之夜,大宴宾客,乃至狂欢达旦,所以见刺。然而有问题。从诗中丝毫也看不出奢华的气象,唯见白杨与明星。再说,庆贺新婚,即令达旦,也属常情,无可厚非,岂可刺之?黄中松《诗疑辨证》说:"此疑朋友之间负约不至,故刺之。"此说虽可并存,但揣摩情理,等候一般朋友,从黄昏一直等到天明,似不大可能,故也不足取。

墓 门

墓门有棘①,斧以斯之②。
夫也不良③,国人知之。
知而不已④,谁昔然矣⑤。

墓门有梅,有鸮萃止⑥。
夫也不良,歌以讯之⑦。
讯予不顾,颠倒思予。

【注释】①墓门：凶僻之地。棘：荆棘。②斯：砍。③夫：指陈佗。④已：制止。⑤昔：往日。然：这样。⑥鸮（xiāo）：猫头鹰。萃（cuì）：聚集。⑦讯：通"谇（suì）"。警告。

【鉴赏】这是忠臣规劝陈桓公提防陈佗篡逆之诗。

全诗两章。依据诗意，此诗应是写在陈佗篡逆之前。陈佗为陈文公之子，陈桓公之弟。此人向有不臣之心，而其师傅也居心不良，非但不加规劝，反而助之为恶。对此，国中臣民皆知。而桓公则听之任之，毫不提防，结果酿成大乱。就在桓公病危之时，陈佗终于杀死太子免取而代之。事后，国人还追咎桓公，以为他不虑其后患。此诗正真实而生动地再现了陈佗篡逆前的这段历史，因而还具有一定的史料价值。

诗作者想必是一位忠臣。他熟知陈佗之为人，深感政局之危殆，于是以诗的方式告诫桓公应及早提防。首章以"墓门有棘"须用斧砍掉，比喻国有不良也该铲除。谁个不良？诗言"夫也不良"。这"夫"正是代指陈佗。陈佗不良，"国人知之"，然而桓公则明知陈佗不良而不加以制止，昔日谁像这样呢？责怨桓公之意不言而喻。末章以猫头鹰止于梅，比喻陈佗作恶于国。于是，诗人将"夫也不良"的实情以歌的方式告诫桓公。但桓公不听忠告，不予理睬，恐怕要到狼狈不堪之时才会想起我来。正像诗人所预料的那样，由于桓公毫无戒备，就在他病危之时，陈佗果然下了毒手，杀死太子，自立为君，最后桓公只落得一个可悲的下场。总之，此诗意在告诫桓公"早为谕教"，消除隐患，否则后果将不堪设想。

《诗序》说："刺陈佗也。陈佗无良师傅，以至于不义，恶加于万民焉。"这是就其结局而言，虽未深中诗旨，但直指陈佗"不义"为恶还是可取的。《正义》说："（陈佗）既立为君，此师傅犹在，陈佗仍用其言，必将至于诛绝，故作此诗以刺佗。"这恐不合诗意。陈佗既为弑君之贼，依法当诛，为何还言"将至于诛绝"呢？足证此说于理难通。高亨《诗经今注》说："这是陈国人民讽刺一个品行恶劣的统治者的诗。"此说不够确切。诗言"国人知之"，定指君国大事。若是讽刺一般统治者，断然不会用"国人"字样。后世多用《墓门》讽刺品性不端之人，那只不过是借诗言志罢了。

防有鹊巢

防有鹊巢①,邛有旨苕②。
谁侜予美③?心焉忉忉④。

中唐有甓⑤,邛有旨鷊⑥。
谁侜予美?心焉惕惕⑦。

【注释】①防:堤岸。②邛(qióng):山丘。苕(tiáo):草名。③侜(zhōu):欺诳。④忉忉:忧虑貌。⑤中唐:朝堂前和宗庙门内的大路。甓(pì):古代的砖,用作屋瓦。⑥鷊(yì):通"虉",绶草。⑦惕惕:忧惧貌。

【鉴赏】这是女子忧虑爱人听信谗言之诗。

全诗二章。此诗技巧不凡,颇能曲尽其妙。尤其是诗中的兴体,堪称奇绝,它令人回味,发人深思。鹊巢筑在树上,甓砖盖在屋上,苕、鷊之草长在湿地,这是尽人皆知的常理。然而有人竟说堤上筑有鹊巢,路上垫有甓砖,山丘长有苕、鷊之草,这全是一派胡言。诗以此兴比无根浮词不可轻信,真是再恰切不过了。诗中的女子与其爱人原本情感融洽,相爱甚笃。如今女子觉得爱人对她突然变得冷淡起来。于是她暗自思忖,顿起疑心:这是谁在挑拨离间呢?这一问语含蕴丰厚,既含对爱人的深深关切,也含对挑拨者的严厉斥责。她唯恐爱人因受欺诳而致使两人离异,因而内心十分焦灼,无比忧伤。"心焉忉忉"、"心焉惕惕",正传达出这种隐忧。

《诗序》说:"宣公多信谗,君子忧惧焉。"宣公信谗,的确有史可证。《史记·陈杞世家》载云:"宣公后有嬖姬,生子款,欲立之,乃杀太子御寇。御寇素爱厉公子完,完惧祸及己,乃奔齐。"据此,这诗当为公子完所作。因御寇"素爱"他,故称之为"予美"。作如此理解也似乎可通。但"予美"在《诗经》中是对爱人的美称。《唐风·葛生》中的"予美"就是指妇人的亡夫,此诗之"予美"也应是指女子的爱人。用"予美"去指代太子御寇,似觉不类。高亨《诗经今注》说是男子丢失爱妻之诗,只可算一家之言。

月　出

月出皎兮①，佼人僚兮②。
舒窈纠兮③，劳心悄兮④。

月出皓兮⑤，佼人懰兮⑥。
舒忧受兮⑦，劳心慅兮⑧。

月出照兮⑨，佼人燎兮⑩。
舒夭绍兮⑪，劳心惨兮⑫。

【注释】①皎：洁白貌。②佼人：美人。僚：娇美。③舒：轻缓，形容步履轻盈。窈纠：形容身段苗条。④劳：思念。悄：忧愁貌。⑤皓：明亮貌。⑥懰(liú)：美好貌。⑦忧受：义同"窈纠"。⑧慅(cǎo)：心神不安。⑨照：光明。⑩燎：美好貌。⑪夭绍：义同"窈纠"。⑫惨：同"懆"。心神不宁。

【鉴赏】这是男子怀念情人之诗。

全诗三章。此诗写得相当优美，简直是一幅素洁淡雅的月下美人图。每章首句描写明月。明月刚一露面，便洒下万道银光。这"皎兮""皓兮""照兮"的月色，不仅映衬出姑娘貌美，而且还勾起诗人无限的幽思。就是在这皎洁的月光之下，诗人曾见到过那美似明月的姑娘。今夜明月依旧高悬，然而姑娘却不在身边，这怎不令人惆怅满怀呢？尽管如此，见月也如见人一样。此时此刻，诗人正仰首遥望明月，顿时姑娘清辉玉臂之倩影就浮现在他的眼前。这真可谓将月色之美、姑娘之貌、诗人之情融为一体了。每章二、三句描摹美女。诗仅用"僚兮""懰兮""燎兮"几字，便将姑娘娇美的容颜勾勒了出来。这姑娘眉清目秀，妩媚无比，脸上闪出来的青春光彩，与银色的月光交相辉映更显得艳丽动人。此外，这姑娘还很有风度。她个儿高高，身段苗条，走起路来，步履轻盈，婀娜多姿，宛若天仙一般。一个"舒"字，尽见其态。每章末句抒发情怀。诗也仅用"悄兮""慅兮""惨兮"几字，便将诗人相思愁苦之情舒泄无遗。诗人遥对夜空，见月伤怀，愁苦无限。思念情人乃至于憔悴困苦，尤其令人感动。

此诗在艺术上很有特色。它采用亦虚亦实的手法,将明月与美女相互映衬,相得益彰,又将诗人的相思之情融入其间,从而构成一种空蒙飘忽的意境,使人更觉美女摇曳多姿,娇美动人。诗的语言也极为凝练。仅用三字写景,用六字写人,用三字言情,便将明月皎洁之状,美女娇娆之容,诗人相思之苦全都描绘了出来。尤其为人所称道的是,此诗用词虽很艰涩,但由于平仄相间,句句押韵,所以仍使人感到声调铿锵,音韵和谐,读来朗朗上口,很富有音乐感。

《诗序》说是刺"在位不好德而说美色",似欠切当。姚际恒《诗经通论》说:"朱郁仪以为刺灵公之诗。何玄子因以三章'舒'字为夏征舒,意更巧妙,存之。"此说断定为讽刺陈灵公淫于夏征舒母亲之诗,这显属附会之词。高亨《诗经今注》说是"陈国的统治者,杀害了一位英俊人物。"这似与诗意不类。王迺扬在《读高亨先生〈诗经引论〉》一文中曾批驳说:"其实这首诗分明是一首恋诗。……我们只能意识到一个恋人在皎洁的月光底下怀恋着意中美人,根本看不到一位'身被五花大绑'的'英雄的人民'被杀死。"这一批评是非常中肯的。

株　林

胡为乎株林①,从夏南兮②?
匪适株林③,从夏南兮。

驾我乘马④,说于株野⑤。
乘我乘驹⑥,朝食于株⑦。

【注释】①胡为:为什么。株林:夏邑郊野。②夏南:夏征舒,字子南,故称夏南。③匪:不是。适:往。④我:犹"其"。相当于"他的"。⑤说(shuì):停车歇息。⑥乘驹:四匹马。⑦朝食:吃早饭。

【鉴赏】这是讽刺陈灵公淫于夏姬之诗。

据史书记载,夏姬是郑穆公之女,嫁给陈大夫夏御叔为妻。陈灵公及其大夫孔宁、仪行父皆与夏姬私通。有位名叫泄冶的忠臣直言规劝反被杀害。后来"灵公与二子饮于夏氏,公对二子曰:征舒似汝。二子曰:亦似公。"夏征舒听罢此言,一怒之下射死了灵公,孔宁、仪行父"二子"出奔于楚。此事详见《左传》及《史记·陈杞世家》。此诗正是讽刺陈灵公这一秽行。

全诗两章。此诗写得非常含蓄,颇耐人咀嚼。首章以设问的方式,表示将信将疑。前二句是问,后二句是答。陈灵公驾着车马,正在通往夏邑的大道疾驰。人们见此情状,便互递眼色,低声耳语,故意发问道:"他为何到株林去从夏南呢?"这一设问,语意深婉,内涵丰富,令人深思。诗不明言"从夏姬",而是转弯抹角地说是"从夏南",这实在巧妙。因为夏南是夏姬之子,所以到株林去"从夏南",也即是"从夏姬"。这种言在此而意在彼的写法,比直接披露要诙谐有力得多。如果答句将此意明白道出,那就索然无味了。然而诗文又一跌宕,不作正面回答,而是加以否定:"他不是到株林去从夏南。"这一笔也极妙。不是"从夏南",那是从谁呢?不用说,是去"从夏姬"就在这不言之中了。末章写灵公在株林住了一宿。灵公乘坐马车,果然到了株林。他还在株林歇息了一宿,直到第二天吃过早饭才离去。这"说于""朝食"二语,正表明灵公在株林确实待了一天一夜。这里再不露"夏南"字样,而"从夏姬"之意由此就已大明。

此诗篇幅虽短,但诗意浑厚,写得一波三折,确是一首优秀的刺诗。

对此诗的主题古今虽无异议,但在理解上仍有不同。姚际恒《诗经通论》说:"意若在疑信之间,辞已在隐耀之际,诗人之忠厚也,亦诗人之善言也。"方玉润《诗经原始》说:"此诗故作疑信之谓,非特诗人忠厚,不肯直道人隐,抑亦善摹人情。"姚、方二氏由于笃守"温柔敦厚"的诗教,因而说此诗故作疑信之词,是表示诗人的"忠厚"。这种说法很不科学,绝不可轻信。

泽 陂

彼泽之陂①,有蒲与荷②。
有美一人,伤如之何③。
寤寐无为④,涕泗滂沱⑤。

彼泽之陂,有蒲与蕳⑥。
有美一人,硕大且卷⑦。
寤寐无为,中心悁悁⑧。

彼泽之陂,有蒲菡萏⑨。
有美一人,硕大且俨⑩。
寤寐无为,辗转伏枕。

【注释】①陂(bēi):水边。②蒲:水草。③伤:一作"阳"。女性第一人称代词。④无为:无法可想。⑤涕泗:眼泪鼻涕。滂沱:形容涕泪涌流。⑥蕳:莲。⑦卷:勇壮。⑧悁悁(juān):忧闷。⑨菡萏(hàn dàn):荷花。⑩俨:双下巴。

【鉴赏】这是女子思念男子之诗。

全诗三章。每章一、二句为兴体。诗以泽畔长有碧绿的水草、青翠的荷叶、鲜艳的荷花,反兴自己尚未得到那美男子的爱情。每章三、四句描写男子的形象。首先点出"有美一人",然后写男子不仅身材魁伟,体魄勇壮,而且面颊丰满,神采奕奕,难怪这女子日夜想他,想得无可奈何。每章五、六句写女子的愁怀。这女子始而涕泗涌流,继而忧闷无限,终乃辗转伏枕,相思之苦于此可见。

《诗序》说:"刺时也。言灵公君臣淫于其国,男女相悦,忧思感伤焉。"吴闿生《诗义会通》说:"以灵公君臣淫乱,男女相悦而忧伤也。此说最善,合于毛《传》'伤无礼'之旨。"这显与诗意难合。因"伤无礼"以至于"涕泗滂沱""辗转伏枕",断无此理。《鲁诗》说:"以泄冶谏而死,君子伤之。"姚际恒《诗经通论》说:"是必伤逝之作。"此说非是。诗中的"伤"(阳)是女性自称,而绝不是伤亡或哀伤之意。袁梅《诗经译注》说:"这是男子追求爱人的歌。"此说似欠切当。诗言"硕大且卷""硕大且俨",这分明是男子的体态;诗言"涕泗滂沱""辗转伏枕",这分明是女子的情状,故而将此诗视作女思男较为合理。

桧 风

素 冠

庶见素冠兮①，棘人栾栾兮②。
劳心慱慱兮③。

庶见素衣兮，我心伤悲兮。
聊与子同归兮④。

庶见素韠兮⑤，我心蕴结兮⑥。
聊与子如一兮⑦。

【注释】①庶：幸。②棘：通"瘠"。瘦弱。栾栾（luán）：瘦弱貌。③慱慱（tuán）：忧愁貌。④聊：姑且。⑤韠（bì）：护膝。⑥蕴结：思不解。⑦如一：同心。

【鉴赏】这是女子庆幸丈夫归来之诗。

全诗三章。诗中的男子，头戴白色之帽，身穿白色之衣，腿缠白色护膝，通身洁白。这里的"素"字也可训作朴素无华。据此，这"素冠""素衣""素韠"，实乃清贫之人所穿戴。这男子可能出外谋生多年，或许是因为疾病的折磨，或许是因为饥饿的煎熬，或许是因为劳役的摧残，眼下竟成了一个瘦削不堪的"棘人"了。妇人突然见到丈夫归来，真是悲喜交集。夫妻长久分离今团圆，这怎不叫她欣喜无限！丈夫昔日强壮今枯瘦，这又怎不叫她悲痛万分！尽管丈夫成了一个"棘人"，然而，她不但不嫌弃丈夫，反而更加怜悯丈夫。她无限深情地说道："走吧，与你一道回家，与你同心到老。"情真意切，溢于言表，真令人感动。

《诗序》说："刺不能三年也。"朱熹《诗集传》："今人皆不能行三年之丧矣。安得见此服乎？当时贤者庶几见之,至于忧劳也。"出现此误,大概是因见诗中有一"素"字所致。其实,"素冠""素衣""素韠"并非丧服,而是一种常服,只有"缟冠""素裳"才是丧服。因此,"刺不能三年"之说实不可信。姚际恒《诗经通论》:"'棘人',其人当罪之时。……'栾栾',拘挛之意。"方玉润《诗经原始》说:"桧君国破被执,拘于丛棘,其臣见之不胜悲痛,愿与同归就戮。"姚氏说是"棘人"因犯罪而被捆绑,妇人忧念之;方氏说是桧君被拘,其臣不胜悲痛。此说虽新,但与诗意不类,似觉牵强。袁梅《诗经译注》说:"这是一个年轻丧偶的寡妇,思念亡夫的悼歌。"此说也有难以圆通之处。诗中"同归"是说一同归家,并非"一同归于黄泉"之意。

隰有苌楚

隰有苌楚①,猗傩其枝②。
夭之沃沃③,乐子之无知④。

隰有苌楚,猗傩其华⑤。
夭之沃沃,乐子之无家。

隰有苌楚,猗傩其实。
夭之沃沃,乐子之无室。

【注释】①苌(cháng)楚:羊桃。②猗傩(ē nuó):柔顺美盛貌。③夭:茁壮。沃沃:光泽貌。④乐:羡慕。子:指代羊桃。无知:无知觉。⑤华:花。

【鉴赏】这是乱离之世的愁苦之诗。

桧本是一个弱小之国。桧君不思图强,不问国政,一味骄奢贪冒,游燕作乐,结果被郑桓公所灭。桧破之后,上自君臣,下至百姓,无不纷纷逃亡,国中呈现出一派兵荒马乱的景象。此诗可能就写在这个时候。

全诗三章。诗人想必就是一位乱世之中的愁苦之人。也许他正"挈妻抱子",在逃难的人潮中艰难地行进着。一见到沿途欣欣向荣的羊桃,他便触景伤怀,感慨万端,悲叹自己飘零的身世远不如羊桃。首章写羡慕羊桃之"无知"。羊桃"无知"则无忧虑,因而枝繁叶茂,生机盎然;而人有知则有忧愁,因而身心憔悴,日见衰老。两相对照,一荣一枯,难怪诗人要羡慕羊桃之"无知"了。二、三章写羡慕羊桃之"无家""无室"。羊桃"无家""无室"则无拖累,因而花艳果硕,快乐自在。而人有家有室则有拖累。尤其在国破之秋,就更感拖累之重。由于颠沛流离,难以栖身,根本无法养活妻室儿女,因而成天要为家人的命运而担忧。两相对照,一乐一悲,难怪诗人要羡慕羊桃之"无家""无室"了。正是因为诗人忧愁之深,拖累之重,所以一看到羊桃,就能抓住其"无知""无家"的特征,反复咏叹人不如羊桃,从而羡慕羊桃。这是多么凄苦的事啊!

《诗序》说:"疾恣也。国人疾其君之淫恣,而思无情欲者。"这种说法过于迂曲,不可信从。高亨《诗经今注》说:"这是女子对男子表示爱情的短歌。"周锡䪖《诗经选》说:"我们认为这首诗的内容,只有龚橙一人说对了,这是:'男女之思也'。"这种"男女之思"说,大概是从《诗序》说脱胎而来的。意思是说,男女初会之时,一方得知对方还无对象,于是脱口狂欢道:"乐子之无知(无配偶)!"这里的"乐"不能训作"喜欢",而是"羡慕"之意。陈子展《诗经直解》说:"诗乐子之无知,此知字可用《老子》无知无欲之说解之。……知无匹义。"又说:"我国上古之无名诗人欣羡植物之无知。"这可证"男女之思"说实难成立。

匪 风

匪风发兮①,匪车偈兮②。
顾瞻周道③,中心怛兮④。

匪风飘兮,匪车嘌兮⑤。
顾瞻周道,中心吊兮⑥。

谁能亨鱼⑦?溉之釜鬵⑧。
谁将西归?怀之好音⑨。

【注释】①匪:彼,那。发:飘扬貌。②偈(jié):疾驰貌。③周道:大道。④怛(dá):忧伤。⑤嘌(piào):疾速貌。⑥吊:忧伤。⑦亨:同"烹"。⑧溉(gài):洗。鬵(zèng):大锅。⑨怀:捎,带。好音:指书信。

【鉴赏】这是征夫思归之诗。

西方周人为了统治东方一些小国,派遣大批军队长期驻扎在东方。因此,《诗经》中凡有"西归""周道"字样的作品多为征夫征妇所作。此诗既有"西归"字样,也有"周道"字样,应为西方士兵所唱。

全诗三章。一、二章写思乡之情。一天,狂风大作,这征夫乘坐马车正在大道上飞驰。他也许是从别处刚到桧国,因离西方的家乡愈远而思情愈浓,所以回头望见这条漫长的大道,心中便悲伤不已。一种怀归思乡之情,便从这"顾瞻"二字中含蓄地流露了出来。三章写想托人捎信回家。这次来到桧国,还不知何时能回家与亲人团聚。万般无奈,只好托人捎封家书,聊以宽慰自己。"谁会烹鱼?我愿为他洗锅"。这一表白含有乐于助人之意。他讲这话,其目的无非是为了求得他人也能帮助自己。他询问道:"谁将回归西方?请为我捎封家书向亲人报个平安!"一种强烈的思亲之情由此可见。

《诗序》说:"思周道也。国小政乱,忧及祸乱,而思周道焉。"所谓"思周道",就是思"周之文武之道"。此时,周道已经衰微,故忧叹之。"周道"一词《诗经》中屡见。如:"周道如砥"(《小雅·大东》)、"周道逶迟"(《小雅·四牡》)、"踧踧周道"(《小雅·小弁》)、"行彼周道"(《小雅·何草不黄》)等。这些"周道"与此诗的"周道"义同,均指大道。朱熹《辨说》:"诗言周道,但谓适周之路。……《序》言思周道者,盖不达此意也。"这些足证《序》说实误。

曹 风

候 人

彼候人兮①,何戈与祋②。
彼其之子,三百赤芾③。

维鹈在梁④,不濡其翼⑤。
彼其之子,不称其服⑥。

维鹈在梁,不濡其咮⑦。
彼其之子,不遂其媾⑧。

荟兮蔚兮⑨,南山朝隮⑩。
婉兮娈兮⑪,季女斯饥⑫。

【注释】①候人:掌管迎送宾客、巡守道路的小武官。②何:同"荷"。持,扛。祋(duì):即殳(shū),古兵器。③赤芾(fú):红色的皮蔽膝。④鹈(tí):即鹈鹕,喜食鱼的水鸟。梁:鱼坝。⑤濡:沾湿。⑥不称:不相称,不适合。⑦咮(zhòu):鸟嘴。⑧遂:成全,成功。媾:婚姻。⑨荟、蔚:云雾缭绕,草木丰茂。⑩隮(jī):云霞升起。⑪婉、娈:美好貌。⑫季女:少女。饥:隐语,比喻对爱情的追求如饥似渴。

【鉴赏】这是少女爱慕青年武官之诗。

全诗四章。这个青年武官是一个"候人"。"候人"职位不高,掌管迎送宾客、巡守道路之事。诗言"三百赤芾",只是形容"候人"之多,不一定是实数。因为是代表国君迎送宾客,所以"候人"需要特别讲究仪表。首章写这个青年"候人",穿着有"赤芾"的盛服,手持戈、殳一类的兵器来回巡逻,迎送宾客,显得十分神气而威武。一位少女暗暗地爱上了他。二、三章写这个"候人"对少女的感情竟毫无觉察。诗中将这个"候人"比作鹈鹕,是很意味的。鹈鹕本是一种喜欢吃食的水鸟,而现在却一反常态,变成了呆鸟,只是站在堤坝之上。鹈鹕不肯沾湿翅膀,不肯沾湿嘴巴,又怎么能捕到鱼呢?这个"候人"的行为跟鹈鹕没有什么两样。他虽然身穿盛服,宛然像个大人,但他的行为不称其服,还像不懂事的孩子。他不主动向少女求爱,哪能成就这门婚事呢?末章首二句以缭绕的云雾、灿烂的朝霞兴比少女容貌娇美。这个美丽可爱的少女,她对爱情的向往简直是如饥似渴。一个"饥"字,点出了这个少女对爱情热切期待的心情。

《诗序》说是讽刺曹共公"远君子而近小人"。此说认为"候人"是一位"君子",让"君子"手持武器巡守道路,是大材小用,即"远君子"。而朝中有"赤芾乘轩"的大夫三百皆是小人,即"爱小人过度也"。小人当道,其德不称其服,所受的宠幸也不会久长,而君子"候人"之女却在忍饥挨饿。这种说法牵强附会,不足相信。高亨《诗经今注》说:"这是一首同情下级小吏,谴责贵族官僚的讽刺诗。"此说以"候人"为小吏,视"三百赤芾"为贵族,从而割裂了诗意,仍是在《诗序》说的圈子里做文章,故也不当。

鸤 鸠

鸤鸠在桑①,其子七兮。
淑人君子②,其仪一兮③。
其仪一兮,心如结兮④。

鸤鸠在桑,其子在梅。
淑人君子,其带伊丝⑤。
其带伊丝,其弁伊骐⑥。

鳲鸠在桑,其子在棘。
淑人君子,其仪不忒⑦。
其仪不忒,正是四国⑧。

鳲鸠在桑,其子在榛⑨。
淑人君子,正是国人。
正是国人,胡不万年。

【注释】①鳲鸠:布谷鸟。②淑人:善人。③仪:言行,态度。④心如结:喻用心专一。⑤带:一种服饰。丝:指素丝。⑥弁(biàn):一种帽子。骐:青黑色。⑦忒:差错。⑧正:法则,榜样。四国:四方之国。⑨榛:树名,榛树。

【鉴赏】这是赞美君子之诗。

全诗四章。诗以鳲鸠起兴。鳲鸠,又名布谷鸟。传说这种鸟哺育幼鸟,同样看待,平均如一,真可以说是鸟中的"君子"。人间的君子是个什么样呢?其品性与鳲鸠很相似。请看,淑人君子腰系白丝织成的大带,头戴青黑绸制作的帽子,仪表端庄,始终一致。"其仪一",是说君子执义如一,公正无私,用心均平。"心如结",是说君子坚定不移,诚正之心如物之固结而不散。"其仪不忒",是说君子不改常态,没有二心,不出差错。只有这样的君子,才能成为各国的榜样、国人的楷模。这样的君子,怎不健康长寿。不用说,这是诗人理想中的君子形象。

《诗序》说是讽刺"在位无君子,用心之不一也。"吴闿生《诗义会通》说:"陈古以刺今。"意思是说,诗中赞美古之君子用心均一,其目的是讽刺今之在位者用心不专一。这种以美为刺的说法,似觉迂曲,恐未必如此。何楷《诗经古义》说是赞美"晋文公",陈子展《诗经直解》说是赞美"曹君"。诗中的"君子"究竟指谁,这很难断定,可不必深究。依据诗意,颂诗说要优于刺诗说。

下　泉

冽彼下泉①,浸彼苞稂②。
忾我寤叹③,念彼周京④。

冽彼下泉,浸彼苞萧⑤。
忾我寤叹,念彼京周。

冽彼下泉,浸彼苞蓍⑥。
忾我寤叹,念彼京师⑦。

芃芃黍苗⑧,阴雨膏之⑨。
四国有王⑩,郇伯劳之⑪。

【注释】①冽:寒冷。下泉:泉水下流。②苞稂:丛生的狼尾草。③忾(xì):叹息。④周京:周王朝的京城。⑤萧:香蒿。⑥蓍(shī):筮草,古用以占筮。⑦京师:犹"周京"。⑧芃芃(péng):茂盛貌。⑨膏:润泽。⑩四国:四方各国。有王:朝聘于天子。⑪郇(xún)伯:文王之子,为州伯,有治诸侯之功。劳:安抚,慰劳。

【鉴赏】这是乱世思治之诗。

据《左传》记载,僖公二十三年,晋献公听骊姬的谗言,逼迫太子申生自缢而死。重耳、夷吾同时出奔。重耳流亡至曹,曹共公对他很不礼貌。共公听说重耳腋下肋骨相连如一骨,觉得有趣,很想观赏观赏。待重耳沐浴时,他就靠近偷偷地观看。这是非常不礼貌的举动。重耳发觉后从此就怀恨在心。后来重耳回国做了国君,是为晋文公。为了报曹君观肋之辱,僖公二十八年,晋文公一举攻入曹国,并"执曹伯,分曹、卫之田,以畀(给)宋人"。这完全是为了泄私愤。可见,晋文公目无纲纪,恣意称霸,欺凌弱国。这可能就是此诗产生的历史背景。

全诗四章。前三章写曹人怀念"周京"之明王。诗以旱草遭受寒泉浸湿而被渍死,兴比曹国遭到晋国侵犯而被灭亡。在这亡国之日,诗人见周室衰微,不能拯救曹国,故而叹息不已,不禁怀念起"周京"之治来。在西周盛世,有明王执政,天下有道,"礼乐征伐自天子出",诸侯各国未有敢擅自攻伐他国的。可如今周室无有明王统理诸侯,天下无道,"礼乐征伐自诸侯出",故晋国才敢擅自侵犯曹国。

末章写曹人怀念"周京"之贤伯。诗言黍苗茂盛是雨霖滋润的结果,"四国有王"则是郇伯安抚的结果。"郇伯"为文王之子,曾作过州伯,治理一方诸侯颇有功绩。而现在则没有贤伯治理诸侯,致使曹国蒙受如此巨大的灾难。细玩诗意,我们仿佛听到诗人热切怀念明王贤伯的心声。

《诗序》说是"曹人疾共公侵刻下民,不得其所,忧而思明王贤伯也。"据此,寒泉浸物,则是比喻共公施暴政于下民。作这样理解也通。

马瑞辰《毛诗传笺通释》说:"何楷据《易林》'十年无王,荀伯遇时',此诗当为曹人美晋荀砾纳敬王于成周而作。"据《春秋》记载,自昭公二十二年王子朝作乱,至昭公三十二年城成周(东周),其间整整十年"无王"。在此期间,晋国大夫荀砾(智伯)带兵打败了王子朝,周敬王的地位才得以巩固,并纳敬王于成周。但诗中的"郇伯"是否就是"荀砾",这很难确考,因此赞美"荀砾"说只可供读者参考。

豳风

七月

七月流火①,九月授衣②。
一之日觱发③,二之日栗烈④。
无衣无褐⑤,何以卒岁⑥?
三之日于耜⑦,四之日举趾⑧。
同我妇子,馌彼南亩⑨,田畯至喜⑩。

七月流火,九月授衣。
春日载阳⑪,有鸣仓庚⑫。
女执懿筐⑬,遵彼微行⑭,爰求柔桑⑮。
春日迟迟⑯,采蘩祁祁⑰。
女心伤悲,殆及公子同归⑱。

七月流火,八月萑苇⑲。
蚕月条桑⑳,取彼斧斨㉑,
以伐远扬㉒,猗彼女桑㉓。
七月鸣鵙㉔,八月载绩㉕。
载玄载黄㉖,我朱孔阳㉗,为公子裳。

四月秀葽㉘,五月鸣蜩㉙。
八月其获㉚,十月陨萚㉛。

一之日于貉㉜,取彼狐狸㉝,
为公子裘㉞。二之日其同㉟,
载缵武功㊱。言私其豵㊲,献豜于公㊳。

五月斯螽动股㊴,六月莎鸡振羽㊵。
七月在野,八月在宇,
九月在户,十月蟋蟀入我床下。
穹窒熏鼠㊶,塞向墐户㊷。
嗟我妇子,曰为改岁㊸,入此室处。

六月食郁及薁㊹,七月亨葵及菽㊺。
八月剥枣㊻,十月获稻。
为此春酒㊼,以介眉寿㊽。
七月食瓜,八月断壶㊾。
九月叔苴㊿,采荼薪樗㉛,食我农夫㉜。

九月筑场圃㉝,十月纳禾稼㉞。
黍稷重穋㉟,禾麻菽麦。
嗟我农夫,我稼既同㊱,上入执宫功㊲。
昼尔于茅㊳,宵尔索绹㊴。
亟其乘屋㊵,其始播百谷。

二之日凿冰冲冲㊶,三之日纳于凌阴㊷。
四之日其蚤㊸,献羔祭韭㊹。
九月肃霜㊺,十月涤场㊻。
朋酒斯飨㊼,曰杀羔羊。
跻彼公堂㊽,称彼兕觥㊾,万寿无疆。

【注释】①流火:火星向下运行。②授衣:把裁制寒衣的工作交给妇女。

⑬一之日:相当于周历正月,夏历十一月。觱发(bì bō):象声词。寒风吹拂物体的声音。④二之日:相当周历二月,夏历十二月。栗烈:寒冷。⑤褐(hè):粗布短衣。⑥何以:即"以何",靠什么。卒岁:过冬。⑦三之日:相当周历三月,夏历正月。于:语助词。耜(sì):农具。这里用作动词,即修理农具。⑧四之日:相当于周历四月,夏历二月。举趾:抬足,指下田耕种。⑨馌(yè):带饭下地。⑩田畯(jùn):农官。至喜:很高兴。⑪春日:春天的太阳。载:语助词。阳:暖和。⑫有:动词词缀。仓庚:黄鹂鸟。⑬懿(yì)筐:深筐。⑭遵:沿着。微行:小路。⑮爰(yuán):语助词。柔桑:嫩桑叶。⑯迟迟:缓慢。⑰蘩(fán):白蒿。祁祁:众多貌。⑱殆:恐怕。公子:贵族的儿子。⑲萑(huán)苇:芦苇。这里用作动词,即收割芦苇。⑳蚕月:养蚕的月份,夏历三月。条桑:修剪桑枝。㉑斨(qiāng):方孔的斧子。㉒远扬:指远而高的桑枝。㉓猗:通掎(yǐ):牵引;拉住。女桑:小桑。㉔鵙(jú):伯劳鸟。㉕绩:纺织。㉖玄:黑色。㉗朱:红色。孔阳:很鲜艳。㉘秀葽(yāo):远志结子。此为主谓倒装句。㉙蜩(tiáo):蝉。㉚获:收割。㉛陨萚(tuò):枯叶脱落。㉜貉(hé):似狐的野兽。这里用作动词,即猎取貉。㉝狐狸:狐狸和野猫。㉞裘:皮袄。㉟同:会聚众人。㊱缵(zuǎn):继承,继续。武功:指打猎。㊲私:私有。豵(zōng):一岁小猪。㊳豜(jiān):三岁大猎。公:指统治者。㊴斯螽(zhōng):蚱蜢。动股:两股摩擦发声。㊵莎(shā)鸡:纺织娘。振羽:振翅发声。㊶穹窒(qióng zhì):把鼠洞都找到,堵塞住。

㊷向:朝北的窗户。墐(jìn):涂泥。㊸为:算是。改岁:过年。㊹郁(yù):果树名。薁(yù):野葡萄。㊺亨:同"烹"。煮。葵:冬葵。菽(shū):豆子。㊻剥:通"攴(pū)"。打。㊼春酒:冬天酿造经过春天才做成的酒。㊽介:祈求。眉寿:长寿。㊾断:摘下。壶:通"瓠(hù)"。葫芦。㊿叔:拾取。苴(jū):麻籽。㉛荼(tú):苦菜。薪:柴火。樗(chū):臭椿树。㉜食(sì):养活。㉝筑场圃:把菜园改成打谷场。㉞纳禾稼:把谷物收进仓库。㉟黍:黄米。稷:高粱。重:通"穜(tóng)"。早种晚熟的谷物。穋(lù):晚种早熟的谷物。㊶同:集中。㊷上:通"尚"。还。执:服役。官功:室内的劳务。㊸茅:割茅草。㊹宵:夜晚。索绹(táo):搓绳子。㊺亟

(jí):急忙,赶快。乘屋:上房修理屋顶。(61)冲冲:凿冰声。(62)纳:藏。凌阴:冰窖。(63)蚤:通"早"。一种祭祀仪式。(64)羔:小羊。(65)肃霜:天高气爽。(66)涤场:打扫场地。(67)朋酒:两杯酒。飨(xiǎng):享用。(68)跻(jī):登。公堂:公共场所。(69)称:举起。兕觥(sì gōng):用兕牛角做的酒器。

【鉴赏】这是反映农奴生活苦况之诗。

全诗八章。此诗在国风中篇幅最长,展现的社会生活画面最为广阔,它可以说是那个时代农村社会的一个缩影。一章总写农奴一年的生活苦状。时至七月,天空火星向下移动,暑退寒降的季节即将来临。这时统治者就把裁制寒衣的工作交给女奴。然而农奴们在寒风凛冽的冬天却"无衣无褐",冒着寒冷苦捱时日。一到春天,农奴们就修理农具,偕同老婆孩子下田耕作,并将饭菜带到田头去吃。农官"田畯"见此情景,非常高兴。二章写女奴在春和日暖、黄鹂歌唱的季节,采摘桑叶用以喂蚕,采摘白蒿用以生蚕。她们害怕被贵族"公子"抢去,不禁悲伤起来。三章写女奴收割芦苇以做蚕箔,修剪桑枝以利生长。蚕事完毕,女奴们又开始纺织、漂染。她们所织的丝线有黑有黄,还有红色丝线,色彩十分鲜艳。一句"为公子裳",寄寓着女奴的辛酸。四章写秋收后农奴的打猎活动。农奴们将捕获的貉、狐狸和野猫,全部交给公子作皮袄,将捕获的大野兽全部献给王公,而自己只能得到所剩的小野兽。"为公子裘""言私其豵,献豜于公"几句,再次揭示了人间的不平。五章写农奴居住的恶劣。他们一听到蚱蜢鼓动翅膀的声音,听到纺织娘的啼鸣,就预感到冬天的来临。"十月蟋蟀入我床下",隆冬季节迫近了。他们赖以栖身的茅草破屋难以御寒,他们就赶紧堵空洞,熏老鼠,塞窗户,涂门缝,以便"入此室处",聊以"改岁"。六章写农奴食物的恶劣。农奴们虽然一年辛苦到头,但是只能靠瓜果野菜充饥。他们辛勤耕耘收获的粮食则要为贵族酿酒,以供宴饮取乐。七章写农事完毕后,农奴还要替贵族干家务杂活。他们白天割茅草,夜晚还要搓绳子。等到他们赶紧修好屋顶,播种百谷的季节又要到了。八章写寒天冰冻时,农奴们还得为贵族凿冰、储冰。年终,还要备酒杀羊,祝福贵族老爷们万寿无疆。

此诗虽不像《伐檀》《硕鼠》那样具有强烈的反抗性,但全诗贯串着一个线索,就是鲜明的阶级对立关系。读着这首诗,仿佛听到一个历尽苦难的老年农奴发自肺腑的切切絮语。他历数农奴生活的辛酸,用压抑的调子诉说内心的悲苦与愤懑,并有意识地将农奴与贵族生活加以对照,从而揭示了那个社会不合理的实质。

《诗序》说是周公"陈王业"。意思是说,周公陈述周的先祖后稷、公刘在豳地开创王业的艰难情景。验之诗意,绝不如此。此诗所言皆农桑田猎之事,只有亲自经历者,才能写得如此亲切有味。周公位居相位,岂有这种体验?再说诗中对劳逸不均、贫富不公的现实,反复致意,深蕴讽刺,也绝不会是周公的口吻。陆侃如《中国诗史》说它"大约是一个受过文学训练的农家子"所作,是有可能的。

鸱　鸮

鸱鸮鸱鸮①,既取我子,无毁我室②。
恩斯勤斯③,鬻子之闵斯④。

迨天之未阴雨⑤,彻彼桑土⑥,绸缪牖户⑦。
今女下民⑧,或敢侮予⑨。

予手拮据⑩,予所捋荼⑪,
予所蓄租⑫,予口卒瘏⑬,
曰予未有室家⑭。

予羽谯谯⑮,予尾翛翛⑯,
予室翘翘⑰,风雨所漂摇,
予维音哓哓⑱。

【注释】①鸱鸮(chī xiāo):猫头鹰。②室:指鸟巢。③恩、勤:殷勤,辛劳。斯:语助词。④鬻(yù):养育。闵(mǐn):病。⑤迨(dài):趁着。⑥彻:通"撤"。取。桑土:指桑树根上的皮。⑦绸缪:缠扎。牖(yǒu):窗。⑧女:汝,你。下民:指树下的人。⑨或:有。⑩拮(jié)据:因劳累手爪不能屈伸自如。⑪所:尚,还。捋荼(luō tú):抹取杂草。⑫蓄:积聚。租:茅草。⑬卒瘏(tú):患病。⑭未有室家:巢还没有修好。⑮谯谯(qiáo):羽毛稀疏貌。⑯翛翛(xiāo):羽毛凋零貌。⑰翘翘:危险貌。⑱哓哓(xiāo):恐惧的叫声。

【鉴赏】这是禽言诗。

所谓"禽言诗",就是模拟鸟禽的语言而成诗,用以表达情感,反映现实。它实际上是一种寓言诗。

全诗四章。全诗模拟一只母鸟的话语。首章写母鸟指责猫头鹰。猫头鹰啊猫头鹰,你已抓走了我的幼子,别再毁坏我的巢!我为了辛勤哺育幼子,已经操劳致病了。二、三章写母鸟自述辛劳。趁着天晴未雨的时节,剥取桑根皮缠扎好门窗。如今你们树下的人,有谁还敢欺侮我!为了筑巢,抹取杂草,积蓄茅草,劳累不堪,以致手口皆病,而巢还未修好。末章写母鸟自叹处境艰难。我的羽毛稀疏,我的羽毛凋零,我的窝巢非常危险,正处在风雨飘摇之中,因而发出凄切而恐惧的呼号。全诗用鸟的口吻写来,富于童话色彩。

从诗中忧惧危苦之词来看,诗人的寄托是很明显的。诗以母鸟比喻贫苦的妇人,以鸱鸮比喻残暴的统治者。这位妇人为了抚育子女,辛劳成疾,好不容易将子女拉扯成人。可是,一个孩子突然被统治者抓走了,这怎不叫她牵肠挂肚?她还担心赖以安身的家室遭到进一步破坏。为了护持这个家,为了保护孩子,她不辞辛劳,修补破屋,聊以安身。她累得形容憔悴,浑身是病。尽管如此,她的这个家依然十分危险,随时可能遭到统治者的袭击,大有家破人亡之感。她因此而发出悲伤、恐惧的哀鸣。这正是当时人民痛苦生活的形象反映。

《诗序》说:"周公救乱也。成王未知周公之志,公乃为诗以遗王。"《尚书·金縢》篇还记载了这样一个传说:周武王生了病,周公向上帝祷告,请求用自己的生命代替武王,并将他的祷告书收藏在金縢(收藏秘籍的柜子)中。武王死后,成王即位,年纪还小,由周公摄政。成王的叔父管叔、蔡叔等人乘机散布谣言,说周公将对成王不利。为此,周公曾离朝东征,诛杀了管、蔡。之后,周公就写了《鸱鸮》这首诗送给成王,表白自己的心迹。此说以母鸟比周公,以鸱鸮比武庚(纣王之子),以"既取我子"之"子"比管叔、蔡叔,以"鬻子"之子比成王,以"室家"比周朝。验之诗意,并不相合。同一"子"字,一比成王(周公侄子),一比管叔、蔡叔(周公兄弟),辈分不同,不伦不类。管、蔡之叛,罪首是"二叔",说武庚取"二叔",也不符合史实;周至武王,国力强盛,虽有管、蔡作乱,周室也不至于风雨飘摇,周公也不至于惊恐哀鸣。谓此诗为周公所作,表明心迹,实属牵强附会。

东　山

我徂东山①,慆慆不归②。
我来自东,零雨其濛③。
我东曰归④,我心西悲⑤。
制彼裳衣,勿士行枚⑥。
蜎蜎者蠋⑦,烝在桑野⑧。
敦彼独宿⑨,亦在车下。

我徂东山,慆慆不归。
我来自东,零雨其濛。
果臝之实⑩,亦施于宇⑪。
伊威在室⑫,蠨蛸在户⑬。
町畽鹿场⑭,熠燿宵行⑮。
不可畏也,伊可怀也。

我徂东山,慆慆不归。
我来自东,零雨其濛。
鹳鸣于垤⑯,妇叹于室。
洒扫穹窒⑰,我征聿至⑱。
有敦瓜苦⑲,烝在栗薪⑳。
自我不见,于今三年。

我徂东山,慆慆不归。
我来自东,零雨其濛。
仓庚于飞㉑,熠燿其羽。
之子于归,皇驳其马㉒。
亲结其缡㉓,九十其仪㉔。
其新孔嘉㉕,其旧如之何?

【注释】①徂(cú):往。东山:山名。②慆慆(tāo):久长。③零雨:细雨。濛:细雨貌。④曰:语助词。⑤西悲:向西而悲。⑥勿士:无事,不用。行枚:即"衔枚"。古代行军,口衔一短而细的木棒以禁止出声。⑦蜎蜎(yuān):虫子蜷曲爬行貌。者:犹"之"。蠋(zhú):野蚕。⑧烝:语助词。⑨敦:蜷缩貌。⑩果臝(luǒ):一种植物。又名瓜蒌。⑪施:蔓延。宇:屋檐。⑫伊威:土鳖虫。⑬蟏蛸(xiāo shāo):蜘蛛。⑭町畽(tǐng tuǎn):田舍旁空地。鹿场:野鹿践踏的地方。⑮熠燿(yì):闪烁貌。宵行:萤火虫。⑯鹳(guàn):水鸟名,形似白鹤。垤(dié):土堆。⑰穹窒:堵塞鼠洞。⑱聿(yù):语助词。⑲有敦:圆貌。瓜苦:葫芦。⑳栗薪:束薪。古代举行婚礼永结同心的象征物。㉑仓庚:黄鹂。于:语助词。㉒皇:黄白色。驳:青白色。㉓亲:指母亲。缡(lí):佩巾。㉔九十:形容多。仪:指仪表。㉕孔嘉:很美。

【鉴赏】这是士兵庆幸生还之诗。

此诗细腻地描写了远征士兵在解甲归家的途中,遥念家乡及亲人的悲喜交加的复杂心情。

全诗四章。每章前四句完全相同。写这个士兵出征"东山",久久不归;如今从东方归来,正碰上细雨蒙蒙。这几句反复咏唱,使全诗染上一层浓郁的抒情色彩。每章后八句全是想象之词。一章是对从军艰辛的回想。这个士兵一边憎恨战争给自己带来的痛苦,一边庆幸自己能够恢复不用行军打仗的平民生活。想起过去的日子,真令人心酸。士兵们蜷曲着身子,一团团地睡在车下,犹如露宿于野的山蚕。二章是对家园荒凉的遥想。这个士兵仿佛看到家乡荒凉的景象。瓜蒌藤条爬满屋檐下,土鳖虫屋内爬行,蜘蛛在门上结网,田舍旁的空地成了野兽出没的场所,萤火虫四处闪烁。家乡虽然如此荒凉,但是并不可怕,而是值得怀念。三章是对妻子念己的想象。家门前的土堆上,鹳鸟在雨中鸣叫。妻子正怀念着自己,在长吁短叹。为了迎接自己的归来,她正在打扫屋子,堵塞鼠洞。那个圆圆的大喜瓢,想必还一直放在"栗薪"之上。这是最值得怀念的,因为它是结婚时的象征物。四章是对当年婚礼的追忆。那是一个喜庆的日子,黄鹂翩翩飞翔,翅膀闪闪发光。妻子出嫁,车马隆盛。母亲为她结扎佩巾,她仪态万千,美丽无比。时隔这么久,现在不知道她变成啥模样。他真是又喜又怕。喜的是夫妻就要团圆,怕的是失掉了曾经得到的幸福。全诗层层深入,将这个士兵归途中的心理活动惟妙惟肖地揭示了出来。

　　此诗在艺术上有着自己的特点。一是每章都以"我徂东山,慆慆不归。我来自东,零雨濛濛"四句领起,表现征夫的心情和眼前的景物,都很典型。反复咏唱,不仅不使人感觉重复,反有一种言有尽而意无穷之感,使全诗染上一层浓郁的抒情色彩。二是每章首四句以下,全是征夫的想象之词。首章是对从军辛劳的回想,二章是对家园荒凉的遥想。三章缅怀妻子孤处念己的情景。四章则是对当年婚礼的追思。全诗以眼前事为引起,在想象中舒卷开阖,在《诗经》中可谓别具一格。

　　《诗序》说是"周公东征,三年而归,劳归士。"从全诗的内容与情调来看,都与周公的身份不合。诗产生的社会背景可能与周公东征有关。据《尚书大传》记载:"周公摄政,二年东征,三年践奄。"诗中的"东山",就在古奄国境内。此诗的作者当为东征的士兵,而非周公本人。

破 斧

既破我斧,又缺我斨①。
周公东征,四国是皇②。
哀我人斯③,亦孔之将④。

既破我斧,又缺我锜⑤。
周公东征,四国是吪⑥。
哀我人斯,亦孔之嘉⑦。

既破我斧,又缺我銶⑧。
周公东征,四国是遒⑨。
哀我人斯,亦孔之休⑩。

【注释】①斨(qiāng):方孔的斧。②四国:泛指叛周各国。皇:匡正。③哀:可怜。斯:语助词。④孔:很。将:大,美。⑤锜(qí):锯、凿类工具。⑥吪(é):变化,转化。⑦嘉:美好。⑧銶(qiú):斧、凿类工具。⑨遒(qiú):稳固,稳定。⑩休:美好。

【鉴赏】这是东征战士庆幸生还之诗。

周武王死后,成王即位,因为年幼,由周公摄政。这时,管叔、蔡叔、武庚联合淮地徐、奄诸小国,共同发动叛乱。并散布流言,说周公有篡权自立的野心。周公奉命东征,历时三年,终于平息了这场叛乱,然后班师回朝。在回归的时候,士兵们唱出了这首歌。

全诗三章。每章首二句写从军日久。由于从军日久,致使斧头破损,又使锯、凿之类的工具残缺。据古书记载,西周使用的兵器主要是弓、矢、矛、戟之类,而此诗所说则是斧、斨、锜、銶之类。由此可知,诗人当是在军中担任开路建房一类差事的士兵。每章中二句写周公东征的目的。当时,东方的一些属国相继叛乱,周王室受到严重的威胁。周公兴师东征,就是为匡正"四国"、感化"四国"、稳定"四国",使之坚定地顺从周王室。每章末二句写士兵庆幸生还。这次战争历时既久,伤亡必多,而自己能死里逃生,那当然是万幸的美事了。从诗中,可以体会到人民对战争的厌烦情绪以及对和平生活的热望。

《诗序》说是"美周公"。但从全诗看,总的情调不是赞美周公,而是感叹、庆幸自己的生还,这是很容易体会的。

伐　柯

伐柯如何①？匪斧不克②。
取妻如何③？匪媒不得。

伐柯伐柯,其则不远④。
我觏之子⑤,笾豆有践⑥。

【注释】①伐:砍。柯:斧柄。②匪:通"非"。克:能,成。③取:通"娶"。④则:法则,榜样。不远:指手中所持的斧柄。⑤觏(gòu):见。之子:这个人。⑥笾(biān):竹制食具。豆:木制食具。践:陈列整齐的样子。

【鉴赏】这是婚姻礼俗之诗。

全诗二章。首章以伐柯需用斧,比娶妻需聘媒。后世称作媒为"伐柯",就是由此而来。末章以伐柯需有法则,比婚姻需备礼仪。砍伐新斧柄,手中所持的斧柄就是榜样。要成就婚姻之事,也要有一定的规矩。我看这个人,将盛满佳肴的食具陈列得整整齐齐,就合乎礼法。这首诗生动地反映了当时的婚姻礼俗。

《诗序》说:"美周公也。周大夫刺朝廷之不知也。"其意是说,周公平定了"四国",而朝廷犹不知周公之志。周公班师回朝,朝廷还疑惑不已,故周大夫作此诗讽刺朝廷,要求朝廷"以礼迎周公"。陈子展《直解》说:"(首章)言伐柯取妻各有其道,以喻迎周公亦必有其道。……(二章)明言迎周公之归,当用飨燕之礼。"陈氏即承《诗序》此说。揆之情理,这种说法恐难成立。正如方玉润《诗经原始》所说:周公率军东征,大权在握,一朝凯旋,"朝廷奉迎之不暇,何致迟留未归,犹烦周大夫作诗以刺朝廷耶?"这话问得有理。另外,朱熹《诗集传》说:首章是东人"以比平日欲见周公之难",二章"以比今日得见周公之易",这使诗意更为晦涩难解。总之,此诗与周公没有必然的联系,故"美周公"之说实不可信。

狼　跋

狼跋其胡①,载疐其尾②。
公孙硕夫③,赤舄几几④。

狼疐其尾,载跋其胡。
公孙硕肤,德音不瑕⑤。

【注释】①跋(bá):践踏。胡:颔下垂的肉团。②载:则,又。疐(zhì):踩,绊。③公孙:指公子王孙。硕肤:肥胖,大肚皮。④赤舄(xì):红鞋。几几:鞋头尖尖而上翘。⑤德音:指名声。瑕:通"嘉"。美。

【鉴赏】这是讽刺公子王孙之诗。

此诗以幽默风趣的笔调,给公子王孙勾画了一个可笑的形象,简直就是一幅绝妙的漫画。

全诗两章。每章首二句以老狼作比。狼是一种凶残贪婪的野兽。它拖着一条长长的尾巴,下巴上还垂着一个肉团,所以走起路步履艰难。向前走吧,踩着了下巴上的肉团;向后退吧,又踏着了尾巴。真是前后为难,狼狈不堪。诗以老狼比喻"公孙"是再形象不过了。每章后二句直接讽刺"公孙"。这个"公孙"身体肥胖,挺着个大肚皮,脚上穿的是一双红色饰金的鞋子,鞋头尖尖而上翘,

显示出身份的高贵。他走起路来,迈着方步,摇摇晃晃,举止迟缓,很像一只老狼。别看他如此斯文,但他像老狼一样残忍贪婪。"德音不瑕"一句

就是对"公孙"品性极坏的揭露。"德音不瑕"绝不是美词,它当与《邶风·日月》中的"德音无良"同义,即品行名誉不好。

　　《诗序》说是"美周公"。意思是说,当那"四国"流言、进退失据之时,周公仍不失圣人的风度。他像一只老狼,左右为难。而周公在此困境中,却能始终皆善,令闻美誉完好无伤。此说显然有些滑稽。狼是一种恶兽,用以比喻周公,岂不自相矛盾?可知《狼跋》绝不是一首赞美诗。

小 雅

鹿 鸣

呦呦鹿鸣①,食野之苹②。
我有嘉宾③,鼓瑟吹笙。
吹笙鼓簧,承筐是将④。
人之好我,示我周行⑤。

呦呦鹿鸣,食野之蒿。
我有嘉宾,德音孔昭⑥。
视民不恌⑦,君子是则是效⑧。
我有旨酒,嘉宾式燕以敖⑨。

呦呦鹿鸣,食野之芩⑩。
我有嘉宾,鼓瑟鼓琴。
鼓瑟鼓琴,和乐且湛。
我有旨酒,以燕乐嘉宾之心⑪。

【注释】①呦(yōu)呦:鹿鸣声。②苹:藾蒿。③嘉宾:指群臣。④承:捧。筐:盛币帛的竹器。将:赠送。⑤周行:大道。⑥德音:品德。孔昭:很光明。⑦视:示。不恌(tiāo):不偷薄。⑧是:指示代词。指代"嘉宾"。则、法:效法。⑨式:语助词。燕:宴饮。敖:快乐。马瑞辰《毛诗传笺通释》:"《尔雅》舍人注云:'敖,意舒也。'凡人乐则意舒,是知敖有乐意。"⑩芩(qín):蒿类。⑪燕:安。

【鉴赏】这是君主宴饮群臣之诗。

全诗三章。每章首二句为兴体。诗以鹿鸣呼朋食蒿,兴比君王宴饮群臣。每章后六句内容各有侧重。首章写君王厚待群臣。群臣刚到,君王便吩咐演奏优美的音乐,以示欢迎;随之捧出盛满币帛的竹筐赠给群臣,以示厚爱。君王如此厚待群臣,意在群臣善待自己。于是君王诚恳地说道:群臣既然爱护我,就请指出一条康庄大道。次章写君王盛赞群臣。群臣的道德都很光明,能指示百姓不苟且偷安,因此君子都应效法群臣。宴会伊始,君王举起酒杯,热情地说道:我有甜美的醇酒,让群臣尽情痛饮,心情舒畅。末章写君王燕乐群臣。此时宴会达到了高潮,优美的音乐再次奏起,主宾尽欢,十分融洽。君王又举起酒杯,深情地说道:我有甜美的醇酒,用以燕乐群臣之心。

此诗对后世影响很大。无论外交场合,还是宴请宾客,往往歌《鹿鸣》之诗。清代乡试揭榜的第二天,主考官及新主人在一起宴饮,谓之"鹿鸣宴"。由此可见,它对我国古代习俗的影响是何等深远。

《诗序》说:"燕群臣嘉宾也。"此说含混。"群臣嘉宾"是同位关系呢,还是并列关系呢? 不甚明确。姚际恒《诗经通论》说:"实则'嘉宾'即'群臣'耳。"此说较有见地,故可依从。《史记·十二诸侯年表》说:"仁义陵迟,《鹿鸣》刺焉。"此说不合诗之本意,当属陈古刺今的用诗之例。

四 牡

四牡骓骓[①],周道倭迟[②]。
岂不怀归? 王事靡盬[③],
我心伤悲。

四牡骓骓,啴啴骆马[④]。
岂不怀归? 王事靡盬,
不遑启处[⑤]。

翩翩者鵻[⑥],载飞载下,
集于苞栩[⑦]。王事靡盬,
不遑将父[⑧]。

翩翩者鵻,载飞载止,

集于苞杞⑨。王事靡盬,
不遑将母。

驾彼四骆,载骤骎骎⑩。
岂不怀归?是用作歌,
将母来谂⑪。

【注释】①四牡:四匹公马。骓(fēi)骓:马行不止貌。②周道:大道。倭(wēi)迟:迂回曲折貌。③靡盬(gǔ):没有停息。④啴(tān)啴:喘息貌。骆(luò):黑鬣的白马。⑤遑:闲暇。启:跪。处:坐。⑥雎(zhuī):斑鸠。⑦苞:丛生。栩(xǔ):柞树。⑧将:养。⑨杞(qǐ):枸杞。⑩骤:奔驰。骎(qīn)骎:急驰貌。⑪谂(shěn):思念。

【鉴赏】这是小吏行役思归之诗。

全诗五章。首二章写小吏行役奔波。他驾着四匹公马拉的车子,在迂回曲折的大道上飞驰,马儿跑得气喘呼呼。难道不想早点回家?只因王事没完没了,没有空闲歇息,因而内心感到无比悲伤。次二章写小吏所见所感。那翩翩飞翔的斑鸠,时而飞上去,时而又飞下来,纷纷歇息在柞树上、杞树上。他见此情景,感慨万端。由于王事没完没了,因此没有空闲回家奉养父母。对比之下,人的命运还不如小鸟。末章写小吏作诗之由。他驾着那四匹黑鬣的白马,在大道上不停地飞驰。成年累月在外如此奔波,感到身心疲惫。难道不想早点回家?于是他写下这首诗,借以思念自己的母亲。

此诗有情有景,有起有结。"岂不怀归"在诗中多次出现,构成了贯穿全诗的主旋律。从"王事靡盬""我心伤悲""不遑启处""不遑将父""不

177

遑将母"等句中,可以感到这位小吏内心深沉的郁愤和幽怨。

《诗序》说:"劳使臣之来也。"此说与诗意明显不合。诗云"是用作歌",这分明是自歌自唱,绝不是代人言情。姚际恒《诗经通论》说:"试将此诗平心读去,作使臣自咏极顺,作代使臣咏极不顺。"至于此诗用来"劳使臣",那当另作别论,不可将诗义、诗用混为一谈。

皇皇者华

皇皇者华①,于彼原隰②。
駪駪征夫③,每怀靡及④。

我马维驹⑤,六辔如濡⑥。
载驰载驱,周爰咨诹⑦。

我马维骐⑧,六辔如丝⑨。
载驰载驱,周爰咨谋。

我马维骆⑩,六辔沃若⑪。
载驰载驱,周爰咨度⑫。

我马维骃⑬,六辔既均⑭。
载驰载驱,周爰咨询⑮。

【注释】①皇皇:犹"煌煌"。鲜艳貌。华:同"花"。②原:广平之地。隰(xí):低湿之地。③駪(shēn)駪:急行貌。征夫:指使臣。④每怀:常常担心。靡及:不能完成使命。⑤驹:本作"骄"。高六尺的大马。⑥辔:缰绳。濡:光洁貌。⑦周:各地。爰:于。咨诹(zōu):咨询访问。⑧骐:青色有黑纹的马。⑨如丝:像丝一样柔和。⑩骆:黑鬣的白马。⑪沃若:润泽貌。⑫咨度(duó):咨询商量。⑬骃(yīn):浅黑带白的马。⑭均:谐和。⑮询:究问。

【鉴赏】这是使臣博访之诗。

全诗五章。诗中的使臣自称"征夫",可见其地位较低,很可能是类似差役的"行夫"。首章写使臣忠于职守。鲜艳的花朵,盛开在平原低地。这美丽的景色自然令人赏心悦目。然而因使命在身,他无暇观赏,只顾急急忙忙地赶路。尽管如此,还常常担心完不成使命。后四章写使臣具体使命。这四章内容基本相同,采用重章迭唱的形式,其体制颇近风诗。二章说:他驾着驹马,手中的缰绳光洁。他策马急驰,到各地咨询访问。三章说:他驾着骐马,手中的缰绳柔和。他策马急驰,到各地咨询谋划。四章说:他驾着骆马,手中的缰绳润泽。他策马急驰,到各地咨询商量。五章说:他驾着骃马,手中的缰绳谐和。他策马急驰,到各地咨询究问。须得说明的是,这个使臣不可能同时驾驹、骐、骆、骃四种马,这显然是学习民歌叠章易字、反复咏唱的写作技巧。

《诗序》说:"君遣使臣也。"从诗意考察,它显然不是"君遣使臣"之诗,而是使臣途中自咏之词。另有一说值得重视。孙作云说:"这首诗是赞美诸侯朝周",并说"周爰咨度"意为"咨度于周'(《诗经与周代社会研究》第369页)。作为诸侯,似不可自称"征夫",因而此说仍有可疑之处。

常　棣

常棣之华①,鄂不韡韡②。
凡今之人,莫如兄弟。

死丧之威③,兄弟孔怀④。
原隰裒矣⑤,兄弟求矣。

脊令在原⑥,兄弟急难。
每有良朋⑦,况也永叹⑧。

兄弟阋于墙⑨,外御其务⑩。
每有良朋,烝也无戎⑪。

丧乱既平,既安且宁。
虽有兄弟,不如友生?

傧尔笾豆⑫,饮酒之饫⑬。
兄弟既具⑭,和乐且孺⑮。

妻子好合⑯,如鼓瑟琴。
兄弟既翕⑰,和乐且湛⑱。

宜尔室家,乐尔妻帑⑲。
是究是图⑳,亶其然乎㉑!

【注释】①常棣:即棠梨。②鄂:通"萼"。花苞。不:花蒂。韡韡(wěi):繁盛貌。③威:畏。④孔怀:很关心。⑤裒(póu):变迁。⑥脊令:即鹡鸰。⑦每:虽。⑧况:增加。永叹:长叹。⑨阋(xì):怨恨、争斗。⑩务:通"侮"。外侮。⑪烝:发语词。戎:相助。⑫傧:陈列,摆好。笾(biān)豆:盛水果、菜肴的食器。⑬之:语助词,无实义。饫(yù):吃得满足。⑭具:俱,都已到齐。⑮孺:相亲、欢愉。⑯好合:情投意合。⑰翕(xì):聚集。⑱湛:快乐之甚。⑲妻帑(nǔ):妻与子。帑,通"孥"。⑳究:深思。图:考虑。㉑亶(dǎn):确实,诚然。其:指兄弟亲近之理。

【鉴赏】这是诉说兄弟情谊之诗。

全诗八章。首章总写兄弟情谊。棠棣的花朵,其花萼、花蒂繁盛,故承受花朵甚力。诗以此兴比骨肉兄弟不可分离,应相互救助。诗接着提出"凡今之人,莫如兄弟"作为一篇之主旨。二至四章分写兄弟情谊。这三章分说三件事。第一件事是:死丧之可畏,唯有兄弟最关怀;山川之变迁,也只有兄弟来寻求。第二件事是:诗以鹡鸰鸟在高岸相依相护,兴比兄弟若有祸难也会相互急救。当此之时,虽有一些好朋友,只是添加一声长叹而已。第三件事是:尽管兄弟不免同室争斗,但抵御外侮则是一致的。当此之际,虽有一些好朋友,都不肯前来相助。这三章说明在动乱危急之中,只有兄弟最堪信任,最可依赖。五、六章写家宴之乐。先讲了一番道理:丧乱平定了,生活安宁了,虽有兄弟,但不如朋友。讲这番话语,意在说明在危难之时方见兄弟情谊之可贵。然后描写了一幅家宴场景：装满水果、菜肴的笾豆已摆设成行，兄弟们都已到齐，大家欢聚一堂，开怀畅饮，其乐融融。末二章写美好的祝愿。希望兄弟们要同妻子情投意合，就像弹奏琴瑟一样和谐。兄弟们既已聚集在一起，就该和乐又愉快。与此同时，还要使你们的家室和睦，使你们的妻儿快乐。你们要深思此理，考虑此事，的确兄弟情谊应该如此。

《诗序》说是"悯管、蔡之失道"，《正义》断定为"周公述其事而作此诗焉"。《左传·僖公二十四年》说是"召穆公思周德之不类（善），故纠合宗族于成周，而作诗曰"。这两种说法，对理解诗意并无妨碍，但此诗只是诉说兄弟情谊之可贵，可不必坐实为某人为某事而作。

伐 木

伐木丁丁①，鸟鸣嘤嘤②。
出自幽谷，迁于乔木③。
嘤其鸣矣④，求其友声。
相彼鸟矣，犹求友声。
矧伊人矣⑤，不求友生⑥？
神之听之⑦，终和且平⑧。

伐木许许⑨，酾酒有藇⑩。
既有肥羜⑪，以速诸父⑫。
宁适不来⑬，微我弗顾⑭？
於粲洒扫⑮，陈馈八簋⑯。
既有肥牡⑰，以速诸舅⑱。
宁适不来，微我有咎⑲？

伐木于阪⑳，酾酒有衍㉑。
笾豆有践㉒，兄弟无远。
民之失德㉓，于糇以愆㉔。

有酒湑我㉕,无酒酤我㉖。
坎坎鼓我㉗,蹲蹲舞我㉘。
迨我暇矣,饮此湑矣。

【注释】①丁(zhēng)丁:伐木声。②嘤嘤:鸟惊惧声。③迁:上升。乔木:高木。④嘤其:嘤嘤。⑤矧(shěn):何况。⑥友生:朋友。生,语助词。⑦神之听之:神听到。⑧终:既。⑨许许:锯木声。⑩酾(shī):滤酒。藇(xù):酒味美。⑪羜(zhù):五个月的小羊羔。⑫速:召请,邀至。诸父:同姓的长者。⑬适:恰巧。⑭微:无。顾:顾念。⑮於:叹词。粲:明洁,干净。⑯馈:食物。簋(guǐ):食器。⑰牡:指公羊。⑱诸舅:异姓的长者。⑲咎:过错。⑳阪:山坡。㉑衍:酒满杯貌。㉒践:陈列整齐貌。㉓失德:特指失去友谊。㉔于粲:干粮,代指粗陋简单的食物。愆:过错。㉕湑(xǔ):澄滤。我:语尾助词。㉖酤:买酒。㉗坎坎:击鼓声。㉘蹲蹲:舞貌。

【鉴赏】这是宴请朋友之诗。

阅读此诗,须得明白两个问题。每章皆以伐木领起,表明它最初出自民间。后经文人加工,使之更为精练,更为典雅。诗中朋友的概念较为宽泛,它包括"诸父""诸舅"及"兄弟"等。方玉润《诗经原始》说:"朋友不离乎兄弟亲戚,亲戚兄弟自可以为朋友。"明乎此,就不致产生疑惑。

全诗三章。首章写人当求友。此章即景生情,引出章旨。伐木之声响丁丁,鸟儿闻之则惊恐地鸣叫。它从幽深的山谷里,飞迁到高大的树木上。鸟儿为何嘤嘤地鸣叫呢?原来是为了寻找伴侣。看那鸟儿尚且懂得呼唤伴侣,何况人呢,岂不寻求朋友。天神如果得知人们和好友爱,也会降下和平之福。次章写盛情待客。既筛好了醇厚的美酒,又备好了鲜嫩的羔羊和肥壮的公羊,还摆出了八大盘食品,并将屋子洒扫得干干净净。一切准备停当,就去邀请"诸父"、"诸舅"前来做客。主人心想,宁可客人恰巧有故不能前来,不要以为我不予顾念,也不要以为我有什么过错。末章写宴饮之乐。客人到齐了,宴会即将开始。杯中斟满美酒,食器摆得整齐。主人站起身来,滔滔不绝地讲了一番深情的话语:兄弟之间要和睦相处,千万不要疏远。普通人不讲友情,为了干粮不肯分人而获罪过。大家尽情地喝吧,有酒则澄滤,无酒则购买;大家尽情地乐吧,坎坎地击鼓,翩翩地起舞。等到闲暇之时,请大家再来畅饮美酒。主人好客于此可见。

《诗序》说:"燕朋友故旧也。"这本不误。《郑笺》说:"言昔日未居位在农之时,与友生于岩伐木。"《正义》说:"郑以为此章远本文王幼少之时结友之事。言文王昔日未居位之时,与友生伐于山阪。"这种说法毫无凭证,实属附会。焦循《毛诗补疏》反驳说:"文王幼时何曾为农?又何伐木之有?"足证《郑笺》《正义》之说实误。

采 薇

采薇采薇①,薇亦作止②。
曰归曰归,岁亦莫止③。
靡室靡家④,狁之故⑤。
不遑启居⑥,狁之故。

采薇采薇,薇亦柔止。
曰归曰归,心亦忧止。
忧心烈烈⑦,载饥载渴。
我戍未定⑧,靡使归聘⑨。

采薇采薇,薇亦刚止⑩。
曰归曰归,岁亦阳止⑪。
王事靡盬⑫,不遑启处⑬。

忧心孔疚⑭,我行不来⑮。

彼尔维何⑯?维常之华⑰。
彼路斯何⑱?君子之车。
戎车既驾⑲,四牡业业⑳。
岂敢定居?一月三捷㉑。

驾彼四牡,四牡骙骙㉒。
君子所依㉓,小人所腓㉔。
四牡翼翼㉕,象弭鱼服㉖。
岂不日戒㉗?狁孔棘㉘。

昔我往矣,杨柳依依。
今我来思㉙,雨雪霏霏㉚。
行道迟迟,载渴载饥。
我心伤悲,莫知我哀!

【注释】 ①薇:野豆苗,可食。②作:长出。止:语助词。③莫:即"暮"。④靡室靡家:远离家室,犹如无家室。⑤狁(xiǎn yǔn):西周时北方的一个游牧民族。⑥不遑:没有工夫。启居:歇息。⑦烈烈:火势盛貌。⑧定:安定,定处。⑨使:使者。聘:探问。⑩刚:坚硬。⑪阳:十月。⑫靡盬:没有止息。⑬启处:同"启居"。⑭疚:病痛。⑮来:通"勑"。慰问。⑯尔:通"荣"。花盛开貌。⑰常:棠棣树。华:花。⑱路:通"辂"。高大貌。⑲戎车:兵车,战车。⑳业业:强壮高大貌。㉑三捷:多次取胜。㉒骙(kuí)骙:马壮健之貌。㉓依:乘。㉔腓(féi):掩蔽。㉕翼翼:排列严整。㉖象弭(mǐ):以象骨镶饰的弓梢。鱼服:鱼皮制成的箭袋。㉗日戒:每日都戒备着。㉘孔棘:很紧急。㉙思:语助词。㉚霏霏:雨雪纷飞貌。

【鉴赏】 这是边防士兵出征还归之诗。

全诗六章。诗中的主人公是一名普通的士兵。他参加了抗御狁的战斗,终于要返归家园了。他踏上归程,便情不自禁地将从军的经过回想了一番。

首三章写士兵思归。士兵们在出征的日子里,无时无刻不在思归。早春时节,薇菜刚刚吐芽。士兵们盼望回家,一直盼到年底。他们无室无家,每天出征,无暇休息,是因为狁入侵的缘故。晚春时节,薇菜还很柔嫩。士兵们盼望回家,心里忧愁不已。他们不仅忧心如焚,而且又饥又渴。因为驻防不定,连捎封家信也不可能。盛夏时节,薇菜已经枯硬。士兵们盼望回家,一直盼到十月。王事没完没了,根本无暇休息,他们心里充满了忧伤与痛苦。更为可叹的是,他们出征日久,竟然没有谁来慰问一声。

中二章写战斗场面。诗以茂盛的棠棣之花引出高大的主帅之车。战车已经驾好,四匹公马高大,这预示即将开始拼杀;岂敢定居一地,一月之中要打多次胜仗,可见战斗频仍。主帅乘坐在战车之上指挥战斗,士兵们则尾随其后借以隐蔽身躯。主帅驾着的四匹公马威武雄健,正在有序地奔驰;士兵们身背弓袋,手执劲弓,足见军容强盛和武器精良。由于狁十分猖獗,不得不日夜戒备,随时准备出击。

末章写士兵返家。战斗终于结束了,士兵们才得以返回家园。当年出征之时,正值杨柳依依的春日;现在回家之时,却是雨雪纷飞的冬天。回家本该高兴,但士兵依然心情沉重。虽已踏上归途,但归路漫漫,行走迟缓,还要忍受饥渴,又不禁沉浸在一种深沉的难以言喻的感伤之中。"莫知我哀"一句道尽了士兵的悲伤之情,真是以少总多之笔。此章"昔我往矣,杨柳依依。今我来思,雨雪霏霏。"被奉为千古写景抒情的佳句。以"依依"形容杨柳,以"霏霏"形容雨雪,得物态之神韵;以杨柳代春天,以雨雪代冬天,正暗示时序之推移;"依依"显别离之难舍,"霏霏"状思绪之纷乱,真可谓景中蕴涵人情。

《诗序》说是文王"遣戍役"。此说谓周文王送士兵出征,事先就想到他们思归、激战和归来,于是代他们一一说出。这显然是违背诗意的穿凿附会,不可据信。

杕 杜

有杕之杜[①],有睆其实[②]。

王事靡盬,继嗣我日③。
日月阳止④,女心伤止,
征夫遑止⑤。

有杕之杜,其叶萋萋。
王事靡盬,我心伤悲。
卉木萋止⑥,女心悲止,
征夫归止。

陟彼北山,言采其杞⑦。
王事靡盬,忧我父母。
檀车幝幝⑧,四牡痯痯⑨。
征夫不远。

匪载匪来⑩,忧心孔疚⑪。
期逝不至⑫,而多为恤⑬。
卜筮偕止⑭,会言近止⑮,
征夫迩止⑯。

【注释】①杕(dì):树木孤生貌。杜:棠梨树。②睆(huǎn):果实浑圆貌。③继嗣:延长,继续。④阳:农历十月。止:同"之",语助词。⑤遑:闲暇。⑥卉木:各类草木。⑦言:语助词。杞:枸杞。⑧檀车:檀木所制的车。幝(chǎn)幝:破旧之貌。⑨痯(guǎn)痯:疲劳貌。⑩匪载匪来:(丈夫)没有上车归来。⑪孔疚:很痛苦。⑫期逝:预定的归期已过。⑬恤:忧愁。⑭卜:以龟甲占吉凶。筮:以蓍草占吉凶。⑮会:合,都。⑯迩:近。

【鉴赏】这是妇人思念征夫之诗。

全诗四章。前三章写思念之苦。孤独的棠梨树,它的果实浑圆。这表明时序已进入秋天。因为王事没完没了,时间一天天地延长。现在已至十月,她的心中充满悲伤。她希望丈夫空闲之时,能回家与亲人团聚。孤独的棠梨树,它的叶子繁茂;各种草木生机盎然,郁郁葱葱。这暗示时序已进入春天。因为王事没完没了,丈夫依然没有回来,因而她的内心非常痛苦。诗中两次写道"我心伤悲""女心悲止",可知悲伤之情浓重地压在她的心头。她登上北山,采摘枸杞。她举目远眺,企盼丈夫归来。因为王事没完没了,致使父母非常担忧。她想象丈夫的车子已经破败,丈夫的马儿也疲惫不堪。在这种车破马疲的情况下,丈夫的归期该不会远吧!末章写卜问归期。她不见丈夫装车归来,心中更加悲苦。在万般无聊之中,她又是占卜又是算卦,卜辞卦辞都说归期就要到了,丈夫很快就要回来了。妇人盼夫不归,卜筮兼问,情切可知。

《诗序》说是文王"劳还役",这明显与诗的情感、语言皆不合。姚际恒《诗经通论》说:"劳之而代其妻思夫,岂不甚迂乎!"方玉润《诗经原始》也说:"圣王纵曲体人情,亦不代人妻子作悲泣状也!"这种批评,应该说是非常中肯的。

南有嘉鱼

南有嘉鱼①,烝然罩罩②。
君子有酒,嘉宾式燕以乐③。

南有嘉鱼,烝然汕汕④。
君子有酒,嘉宾式燕以衎⑤。

南有樛木⑥,甘瓠累之⑦。
君子有酒,嘉宾式燕绥之⑧。

翩翩者鵻⑨,烝然来思⑩。
君子有酒,嘉宾式燕又思⑪。

【注释】①嘉鱼:好鱼。②烝然:众多貌。罩罩:悠闲貌。③式:语助词。燕:通"宴"。宴饮。④汕(shàn)汕:逍遥貌。⑤衎(kàn):舒畅。⑥樛(jiū)木:向下弯曲的树。⑦甘瓠(hù):葫芦。累:蔓延。⑧绥(suí):安乐。⑨鵻(zhuī):斑鸠。⑩思:语助词。⑪又:通"侑"。劝。

【鉴赏】这是宴饮嘉宾之诗。

全诗四章。每章首二句皆为兴体。或既有兴体又有本体,或只有兴体而无本体,但本体可据兴象而补出。一、二章以"鱼"起兴。一章说:南方有好鱼,好鱼众多而悠闲。诗以此兴比主人有美酒,嘉宾宴饮而欢乐。二章说:南方有好鱼,好鱼众多而逍遥。诗以此兴比主人有美酒,嘉宾宴饮而舒畅。三章以"樛木""甘瓠"起兴。此章说:南方有樛木,葫芦的藤蔓缠绕着它。诗以此兴比主客之间关系亲密,感情深厚。主人有美酒,嘉宾宴饮而安乐。末章以"鸟"起兴。此章说:翩翩的斑鸠鸟,成群地飞过来。诗以此兴比尊贵的众嘉宾,纷纷来赴宴。主人有美酒,嘉宾宴饮而尽兴。从诗意来看,它当是宴会上的劝酒歌。

《诗序》说:"乐与贤也。"《正义》申之说:"当周公成王太平之时,君子之人已在位,有职禄,皆有至诚笃实之心,乐与在野有贤德者共立于朝,而有之愿,俱得禄位,共相燕乐。"这样,就将主题由宴饮嘉宾变成礼贤敬贤了,从而改变了诗的基本内容,因而是不可取的。

彤 弓

彤弓弨兮①,受言藏之②。
我有嘉宾,中心贶之③。
钟鼓既设,一朝飨之④。

彤弓弨兮,受言载之⑤。
我有嘉宾,中心喜之。

钟鼓既设,一朝右之⑥。

彤弓弨兮,受言櫜之⑦。
我有嘉宾,中心好之。
钟鼓既设,一朝醻之⑧。

【注释】①彤(tóng)弓:红色的弓。弨(chāo):弓弦松弛貌。②言:语助词。③中心:心中。贶(kuàng):喜爱。④飨(xiǎng):设酒大宴宾客。⑤载:置于弓檠。⑥右:通"侑"。主人劝酒。⑦櫜(gāo):装进弓袋。⑧醻(chóu):主人再次敬酒。

【鉴赏】这是天子赏赐有功诸侯之诗。

据《尚书·文侯之命》记载,周幽王被杀后,晋文侯迎宜臼,立为周平王,为东周的建立与稳定立了大功,于是周平王命晋文侯为方伯,赏赐他"彤弓一,彤矢百"。《左传·僖公二十八年》也记载说:"晋侯献楚俘于王,(周襄王)赐之彤弓一,彤矢百。"可见,天子以彤弓赏赐有功诸侯,在周代是一件很重大的事情。

全诗三章。每章意思基本相同,只是意有轻重之别罢了。前二句指受弓诸侯而言。天子所赐的彤弓已经松弛,嘉宾接受后就将它收藏起来,就将它置于弓檠,就将它装进弓袋。后四句指授弓天子而言。天子对这位嘉宾极为赞赏,他深情地说道:我有嘉宾,心中喜爱他,心中厚爱他,心中钟爱他。此时,朝堂上钟鼓已陈设,宴席已摆好,天子在整个早上大宴嘉宾,劝宾客畅饮,再次向嘉宾敬酒。宴会气氛显得热烈而隆重。前人曾指出:"大抵此诗首章已尽其意,下两章只是咏叹以加重焉耳。櫜重于载,载重于藏;好诚于喜,喜诚于贶;醻厚于右,右尊于飨。"(陈子展《诗经直解》引辅广语)这段评语,对理解诗意很有帮助。

对此诗主题,古今无有异议。这种天子以彤弓赏赐诸侯的制度,后世没有沿袭下来。只是在欧阳修《伶官传序》中载有晋王李克用临死时"以三矢赐庄宗(其子李存勖)"之事。这可算是周代赏赐彤弓彤矢的遗风及变种了。

菁菁者莪

菁菁者莪①,在彼中阿②。
既见君子,乐且有仪。

菁菁者莪,在彼中沚③。
既见君子,我心则喜。

菁菁者莪,在彼中陵④。
既见君子,锡我百朋⑤。
泛泛杨舟⑥,载沉载浮⑦。
既见君子,我心则休⑧。

【注释】①菁(jīng)菁:茂盛貌。莪:萝蒿。②阿:山湾。③沚:水中小洲。④陵:土山。⑤锡:通"赐"。赠。百朋:百串贝钱,形容钱币之多。⑥泛泛:漂荡貌。⑦沉、浮:时起时伏。⑧休:欣喜。

【鉴赏】这是青年男女的恋歌。

全诗四章。诗中的主人公是一位女子,她喜逢自己所钟情的男子。前三章以"莪"起兴。诗以"菁菁者莪"兴比男子青春貌美。一章说:茂盛的萝蒿,生长在山湾里。既已见到情人,情人面带笑容而且彬彬有礼。二章说:茂盛的萝蒿,生长在水中小洲。既已见到情人,女子的心里真是乐悠悠。三章说:茂盛的萝蒿,生长在山谷中。既已见到情人,情人赠给钱币多贵重。末章以"杨舟"起兴。诗以漂浮的杨舟时伏时起,兴比女子的心情激动不已。既已见到君子,她的心里无比

欣喜。《诗经》中写男女相会的诗篇很多,如《召南·草虫》"亦既见止……我心则说(悦)"、《郑风·风雨》"既见君子,云胡不喜"等。将此诗"既见君子,我心则喜"与这些诗句加以对比,更可见出这是一首情诗。

　　《诗序》说是"乐育才"。此说认为前三章所写茂盛的萝蒿,是人才的象征。这些人才由于朝廷的培养,成为"秀进之士",以至取得官爵,并且得以见到"君子"(指皇帝),故他们心里都很欢乐。方玉润《诗经原始》说:"此诗当是君临辟雍,见学校人才之盛,喜而作此。"其意是说天子来到太学,见到莘莘学子英姿潇洒,目之为"菁菁者莪";太学生见到天子"乐且有仪",且有"百朋"之赏,自然欣喜不已。这两种说法虽然有别,但均认为"菁莪"喻人才、喻学生,"君子"指天子。其实,"菁莪"与"君子"实为一体。再说让人才在朝廷或在太学朝见天子,也只是一种附会的想象。朱熹《诗集传》说:"此亦燕饮宾客之诗。"然而,诗中并未提到宴饮,因而此说也难成立。

采　芑

薄言采芑[①],于彼新田[②],于此菑亩[③]。
方叔涖止[④],其车三千,师干之试[⑤]。
方叔率止[⑥],乘其四骐,四骐翼翼[⑦]。
路车有奭[⑧],簟笰鱼服[⑨],钩膺鞗革[⑩]。

薄言采芑,于彼新田,于此中乡[⑪]。
方叔涖止,其车三千,旂旐央央[⑫]。
方叔率止,约軝错衡[⑬],八鸾玱玱[⑭]。
服其命服[⑮],朱芾斯皇[⑯],有玱葱珩[⑰]。

鴥彼飞隼[⑱],其飞戾天[⑲],亦集爰止[⑳]。
方叔涖止,其车三千,师干之试。
方叔率止,钲人伐鼓,陈师鞠旅[㉒]。
显允方叔[㉓],伐鼓渊渊[㉔],振旅阗阗[㉔]。

蠢尔蛮荆㉕,大邦为仇㉖。
方叔元老,克壮其犹㉘。
方叔率止,执讯获丑㉙。
戎车啴啴㉚,啴啴焞焞㉛,如霆如雷。
显允方叔,征伐猃狁,蛮荆来威㉜。

【注释】①薄言:语助词,无实义。芑(qǐ):一种野菜。②于:在。新田:新垦两年的田。③菑(zī):开垦才一年的田。④方叔:周宣王的卿士。涖(lì):亲临。⑤师:军队。干:盾牌,代指武器。试:操练。⑥率:带领,统率。⑦翼翼:排列严整貌。⑧路车:大车。奭(shì):红色。⑨簟(diàn)茀:竹织车帘。鱼服:绘饰鱼纹的车厢。⑩钩膺:马腹前的钩带,马鞅。鞗(tiáo)革:马辔,马勒。⑪中乡:乡野。⑫旆旐:绘有龙蛇的军旗。央央:鲜明貌。⑬约𫐓(qí):车毂两端缠上皮革并涂成红色。错衡:车前的横木饰以花纹。⑭鸾:车马铃。玱玱:金石和美之声。⑮命服:朝廷赐给的官服。⑯芾(fú):皮制的蔽膝。斯皇:辉煌。⑰有玱:玱玱。葱珩(héng):一种绿色的佩玉。⑱鴥(yù):鸟疾飞貌。隼:鹰类的猛禽。⑲戾:止。⑳集:众鸟落在树上。㉑钲:一种金属乐器。军中以鸣钲为停止的号令。本句为"钲人鸣钲,鼓人伐鼓"之省。㉒鞠旅:向军旅宣布、传达命令。㉓显:英明。允:伟大。㉔渊渊:鼓声。㉕振旅:指挥、调动军队行进。阗阗(tián):步伐整齐、宏大声。㉖蛮荆:对楚人鄙视的称呼。㉗大邦:指周王朝。㉘克:能。壮:宏大。犹:通"猷"。计谋。㉙执讯获丑:俘虏敌人。㉚啴啴(tān):车行声。㉛焞焞(tūn):盛大貌。㉜威:畏,畏服。

【鉴赏】这是赞美方叔率军讨伐"蛮荆"之诗。

全诗四章。前二章写军容之盛。诗以"新田""菑田"有芑菜可采兴比周朝有人才可用。诗接着将描写的重点落在大将方叔身上。方叔为宣王卿士,受命为主将。方叔亲临前线,他统率的战车有三千辆,军队正在操练着武器。方叔率领军队,乘坐在四匹骐马驾驭的高车之上。那马步伐整齐,那车红光闪耀。车上有遮挡车门的竹席,有绘饰鱼纹的车厢;马鞅、马勒鲜明闪亮。车轴包裹着红皮革,车辕雕饰着花图案,还有那旌旗飘飘,车铃玱玱。方叔身着官服,红色蔽膝格外耀眼,绿色的佩玉发出悦耳的和鸣之声。主将如此威武,军队如此强盛,这次南征荆楚,一定会大功告成。后二章写伐楚获胜。诗以鹰隼上飞于天，又栖集于树，兴比这支军队勇猛威武，动止有节，军纪严明。方叔率领军队，在行进中以鸣金伐鼓指挥大军，列队陈师传达命令。那深沉浑厚的鼓声，那雄壮整齐的脚步声，正是周师南征的进行曲。"蛮荆"敢与周王朝为仇，真是愚蠢而狂妄！主将方叔乃朝中元老，又有用兵的雄才大略，因而他率领大军，一下子抓获俘虏无数，终于战胜了敌人。战车隆隆，军势浩大，方叔的声威如雷如霆。这位英明而伟大的统帅方叔，他曾经讨伐过猃狁，现在又使"蛮荆"畏服而归顺朝廷。

吴闿生《会通》说是"北伐振旅"。此说显与诗意不符。诗言"蠢尔蛮荆""蛮荆来威"，这表明确是南征而非北伐。至于"征伐猃狁"只是顺及之语，意在颂美方叔此前北伐之功。王安石说："荆人自服，不待战而屈也。"此说也不确切。诗明言"执讯获丑"，可见双方经过了激战，只不过于诗中省去了交战过程罢了。

车　攻

我车既攻①，我马既同②。
四牡庞庞③，驾言徂东④。

田车既好⑤，四牡孔阜⑥。
东有甫草⑦，驾言行狩。

之子于苗⑧，选徒嚻嚻⑨。
建旐设旄⑩，搏兽于敖⑪。

驾彼四牡，四牡奕奕⑫。
赤芾金舄⑬，会同有绎⑭。

决拾既佽⑮，弓矢既调⑯。
射夫既同，助我举柴⑰。

四黄既驾⑱,两骖不猗⑲。
不失其驰⑳,舍矢如破㉑。

萧萧马鸣,悠悠旆旌㉒。
徒御不惊㉓,大庖不盈㉔。

之子于征㉕,有闻无声。
允矣君子㉖,展也大成㉗。

【注释】①攻:整治,修理。②同:选齐。③庞庞:强健有力。④言:语助词。徂东:向东方去。东,指东都。⑤田车:田猎的车。⑥孔阜:很强壮。⑦甫草:甫田之草。甫田为地名。⑧之子:指周宣王。苗:打猎。夏猎为苗。⑨选徒:清点随从。嚣嚣:嘈杂,喧嚷。⑩建:设置。旐、旄:各类旗帜。⑪搏兽:薄狩。敖:地名。古有敖山。⑫奕奕:接连不断。⑬赤芾:红色蔽膝。金舄(xì):黄红色的厚底鞋。赤芾金舄,均为诸侯穿用。⑭会同:诸侯朝会天子。有绎:络绎不绝。⑮决:拉箭弦的扳指。拾:射箭用的护臂,皮制品。佽(cì):具备、齐备。⑯调:调试。⑰举柴(cī):即举掗,相助猎取禽兽。⑱四黄:四匹黄马。⑲两骖:两边的骖马。不猗:不偏斜。⑳驰:指驾车驰逐之法则。㉑舍矢:射箭。破:被射中。㉒旆旌:旌旗之类。㉓徒:步行者。御:驾车者。不惊:很机警。不,通"丕"。甚,很。㉔大庖:国君的厨房。不盈:很满。㉕征:指狩猎归来。㉖允:真是。㉗展:真乃、确实。大成:很成功。

【鉴赏】这是周宣王举行田猎活动之诗。

周宣王举行田猎活动,其目的不在田猎本身,而是为了显示国威和军威。并借田猎会同诸侯,以加强中央政权的统治,其政治意义不可低估。

全诗八章。此诗描写了这次田猎活动的全过程。首二章写田猎车马之盛。猎车已经修好,马匹已经选齐。车是好车,马是壮马,现在就要驾着车马前往东都狩猎了。次二章写诸侯会同。出发之前清点随从,人声喧嚷。各种旗帜都已树起,随风飘扬。队伍出发,前往东都敖山一带狩猎。随驾的诸侯,身着红色蔽膝,脚穿金色鞋靴,接连不断依次而来。五、六章写田猎场面。扳指、护臂都已具备,弓矢也已调配适宜,大家齐心协力,猎获了许多禽兽。追逐猎物时,四匹黄马驾驭得很好,两匹骖马也不偏不倚。猎车跑得顺畅,箭也射得很准。末二章写猎毕回归。在回归的道路上,但听马儿萧萧地鸣叫,只见旗帜悠悠地飘扬,足见景象雄壮而肃穆。步卒车夫都很机警,庖厨野味多样丰盈。宣王率领猎队归来,纪律严明,在归途中只听到行军之声而听不到其他的喧哗声。最后诗人赞叹道:宣王真正是圣明天子,他确实获得了很大的成功!

对此诗主题虽无异议,但对诗中"徒御不警,大庖不盈"则存在不同的解释。一是释"不"为语助词。《毛传》:"不警,警也。不盈,盈也。"二是释为反问句。《正义》:"岂不警戒乎?……不充盈乎?"三是释"不"为"丕"。杨任之《诗经今译今注》:"不,同丕,甚也。"以上三说虽均可通,但以第三种解释为宜。

鸿　雁

鸿雁于飞①,肃肃其羽②。
之子于征③,劬劳于野④。
爰及矜人⑤,哀此鳏寡⑥。

鸿雁于飞,集于中泽⑦。
之子于垣⑧,百堵皆作⑨。
虽则劬劳,其究安宅⑩。

鸿雁于飞,哀鸣嗷嗷⑪。
维此哲人⑫,谓我劬劳。
维彼愚人⑬,谓我宣骄⑭。

【注释】①鸿雁:大雁。于:语助词。②肃肃:鸟拍羽翼之声。③之子:指使

195

臣。③征：远行。④劬(qú)劳：辛苦劳累。⑤爰：语助词。矜人：受苦人。⑥鳏(guān)：老而无妻者。⑦中泽：水泽之中。⑧垣(yuán)：筑墙，盖房。⑨堵：一面墙。⑩究：终于。安宅：安居之所。⑪嗷嗷：哀鸣之声。⑫哲人：指贤明的统治者。⑬愚人：指昏聩无知的统治者。⑭宣骄：骄傲。

【鉴赏】 这是使臣安抚流民之诗。

周厉王时，政治黑暗，统治者暴戾无道，加之猃狁连年入侵，使得百姓大批流亡。周宣王即位后，一方面率军北伐，打退猃狁的进攻，一方面派遣使臣安抚流民，帮助他们安居下来。此诗就是在这种历史背景下产生的。

全诗三章。每章首二句写流民。诗以"鸿雁"兴比流民。一章说：大雁急速飞翔，双翅欷欷作响。诗以此兴比流民逃往他乡。二章说：大雁急速飞翔，聚于水泽中央。诗以此兴比流民寄寓荒野。三章说：大雁急速飞翔，悲鸣之声嗷嗷。诗以此兴比流民急盼救助。每章后四句写使臣。一章写他出使四方，在野外奔波劳累，救济那些受苦之人，同情那些无依无靠的鳏寡孤独者。二章写他巡视工地，指挥筑墙盖屋。虽然他很辛苦，但流民终于有了安居之所。末章写他的心理活动。只有通晓事理的"哲人"，才说我真辛劳；只有昏聩无知的"愚人"，才说我太骄傲。这四句是使臣的自白，与《魏风·园有桃》"不知我者，谓我士也骄"诗意相同。

《李黄集解》说："(欧阳公)谓遣使臣奔走于外，如鸿雁之飞。"若依此说，则"哀鸣敖敖"一句与使臣身份不合。朱熹《诗集传》："流民以鸿雁哀鸣自比而作此歌也。"若依此说，奔波中的流民怎能"百堵皆作"？王夫之《诗经稗疏》说："百堵之作，其为筑城明矣。"此说虽解决了"百堵皆作"的矛盾，但解释末章仍嫌牵强。末章四句用在使臣身上比较合适，而用在流民身上，便觉得不够自然。

庭 燎

夜如何其①？
夜未央②，庭燎之光③。
君子至止④，鸾声将将⑤。

夜如何其?

夜未艾⑥,庭燎晣晣⑦。

君子至止,鸾声哕哕⑧。

夜如何其?

夜乡晨⑨,庭燎有辉⑩。

君子至止,言观其旂⑪。

【注释】①如何:怎么样。其:语助词,表示疑问。②未央:未到半夜。③庭燎:庭中大烛。④君子:指诸侯。⑤鸾:车铃。将将:车铃之声。⑥未艾:未尽。⑦晣(zhì)晣:明亮貌。⑧哕(huì)哕:铃声渐近而有节奏貌。⑨乡晨:向晨,近晓。⑩有辉:烟光相杂貌。⑪旂(qí):绘有龙蛇的旗。

【鉴赏】这是颂美宣王勤政早朝之诗。

《列女传》记载说:"宣王尝晏起,姜后脱簪珥待罪于永巷。宣王感悟,于是勤于政事,早朝晏退,卒成中兴之名。"这个故事是否确实可靠,不必去管它。但周宣王勤于朝政,早起晚退,大概是有根据的。

全诗三章。每章意思虽基本相同,但有递进之势。宣王问道:"夜怎么样了?"侍者答道:"未到半夜。"宣王见到庭烛之光,想到诸侯就要来了,仿佛听到车铃锵锵之声。宣王睡了一会,又问道:"夜怎么样了?"侍者答道:"夜未尽。"宣王见到庭烛之光明亮,想到诸侯就要来了,仿佛听到车铃之声渐进而有节奏。过了一阵,宣王又问道:"夜怎么样了?"侍者答道:"天快亮了。"宣王见到庭烛闪着最后的烟光,感到诸侯就要来了,还仿佛看到那飘扬的旌旗。

此诗可能出自宫廷御用文人之手,在艺术上显得细腻而精美。由"夜未央"到"夜未艾"再到"夜乡晨",写出了时间的推移。由"庭燎之光"到"庭燎晣晣"再到"庭燎有辉",写出天色逐渐明亮。由"鸾声将将"到"鸾声哕哕"再到"言观其旂",写出诸侯之车由远及近。这些均刻画生动,层次井然。

《诗序》说:"美宣王也,因以箴之。"此说是非参半。谓"美宣王"这本不误,但又说"劝诫宣王"则非诗意。高亨《诗经今注》说是"赞美官僚早晨乘车上朝之诗"。此说未确。胡承珙《诗经后笺》指出:"则庭燎惟诸侯来朝乃设之。"由此可知,诗中问夜之早晚者当为天子,"君子"应指诸侯。高氏谓"官僚上朝"显与诗意不符。

鹤　鸣

鹤鸣于九皋①,声闻于野。
鱼潜在渊②,或在于渚③。
乐彼之园④,爰有树檀⑤,其下维萚⑥。
他山之石,可以为错⑦。

鹤鸣于九皋,声闻于天。
鱼在于渚,或潜在渊。
乐彼之园,爰有树檀,其下维榖⑧。
他山之石,可以攻玉⑨。

【注释】①九皋(gāo):深远的水泽。②渊:深潭。③渚(zhǔ):此指小洲边之浅水。④乐:通"铄"。美丽。⑤爰:语助词。树檀:檀树。一种贵重木材。⑥萚(tuò):软枣树。⑦错:磨石。⑧榖(gǔ):楮树。⑨攻:磨制玉器。

【鉴赏】这是招贤纳士之诗。

全诗二章。此诗全用比体。王夫之《姜斋诗话》说:"《小雅·鹤鸣》之诗全用比体,不道破一句,三百篇中创调也。"此说颇有见地。每章首二句以"鹤"设喻。白鹤在深远的水泽边鸣叫,它的叫声传遍四野,响彻云天。诗以此比喻那些身隐名显的贤才。每章三、四句以"鱼"设喻。鱼儿时而沉入深渊,时而又浮出水面;时而浮出水面,时而又沉入深渊。诗以此比喻那些去就无常的奇才。每章中三句以"树"设喻。在美丽的园林中,有各种各样的树木:其中有檀树,有枣树,有楮树等等。高大的檀树可以制轮制车,低矮的枣树、楮树可以制橛制桩。诗以此比喻那些可担重任的大才和不可缺少的小才。每章末二句以"石"设喻。其他山上的石头,可作磨石以磨制玉器。诗以此比喻那些为我所用的异国之才。治理国家需要各种各样的人才,既需要贤才、奇才,同时也需要大才、小才以及异国之才。国君若能招贤纳士,让他们各尽其才,就有望治理好国家。这大概就是诗人创作此诗的初衷吧!

《诗序》说:"诲宣王也。"教诲的内容当然是招贤纳士。这也不能算错。但坐实为诲"宣王",则缺乏证据。方玉润《诗经原始》说:"讽宣王求贤山林也。"此说将"禽鱼""树木""山石"视作园中实景也不切当。朱熹《诗集传》说首二句"言诚之不可掩",说"鱼潜"二句"言理之无定在",说"爰有"二句"言爱当知其恶",说末句"言憎当知其善"。这纯属以理说诗,令人不知所云。

黄　鸟

黄鸟黄鸟①,无集于榖②,无啄我粟。
此邦之人,不我肯榖③。
言旋言归④,复我邦族⑤。

黄鸟黄鸟,无集于桑,无啄我梁。
此邦之人,不可与明⑥。
言旋言归,复我诸兄。

黄鸟黄鸟,无集于栩⑦,无啄我黍。
此邦之人,不可与处。
言旋言归,复我诸父⑧。

【注释】①黄鸟:黄雀。②榖(gǔ):楮树。③榖(gǔ):善待。④旋:还。⑤复:回到。邦族:家乡,家族。⑥明:讲明。⑦栩(xǔ):柞树。⑧诸父:指各位长辈。

【鉴赏】这是弃妇之诗。

全诗三章。诗中的女子离开故乡,远嫁异国,结果遭到遗弃。她被弃之因,是因为丈夫变心,另娶新人。每章首三句写弃妇愤激之情。诗以黄鸟不要落在我的树上,不要啄食我的粮食,兴比新人不要占据我的家室,不要侵吞我的家产。这种愤激之情,与《邶风·谷风》这首弃妇诗中的"毋逝我梁,毋发我笱"颇为相似。每章中二句写丈夫之薄情。丈夫变心之后,就一反常态,再也不肯善待自己。夫妻之间本应互敬互爱,白头偕老,然而他喜新厌旧,无故将自己抛弃。像他这种人简直不可理喻,无法讲明夫妇之道。她渐渐觉得再也不能跟他生活在一起。每章末二句写弃妇决心返归。既然丈夫如此薄情,她不愿也不能这样维持下去了。于是她决心返回故乡,回到诸兄、诸父的身边去。

胡承珙《诗经后笺》说:"王氏(安石)苏氏(辙)以为贤者不得志而去;吕(祖谦)记严(粲)缉以为民适异国,不得其所之诗。"据此,诗中的主人公为贤者、流民。然而这两种说法与诗的兴象、情调不类,故不可取。郭沫若《中国古代社会研究》说:"黄雀就是瓦雀。这和耗子一样,也就和坐食阶级一样,没有一个国是没有的。痛恨本国的硕鼠逃了出来,逃到外国又遇着有一样的黄鸟。天地间哪里有乐土呢?倦于追求的人,他又想逃回本国了。"郭氏此说是由宋人"流民"说加以改造而成,同样不当。

斯 干

秩秩斯干①,幽幽南山②,
如竹苞矣③,如松茂矣。
兄及弟矣,式相好矣④,无相犹矣⑤。

似续妣祖⑥,筑室百堵⑦,西南其户⑧。
爰居爰处⑨,爰笑爰语。

约之阁阁⑩,椓之橐橐⑪。
风雨攸除⑫,鸟鼠攸去,君子攸芋⑬。

如跂斯翼⑭,如矢斯棘⑮,
如鸟斯革⑯,如翚斯飞⑰。
君子攸跻⑱。

殖殖其庭⑲,有觉其楹⑳。
哙哙其正㉑,哕哕其冥㉒。
君子攸宁。

下莞上簟㉓,乃安斯寝。
乃寝乃兴㉔,乃占我梦。
吉梦维何?维熊维罴,维虺维蛇㉕。

大人占之㉖:
维熊维罴,男子之祥;
维虺维蛇,女子之祥。

乃生男子,载寝之床,
载衣之裳,载弄之璋㉗。
其泣喤喤㉘,朱芾斯皇㉙,室家君王㉚。

乃生女子,载寝之地,
载衣之裼㉛,载弄之瓦㉜。
无非无仪㉝,唯酒食是议,无父母诒罹㉞。

【注释】①秩秩:水清貌。干:涧溪。②幽幽:深远貌。南山:终南山。③如:有。竹苞:丛生之竹。④式:语助词。⑤犹:欺诈。⑥似续:继续,继承。妣祖:祖先。⑦百堵:百间宫室,形容多。⑧西南其户:向南是正门,东西开侧门。因句式所限,省"东"字。⑨爰:于是。⑩约之阁阁:用土筑板墙时,先将筑板捆紧。

201

阁阁:象声词。⑪椓(zhuó):捣筑土墙。橐橐:象声词。⑫攸:所。除:去掉祸患。⑬芋:宇,住所。⑭跂:踮起脚跟,耸立。翼:端正。⑮矢:箭。棘:直而棱角分明。⑯革:翅膀。⑰翚(huī):羽毛华美的山鸡。⑱跻(jī):登堂。⑲殖殖:平正貌。⑳有觉:高大。楹:柱子。㉑哙(kuài)哙:宽敞明亮。正:正堂。㉒哕(huì)哕:熠熠,宽明之貌。冥:侧室。㉓莞(guān):蒲席。簟(diàn):竹席。㉔寝:夜眠。兴:早起。㉕虺(huǐ):一种四脚蛇。㉖大人:指太卜官,掌管占卜事。㉗弄璋:让孩子玩玉璋。㉘喤喤:哭声洪亮。㉙朱芾(fèi):红蔽膝,一种礼服。皇:辉煌。㉚室家:王室,国家。㉛裼(tì):婴儿的褓衣。㉜瓦:纺锤。㉝无非:不要有过失。无仪:无邪。㉞诒:贻,给。罹:忧虑。

【鉴赏】 这是庆贺周宣王宫室落成之诗。

全诗九章。据史书记载,宣王即位之后,办了三件大事:一是安抚流民;二是修复宫室;三是南征北伐。《诗序》说是"宣王考(成)室",大致可信。

首章写宫室的地理环境。这座宫室,背靠深远的终南山,面临清澈的涧溪水。宫室四周还有青翠的竹林和茂盛的苍松。这里环境幽雅,风景宜人。同居宫室的宗族兄弟,要相互亲爱,切莫相互欺诈。只有如此,才能光大王业。

二、三章写宫室落成。为了继承先祖的功业,建有成百的房间,足见规模恢宏。大门为南向,侧门为东西向,门户错落有致。想当初,捆束墙板之声响"阁阁",夯土筑墙之声响"橐橐",一片繁忙景象宛然在目。现在宫室落成,再没有风雨之忧,也没有鸟鼠之患。王室成员有了安身之所,将到这里安居,欢声笑语,其乐融融。

四、五章写宫室的外貌与内形。先写外貌:宫室像巨人一般巍然耸立,屋角像弓箭一般棱角分明,屋檐像大鸟一般奋力振翅,屋顶像锦鸡一般翩翩飞舞。这里一连运用四个比喻,将宫室宏伟气势及其建筑风格描写无遗。宫室的台基很高,这是王室成员登堂之地。再写内形:前厅平平正正,立柱高大粗壮;正寝宽敞明亮,内房深邃宽广。这是王室成员安居的地方。

后四章祝贺周王人丁兴旺。在陈设齐备的寝房里,让周王睡一场好觉,做一场美梦。梦中见到什么?见到熊和罴,见到虺和蛇。请太卜官来占梦,他说:梦见熊和罴,是生儿子的吉兆;梦见虺和蛇,是生女儿的吉兆。

如果生了儿子,就让他睡在床上,给他穿上衣裳,再给他一块玉璋玩。孩子的哭声洪亮,将来长大了,他穿上礼服,做国家的君王。如果生了女儿,就让她睡在地上,给她裹着褓衣,再给她一枚纺锤玩。希望她长大后行为端正,没有过失,操持好酒食等家务,不要让父母担忧。

此诗在艺术上有着独特的风貌。一是它对宫室建筑铺陈描写,气势磅礴,显出宏丽壮观的景象,可视为汉赋铺写宫室的滥觞。二是虚写与实写相结合。前面写地理的形胜、建筑的雄壮,宫室的轩敞是实写,后转入对未来的推想,这是虚写。虚中有实,实中涵虚,合乎情理而又不呆板。这些,使它达到了很高的艺术造诣。

王先谦《诗三家义集疏》:"《鲁说》曰:周德既衰而奢侈,宣王贤而中兴,更为俭宫室。"此说虽未必合乎诗意,但认为是宣王时的诗,还是可信的。方玉润《诗经原始》说:"此诗似卜筑初成,祀祷屋神之词。"诗中只写卜梦,未及"祀祷屋神"之事,故此说不确。

无 羊

谁谓尔无羊?三百维群①。
谁谓尔无牛?九十其犉②。
尔羊来思,其角濈濈③。
尔牛来思,其耳湿湿④。

或降于阿⑤,或饮于池,或寝或讹⑥。
尔牧来思⑦,何蓑何笠⑧,或负其餱⑨。

三十维物⑩,尔牲则具⑪。

尔牧来思,以薪以蒸⑫,以雌以雄。
尔羊来思,矜矜兢兢⑬,不骞不崩⑭。
麾之以肱⑮,毕来既升⑯。

牧人乃梦,众维鱼矣⑰,旐维旟矣⑱。
大人占之⑲;众维鱼矣,实维丰年。
旐维旟矣,室家溱溱⑳。

【注释】①三百:形容多,非实数。维:其。②九十:形容多。犉(chún):大牛。③濈(jí集):聚集貌。④湿(qì)湿:牛耳摇动貌。⑤或:有的。阿:山坡。⑥讹:通"吪"。跳动,走动。⑦牧:牧人。⑧何:荷,背或戴。⑨糇(hóu):干粮。⑩三十:形容多。物:毛色,种类。⑪牲:祭祀用的牲畜。具:齐备。⑫薪:粗草。蒸:细草。⑬矜矜:众多。兢兢:竞相奔逐。⑭骞:指牛羊走失。崩:指牛羊散群。⑮麾:挥。肱(gōng):手臂。⑯毕:全部。升:指进入羊圈、牛圈。⑰众:通"螽"。蝗虫。维:和。⑱旐:龟旗。旟:鹰旗。⑲大人:对占卜人的尊称。⑳溱溱:众多。此指人丁兴旺。

【鉴赏】这是歌咏牧主牛羊蕃盛之诗。

全诗四章。诗中有两种人物:一是"尔"(指代牧主);二是牧、牧人。"尔"与"牧""牧人"为主仆关系。明乎此,对断定此诗的主旨至关重要。

首章写牧主牛羊众多。诗以问答开端,起势飘忽。谁说你没有羊?你的羊群众多;谁说你没有牛,你的大牛众多。请看,你的羊来了,它们的头角聚在一起;你的牛来了,它们的耳朵轻轻摆动。这几句描写牛羊的情态,生动而逼真。

中二章写放牧的情景。这是一个辽阔的牧场,有山坡,有水塘。这里青草丰茂,水源充足,确是放牧的好地方。那漫山遍野的牛羊,有的从山坡走了下来,有的在池塘边低头饮水,有的还在睡觉,有的正跳动嬉戏。这时,牧人走来了,他穿着蓑衣、戴着斗笠,背着干粮。牧主的牛羊各种各样,品种齐备,足够祭祀及别的需要了。牧人的放牧技术的确高超。他懂得将草料粗细搭配,并注意区别牛羊的性别,以便适时交配繁殖。在牧人精心管理和调驯下,众多的牛羊都很健壮,它们奔逐竞走,也不会走失,也不会离群。那牧人一挥手臂,牛羊都顺从地回到圈牢之中。这幅放牧的景象生动活泼,充满了生活情趣。

末章写牧人的梦境。牧人于是做了一个梦,他梦见了蝗和鱼,梦见了龟旗和鹰旗。占卜的人解释说:梦见了蝗和鱼,这是丰年的先兆。梦见了龟旗和鹰旗,这是家庭兴旺的先兆。此章表现了古代人民淳朴的习俗和对美好生活的向往。

《诗序》说是"宣王考牧"。此说牵强附会,不可据信。诗中的"尔"绝不是指"宣王"。宣王之时,外有狎狁之患,内有诸侯之争,他岂能具体管到放牧牛羊的事呢?若谓宣王重视畜牧,致使牛羊蕃盛,这也只是题外之义。

节南山

节彼南山①,维石岩岩②。
赫赫师尹③,民具尔瞻④。
忧心如惔⑤,不敢戏谈⑥。
国既卒斩⑦,何用不监⑧?

节彼南山,有实其猗⑨。
赫赫师尹,不平谓何?
天方荐瘥⑩,丧乱弘多⑪。
民言无嘉⑫,憯莫惩嗟⑬。

尹氏大师,维周之氐⑭。
秉国之均⑮,四方是维⑯。
天子是毗⑰,俾民不迷⑱。
不吊昊天⑲,不宜空我师⑳。

弗躬弗亲,庶民弗信。
弗问弗仕㉑,勿罔君子㉒。
式夷式已㉓,无小人殆㉔。
琐琐姻亚㉕,则无膴仕㉖。

昊天不傭㉗,降此鞠讻㉘。
昊天不惠㉙,降此大戾㉚。
君子如届㉛,俾民心阕㉜。
君子如夷,恶怒是违㉝。

不吊昊天,乱靡有定。
式月斯生㉞,俾民不宁。
忧心如酲㉟,谁秉国成㊱?
不自为政,卒劳百姓。

驾彼四牡,四牡项领㊲。
我瞻四方,蹙蹙靡所骋㊳。

方茂尔恶㊴,相尔矛矣㊵。
既夷既怿㊶,如相酬矣㊷。

昊天不平,我王不宁。
不惩其心,覆怨其正㊸。

家父作诵㊹,以究王讻㊺。
式讹尔心㊻,以畜万邦㊼。

【注释】①节:高峻貌。南山:终南山。②岩岩:山石堆积貌。③师尹:指太师尹氏。④具:俱。瞻:看。⑤惔(tán):火烧。⑥戏谈:放言议论。⑦卒:完全。斩:断绝。⑧何用:何以,为何。监:察。⑨有实:实实,广大。猗:通"阿"。山坡。⑩荐:屡次。瘥:灾难。⑪弘多:很多。⑫民言:指民众的议论。无嘉:不好。⑬憯

(cǎn):乃,竟。**惩**:儆戒。**嗟**:语助词。⑭**氐**:根本,基石。⑮**秉**:掌握。**均**:陶钧,国家大权。⑯**维**:维持,维系。⑰**毗**(pí):辅佐。⑱**俾**:使。⑲**不吊**:不淑,不体恤。**昊**(hào)**天**:老天,上天。⑳**空**:穷,困乏。**师**:众民。㉑**问**:咨询。**仕**:任用。㉒**勿**:不要。**罔**:欺罔,蒙骗。㉓**夷**:平,消除。**已**:制止。㉔**殆**:亲近。㉕**琐琐**:卑微,凡庸貌。**姻亚**:亲戚之属。㉖**膴仕**:高官厚爵。㉗**傭**:公正,均平。㉘**鞠讻**:极大的祸乱。㉙**惠**:爱护,关怀。㉚**戾**:灾难。㉛**届**:到、临,指主持政事。㉜**俾**:使。**阕**:平息。㉝**违**:清除。㉞**式月斯生**:指祸乱每月而发生。㉟**酲**(chéng):酒醉致病。㊱**国成**:国政。㊲**项领**:颈脖肥大,形容健壮。㊳**蹙**(cù)**蹙**:局缩,难以舒展。**靡所骋**:无可驰骋之地。㊴**茂尔恶**:当你怨恶正盛时。尔,指尹氏之流。㊵**相尔矛**:目视着你的兵器,指以戈矛相加。㊶**夷**:指心气平和。**怿**:和悦。㊷**酬**:同"酬"。互劝饮酒。㊸**覆**:反而。**正**:纠正。㊹**家父**:诗人名。又作嘉父、嘉甫。**作诵**:作诗。㊺**讻**:凶德。㊻**讻**:感化,改变。㊼**畜**:养育。**万邦**:天下。

【鉴赏】这是讽刺周幽王重用奸佞尹氏之诗。

全诗十章。周幽王是一个昏君,他极端重用太师尹氏。太师的地位崇高,其职责是辅佐国君,论道经邦,调理天下。然而这个师尹却高高在上,作威作福,信任小人,排斥贤臣。由于他为政不公,处理不当,致使朝政动荡,国家濒于危亡的边缘。

首二章写尹氏造成的灾祸。一章说:高峻的南山,其石磊磊。诗以此兴比显赫的师尹地位崇高。这个显赫的师尹,百姓都在看着你。由于尹氏采用高压政策,百姓忧心如焚,不敢放言谈论。国家的命运已经完全断绝,为何还不监察呢?二章说:高峻的南山,其坡广大。诗以此兴比师尹为政不平。上天正屡次降下灾难,死丧祸乱既大且多。百姓对师尹没有好话,然而竟没有谁制止他。

次三章写师尹的种种恶行。尹氏太师是国家的基石。他执掌国家大权,四方靠他维系,天子靠他辅佐,百姓靠他指引。然而这个师尹不但不履行自己的职责,反而倒行逆施,结果导致天怒人怨。那不好的上天,不该使我们这些百姓穷困。这个师尹不亲理国政,如此百姓就不会相信他。他既不询问君子,也不任用君子,这可不是欺骗君子。对这种局面,应该消除,应该制止,千万不要亲近小人。你那些平庸无能的裙带亲属,不要再委以高官厚爵。由于尹氏排斥贤臣,任用小人,从而给国家造成极大的祸患。上天不均平,降此大灾难;上天不怜悯,降此大祸患。君子如果亲

207

自理政,就会使百姓的怒气平息;君子如果心平气和,就可消除百姓的憎恶与愤怒。

下二章写诗人走投无路。不好的上天,致使天下祸乱不止。而且这种祸乱每月都在发生,使百姓不得安宁。为此诗人的忧心如同酒醉,这是谁在执掌国柄?自己不亲理政事,终使百姓劳苦。诗人驾着四匹肥壮的公马,想要远走高飞,脱离这动乱纷扰的世道。然而他极目望去,四方都一样动乱,没有可去的地方,这怎不悲哀。

八、九章写师尹性情无常。当你怨恶正盛的时候,你就看着你的矛了;当你高兴的时候,就像宾主相互劝酒一样和气。上天不公平,致使我王不安宁。这个师尹还不警戒自己的心,反而怨恨别人对他的纠正。

末章写作诗之由。周大夫家父作这首诗,是为了追究周王的凶德,借以改变周王的心肠,从而治理好天下。在诗末自注姓名,表现了诗人光昭日月的志向和无所畏惧的批判精神。

王先谦《诗三家义集疏》:"《齐说》曰:周室之衰,其卿大夫缓于谊而急于利,亡推让之风,而有争田之讼,故诗人疾而刺之。"通观全诗,根本看不到争田兴讼的影子,故此说在后世没有市场。

正 月

正月繁霜①,我心忧伤。
民之讹言②,亦孔之将③。
念我独兮,忧心京京④。

哀我小心⑤,瘟忧以痒⑥。

父母生我,胡俾我瘉⑦。
不自我先,不自我后。
好言自口,莠言自口⑧。
忧心愈愈⑨,是以有侮⑩。

忧心惸惸⑪,念我无禄⑫。
民之无辜,并其臣仆⑬。
哀我人斯,于何从禄⑭?
瞻乌爰止⑮,于谁之屋?

瞻彼中林,侯薪侯蒸⑯。
民今方殆,视天梦梦⑰。
既克有定⑱,靡人弗胜。
有皇上帝⑲,伊谁云憎⑳?

谓山盖卑㉑,为冈为陵。
民之讹言,宁莫之惩㉒!
召彼故老㉓,讯之占梦㉔。
具曰予圣㉕,谁知乌之雌雄?

谓天盖高㉖,不敢不局㉗。
谓地盖厚㉘,不敢不蹐㉙。
维号斯言㉚,有伦有脊㉛。
哀今之人,胡为虺蜴㉜!

瞻彼阪田,有菀其特㉝。
天之扤我㉞,如不我克㉟。
彼求我则㊱,如不我得。

209

执我仇仇㊲,亦不我力㊳。

心之忧矣,如或结之㊴。
今兹之正㊵,胡然厉矣㊶!
燎之方扬㊷,宁或灭之㊸?
赫赫宗周㊹,褒姒威之㊺。

终其永怀㊻,又窘阴雨。
其车既载,乃弃尔辅㊼。
载输尔载㊽,将伯助予㊾。

无弃尔辅,员于尔辐㊿,
屡顾尔仆,不输尔载。
终逾绝险㊀,曾是不意㊁!

鱼在于沼,亦匪克乐㊂。
潜虽伏矣,亦孔之炤㊃。
忧心惨惨,念国之为虐。

彼有旨酒,又有嘉殽。
洽比其邻㊄,昏姻孔云㊅。
念我独兮,忧心愈愈㊆。

佌佌彼有屋㊇,蓫蓫方有谷㊈。
民今之无禄,天夭是椓㊉。
哿矣富人㊊,哀此惸独㊋。

【注释】①正月:正阳之月,指夏历四月。②讹言:谣言。③孔:很。将:盛。④京京:深重貌。⑤小心:指忧思细密而缠绵。⑥瘐(shǔ)忧:深忧。瘏:病。⑦俾:使。瘉(yǔ):病痛。⑧莠(yǒu):坏话。⑨愈愈:忧惧貌。⑩是以:所以。有侮:受欺侮。⑪惸惸(qióng):忧苦貌。⑫无禄:不幸。⑬并:皆。臣仆:奴隶。

⑭从禄：得到幸福。⑮乌：大赤乌。爰止：落在何处。⑯侯：语助词。薪、蒸：柴草之类。⑰梦梦：暗昧不明。⑱克：能够。有定：安定人间。⑲有皇：皇皇，伟大。上帝：天帝。⑳伊、云：语助词。谁憎：憎谁。㉑盖：通"盍"。何。㉒宁：乃，竟。惩：制止。㉓故老：元老大臣。㉔占梦：掌占梦的官。㉕具：俱。予圣：自以为是，自命为圣贤。㉖盖：见注㉑。㉗局：曲身，弯腰。㉘盖：见注㉑。㉙蹐：轻步，小心地走。㉚斯言：指"谓天盖高"以下四句。㉛有伦有脊：有道理。㉜虺（huǐ）蜴：蜥蜴，见人则畏走逃避。㉝有菀：菀菀，茂盛貌。特：突出之苗。㉞抓（wù）：摧残。㉟如：唯恐。克：制服，压制。㊱彼：指周王。则：语助词。㊲执：握，指使用。仇仇：同"执执"。持物不力，比喻不受重用。㊳不我力：不重用我。㊴结：打结。㊵正：政治。㊶胡然：为何如此。厉：暴虐。㊷燎：山野之火。方扬：正旺盛。㊸宁：乃。或：有。㊹宗周：周王朝为天下所宗，故称宗周。㊺褒姒：周幽王的宠妃，后来立为皇后。威：同"灭"。㊻终：既。永怀：忧思深长。㊼辅：车两旁的厢板。㊽载：语助词。输尔载：掉下所装载之物。㊾将：请求。伯：对人的敬称。㊿员：加固。辐：车轴。(51)逾：顺利越过。绝险：十分危险的关隘。(52)曾：岂可。不意：不以为意。(53)匪：非，不。克：能。(54)孔：很。炤（zhāo）：明。(55)洽比：协和，亲近。(56)昏姻：指有亲戚关系的人。孔云：往来周旋，关系密切。(57)慇慇：痛心之状。(58)佌佌（cǐ）：卑琐渺小貌。(59)蔌蔌（sù）：鄙陋貌。(60)夭夭：天上的妖魔，指统治贵族。椓（zhuó）：打击，摧残剥削。(61)哿（kě）：快活、享乐。(62)惸独：孤独无助。

【鉴赏】这是周大夫忧时哀民之诗。

全诗十三章。周幽王是一个昏君。他的罪过主要有两条：一是重用奸佞，二是宠爱褒姒。结果导致政局动荡，国家濒于灭亡。这就是此诗产生的时代背景。

首二章写生不逢时。时值夏历四月，突然下了大霜，这是不祥之兆。当时政治混乱，加上天时不正，使得民间谣言四起。为此诗人深感孤独，忧心忡忡，以至因忧而病。他埋怨道：父母既然生我，为何使我如此痛苦？祸乱之来不早不晚恰好让自己碰上。好话出自口，坏话也出自口。这种反复无常的议论，深深地刺痛了他的心。他被侮弄，因而怀有忧生惧祸之心。这两章给全诗罩上了忧伤的色调。

三至七章写忧国忧民。三章言国之将亡。诗人的忧伤愈益深重，想到自己太没福气。那无罪的百姓，也都将要沦为奴仆。可怜我们这些人，能从哪里得到幸福。传说周朝将兴之时，有一只"大赤乌"口衔谷种降临在周王宫室之上。如今看那大赤乌,还不知落在谁的屋上,可见周朝就要灭亡。四章言朝中无贤。看那林中,只有柴薪,没有大树,隐喻朝中只有奸佞,没有贤臣。百姓将要遭难,上天却昏暗不明。其实上天并非如此,只要天意有定,无论什么人都可以胜过。伟大的上帝,你究竟憎恨谁? 这仍是在追究朝政。五章言是非颠倒。有人说山何以如此低,其实它并不低,仍是高冈,仍是大陵。可见当时讹言纷纷,是非混淆。因此朝中召来元老及占梦之官。可是

他们各执一说,自以为是,然而,谁又知道乌鸦是雌是雄,哪个又能辨别谁是谁非。六章言处境艰难。天虽说很高,但百姓不敢不低头弯腰;地虽说很厚,但百姓不敢不轻轻行走。百姓呼号着这样的话语,是有道理的。可怜现在的百姓,为何都成了胆小的蜥蜴,这是因为社会环境太险恶,百姓不得不小心翼翼。七章言不受重用。看那贫瘠的田地中,长有一株特出的禾苗。诗以此比喻自己是个突出的人才。而上天有意要摧残我,唯恐不能把我制服。当天子求我之时唯恐得不到我,可是得到之后,也只是随便对待我,根本就不重用自己。

八至十章斥责时政。八章言亡国之因。诗人的忧伤,好像打了绳结一般,难以消释。今天的政治为何越来越坏? 其中必有原因。熊熊的大火,竟可能被水浇灭;兴盛的周朝,竟可能被褒姒灭亡。国势如此危殆,原来是褒姒干政所致。九、十章言补救之方。诗人既已长久地忧伤,又遭受无数的灾难。但他依然关心朝政,为国分忧,出谋划策。他把周朝比作一辆车子。这辆车子已装载了物品,却把车子的夹板扔掉,那么所载的物品就会坠落下来。等到那时才请人帮忙,那就未免太晚了。于是诗人规劝道:不要抛弃你的车板(比喻贤臣),要加固你的车轴(比喻国家的基础),还要经常照顾你的车夫(比喻人民),不要让车上的物品失落。如果能够这样,那么最危险的关隘也能顺利通过。然而当权者对此仍不肯留意。

十一章写畏惧遭祸。此章以鱼自比。鱼虽潜在水池之中,但仍不快

乐。鱼虽潜伏,但依然鲜明可见。想到国家虐政太多,不禁惶恐不安,忧心如焚。

末二章写贫富不均。那些卑微的小人,他们有美酒佳肴,与亲朋欢聚在一起。而自己却如此孤独,如此忧愁深重。那些猥琐卑劣的小人,他有华丽的房屋,有大批的粮食。而百姓却忍饥挨饿,受到贵族统治者盘剥。富人是多么快乐,而孤独无依的百姓是多么可怜。富人在享福,穷人在遭罪,这就是当时社会广泛存在的不平现象。

此诗作于何时,存在不同看法。《诗序》说是"刺幽王",认为此诗作于西周末年幽王时。朱熹《诗集传》认为"东迁以后"之诗。分歧的产生主要是对诗中"赫赫宗周,褒姒威之"两句理解不同所致。有人认为它只是一种预言,有人则认为它是西周灭亡后的语气。姚际恒《诗经通论》说:"不知此诗刺时也,非感旧也。若褒姒已往,镐京已亡,言之亦复何益?与前后文意皆不类矣。"此言有理,故可依从。

十月之交

十月之交①,朔日辛卯②。
日有食之,亦孔之丑③。
彼月而微④,此日而微⑤。
今此下民,亦孔之哀。

日月告凶⑥,不用其行。
四国无政⑦,不用其良。
彼月而食,则维其常⑧。
此日而食,于何不臧⑨!

烨烨震电⑩,不宁不令⑪。
百川沸腾,山冢崒崩⑫。
高岸为谷,深谷为陵。
哀今之人,胡憯莫惩⑬!

皇父卿士⑭,番维司徒⑮,
家伯维宰⑯,仲允膳夫⑰,
棸子内史⑱,蹶维趣马⑲,
楀维师氏⑳,艳妻煽方处㉑。

抑此皇父,岂曰不时㉒。
胡为我作㉓,不即我谋㉔?
彻我墙屋㉕,田卒污莱㉖。
曰予不戕㉗,礼则然矣。

皇父孔圣㉘,作都于向㉙。
择三有事㉚,亶侯多藏㉛。
不慭遗一老㉜,俾守我王㉝。
择有车马,以居徂向㉞。

黾勉从事㉟,不敢告劳。
无罪无辜,谗口嚣嚣㊱。
下民之孽,匪降自天。
噂沓背憎㊲,职竞由人㊳。

悠悠我里㊴,亦孔之痗㊵。
四方有羡㊶,我独居忧。
民莫不逸,我独不敢休。
天命不彻㊷,我不敢效我友自逸㊸。

【注释】①十月之交:刚进入十月。②朔日:初一日。辛卯:辛卯日,正是十月初一。③孔:很。丑:恶,不祥。④月微:月昏暗无光,指月食。⑤日微:即日食。⑥告凶:显示不祥之凶兆。⑦无政:政治昏暗而混乱。⑧常:常事,不足为怪。⑨不臧:不善,不吉利。⑩烨(yè)烨:闪电发光貌。⑪不宁:不安。不令:不善。⑫山冢(zhǒng):山顶。崒(cuì)崩:崩裂,崩塌。⑬胡憯(cǎn):怎么。憯:警戒。

214

⑭皇父：人名。卿士：周官名，掌朝政。⑮番：姓氏，人名。司徒：周官名，掌天下土地及人民。⑯家伯：人名。宰：周官名，掌王室日常事务。⑰仲允：人名。膳夫：周官名，掌王之饮食。⑱棸(zōu)子：人名。内史：周官名，掌爵禄废置诸事。⑲蹶(guì)：姓氏，人名。趣马：周官名，掌王之马匹。⑳楀(lǔ)：姓氏，人名。师氏：周官名，掌监察。㉑艳妻：指褒姒。煽：得势，炙手可热。方处：并处，同在。㉒时：善。㉓作：指拆房搬家。㉔即：就。谋：商量。㉕彻：撤，拆毁。㉖卒：完全。污：指低处积水。莱：荒芜，长了野草。㉗戕：残害。㉘孔圣：很圣明。讽刺语。㉙都：封地内的城邑。向：地名。㉚有事：有司。㉛亶(dǎn)：的确，实在。侯：是。多藏：富有。㉜不慭(yìn)：不肯。遗一老：保留一个老臣。㉝俾：使。守：保卫。㉞以居徂向：即"徂向以居"。徂向：往向地。㉟黾勉：努力。㊱谗口：谗言。嚣嚣：众口喧嚷貌。㊲噂沓：当面投合。背憎：背后憎恨。㊳职：但。竞：皆、并。㊴里：悝，忧思。㊵痗(mèi)：病。㊶羡：指安逸、欢乐。㊷不彻：难知。㊸效：模仿。自逸：贪图享乐。

【鉴赏】这是讽刺群小乱政之诗。

全诗八章。周幽王之世，灾异迭生。幽王二年，镐京一带发生大地震；幽王六年九月，发生了月偏食；幽王六年十月，又发生了举国震惊的日食。古人认为，灾异迭生是上天对周统治者荒淫无道的警告，是周朝将要灭亡的先兆。此诗正是从自然界的灾异入手抨击当时的黑暗政治。

首三章写种种灾异。一、二章言日食、月食。幽王六年十月初一这一天，竟然发生了日食，这是非常丑恶的事情。那月亮有时昏暗不明，现在这太阳也昏暗不明，这正是国君无道的征象。现在的老百姓真是太可怜了。这日月显示凶兆，是它们失其常度的结果。而四方没有善政，正是不用贤良所致。那月食本是常事，而这日食就是不吉祥的事情。三章言地震。幽王二年镐京一带还曾发生过大地震。那时电闪雷鸣，天下不得安宁。洪水暴涨，激浪翻腾，山峰崩裂，高岸下陷为谷地，深谷上升为丘陵。这也是上天在警告世人。然而可叹的是，当今之人怎么还不警戒！

中三章写追究朝政。四章言群小用事。此章一共列举了七位小人：皇父是卿士，相当于后世的宰相；番氏是司徒，为朝廷三公之一；家伯是太宰，主管日常事务；仲允是膳夫，负责周王的饮食；棸子是内史，执掌爵禄废置；蹶氏是趣马，掌管周王的用马；楀氏是师氏，行使监察之职。这七个人虽然职司不同，官位有高下之别，却都因褒姒得宠而并列于朝。他们以

褒姒为中心,结成帮伙,将天下搞得动乱不止。这些人中,危害最大的是皇父。五、六章言皇父之恶。噫,这个皇父!难道会说自己不好?为何使我搬迁,不来跟我商量一下。你拆毁了我的房屋,将我的田地弄得一片荒芜。还说不是你要伤害别人,而是按照礼制就该如此。这个皇父很聪明,他在向地修筑城邑。他选择了三个富翁为卿士,不肯留下一个老成人来保卫我王。然后他选择高车大马,到向地住了下来。当时西戎狁逼近都城,国势危殆,人心惶惶。身为国家重臣的皇父,不是团结国人,抵御外侮,而是在远离都城的向地筑城,作为躲避之所。又将大批富人迁往向地,使得都城空虚,人心浮动,谣言四起。他的这一行动,给王室造成极大的危害。诗人将矛头直指皇父,原因就在于此。

末二章写诗人为国事尽心竭力。他勤勉地工作,不敢诉说辛劳。他本无罪无错,却遭到群小谗毁。下民的灾难,不是从上天降下,而是由那些当面投合背后憎恨的小人所造成。如今四方之人优游逸乐,而他却独自忧伤。人们莫不心情舒畅,而他却不敢休息。即使天命难知,他也不敢仿效朋友贪图安逸。可见诗人确是一位忧国忧民的士大夫。

《郑笺》说:"当为刺厉王。"此说不确。当时随着科学的进步,推算出周幽王六年十月初一的确可以观察到日食。这与此诗首章所载"十月之交,朔月辛卯。日有食之,亦孔之丑"正好吻合。因而谓此诗产生于幽王之世是可信的。

雨无正

浩浩昊天①,不骏其德②。
降丧饥馑,斩伐四国③。

旻天疾威④,弗虑弗图。
舍彼有罪,既伏其辜⑤。
若此无罪,沦胥以铺⑥。

周宗既灭⑦,靡所止戾⑧。
正大夫离居⑨,莫知我勚⑩。
三事大夫⑪,莫肯夙夜⑫。
邦君诸侯,莫肯朝夕。
庶曰式臧⑬,覆出为恶⑭。

如何昊天,辟言不信⑮!
如彼行迈⑯,则靡所臻⑰。
凡百君子,各敬尔身⑱。
胡不相畏,不畏于天!

戎成不退⑲,饥成不遂⑳。
曾我暬御㉑,憯憯日瘁㉒。
凡百君子,莫肯用讯㉓。
听言则答㉔,谮言则退㉕。

哀哉不能言,匪舌是出㉖,维躬是瘁㉗。
哿矣能言㉘,巧言如流,俾躬处休㉙。

维曰于仕㉚,孔棘且殆㉛。
云不可使㉜,得罪于天子。
亦云可使,怨及朋友。

谓尔迁于王都㉝,曰予未有室家㉞。
鼠思泣血㉟,无言不疾㊱。
昔尔出居㊲,谁从作尔室?

【注释】①浩浩：广大貌。昊天：上天。②骏：长久。③斩伐：残害。四国：天下四方。④旻(mín)："昊"之讹。疾威：暴虐。⑤伏：隐藏。辜：罪。⑥沦胥：相继，连带。铺：通"痡"。受迫害，陷于痛苦中。⑦周宗：指镐京。⑧靡所：没有地方。止戾：安居。⑨正大夫：指长官大夫。离居：离开镐京，居住外地。⑩勩(yì)：劳苦。⑪三事：三公，居高官者。⑫夙夜：早晚。⑬庶：庶几，有幸。臧：行善，从善。⑭覆：反而。⑮辟言：合乎法度之善言。⑯行迈：走路。⑰靡所臻：毫无目的。⑱各敬尔身：各自保全其身，即明哲保身。⑲戎成：敌人侵犯之势已成。⑳饥成：饥荒已形成。不遂：不安宁。㉑暬(xiè)御：侍御，周王的近臣。㉒憯(cǎn)憯：忧貌。瘁：憔悴。㉓用讯：告诫，劝阻。㉔听言：顺从、逢迎的话。答：进用，采纳。㉕谮(zèn)言：谏言，批评劝阻的话。㉖出：通"疷"。指生病。㉗躬：自身。㉘哿(gě)：快乐。㉙俾：使。休：福。㉚仕：出仕当官。㉛孔棘：很紧急。殆：危险。㉜使：顺从，听从。㉝尔：指离居之正大夫。王都：指镐京。㉞室家：住室、房舍。㉟鼠思：忧思。泣血：泪尽继以血。㊱疾：怨恨。㊲出居：即离开镐京，到外地居住。

【鉴赏】这是讽刺幽王及同僚自私误国之诗。

全诗七章。首章借怨天以刺王。浩浩广大的上天，不长保他的恩德。他降下死亡饥馑，残害四方诸国。这表面上是怨恨上天，而实际上是讽刺幽王不施德政。上天多么暴虐，可是幽王既不考虑也不谋划。除了有罪者遭到杀戮之外，像这些无罪者也相率遭受荼毒。二至四章痛斥诸臣逃避、自全。镐京即将破灭，没有地方可以安身。长官大人为了避祸而离开镐京，没有谁知道我的劳苦。三公大夫不肯早晚尽忠；国君诸侯也不肯朝夕勤政。庶几他们能够行善，不料反而出来作恶。这几句画出了当时朝中分崩离析，各自为谋的混乱局面。无奈老天爷，连善言也不相信。就像走路一样，不知道前往何方。那百官都自保其身。为何互不惧怕，难道不惧怕上天。当时情势危急，战事已成而不罢退，饥馑已成而不消失，时遭多难，人祸天灾迭生。我作为侍臣，因忧愁而日渐憔悴。那百官不肯进谏，是因为幽王对奉承的话就采纳、对批评的话就拒绝之故。五、六章诉做官之难。可悲啊不能讲话的人，不是舌头生病，而是讲了真话只害己身；可喜啊能讲话的人，花言巧语如水流转，从而使他飞黄腾达。至于说做官，真是困难重重而且危险。说此事使不得，就会得罪天子；说此事使得，就会怨及朋友。末章望离居诸臣迁回王都。诗人劝诸臣迁回王都，然而他们却借口没有房子。为此,诗人忧思万状,泪尽继之以血。诗人气愤地质问道:"当初你们迁出王都,谁随你们去造住房?"

关于此诗的背景,另有两种说法。《郑笺》说:"亦当为刺厉王。"从诗的内容来看,此诗与《十月之交》当同作于幽王之世,郑氏此说不为后世所赞成。陈启源《毛诗稽古编》说:"朱子因'周宗既灭'一语疑《雨无正》为东迁后诗。……幽王昏乱,诸侯不朝,天下无复有宗周,谓之既灭亦宜。"陈氏此言得理,故可依从。本诗题为"雨无正",含义是什么?诸家说解各异。《诗序》说:"雨自上下者也。众多如雨,而非所以为政也。"此属强解,实迂曲难通。其他诸家也不得确解。刘安世说:"尝读《韩诗》,有'雨无极'篇。……至其诗文,则比《毛诗》篇首多'雨无其极,伤我稼穑'八字"。(朱熹《诗集传》引)刘氏所见《韩诗》比此篇多出两句,与二章句数不类,其为伪增,自不待言。但《韩诗》篇名为"雨无极"则是可信的。"极"与"止"义通,而"止"与"正"形近而致误。据此,《毛诗》篇名当为"雨无止"。"雨无止"即淫雨。诗以此喻幽王朝政混乱,群小当道,贤臣废替,甚为贴切。这与《邶风·北风》以"雨雪其霏"喻卫国暴政手法正同。

小　弁

弁彼鸒斯[①],归飞提提[②]。
民莫不穀[③],我独于罹[④]。
何辜于天[⑤],我罪伊何?
心之忧矣,云如之何!

踧踧周道⑥,鞠为茂草⑦。
我心忧伤,怒焉如捣⑧。
假寐永叹⑨,维忧用老⑩。
心之忧矣,疢如疾首⑪!

维桑与梓⑫,必恭敬止。
靡瞻匪父⑬,靡依匪母。
不属于毛⑭,不离于里⑮?
天之生我,我辰安在⑯?

菀彼柳斯⑰,鸣蜩嘒嘒⑱。
有漼者渊⑲,萑苇淠淠⑳。
譬彼舟流,不知所届㉑。
心之忧矣,不遑假寐!

鹿斯之奔㉒,维足伎伎㉓。
雉之朝雊㉔,尚求其雌。
譬彼坏木㉕,疾用无枝㉖。
心之忧矣,宁莫之知!

相彼投兔㉗,尚或先之㉘。
行有死人㉙,尚或墐之㉚。
君子秉心,维其忍之㉛!
心之忧矣,涕既陨之!

君子信谗,如或酬之㉜。
君子不惠,不舒究之㉝。
伐木掎矣㉞,析薪扡矣㉟。
舍彼有罪,予之佗矣㊱!

莫高匪山,莫浚匪泉㊲。
君子无易由言㊳,耳属于垣㊴。
无逝我梁㊶,无发我笱㊶。
我躬不阅㊷,遑恤我后㊸!

【注释】①弁(pán):喜乐。鸒(yù):乌鸦。②提(shí)提:悠闲貌。③榖:善,美好。④罹:遭遇忧患。⑤何辜:有何罪。⑥踧(dí)踧:平坦。⑦鞠(jú):尽是,满是。⑧怒(nì)焉:忧思之貌。搗:敲打。⑨假寐:不脱衣冠而睡。⑩用老:因此而衰老。⑪疢(chèn):发烧。疾首:头痛。⑫桑、梓:家宅傍常种的两种树。⑬靡……匪……:否定之否定,表示肯定。瞻:敬仰。⑭属:连接。毛:外在之形体。⑮离:附丽,依附。里:内在的气血。⑯辰:时辰,命运。⑰菀(yù):茂盛貌。⑱嘒嘒:蝉鸣声。⑲有漼:漼漼,水深貌。⑳萑(huán)苇:芦苇。渼(pèi)渼:繁茂貌。㉑届:至。㉒奔:觅群,求偶。㉓伎(qí)伎:缓行貌。㉔雊(gòu):野鸡叫。㉕坏木:一作"瘣木",有瘿瘤的树。㉖用:因。㉗相:视。投兔:投网之兔。㉘尚:犹。先之:放开网。㉙行:道路。㉚墐(jǐn):掩葬。㉛其:何其。忍:狠心。㉜酬:敬酒。㉝舒究:仔细考察,研究。㉞掎:以绳索拉住树身或树梢。㉟析薪:劈柴。扡(chǐ):顺着纹理。㊱予之佗:强加于别人。㊲浚:深。㊳无易由言:不要轻易发言。㊴耳属于垣:将耳贴在墙上偷听。㊵逝:往。梁:拦鱼的坝。㊶发:打开。笱:鱼篓。㊷阅:为人所容。㊸遑:何。恤:忧虑、顾及。

【鉴赏】 这是弃妇之诗。

全诗八章。关于此诗的主题,有以下几种说法:一是讽刺幽王宠褒姒逐太子宜臼;二是讽刺宣王之臣尹吉甫虐待儿子伯奇;三是讽刺父亲放逐儿子。但从诗的内容来看,当是一首弃妇之诗。

首二章写弃妇忧伤之情。那归飞的小鸟比翼而翔,诗以此反兴自己被弃孤独无依。看到别人的家室都和睦美好,唯独自己遭到不幸,她仰首问天:"何事得罪于天?我有何罪过?"这说明她是无故被弃,因而内心无比忧伤。那平坦的道路上长满茂草,诗以此比喻夫妻间的正常情感遭到破坏。面对这种变故,她心中不宁,坐卧不安,因忧愁而显得憔悴衰老,烦闷得连头都疼。

三、四章写弃妇眷念父母。桑树与梓树为父母所栽,尚且必加恭敬。

况父母至尊至亲,岂不瞻仰,岂不依仗。可如今父母不在身边,既不著于父亲之皮肉,也不附于母亲之血气。老天生下我,我的命运究竟在哪里?看到郁葱的柳树枝上蝉儿在嘒嘒地叫着,看到渊泓的深潭边芦苇茂盛地长着,这更增添了她的思家之情。现在她的命运就像一只随波漂流的小船,不知将要流往何方。她因忧伤连和衣假寐也睡不着,可见她思亲是何等殷切。

五、六章写弃妇斥夫薄情。原野上那野鹿为了求偶在缓缓地走着,清晨田野上那野鸡为了求偶也在咯咯地叫着。再看看自己就像一棵病树枝叶枯萎。自己的忧伤难道丈夫真的不知道吗?人都有恻隐之心,对于投网之兔、路毙之人都有人同情,为何对自己却如此狠心!

末二章写弃妇被弃之因。家庭破裂是因为丈夫听信谗言,而又不加深究,因而错怪了自己。没有高的不是山,没有深的不是泉。诗以此比喻人心之险犹如山川。因此,君子不要轻易发言,因为耳朵就贴在墙的外边。那偷听者必然会迎合其心意,并从中挑拨离间。最后她决绝地说道:不要到我的鱼梁上去,不要动我的捕鱼篓。自己现在尚且不见容,怎能顾及身后之事呢?

《诗序》说:"刺幽王。"幽王宠褒姒逐太子宜臼,因而宜臼自作或其师傅代作。《鲁诗》说:"伯奇仁人,而父虐之,故作《小弁》之诗。"程俊英《诗经译注》说:"这是一首被父亲放逐的人抒发心中哀怨的诗。"这三种说法均与诗意难合。诗言"维桑与梓,必恭敬止"。桑梓是平民园宅所种,怎能代表帝王之宫?见桑梓而思父母,完全是普通百姓的心态,不能移用于宜臼、伯奇身上。诗言"假寐永叹""不遑假寐",这分明是家居的语气,如果流浪草野,随地坐卧,绝不是这种写法。诗言"雉之朝雊,尚求其雄",显然不可施于父母子女之间。末章"无逝我梁,无发我笱。我躬不阅,遑恤我后"四句在《邶风·谷风》这首弃妇诗中也出现过,可见二诗主旨应该相同。

巷 伯

萋兮斐兮[①],成是贝锦[②]。
彼谮人者[③],亦已大甚[④]。

哆兮侈兮⑤,成是南箕⑥。
彼谮人者,谁适与谋⑦?

缉缉翩翩⑧,谋欲谮人。
慎尔言也,谓尔不信。

捷捷幡幡⑨,谋欲谮言。
岂不尔受⑩?既其女迁⑪。

骄人好好⑫,劳人草草⑬。
苍天苍天,视彼骄人,
矜此劳人⑭。

彼谮人者,谁适与谋?
取彼谮人,投畀豺虎⑮。
豺虎不食,投畀有北⑯。
有北不受,投畀有昊⑰。

杨园之道⑱,猗于亩丘⑲。
寺人孟子⑳,作为此诗。
凡百君子,敬而听之㉑。

【注释】①萋、斐(fēi):文采相错貌。②贝锦:五彩如贝纹的锦缎。③谮(zèn):诬陷,中伤。④大甚:太过分。⑤哆(chǐ):张嘴。侈:大。⑥南箕:星名。共四星,排列如簸箕。⑦适:助词。犹"是"。⑧缉缉:附耳私语貌。翩翩:往来貌。⑨捷捷:能言善辩貌。幡(fān)幡:反复貌。⑩尔受:受尔,相信你。⑪既:既而。女迁:迁女,祸及于你。⑫骄人:指进谗言者。好好:志得意满貌。⑬劳人:指被谗者。草草:忧愁貌。⑭矜(jīn):怜悯,同情。⑮畀(bì):给予。⑯有北:北极不毛之地。⑰有昊:上天。⑱杨园:园名。低地。⑲猗:紧靠。亩丘:丘名。高地。⑳寺人:官内侍御小臣。孟子:其名。㉑敬:儆戒。

【鉴赏】这是寺人孟子遭谗抒愤之诗。

223

全诗七章。首二章写进谗言者的卑鄙伎俩。大凡进谗言者的伎俩不外编造、夸大两端。花纹交错,就能织成一段美锦;把口张大,就能组成天上的南箕星。这两个比喻非常奇妙。前者比喻小人编造谗言,以假乱真;后者比喻小人搬弄口舌,夸大其词。诗接着说:那进谗言者也太过分了,他们与谁合谋呢?这里对进谗言者直接加以斥责,表现了诗人愤慨的情绪。三、四章写进谗言者的卑劣行为。这些小人来来往往,附耳私语,想阴谋诬陷别人;这些小人反反复复,叽叽喳喳,想阴谋

编造假话。诗人警告道:还是谨慎些吧,人们不会相信你们的。也许会暂时相信你们,但最终祸害会落到你们头上。五、六章写进谗言者应当严惩。进谗言者志得意满,而被谗者则忧愁憔悴。如此对比,发人深思。诗人连呼苍天:看看那些进谗言者的骄态吧,同情这些遭谗者吧!对那些进谗言者应当严惩。把他们投给豺虎,豺虎也不肯吃;把他们投给北极不毛之地,北极不毛之地也不肯收留;那么就把他们投给老天严惩吧!末章写作诗之由。杨园之路,加于亩丘。诗以此兴比贱者之言也有补于君子。于是寺人孟子写了这首诗。旨在儆戒君子不要听信谗言而误伤好人。

此诗篇名"巷伯"也非截取诗中词、句。"巷伯"何指?历来说法不一。《诗序》:"寺人伤于谗,故作是诗也。"《诗序》未及"巷伯"。《郑笺》:"巷伯,奄官。寺人,内小臣也。……谗人潛寺人,寺人又伤其将及巷伯,故以名篇。"郑氏将"寺人"、"巷伯"视作两人。其实"巷伯"就是宫中的内侍,也就是"寺人孟子"。朱熹《诗集传》:"巷,是宫内道名,秦汉所谓永巷是也。伯,长也,主宫内道官之长,即寺人也,故以名篇。"高亨《诗经今注》:"巷伯是孟子的官名,所以篇名巷伯。"其说可从。

大 东

有饛簋飧①,有捄棘匕②。
周道如砥③,其直如矢。
君子所履④,小人所视⑤。
睠言顾之⑥,潸焉出涕⑦。

小东大东⑧,杼柚其空⑨。
纠纠葛屦⑩,可以履霜⑪?
佻佻公子⑫,行彼周行⑬。
既往既来⑭,使我心疚⑮。

有冽氿泉⑯,无浸获薪⑰。
契契寤叹⑱,哀我惮人⑲。
薪是获薪⑳,尚可载也。
哀我惮人,亦可息也。

东人之子,职劳不来㉑。
西人之子㉒,粲粲衣服。
舟人之子㉓,熊罴是裘㉔。
私人之子㉕,百僚是试㉖。

或以其酒,不以其浆㉗。
鞙鞙佩璲㉘,不以其长㉙。
维天有汉㉚,监亦有光㉛。
跂彼织女㉜,终日七襄㉝。

虽则七襄,不成报章㉞。
睆彼牵牛㉟,不以服箱㊱。

东有启明[37]，西有长庚[38]。
有捄天毕[39]，载施之行[40]。

维南有箕[41]，不可以簸扬[42]。
维北有斗[43]，不可以挹酒浆[44]。
维南有箕，载翕其舌[45]。
维北有斗，西柄之揭[46]。

【注释】①有饛(méng)：装满食物貌。簋：(guǐ)食器。飧(sūn)：熟食。②有捄(qiú)：长而曲貌。匕：匙、勺之类。③砥：磨刀石。④君子：指周之官员。履：行走。⑤小人：指东国的平民。⑥睠：眷恋。⑦潸：流泪貌。⑧大东：远处的东方诸侯国。小东：较近的东方诸侯国。⑨杼柚：梭子及转轴，代指织布机。⑩纠纠：交织貌。屦：(jù)草鞋。⑪可以：何以，岂可。⑫佻佻：轻薄、安逸貌。⑬周行：即周道。⑭既：复。⑮疚：忧伤。⑯有冽：寒冷。氿(guǐ)：侧出的泉水。⑰获薪：已砍的薪柴。⑱契契：忧苦貌。寤叹：难以入眠而叹。⑲惮：通“瘅”。劳苦疲病。⑳薪：砍伐取木。是：此，这。㉑职：只。劳：服劳役。来：通“勑”。慰问。㉒西人：指周人。㉓舟人：即周人。㉔熊罴是裘：猎取熊罴。㉕私人：指东人而沦为周人之奴仆者。㉖百僚：各种差役。试：充当。㉗浆：汤水，薄酒。㉘鞙(juān)鞙：佩玉绶带美而长貌。璲：端玉。㉙长：长佩。㉚汉：天河。㉛监：镜子。㉜跂：踮起脚。㉝终日：由旦至暮。七襄：多次更动位置。㉞报章：经纬交织，指布帛。㉟睆(huǎn)：明亮貌。㊱服箱：驾车载物。㊲启明：金星，日出前在东，称启明星。㊳长庚：日落后金星在西，称长庚星。㊴天毕：毕星，由八颗星宿组成，状若长柄猎网。㊵载：则。施(yí)：斜行。㊶箕：箕星星座，形似簸箕。㊷簸扬：扬米以除糠。㊸斗：北斗星座，形似斗勺。㊹挹(yì)：以勺舀酒。㊺翕(xì)：向内缩，若用力吸取。㊻揭：高举。西柄高举，若将取于东。

【鉴赏】这是东人怨刺周室之诗。

全诗七章。此诗构思巧妙，想象瑰丽。前四章重在写事，是实写；后三章重在抒情，是虚写。实写与虚写交互生辉，浑然一体。吴闿生《会通》说它“文情俶诡奇幻，不可方物，在风雅中为别调。……实三代上之奇文也。”这一评语甚为恰当。

首二章写东人遭受经济剥削。这满盘满盘的熟食，被枣木匙勺舀取

干净。这意味着东人的粮食全部被人吞食。那周道平坦而笔直,东人的粮食就是通过它源源不断地运往周朝。西人在大道上来来往往,而东人只能在一旁注视。东人眷恋地回顾这一切,便不禁潸然泪下。不仅如此,东人的织物也被洗荡一空。那纠结的葛布鞋,怎么能践踏霜雪!而那西方的花花公子仍在周道上跑来跑去,继续运走东人的血汗。这怎不使我的内心感到痛苦与忧伤。

三、四章写东人遭受徭役之苦。寒冷的泉水不要浸泡已被砍断的柴薪。我们这些疲病之人,真是可哀可叹。那些被砍断的柴薪还用车子装运回去,我们这些疲病之人,也应该休息休息。东人整天劳累不堪,但从来无人慰问;西方的公子身着鲜艳的服装,却无所事事。西方的公子每天以追逐野兽而取乐,而东方的小民则要充当各种差役。这两章通过对照描写,显示出东人、西人之间劳逸不均。

五章写东人、西人贫富悬殊。西人每天痛饮美酒,而东人连汤也喝不上;西人身系贵重的瑞玉之佩,而东人连最普通的长佩也没有。诗人想到这里,他仰首望天,只见银河宛若明镜闪着光芒,织女星在空中不断地更动位置。由此,诗人突发奇想,由人间转到天上,生出以下许多光怪陆离的想象。

末二章写众星有名无实。织女星虽周行天际,却不能织布;牵牛星虽明亮,却不能驾车。东有启明星,西有长庚星,还有那弯曲的天网星,在空中排列成行,然而又有何用。南箕星虽形状像簸箕,但不能簸米去糠;北斗星虽形状像斗勺,但不能舀取酒浆。诗以众星有名无实隐喻周朝统治者徒具虚名,不能解除东人深重的苦难。不但如此,他们像南箕星座内缩舌根吞噬东人的血汗,还像北斗星座高扬其柄不停地舀取东人的财物。这四句与首章"有饛簋飧,有捄棘匕"遥相呼应,神完气定,结束全诗。

《诗序》说:"东国困于役而伤于财,谭大夫作是诗以告病焉。"其意是说,西周初年,政治清明,贡赋平均,赏罚不偏。但到了幽王之世,政治昏乱，东人不堪剥削，于是以此诗向周王室"告病"。此说显与诗意不合。此诗是写东人怨刺周王室，而并非写东人向周王室"告病"。故后世一般不用此说。

北 山

陟彼北山①，言采其杞。
偕偕士子②，朝夕从事③。
王事靡盬④，忧我父母。

溥天之下⑤，莫非王土。
率土之滨⑥，莫非王臣。
大夫不均⑦，我从事独贤⑧。

四牡彭彭⑨，王事傍傍⑩。
嘉我未老⑪，鲜我方将⑫。
旅力方刚⑬，经营四方。

或燕燕居息⑭，或尽瘁事国⑮。
或息偃在床⑯，或不已于行⑰。

或不知叫号⑱，或惨惨劬劳⑲。
或栖迟偃仰⑳，或王事鞅掌㉑。
或湛乐饮酒㉒，或惨惨畏咎㉓。
或出入风议㉔，或靡事不为。

【注释】①陟：登。②偕偕：强壮貌。士子：作者自称。③朝夕：从早到晚。④靡盬(gǔ)：不停止。⑤溥(pǔ)：同"普"。⑥率：沿着。滨：海边。⑦不均：不公平。⑧贤：劳累。⑨四牡：四匹公马。彭彭：不息貌。⑩傍傍：忙碌貌。⑪嘉：夸奖。⑫鲜：称道。⑬旅力：体力。旅：通"膂"。⑭或：有的,有人。燕燕：安闲貌。⑮尽瘁：尽力而致憔悴。⑯息偃：卧床休息。⑰不已：不停。行：道路。⑱叫号：因苦难而呼叫号哭。⑲惨惨：忧愁貌。劬（qú）劳：辛劳。⑳栖迟：游乐。偃仰：安居。㉑鞅掌：忙碌。㉒湛（dān）乐：沉醉于享乐。㉓畏咎：怕犯过失。㉔风议：发议论。

【鉴赏】这是小臣苦于劳役之诗。

全诗六章。前三章写士子为王事而辛劳。他驾着车马，从早到晚忙忙碌碌，四处奔波。由于王事没完没了,致使父母非常担心。普天之下,没有不是天子的土地;四海之内,没有不是天子的臣民。大夫为政很不公平,独独我的事务特别繁重。四匹公马整日奔忙,王事总是无穷无尽。大夫夸奖我青春年少,赞许我血气方刚。还说我体力充沛,正可以奔走四方。后三章写人间劳逸不均、苦乐不平。这三章连用了十二个"或"字,作了六次对比：有的人悠闲自在安然在家休息,有的人则尽力国事积劳成疾;有的人无所事事高卧在床,有的人则四处奔波不息于道；有的人养尊处优不知饥寒,有的人则惨愁悲凉艰苦备尝;有的人俯仰自如优哉游哉,有的人则王事堆积工作紧张；有的人参与宴饮无比荣光,有的人则忧谗畏讥心绪凄凉；有的人出入庙堂高谈阔论,有的人则事无巨细总在忙碌。写在这里戛然而止,不另下结语,显得不同凡响。

《诗序》说是"大夫刺幽王",这不确切。姚际恒《诗经通论》说："士者所作,以怨大夫。"此说正确。在周代等级森严,王臣公,公臣大夫,大夫臣士。在统治阶级中,士是地位最低下的一个阶层。诗言"偕偕士子,朝夕从事""大夫不均,我从事独贤",这表明此诗是"士"刺"大夫"而非"大夫"刺"幽王"。

楚 茨

楚楚者茨①,言抽其棘②。
自昔何为?我艺黍稷③。
我黍与与④,我稷翼翼⑤。
我仓既盈,我庾维亿⑥。
以为酒食,以享以祀,
以妥以侑⑦,以介景福⑧。

济济跄跄⑨,絜尔牛羊⑩,以往烝尝⑪。
或剥或亨⑫,或肆或将⑬。
祝祭于祊⑭,祀事孔明⑮。
先祖是皇⑯,神保是飨⑰。
孝孙有庆⑱,报以介福⑲,万寿无疆!

执爨踖踖⑳,为俎孔硕㉑,
或燔或炙㉒。君妇莫莫㉓,
为豆孔庶㉔,为宾为客。
献酬交错,礼仪卒度㉕,笑语卒获㉖。
神保是格㉗,报以介福,万寿攸酢㉘。

我孔熯矣㉙,式礼莫愆㉚。
工祝致告㉛,徂赉孝孙㉜。
苾芬孝祀㉝,神嗜饮食。
卜尔百福㉞,如几如式㉟。
既齐既稷㊱,既匡既敕㊲。
永锡尔极㊳,时万时亿�439。

礼仪既备,钟鼓既戒㊵。
孝孙徂位㊶,工祝致告。
神具醉止㊷,皇尸载起㊸。
鼓钟送尸,神保聿归。
诸宰君妇㊹,废彻不迟㊺。
诸父兄弟,备言燕私。

乐具入奏,以绥后禄㊻。
尔殽既将㊼,莫怨具庆。
既醉既饱,小大稽首㊽。
神嗜饮食,使君寿考。
孔惠孔时㊾,维其尽之。
子子孙孙,勿替引之㊿。

【注释】①楚楚:丛生貌。茨:蒺藜。②抽:除掉。棘:刺,蒺藜。③艺:种植。④与与:茂盛貌。⑤翼翼:整齐而茂密。⑥庾:露天谷堆。亿:满,盈。⑦妥:安坐。侑:劝进酒食。⑧介:求,赐。景福:大福。⑨济济:恭敬、严肃貌。跄跄:行走有节奏貌。⑩絜:洁。⑪烝:冬祭。尝:秋祭。⑫亨:烹调。⑬肆:陈设。将:端着。⑭祝:太祝,掌宗庙祭祀的官员。⑮孔明:很完备。⑯皇:往,前来。⑰神保:先祖之神灵。飨:享受祭祀。⑱孝孙:主祭者,指周王。⑲介福:求福,赐福。⑳执爨(cuàn):司厨,炊事人员。踖(jí)踖:敏捷而恭谨。㉑俎:铜制礼器,以盛肉食。孔硕:很大。㉒燔:烧肉。炙:烤肉。㉓君妇:群妇。莫莫:恭敬谨慎貌。㉔豆:食器名。庶:多。㉕卒度:完全符合礼仪法度。㉖卒获:都守规矩。㉗格:至。㉘万寿攸酢:乃酬报以万寿。㉙孔熯(nǎn):很恭敬。㉚莫怨:没有差错。㉛工祝:祝官,太祝。致告:代神致辞。㉜徂:往。赉:赏赐。㉝苾(bì)芬:香喷喷。孝祀:祭祀。㉞卜:赐予。㉟如几:按时。如式:合乎礼制。㊱齐:庄重、整齐。稷:敏捷、有诚敬之意。㊲匡:端正。敕:严整。㊳锡:赐。极:好福气。㊴时:是。㊵戒:准备。㊶徂位:回到主祭的位置。㊷具:俱。㊸皇尸:装扮祖先之神灵者。㊹诸宰:指家宰、家臣之流。㊺废彻:撤下祭品。㊻绥:安享。后禄:神赏赐之福。㊼将:嘉,善。㊽稽首:叩头跪拜。㊾惠:仁慈。时:善良。㊿勿替:不要废弃。引之:长久继续下去。

【鉴赏】这是周王祭祀先祖之诗。

全诗六章。此诗中有四种形象要区分清楚。一是"孝孙""曾孙",指主祭者周天子;二是"神""神保",指先祖神灵;三是"尸""皇尸",指先祖神灵的替身;四是"祝""工祝",指祭祀典礼的司仪,又充当先祖神灵的传话人。弄清这四种形象,对理解诗意很有帮助。

首章写农业丰收。茂密的蒺藜,把它铲除干净。自古以来为何这样干呢?是因为我要在这里栽种黄米和高粱。今年,那黄米长得很旺盛,高粱长得很茂密,呈现出一派丰收景象。农作物收割后,我的仓库已经装满,露天粮囤也装得鼓圆。然后做成酒食,用来供神祭祖,用来请尸安坐品尝酒食,以求神灵赐予洪福。

二、三章写祭祀盛况。参与祭祀的人仪态端庄,把牛羊洗得干干净净,用以作为冬祭、秋祭的祭品。有的剁肉,有的炖汤;有的摆牲,有的献上。祭祝在庙门内致祭,祭典非常堂皇。先祖神灵降临宗庙,享用香喷喷的祭品。主祭者周天子将有吉祥,先祖会赐予洪福,使之万寿无疆。司厨行动敏捷,将肥大的肉块置放案上。有的烤烧,有的煎炒。群妇手脚麻利,将丰盛的菜肴装满食器。参与祭祀的宾客相互敬酒,仪表笑语均合法度。先祖神灵到来,将赐给孝孙大福与健康长寿。

四、五章写祭祀获福。我们都很恭敬,礼节上没有差错。工祝传达神灵的话说:你的祭品香喷喷的,神灵很爱吃。你的祭祀及时而又符合要求,你的态度严肃而恭谨,神灵将赐给你无穷无尽的幸福。礼仪齐备,钟鼓都已备好,孝孙到了主祭的位置上。工祝又来传话说:先祖神灵已经喝醉了。于是乐队敲钟奏乐,欢送皇尸,神灵也随之归去。诸宰、群妇收拾祭品,家庭私宴即将开始。

末章写祭毕私宴。乐器移到后堂演奏,享受祭祀之后的福禄。菜肴又美又香,大家都十分满意,毫无怨言。已经喝醉,已经吃饱,大家一齐向周王叩头说道:神灵爱吃你的美食,使你长寿;先祖仁慈善良,将尽量赐福给你。愿你的子孙后代,永远继承发扬,不要废弃美好的传统。

《诗序》说:"刺幽王也。……祭祀不飨,故君子思古焉。"其意是说:此诗写的虽是盛世景象,用心却是为了讽刺现实。这种说法不符合诗意。

凡怀古伤今之作,在行文词气之间,总会流露感伤凄凉的调子。然而此诗却无这种伤时之感,当是西周盛世的作品。

信南山

信彼南山①,维禹甸之②。
畇畇原隰③,曾孙田之④。
我疆我理⑤,南东其亩⑥。

上天同云⑦,雨雪雰雰,益之以霡霂⑧。
既优既渥⑨,既霑既足,生我百谷。

疆埸翼翼⑩,黍稷彧彧⑪。
曾孙之穑⑫,以为酒食。
畀我尸宾⑬,寿考万年。

中田有庐,疆埸有瓜。
是剥是菹⑭,献之皇祖。
曾孙寿考,受天之祜⑮。

祭以清酒,从以骍牡⑯,享于祖考。
执其鸾刀⑰,以启其毛,取其血膋⑱。

是烝是享⑲,苾苾芬芬⑳。
祀事孔明,先祖是皇㉑。
报以介福,万寿无疆!

【注释】①信:形容山势起伏绵延。南山:终南山。②甸:治理。③畇(yún)畇:平坦而整齐貌。④曾孙:指周王。⑤疆、理:划田界、修沟渠。⑥南东其亩:整理田亩。东西向耕,称东亩;南北向耕,称南亩。⑦同云:被云遮住。⑧益:加上。

霢霂：小雨。⑨优：充足。渥：润湿。⑩疆埸(yì)：田界。翼翼：整齐。⑪或(yù)或：茂盛貌。⑫穑(sè)：收获谷物。⑬畀(bì)：献给，给予。尸宾：神灵、宾客。⑭剥：切开。菹(zū)：做菜。⑮祜(hù)：福。⑯骍牡：毛色赤黄的公牛。⑰鸾刀：对刀的美称。⑱膋(liáo)：脂膏。⑲烝：蒸。享：烹，煮。⑳苾苾芬芬：香气四散。㉑皇：往，前来。

【鉴赏】这是周天子祭祀先祖之诗。

全诗六章。此诗与《楚茨》题旨相近，而风貌不同。《楚茨》用笔较繁，描写密致，风格宏丽典雅。而此诗用笔较简，描写疏略，风格淡远明朗。

首章写治理田亩。绵延的南山，大禹曾治理过。起伏的田地，曾孙曾耕种过。划定田疆，整治田亩，使那田亩成为南向或东向。

次章写雨雪及时。上天阴云密布，瑞雪纷纷扬扬。加之连下小雨，雨水已多已厚，已沾已足，百谷长势兴旺。

三章写黍稷茂盛。田界整齐，黍稷茂盛。曾孙收割庄稼，用来做成酒食。献给神尸和来宾，神灵将会赐给长寿。

四章写菜蔬具备。田中有萝卜，田畔有菜瓜。于是削它腌它，把它献给皇祖。曾孙获得长寿，受到老天保佑。

五章写牺牲肥美。祭祀时供以清酒，还献上一头大红牛，请先祖前来享用。操着那带铃的尖刀，割开红牛身上的皮毛，取出它的鲜血和脂膏。

末章写祭祀获福。蒸祭品煮祭品，祭品的香气芬芳扑鼻。祭典非常堂皇，于是先祖神灵到来。先祖赐予洪福，并使周王万寿无疆。

《诗序》说："刺幽王也。不能修成王之业，疆理天下，以奉禹功，故君王思古焉。"这种"陈古以刺今"的说法与诗意不符。高亨《诗经今注》说是"贵族祭祀祖先"也欠切当。

大 田

大田多稼,既种既戒①。
既备乃事②,以我覃耜③,
俶载南亩④,播厥百谷。
既庭且硕⑤,曾孙是若⑥。

既方既皂⑦,既坚既好,
不稂不莠⑧,去其螟螣⑨,
及其蟊贼⑩,无害我田稚⑪。
田祖有神⑫,秉畀炎火⑬。

有渰萋萋⑭,兴云祁祁⑮。
雨我公田,遂及我私⑯。
彼有不获稚⑰,此有不敛穧⑱。
彼有遗秉⑲,此有滞穗⑳,伊寡妇之利。

曾孙来止,以其妇子。
馌彼南亩,田畯至喜。
来方禋祀㉑,以其骍黑㉒,与其黍稷。
以享以祀,以介景福。

【注释】①种:选种。戒:修理农具。②既:已经。乃:然后。③覃(yǎn):锋利。耜(sì):犁。④俶(chù):开始。载:从事劳作。⑤庭:挺立。硕:大。⑥曾孙:指周王。若:顺心。⑦方:谷粒初成壳。皂(zào):谷始成形尚未坚实。⑧稂(láng):谷粒有壳无实。莠(yǒu):禾中的杂草。⑨螟、螣(tè):害虫。⑩蟊(máo)贼:害虫。⑪稚:禾苗。⑫田祖:农神。⑬秉:拿着。畀(bì):投。⑭有渰(yǎn):云兴起貌。⑮祁祁:徐徐细雨貌。⑯私:私田。⑰不获稚:未收割的禾稻。⑱不敛穧(jì):已割而未收的农作物。⑲遗秉:失落的禾把。⑳滞穗:

遗留的稻穗。㉑禋(yīn)祀：祭天的仪式。㉒骍(xīng)：红牛。黑：黑猪。

【鉴赏】这是农事之诗。

全诗四章。首章写春天的农事。选好种子，修好农具，一切准备停当，然后扛起锋利的犁头，到南亩去播种各种谷物。禾苗长势既挺拔又肥大，这顺了曾孙的心愿。二章写夏天的情景。诗用"既方""既皂""既坚""既好"描写谷粒长出到成熟的全过程。其意是说，谷粒长壳了，丰满了，坚硬了，成熟了。田中没有瘪谷没有杂草。消灭螟、螣、蟊、贼等害虫，不许它们伤害我的禾苗。田祖有灵，把这些害虫投到火里都烧尽。三章写雨水及时。天空乌云密布，甘雨徐徐落下。先落到公田，再惠及私田。那里有未割的禾稻，这里有散落的稻穗；那里有遗下的禾把，这里有留下的禾穗。这些"遗秉""滞穗"都是留给寡妇的好处。诗人如此铺张地描写，是为了渲染丰收喜悦的气氛。末章写周王巡视。周王来到田间，碰见那农妇和孩子送饭到田头，田官非常高兴。秋收后举行祭天仪式。用那红牛、黑猪以及小米、高粱，祭祀神灵，以求得更大的幸福。

《诗序》说："刺幽王也。言矜寡不能自存焉。"此诗写农业生产的全过程兼及祭祀，与"刺幽王"无涉，《诗序》之说实不可信。朱熹《诗集传》："此诗为农夫之词，以颂美其上。"从诗情、诗意分析，此诗的作者当是熟悉农业的田官而非农夫，朱氏此说也难成立。

青　蝇

营营青蝇①，止于樊②。
岂弟君子③，无信谗言。

营营青蝇，止于棘④。
谗人罔极⑤，交乱四国⑥。

营营青蝇，止于榛⑦。
谗人罔极，构我二人⑧。

【注释】①营营:飞鸣声。②樊:篱笆。③岂弟:平易和气。④棘:荆棘。⑤罔极:毫无准则。⑥交乱:挑起矛盾。⑦榛:灌木名。⑧构:挑拨离间。二人:指诗人与君子。

【鉴赏】这是刺谗之诗。

全诗三章。诗以苍蝇比喻小人进谗非常贴切。苍蝇生于污秽之地,处在阴暗角落,专以寻脏逐臭为能事,这正好与奸邪小人专在幕后进谗、搬弄是非的丑态相似。苍蝇嗡嗡乱飞,聚群趋污,这正和奸佞小人臭味相投、聚众进谗的丑态暗合。

营营不已,驱之不去,暗示苍蝇之多,令人防不胜防,这反映了那个时代小人勾结成党、肆意妄为的社会现实。每章首二句为兴体。诗言:嗡嗡飞叫的苍蝇,落在篱笆上,落在棘篱上,落在榛篱上。诗以此兴比小人靠拢君子,欲进谗言之态。每章后二句写谗言之危害。先告诫"君子"不要相信小人的谗言,然后揭露谗言的危害。正是这些谗言,挑起纠纷,乱人视听,将邦国搅得乱七八糟,使人们相互猜疑,使得君臣解体,朋友不和,骨肉相残,手足分离。正如王充《论衡·言毒篇》所说:"人中诸毒,一身死之。中于口舌,一国溃乱。……故君子不畏虎,独畏谗夫之口。谗夫之口,为毒大矣。"这些,从一个侧面反映了西周末年动荡不宁的社会现实。它所表现的痛恨进谗小人的主题,应该说超越了那个时代,具有更广泛的意义。

《诗序》说:"大夫刺幽王也。"其意是说,因幽王信褒姒之谗而害忠贤,故大夫刺之。实际上,这种理解未免狭隘了一些。此诗结构单纯,未涉及具体的政事,很可能是西周末年动乱岁月产生的民间歌谣。

宾之初筵

宾之初筵,左右秩秩①。
笾豆有楚②,殽核维旅③。
酒既和旨,饮酒孔偕④。
钟鼓既设,举酬逸逸⑤。
大侯既抗⑥,弓矢斯张。
射夫既同⑦,献尔发功⑧。
发彼有的⑨,以祈尔爵⑩。

籥舞笙鼓⑪,乐既和奏。
烝衎烈祖⑫,以洽百礼⑬。
百礼既至,有壬有林⑭。
锡尔纯嘏⑮,子孙其湛⑯。
其湛曰乐,各奏尔能。
宾载手仇⑰,室人入又⑱。
酌彼康爵⑲,以奏尔时⑳。

宾之初筵,温温其恭。
其未醉止,威仪反反㉑。
曰既醉止,威仪幡幡㉒。
舍其坐迁㉓,屡舞僊僊㉔。
其未醉止,威仪抑抑㉕。
曰既醉止,威仪怭怭㉖。
是曰既醉,不知其秩㉗。

宾既醉止,载号载呶㉘。
乱我笾豆,屡舞僛僛㉙。

是曰既醉,不知其邮㉚。
侧弁之俄㉛,屡舞傞傞㉜。
既醉而出,并受其福。
醉而不出,是谓伐德㉝。
饮酒孔嘉,维其令仪㉞。

凡此饮酒,或醉或否。
既立之监㉟,或佐之史㊱。
彼醉不臧,不醉反耻㊲。
式勿从谓㊳,无俾大怠㊴。
匪言勿言,匪由勿语㊵。
由醉之言㊶,俾出童羖㊷。
三爵不识㊸,矧敢多又㊹!

【注释】①秩秩:恭敬有礼貌。②笾豆:食器名。有楚:整整齐齐。③殽、核:鱼肉、果品。旅:排列成行。④孔偕:很欢乐。⑤举醻:举杯敬酒。逸逸:不间断。⑥大侯:大箭靶。抗:举起。⑦同:排齐。⑧献:表现。发功:射箭之能。⑨有的:射中箭靶。⑩祈尔爵:希望射中,罚对方饮酒。⑪籥舞:一种文舞,秉籥而舞。⑫烝:进乐。衎(kàn):娱乐。烈祖:有光辉业绩的祖先。⑬洽:配合。百礼:各种礼仪。⑭有壬:宏大。有林:盛多。⑮锡:赐。纯嘏:洪福。⑯湛(dān):欢乐。⑰载:则。手仇:选择赛射的对手。⑱室人:主人。⑲康爵:大杯。⑳奏:进酒。时:指射中者。㉑反反:庄重、谨慎貌。㉒幡幡:轻浮之态。㉓舍其坐迁:离开坐处,扰乱秩序。㉔僛僛:指舞态轻浮。㉕抑抑:慎重、严谨。㉖怭怭:轻薄貌。㉗秩:规矩、秩序。㉘呶(náo):喧闹。㉙傲傲:东歪西倒,站不稳脚。㉚邮:通"尤"。过失。㉛侧弁:歪戴帽子。俄:倾斜。㉜傞(suō)傞:醉舞不休止貌。㉝伐德:缺德,害人。㉞令仪:好的仪态。㉟监:酒监,负责酒宴礼仪。㊱史:负责酒宴事务,席间的御史。㊲不醉反耻:醉者以不醉为耻。㊳从谓:再劝饮酒。㊴俾:使。大怠:过于懈怠,失礼。㊵由:理。㊶由:由于、因为。㊷俾:使。童羖:无角之公羊。㊸三爵不识:三杯下肚,则昏昏然。㊹矧:况且。多又:多劝,多饮酒。

【鉴赏】这是讽刺贵族酗酒败德之诗。

全诗五章。西周初年,周公作《酒诰》,禁止贵族日常饮酒,规定只能在举行射礼、祭礼时饮酒。后来此令渐废,贵族滥饮成风。诗人面对眼前饮酒无度的歪风,自然回想起西周盛世饮酒合礼的情景。于是他写了这首"陈古刺今"的诗篇。

首二章写西周盛世饮酒合礼。首章言射礼之饮。宾客有秩序地登上筵席,盛满食物的笾豆摆得整整齐齐。酒味醇厚,宾主和谐,钟鼓悠扬,敬酬有序。此时,箭靶既举,弓箭拉开,各找对手,呈技献艺,输者罚酒一杯。场面活跃,而又彬彬有礼。次章言祭祀之饮。执籥而舞,笙鼓和鸣。敬献先祖,百礼具备。先祖赐以洪福,子孙充满欢乐。于是人们通过饮酒和比射来娱悦自己。来宾找好自己的对手,主人也来到自己的射位。主宾相陪,各逞其能,举起大杯,奉献给比射获胜者。这里既表现了与宴者的欢乐,也写出了他们的礼仪。

中二章写西周末年饮酒败德。三章言现实中的滥饮。这些人未醉之时,一个个温文尔雅,持重正经;既醉之后,便威仪全失,轻浮孟浪,不能自已。四章言烂醉的种种丑态。宾客们全都醉了,真是丑态百出。他们大喊大叫,打翻食器,乱蹦乱跳。他们真的醉了,已经不知道什么是羞耻。一个个还歪戴着帽子,不停地跳着。诗人告诫说:如果醉了能离去,那么大家都受其福;如果醉了不出去,这就叫作败坏道德。饮酒是件美事,但要讲究礼仪。

末章写纠正滥饮颓风的措施。在饮酒之时,有的喝醉,有的没喝醉。对那些酗酒者,就要设立酒监、酒史,加以限制,监督秩序,以避免那种以不醉为耻的现象。如果不问就不要说,如果无理就不要讲。如果听了醉鬼的胡言,他会让你拿出无角的公羊。这种人三杯下肚便昏昏然,怎能再劝他喝酒呢?

《诗序》说:"卫武公刺时也。幽王荒废,媟近小人,饮酒无度。"朱熹《诗集传》说:"卫武公饮酒悔过而作此诗。"谓此诗为卫武公所作,虽无法肯定,但也并非没有可能。但说刺幽王饮酒无度或说"卫武公饮酒悔过",这只是推测之词。但从诗意本身说,它只是一位清醒的士大夫对于现实中贵族滥饮之风的揭露与讽刺罢了。

鱼 藻

鱼在在藻,有颁其首①。
王在在镐②,岂乐饮酒③。

鱼在在藻,有莘其尾④。
王在在镐,饮酒乐岂⑤。

鱼在在藻,依于其蒲。
王在在镐,有那其居⑥。

【注释】①有颁(fén):头大貌。②镐:镐京,西周都城。③岂乐:和乐。④有莘(shēn):尾长貌。⑤乐岂:即"岂乐"。⑥有那:闲逸貌。

【鉴赏】这是颂美周王饮酒欢乐之诗。

全诗三章。从诗意推测,周王的宫室中有池,池中有藻、蒲,藻蒲之中有鱼儿悠闲地穿行。周王在宫室中,一边观鱼一边饮酒,优哉游哉,好不欢悦。每章首二句写周王观鱼。一章说:鱼在哪? 鱼在藻中,它的头硕大;二章说:鱼在哪? 鱼在藻中,它的尾巴修长;三章说:鱼在哪? 鱼在藻中,它依在蒲草旁边。这些描写均为赋而兴。它以鱼儿自由自在地游动,兴比周王饮酒欢乐,同时又是眼前之景,即景起兴。每章后二句写周王饮酒欢乐。一章说:王在哪? 王在镐京,快乐地饮酒。二章说:王在哪? 王在镐京,饮酒欢乐。三章说:王在哪? 王在镐京,他的居室安逸。

《诗序》说:"刺幽王也。言万物失其性,王居镐京,将不能以自乐,故君子思古之武王也。"此说认为诗中写的是武王饮酒欢乐,用以刺幽王饮酒而不知危亡。这种说法似觉牵强,难以成立。诗中的周王究竟是谁,也无法确定。

采 菽

采菽采菽①,筐之筥之②。
君子来朝,何锡予之?
虽无予之,路车乘马③。
又何予之?玄衮及黼④。

觱沸槛泉⑤,言采其芹。
君子来朝,言观其旂⑥。
其旂淠淠⑦,鸾声嘒嘒⑧。
载骖载驷⑨,君子所届⑩。

赤芾在股⑪,邪幅在下⑫。
彼交匪纾⑬,天子所予。
乐只君子,天子命之。
乐只君子,福禄申之。

维柞之枝,其叶蓬蓬。
乐只君子,殿天子之邦⑭。
乐只君子,万福攸同。
平平左右⑮,亦是率从。

汎汎杨舟,绋纚维之⑯。
乐只君子,天子葵之⑰。
乐只君子,福禄膍之⑱。
优哉游哉,亦是戾矣⑲。

【注释】①菽:大豆。②筥(jǔ):圆形竹器。③路车:诸侯所乘之车。乘马:四马。④玄衮(gǔn):黑色龙衣。黼(fǔ):黑白相间的礼服。⑤觱(bì)沸:涌流貌。槛:通"滥"。⑥旂(qí):画龙之旗。⑦淠(bì)淠:飘动貌。⑧嘒嘒:铃声。⑨骖:驾三匹马。驷:驾四匹马。⑩届:至。⑪赤芾(fú):红色蔽膝。⑫邪幅:裹腿。⑬彼:当作"匪"。不交:骄傲。纾:急慢。⑭殿:镇抚。⑮平平:犹"便便"。能干貌。左右:指诸侯所辖连属之国。⑯绋纚(fú lí):大索。维:系住。⑰葵:通"揆"。测度。⑱腜(pí):厚。⑲戾(lì):善。

【鉴赏】这是美天子赐命诸侯之诗。

全诗五章。诗中的"天子",有的说是"康王",有的说是"宣王"。究竟指谁,这虽难详考,但揣之国情,当以后说为宜。厉王之世,由于诸侯反叛,天下大乱,故宣王即位之后赐命诸侯,当是一件大事,于是诗人作此诗以美之。

首章写天子赏赐诸侯。诗以"采菽"必以"筐""筥"盛之,兴比诸侯来朝必以宝物赐之。下六句正是写天子赏赐诸侯之事。首先设问:"诸侯来朝,赐予他什么呢?"诗接下去未立即回答,而是跌宕一笔:"虽然没啥赐予他"。写此之后才说:"赐之以大车与四马。"天子赐诸侯以车马,言"'虽无予之',尚以为薄"(《郑笺》),所以继而又设问道:"又赐予他什么呢?"接着回答道:"赐之以卷龙衣与绣黼裳。"寥寥几笔,连用两个设问句,将一事分作两层写,这颇能传达出天子之厚意。

中三章追叙诸侯来朝的情景。二章言其将至。诗以"槛泉"之旁有芹菜可采,兴比诸侯来朝也有仪容可观。只见"君子"车上龙旗迎风飘扬,但听车上和铃"嘒嘒"作响。这表明"君子"于途中徐行有节,仪态从容。不一会便望见马车驶来,这"君子"就要到达朝廷。三章言其往朝。接着,"君子"步入朝堂拜见天子。他胸前系着一个红围裙,足上绑着一条裹脚布,显得端庄而肃敬。不仅如此,他既不骄傲,也不急慢,礼恭辞顺兼具,故宜为天子所赐予。所以最后四句反复咏叹天子赐命他为侯伯,天子赐给以福禄。四章言其功德。诗以柞树枝叶繁茂,兴比"君子"有贤才之德。他能镇抚天子之国,故"万福"聚集于其身;他能治理其连属之国,故连属之国也能顺从。由此看来,这"君子"是一位"侯伯"无疑。

末章归美天子。首二句以"杨舟"喻"君子",以"绋纚维之"喻天子维系诸侯。天子测度"君子"有盛德,故重重地赐福禄于他,并使之优游自安,其乐无穷。天子厚爱诸侯之意溢于辞表。

  《诗序》说是刺幽王"数征会之,而无信义",这明显与诗意难合。此诗所写是天子赐命诸侯车马、礼服之举,而绝非一般的"征会"诸侯之事。朱熹《诗集传》说是天子"答《鱼藻》"之诗也属揣摩之论。《鱼藻》是写天子在镐京饮酒之乐,而此诗是写天子赐命诸侯,两诗既不相类,何"答"之有?

角　弓

骍骍角弓①,翩其反矣②。
兄弟昏姻,无胥远矣③。

尔之远矣,民胥然矣④。
尔之教矣,民胥效矣。

此令兄弟⑤,绰绰有裕⑥。
不令兄弟,交相为瘉⑦。

民之无良,相怨一方。
受爵不让,至于己斯亡⑧。

老马反为驹,不顾其后。
如食宜饇⑨,如酌孔取⑩。

毋教猱升木⑪,如涂涂附⑫。
君子有徽猷⑬,小人与属⑭。

雨雪瀌瀌⑮,见晛曰消⑯。
莫肯下遗⑰,式居娄骄⑱。

雨雪浮浮⑲,见晛曰流⑳。

如蛮如髦㉑,我是用忧㉒。

【注释】①骍(xīng)骍:调和貌。角弓:两端施以兽角的弓。②翩:反貌。③胥:相。④胥:副词,皆。⑤令:善。⑥绰绰:宽裕貌。⑦瘉:病。⑧亡:通"忘"。⑨饇(yù):饱。⑩孔:多。⑪猱(náo):猿猴。⑫涂:泥土。涂附:涂泥沾著。⑬徽猷:善道。⑭与:从,属:随。⑮雨雪:下雪。瀌(biāo)瀌:雪大貌。⑯晛(xiàn):太阳的热气。⑰下遗:谦虚卑下。⑱式:语助词。居:指高高在上。娄:通"屡"。⑲浮浮:义同"瀌瀌"。⑳流:化水而流。㉑蛮、髦:皆南方少数民族。㉒是用:因此。

【鉴赏】这是刺幽王疏远兄弟亲近小人之诗。全诗八章。

前四章刺王疏远兄弟。首先以"角弓"设喻。调和自如的角弓,松弛则向反面弯曲。诗以此兴比"兄弟昏姻"不可疏远,甚为贴切。要知道骨肉之亲断断不可疏远。你若疏远,则族人也会与你疏远;你若教人以相远,则族人也会随之而仿效。正因如此,如果有善良的兄弟,那么大家相处就会宽厚和睦;如果有不善良的兄弟,那么彼此之间就会钩心斗角。兄弟要是不善良,就必然会互相指责,抱怨对方。这样的人接受官爵,不肯相让,甚至把仁义忘得精光。

后四章刺王亲近小人。由于幽王亲近小人,致使小人得志张狂。这几章设喻新奇。先用"马"、"食"、"酌"喻小人之贪。这些小人犹如"老马",可是反自以为"驹",不顾其后能否胜任其职,他们只是一味地贪图爵禄。如饮食但知遂其饱之欲,喝酒但知多取,乃不知稍加斟量,真可谓贪婪无厌。继以"猱""涂"喻小人之性。小人之性乐于不善,这如同猿猴善于攀缘,污泥善于涂附,不教自能。所以下面陈善道告诫幽王:"如果王有善道,那么小人也会为善相从。"末以"雨雪"喻小人骄横莫制。大雪纷飞,见日消融。可是,这些小人仍气焰嚣张。他们不肯卑下谦恭,只知高高在上肆意骄横;他们如同"蛮""髦",不知礼义。这一切都是由王不以善政教化小人所致。因此,诗人怀有深忧而不能自解。

《诗序》说是刺幽王"不亲九族而好谗佞",此不为大误。诗中虽无刺谗佞之语,但《序》于诗外推原也未为全非。《序》说"好谗佞"正是幽王远兄弟近小人之因。此虽欠切,但未离大旨。

采 绿

终朝采绿①,不盈一匊②。
予发曲局③,薄言归沐④。

终朝采蓝⑤,不盈一襜⑥。
五日为期,六日不詹⑦。

之子于狩⑧,言韔其弓⑨。
之子于钓,言纶其绳⑩。

其钓维何?维鲂及鱮⑪。
维鲂及鱮,薄言观者⑫。

【注释】①绿:通"菉"。王刍,可制染料。②匊:同"掬"。一捧。③曲局:卷曲,蓬乱。④薄言:语助词。归沐:回去洗头。⑤蓝:染青草,可制染料。⑥襜(chān):围裙。⑦詹:至。⑧之子:指丈夫。狩:打猎。⑨韔(chàng):盛弓的袋子。这里用作动词。⑩纶:整理钓线。⑪鱮(xù):鲢鱼。⑫观:多。者:犹"哉"。

【鉴赏】这是妻子思念丈夫之诗。

全诗四章。前二章写妻子盼望丈夫早点归来。她整个早上采摘王刍,竟然装不满一捧;她整个早上采摘蓝草,竟然装不满一围裙。这是何故呢?原来她无心采摘,站在原野上眺望远方,企盼丈夫早点回来。她突然发现自己的头发卷曲蓬乱,于是便急忙回家去洗头梳理。她不知眺望了多少次,但总不见丈夫的归影。她终于忍不住了,便埋怨道:"本来约定五日回家,可是第六天还不回来。"她是多么焦急啊!超过归期一天,便如此思念,足见双方情感深厚。后二章写妻子想象丈夫归后渔猎之乐。丈夫归来之后,如果他去打猎,我就替他装弓箭;如果他去钓鱼,我就替他理钓线。钓的鱼是什么？是鳊鱼和鲢鱼。所钓的鳊鱼和鲢鱼,是何等的多啊！从这些描写中,可以看出她是多么向往着与丈夫共同劳动、亲密共处的快乐生活。

《诗序》说是"刺怨旷"。所谓"怨旷",是指男女阻隔,不得会合之意。幽王之时,征役频繁,家室分离、夫妻别居的现象大量出现,这无疑是该"刺"的。但从此诗中,却看不出有什么刺意。因此,只能说是一首夫妻离别相思的情诗,而不能说是一首刺诗。

苕之华

苕之华①,芸其黄矣②。
心之忧矣,维其伤矣。

苕之华,其叶青青③。
知我如此,不如无生④。

牂羊坟首⑤,三星在罶⑥。
人可以食,鲜可以饱⑦。

【注释】①苕(tiáo):凌霄。华:同"花"。②芸:黄盛貌。③青青:通"菁菁"。茂盛貌。④无生:不生下来。⑤牂(zāng)羊:母羊。坟:大。⑥三星:参星。罶(liǔ):捕鱼竹笼。⑦鲜:少。

【鉴赏】这是叹息年荒人饥之诗。

全诗三章。前二章以乐景写哀情。凌霄的花朵金黄灿烂,煞是好看;凌霄花的叶子青翠碧绿,一派生机。诗以此反兴人因饥饿而枯瘦。物自盛而人自衰,这种以乐景写哀情的手法非常高明,达到了以乐景写哀一倍增其哀的艺术效果。经过如此对比,诗人陷入深深的痛苦之中。他绝望地哀叹道:"我的内心多么忧愁,我的内心多么悲伤;早知人生如此困苦,还不如不生在这个世上。"话语之中,饱含着无限的辛酸。末章以哀景写哀情。陆地无草,母羊身体枯瘦,但见它突出的大脑袋;水中无鱼,参星高悬天空,只见它映照在捕鱼笼中。这里生动地勾画出了一幅水陆萧条而凋敝的图景。在这种悲惨的社会中,即使有东西吃的人,也很少能够吃饱。至于一般百姓的命运,就可想而知了。

《诗序》说是"大夫悯时"之作。虽然诗作者未必是士大夫,但说"悯时"还是对的。朱熹《诗集传》说:"以身逢周室之衰,如苕附物而生,虽荣不久,故以为比。"意思是说周王室如一株大树,自己就像附在大树上的凌霄,现在大树已衰,凌霄还能久长吗?此说与前二章的兴体花荣叶茂不相符合,故难以成立。

何草不黄

何草不黄,何日不行。
何人不将①,经营四方②。

何草不玄③,何人不矜④。
哀我征夫,独为匪民⑤。

匪兕匪虎,率彼旷野⑥。
哀我征夫,朝夕不暇。

有芃者狐⑦,率彼幽草。
有栈之车⑧,行彼周道。

【注释】①将:行役。②经营:征讨。③玄:赤黑色。④矜:通"鳏"。成年男子无妻。⑤匪:非,不。⑥匪:彼,那。兕(sì):野牛。⑦率:沿着。⑧芃(péng):蓬松貌。⑨栈(zhàn):高大貌。

【鉴赏】这是征夫苦于行役之诗。

读着此诗,眼前便会呈现出一幅征夫远役图:在广阔的原野上,衰草连天,野兽出没。征夫驾着高大的马车,在漫长的大道上艰难地行进,还不时地发出哀叹之声。

全诗四章。首二章以草设喻。"何草不黄""何草不玄",既是赋体也是喻体。诗以"哪一种草不枯黄""哪一种草不发黑",比喻征夫面黄肌瘦、疲病不堪。何以至此?诗接着便作了交代。这些征夫哪一天不在奔走,哪个人不在行役,为的是给周王征讨四方。由于长年累月地在野外行役,他们都过着"鳏夫"般的生活。他们长叹一声:"可怜我们这些征夫,难道就不是人吗?"从这凄苦的声音里,我们感到了深深压抑的悲痛和愤激之情。后二章以兽设喻。"匪兕匪虎,率彼旷野""有芃者狐,率彼幽草",既是赋体,也是喻体。那些野牛和老虎在旷野里成群地奔跑,比喻我们这些征夫日日夜夜没有空闲;那些尾巴蓬松的狐狸在草丛中急速地穿行,比喻高大的兵车在那大道上奔驰。这两章将征夫如同野兽般的行役生活生动形象地描绘了出来,读后令人无比沉痛。

《诗序》说:"下国刺幽王也。四夷交侵,中国背叛,用兵不息,君子忧之,故作是诗也。"《诗序》所揭示的时代背景还是可信的,但认为诸侯国士大夫刺幽王则与诗意难符。从诗中真挚的感情、生动的形象看来,当出自征夫之口。朱熹《诗集传》说是"征役不息,行者苦之",方玉润《诗经原始》说是"征夫恨",这完全正确,故可依从。

大　雅

文　王

文王在上,於昭于天①。
周虽旧邦,其命维新②。
有周丕显③,帝命不时④。
文王陟降,在帝左右。

亹亹文王⑤,令闻不已⑥。
陈锡哉周⑦,侯文王孙子⑧。
文王孙子,本支百世⑨。
凡周之士,不显亦世⑩。

世之不显,厥犹翼翼⑪。
思皇多士⑫,生此王国。
王国克生,维周之桢⑬。
济济多士⑭,文王以宁。

穆穆文王⑮,於缉熙敬止⑯。
假哉天命⑰,有商孙子。
商之孙子,其丽不亿⑱。
上帝既命,侯于周服⑲。

侯服于周,天命靡常。

殷士肤敏[20]，祼将于京[21]。
厥作祼将，常服黼冔[22]。
王之荩臣[23]，无念尔祖。

无念尔祖，聿修厥德。
永言配命，自求多福。
殷之未丧师，克配上帝。
宜鉴于殷，骏命不易[24]。

命之不易，无遏尔躬[25]。
宣昭义问[26]，有虞殷自天[27]。
上天之载[28]，无声无臭。
仪刑文王[29]，万邦作孚[30]。

【注释】①昭：明。②维新：乃新，更新。③不：语助词。显：光耀。④不：语助词。时：通"持"。持久。⑤亹亹(wěi)：勤勉貌。⑥令闻：好声誉。⑦陈：布。锡：通"赐"。哉：培植。⑧侯：语助词。⑨本：本宗。支：支庶。⑩亦世：累世。⑪犹：谋。翼翼：深远。⑫皇：美。⑬桢：骨干。⑭济济：众多貌。⑮穆穆：容止端庄恭敬。⑯缉熙：光明。⑰假：伟大。⑱丽：数。⑲服：归服。⑳肤：美。敏：疾。㉑祼(guàn)：灌祭。将：行。㉒黼(fǔ)：礼服。冔(xǔ)：礼帽。㉓荩(jìn)：进用。㉔骏：大。㉕遏：断绝。㉖宣昭：宣扬昭示。义问：善声美誉。㉗有：通"又"。虞：度，想。㉘载：事。㉙仪刑：效法。㉚孚：信。

【鉴赏】这是歌颂文王功德之诗。

全诗七章。相传此诗为周公所作。据首章诗意，当作于文王死后。首章总写文王之德。此章想象瑰丽，造语新奇。文王耸立上苍，光耀弥天。"昭"以状德，新奇而贴切。正因为文王之德昭明显耀，所以周自后稷传至文王受天命而"维新"。自此往后，岐周前途无限光明，上帝赐命持久不息。文王之神时升时降，无时不紧跟在上帝的身旁，足见文王之德与上天合一。二、三章正面写文王之德。勤勉的文王，其善声美誉流传不衰。他布利赐恩精心培植周邦。因此，文王孙子无论本宗还是支庶皆蒙其福泽,世代相袭。凡周之臣亦能世代显贵。而这些贤臣,其谋略都很深远。因而,生此王国的众多嘉美之臣均为周之骨干,文王则赖以安宁。四、五章侧面写文王之德。由于文王之德光明恭谨,而武王又能继之,故伟大的天命,使周得有天下。商之孙子虽有亿万,但也不得不归服周朝。岂止如此,殷士还得以时助祭于周。这些美善而敏捷的殷士,身着礼服,头戴礼帽,在周京毕恭毕敬地行灌祭之礼。这一章说来自然,实可思可畏。诗人见此凄怆哀婉的一幕,一种惊惧之情油然而生。于是向时王敲响了震耳的警钟:这些殷士如今皆为王所进用之臣,难道不念您祖上文王之德吗?以上二、三章言文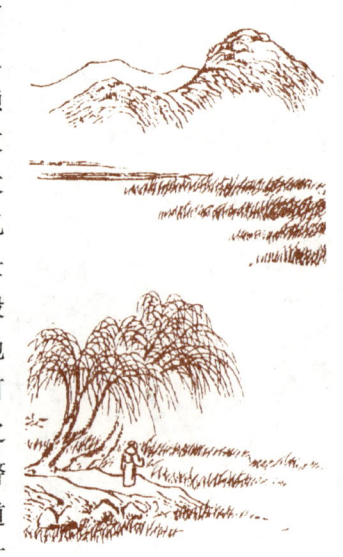王有德故周之兴,四、五章言纣王失德故商之亡,一法一戒,对比鲜明,发人深思。六、七章写要以殷商为鉴以文王为法。要念您祖,就务必自己修德,永远配合天命,自求多福。殷未丧失天下之时,其德亦能配合上帝,故应时刻以殷之亡作为镜子,从而明白天命难保的道理。千万不能使天命在您的身上断绝。为此,要宣扬昭示懿德美誉,要自度殷亡之理取决于天意。而那冥冥的上天又"无声无臭",微茫难求,因而惟一的办法就是效法文王之德。只有如此,天下诸侯才会信服。末章正遥应首章文王德配上天作收,章法极为严整。

  此诗在修辞上运用的是蝉联格,即今所谓的顶针格。诗从第二章开始,上章的末句即是下章的首句,这犹如运动场上的接力赛跑,一棒一棒地往下传,使得诗意往返回复,韵味无穷。后世诗文运用此法者诸多。此诗在用韵上也很有特色,基本上是每四句一换韵。正如方玉润《诗经原始》所说:"姚际恒曰:'每四句承上语作转韵,委委属属,连成一片。曹植《赠白马王彪诗》本此。'愚谓曹诗只起落相承,此则中间换韵亦相承不断,诗格尤奇。"

  《诗序》说:"文王受命作周也。"这"受命作周"正是文王功德的具体表现,故《序》说不误。方玉润《诗经原始》说:"文王未改元,何以云受命?"方氏此说过于拘泥,这由《文王有声》"文王受命,有此武功"可证其非。

大 明

明明在下①,赫赫在上②。
天难忱斯③,不易维王。
天位殷適④,使不挟四方⑤。

挚仲氏任⑥,自彼殷商。
来嫁于周,曰嫔于京⑦。
乃及王季⑧,维德之行⑨。

大任有身⑩,生此文王。
维此文王,小心翼翼。
昭事上帝⑪,聿怀多福。
厥德不回⑫,以受方国。

天监在下,有命既集。
文王初载⑬,天作之合。
在洽之阳⑭,在渭之涘⑮。

文王嘉止⑯,大邦有子⑰。
大邦有子,俔天之妹⑱。
文定厥祥⑲,亲迎于渭。
造舟为梁,不显其光。

有命自天,命此文王。
于周于京,缵女维莘⑳。
长子维行㉑,笃生武王㉒。

保右命尔,燮伐大商㉓。

殷商之旅㉔,其会如林㉕。
矢于牧野㉖,维予侯兴㉗。
上帝临女㉘,无贰尔心㉙。

牧野洋洋㉚,檀车煌煌㉛。
驷騵彭彭㉜,维师尚父㉝。
时维鹰扬㉞,凉彼武王㉟。
肆伐大商㊱,会朝清明㊲。

【注释】①明明:明白。②赫赫:显赫。③忱:信。④位:通"立"。適:通"敌"。⑤挟:拥有。⑥挚:国名。仲:次女。任:姓。⑦嫔:成婚。⑧及:与。⑨行:齐等。⑩有身:怀孕。⑪昭:明。⑫回:邪僻。⑬初载:自立之时。⑭洽:水名。⑮渼:水边。⑯嘉:婚礼。⑰大邦:莘国。⑱俔(qiàn):好比。⑲文:文德。祥:善。⑳缵:继续。㉑行:齐等。㉒笃:语助词。㉓燮(xiè):协和。㉔旅:师旅。㉕会:通"旝"。旌旗。㉖矢:通"誓"。㉗侯:乃。㉘临:监视。㉙贰心:不坚定。㉚洋洋:广大貌。㉛煌煌:闪闪发光。㉜驷:四马。騵(yuán):赤毛白腹的马。彭彭:强壮貌。㉝尚父:姜子牙。㉞鹰扬:比喻勇猛。㉟凉:辅佐。㊱肆:疾。㊲会朝:一个早上。

【鉴赏】这是歌颂武王克商功绩之诗。

全诗八章。此诗当作于武王克商后不久。

首章写武王克商实乃天意。"在下"指人事,"明明"状善恶清楚明白;"在上"指上帝,"赫赫"状天命明察显赫。这两句写得警耸骇目。由此看来,上天实不可恃,为君诚然不易。正因为商纣暴虐无道,多行不义,故上天才降立商之劲敌,使之不能保有四方。这就为武王伐纣作了铺垫。

中五章历叙武王先祖之德。二章写王季、太任之德。挚国中女太任,自商出嫁于周为妇。这太任配王季,其德等王季。三章写文王之德。文王德贤,盖因圣母太任所生。因此,文王其人,恭敬谨慎;懂得侍奉上帝,招来众多福禄;德行非常完美,四方诸侯纷纷归服。四章写文王得贤妃。

上天监临下土,将天命赐予周邦。当文王自立之年,上天就为他配合佳偶。这佳偶是谁?就是那位于洽水之北、渭水之边的莘国长女太姒。五章写文王迎亲。文王举行婚礼,迎娶莘国长女太姒。这太姒美艳无比,有如天帝的少女。岂止貌美,其德更贤。因太姒有文德,而文王得以为妃,故诸福之祥皆由此定。为此,文王亲迎于渭,将船搭成浮桥,足见婚礼辉煌而隆盛。六章写太姒之德。上天赐命文王文得有贤妃。而这太姒能在周之京邑继承太任美德。因太姒德等文王,故能像太任辅佐王季那样辅佐文王。有此文母生此武王,且又有上天佑助,定能协同诸侯讨伐大商。下文写武王伐纣获胜,正由于周家圣父贤母代代相承所致。

末二章写武王伐纣获胜。这二章写得尤为精彩。诗之场面壮阔,人物众多,气势磅礴,真是一幅有声有色的古战图。请看,商之战旗有如森林,兵多将广。请听,武王誓师,言词坚定:"唯有我方能振兴,上帝正在监视你们,不要畏惧,不要犹豫!"誓师已毕,周师便勇猛出击。在广阔的"牧野"战场上,周之战车坚固辉煌,驰车之声如同雷鸣;周之战马强壮矫健,奔腾之势好似闪电;周之主帅尚父英武镇定,指挥战斗犹如雄鹰奋翅飞扬。他辅佐武王,疾伐大商,结果一朝会战,商军大败,天下清明,武王由此成了开国英雄。

《诗序》说:"文王有明德,故天复命武王也。"此说甚是。而朱熹《辨说》则说:"此诗言王季、太任、文王、太姒、武王皆有明德而天命之。"这种平分秋色的说法是不科学的。此诗重点是美武王克商,而写王季、太任,写文王、太姒,只是为了推本祖德,以说明武王制胜之由。

绵

绵绵瓜瓞①,民之初生②。
自土沮漆③,古公亶父④。
陶复陶穴⑤,未有家室。

古公亶父,来朝走马⑥。
率西水浒⑦,至于岐下。
爰及姜女⑧,聿来胥宇⑨。

周原膴膴⑩,堇荼如饴⑪。
爰始爰谋,爰契我龟⑫。
曰止曰时⑬,筑室于兹。

乃慰乃止⑭,乃左乃右。
乃疆乃理⑮,乃宣乃亩⑯。
自西徂东,周爰执事⑰。

乃召司空⑱,乃召司徒⑲,俾立室家。
其绳则直,缩版以载⑳,作庙翼翼㉑。

捄之陾陾㉒,度之薨薨㉓。
筑之登登㉔,削屡冯冯㉕。
百堵皆兴㉖,鼛鼓弗胜㉗。

乃立皋门㉘,皋门有伉㉙。
乃立应门㉚,应门将将㉛。
乃立冢土㉜,戎丑攸行㉝。

肆不殄厥愠㉞,亦不陨厥问㉟。

柞棫拔矣㊱,行道兑矣㊲。
混夷駾矣㊳,维其喙矣㊴。

虞芮质厥成㊵,文王蹶厥生㊶。
予曰有疏附㊷,予曰有先后㊸。
予曰有奔奏㊹,予曰有御侮㊺。

【注释】①绵绵:不绝貌。瓞(dié):小瓜。②生:犹"造"。③自:始。土:居。沮、漆:皆水名。④古公亶父:即"太王"。文王祖父。⑤陶:通"掏",挖。复:通"覆"。地室。穴:地洞。⑥来:语助词。⑦率:自。浒:水边。⑧姜女:太王之妃。⑨胥:相,视。⑩膴膴(wǔ):肥沃貌。⑪堇、荼:皆苦菜。饴(yí):糖浆。⑫契:刻。⑬时:此。⑭慰:安。⑮疆:划分地界。理:整治田垄。⑯宣:导其沟洫。亩:治其田亩。⑰周:周地。爰:于。执事:从事工作。⑱司空:主营建之官。⑲司徒:主徒役之官。⑳缩:束。载:用竖木以制约筑墙之板。㉑翼翼:严正貌。㉒捄(jiù):盛土貌。陾陾(réng):盛土声。㉓度:投土。薨薨:投土声。㉔筑:捣土。登登:捣土声。㉕削屡:削平墙土。冯冯:削土声。㉖堵:墙。㉗鼛(gāo)鼓:大鼓。㉘皋门:郭门。㉙伉:高大貌。㉚应门:王宫正门。㉛将将:庄严堂皇貌。㉜冢土:大社。㉝戎丑:兵众。行:往祭之地。㉞肆:很久以来。殄:消除。愠:怒。㉟陨:损失。问:声誉。㊱柞棫:丛木总称。拔:茂密。㊲兑:畅通。㊳駾(tuì):受惊逃奔。㊴喙(huì):喘息。㊵虞、芮(ruì):皆古国名。质:平断。成:平。㊶蹶(guì):动。生:即"性"。㊷疏附:率下亲上之臣。㊸先后:辅佐导引之臣。㊹奔奏:奔告四方之臣。㊺御侮:捍卫国家之臣。

【鉴赏】这是歌颂太王迁岐创业之诗。

全诗九章。前七章详叙太王开基之功。一章写太王初至岐山的情景。诗以绵绵不绝的大瓜小瓜比喻周族由小至大,日渐强盛,非常生动形象。太王至岐初造,始居沮、漆之间。此时尚无房屋,只好住在土洞之中。因过于简陋,故谓"未有家室"。二章写太王察看地形。一大清早,太王便驱马疾驰,沿着水边来到岐山之下。然后偕妃太姜,相地之宜,选定宫室地址。三章写太王定居周原。岐山之南有一大片"周原"。其上种植苦菜,竟然甜如糖浆,足见土质肥美。太王始与众人谋划,加之卜卦也示吉祥,于是确定止居于此,在此作室。四章写太王规划田亩。百姓安顿之后,接着就划分地界,整治田垄,疏导沟渠,治理田亩。在周原之上,从西到东,人们各执其事,井然有序。五章写太王营建宗庙。太王召司空、司徒各主其事,负责营建宫室。先用绳索划定地基,然后构置筑墙之板。宗庙首先建成,其貌端庄严正。六章写营建宫室的情景。此章写得相当逼真,不但绘形,而且摹声,使人有亲临其境之感。那盛土之声"陾陾"然,那投土之声"薨薨"然,那捣土之声"登登"然,那削土之声"冯冯"然。"百堵皆兴",众声并作,这"陾陾"、"薨薨"、"登登"、"冯冯"之声,交织成一曲雄浑高亢的劳动乐章,就连那用以助兴的大鼓之声也被压下去。场面之宏大,人数之众多,气氛之热烈,宛然在目。七章写营建门、社。营建王都郭门,那郭门高大雄伟;营建王宫正门,那正门庄严堂正;营建祭神大社,那大社是兵众往祭之所。

由上可见,太王真不愧为周族的一代英雄。他由豳迁岐之后,励精图治,开创基业,功绩辉煌。这就为文王兴盛奠定了坚实的基础。后二章略叙文王制胜之功。文王继承太王遗烈,文治武备日盛,故使周之势力更加强大。八章写文王威震混夷。自太王以来从未绝灭对混夷的愠怒,而混夷也不能有损于我周家的声誉。由于文王施行德政,归附日众,故昔日柞棫茂密之地,如今皆成坦途。混夷见状,心怀畏惧,纷纷逃窜,以致气喘吁吁。这"駾"、

"喙"二字状混夷狼狈之相颇为传神。九章写文王以德化人。开头二句隐含着一个生动的故事:虞国、芮国之君相与争田,争讼久而不决,于是去请文王公断。二君进入周境,见其太平景象,因而感悟,争讼自然平息。这故事表明,文王之德感动了虞、芮二君,终于平息了这场争田风波,从而折

服了虞、芮二国。从此,文王又有了率下亲上之臣,又有辅佐导引之臣,又有了奔告四方之臣,又有捍卫国家之臣。由上不难看出,周族的强盛固然始于文王,而奠基实自太王。

《诗序》说:"文王之兴,本由大王也。"玩"本由大王"之语,《序》似谓美太王之诗。此说符合诗意。方玉润《诗经原始》说:"此诗以地利言,……使非去邠逾梁,何以臣服戎狄?故地利之美者足以王,则《绵》诗之旨耳。"其说虽新,但并不确切。诗中言"地利"仅"周原膴膴,堇荼如饴"二句,余皆言太王察看地形、安顿百姓、规划田亩、营建宫室及文王制胜等等。很显然,此诗意在颂美太王开创之功,不在歌咏"地利之美"。

棫 朴

芃芃棫朴[1],薪之槱之[2]。
济济辟王[3],左右趣之[4]。

济济辟王,左右奉璋[5]。
奉璋峨峨[6],髦士攸宜[7]。

淠彼泾舟[8],烝徒楫之[9]。
周王于迈[10],六师及之[11]。

倬彼云汉[12],为章于天[13]。
周王寿考,遐不作人[14]。

追琢其章[15],金玉其相[16]。
勉勉我王,纲纪四方[17]。

【注释】①芃芃(péng):茂密貌。棫朴:丛木总名。②薪:砍伐。槱(yǒu):堆积。③济济:庄严貌。辟王:指文王。④左右:指文王左右的大臣。趣:趋向。⑤奉:捧。璋:玉器。⑥峨峨:庄严貌。⑦髦士:英俊之士。⑧淠(pì):船行貌。⑨烝:众。徒:指船夫。楫:荡桨。⑩迈:出征。⑪及:跟随。⑫倬:明貌。云汉:天河。⑬章：花纹。⑭遐：何,怎。作：造就。⑮追琢：雕琢。⑯相：质。⑰纲纪：统理。

【鉴赏】这是歌颂文王育贤之诗。

全诗五章。前三章写文王贤臣之盛。一章总写贤臣之盛。诗以茂密的丛木砍伐它堆积它,兴比文王贤臣之众多。威仪赫赫的文王,贤臣荟萃,济济一堂。"左右趣之"正生动地描绘出群臣纷纷上朝时的繁盛景象。二章写文臣之盛。文王祭祀时,有文臣参与助祭。他们手持璋器,仪态端庄。这些英俊之士才德双全,操办祀事非常周全。三章写武将之盛。文王出征时,有武将率师跟随。诗以众船夫划桨泾流,兴比武将行君政令。"周王出征,六师跟随",正与兴意吻合。在古代,祀与戎为国之大事,祀需文臣,戎需武将。此诗举此二端便足以见出文王贤臣之盛。后二章写文王精心育贤。文王贤臣之所以如此之盛,是因为精心培育的结果。四章写育贤之因。诗言"那明亮的天河,即是上天的纹彩"。以此比喻高龄的文王,德教涵育,岂不造就众多的人才。"遐不作人"当是此诗的命意所在。五章写育贤之精。文王育贤犹如雕琢金玉一般,既琢其章,又美其质,使之文质彬彬,焕发成彩。文王之臣内外皆美,堪称国之精英。正因如此,勤勉的文王方能理纲四方。文王育贤之效灼然可见。

《诗序》说:"文王能官人。"此说未达诗旨。所谓"官人",即举贤授职之意。然而此诗的命意在育贤而不在举贤。另有"祭祀歌"一说断不可从。首章"芃芃"二句是兴比文王贤臣之盛,而并非"聚薪置牲以燎祭祖先"之意。二章与三章为平列关系,前者言祀以见文臣之盛,后者言伐以见武将之盛,这显属示例性质。因为后二章言"云汉",言"作人",言"追琢",言"金玉"皆与祭祀毫不相涉,岂可以偏而概全?

皇 矣

皇矣上帝①,临下有赫。
监观四方,求民之莫②。
维此二国③,其政不获④。
维彼四国,爰究爰度⑤。
上帝耆之⑥,憎此式廓⑦。

乃眷西顾,此维与宅⑧。

作之屏之⑨,其菑其翳⑩。
修之平之,其灌其栵⑪。
启之辟之,其柽其椐⑫。
攘之剔之⑬,其檿其柘⑭。
帝迁明德,串夷载路⑮。
天立厥配⑯,受命既固。

帝省其山,柞棫斯拔⑰,松柏斯兑⑱。
帝作邦作对⑲,自大伯王季。
维此王季,因心则友⑳。
则友其兄,则笃其庆㉑,载锡之光。
受禄无丧,奄有四方㉒。

维此王季,帝度其心,貊其德音㉓。
其德克明㉔,克明克类㉕,克君克长㉖。
王此大邦,克顺克比㉗。
比于文王㉘,其德靡悔㉙。
既受帝祉,施于孙子。

帝谓文王,无然畔援㉚,
无然歆羡㉛,诞先登于岸㉜。
密人不恭㉝,敢距大邦㉞,侵阮徂共㉟。
王赫斯怒,爰整其旅,以按徂旅㊱。
以笃于周祜㊲,以对于天下㊳。

依其在京㊴,侵自阮疆㊵,陟我高冈。
无矢我陵㊶,我陵我阿。

261

无饮我泉,我泉我池。
度其鲜原㊷,居岐之阳,在渭之将㊸。
万邦之方㊹,下民之王。

帝谓文王,予怀明德㊺。
不大声以色㊻,不长夏以革㊼。
不识不知,顺帝之则。
帝谓文王,询尔仇方㊽,
同尔兄弟,以尔钩援㊾,
与尔临冲㊿,以伐崇墉㉛。

临冲闲闲㉜,崇墉言言㉝。
执讯连连㉞,攸馘安安㉟。
是类是祃㊱,是致是附㊲,四方以无侮。
临冲茀茀㊳,崇墉仡仡㊴。
是伐是肆㊵,是绝是忽㊶,四方以无拂㊷。

【注释】 ①皇:伟大。
②莫:安定。③二国:指商、周。
④不获:不一样。⑤究、度:考
虑。⑥者:致。⑦憎:通"增"。
式廓:疆土。⑧宅:居。⑨作:砍
伐。屏:去掉。⑩菑(zī):直立
已死之树。翳:通"殪"。倒在
地上之树。⑪灌:灌木丛。栵:
斩而复生之木。⑫柽:河柳。
椐:灵寿木。⑬攘、剔:修剪。

⑭檿(yǎn):山桑。柘(zhè):黄桑。⑮串夷:混夷。载路:满路而跑。⑯配:指配
天命者。⑰拔:茂密。⑱兑:笔直。⑲对:指明君。⑳因心:天性。㉑笃:厚。
㉒奄:尽。㉓貊(mò):清明。㉔克明:能明察是非。㉕克类:能分善恶。㉖克长

能诲人不倦。克君：能尽君德。㉗顺：慈和。比：上下相亲。㉘比于：传及。㉙悔：通"晦"。尽。㉚畔援：跋扈。㉛歆羡：羡慕。㉜诞：语助词。岸：高位。㉝密：密须国。㉞距：即"拒"。㉟阮、共：皆国名。㊱按：阻击。㊲祜：福。㊳对：答。㊴依：通"殷"。盛貌。㊵侵：疑作"寝"。息兵。㊶矢：陈兵。㊷鲜原：地名。㊸将：旁边。㊹方：法则，榜样。㊺怀：知。㊻声：言。色：貌。㊼不长：不崇尚。夏：棒。革：鞭。㊽询：咨询。仇方：友邦。㊾钩援：云梯。㊿临、冲：战车。(51)崇：国名。墉：墙。(52)闲闲：熟练。(53)言言：高大貌。(54)讯：审讯。连连：不绝貌。(55)馘(guó)：敌人的左耳。安安：多貌。(56)类：祭天神。祃：祭马神。(57)致：归还土地。附：安抚百姓。(58)茀茀：盛貌。(59)仡仡(yì)：高耸貌。(60)肆：袭。(61)忽：绝。(62)拂：违背。

【鉴赏】这是歌颂文王伐密伐崇之诗。

全诗八章。诗以两章写太王，以两章写王季，而以四章写文王。由此不难看出，此诗意在颂美文王之武功。

首二章写太王之功德。一章言天命太王宅居岐山。伟大的上帝，监临下土明察显赫。上帝观察四方，以求百姓安定之所。结果发现商乱周治，"维此二国"，其政截然不同。上帝公正，并非有私于周。接着上帝又观察四方之国，经过一番考虑，最后决定赐命于周，增大其疆土。上帝回头西望，遂以岐山之地给予太王。二章言太王开发岐山。开头八个排比句，一气直下，真切地描绘出太王辟草莱、育林木的兴旺景象。砍伐那枯树，铲除那死树；修剪那灌木，理齐那小树；芟除那河柳，整理那灵寿；砍齐那山桑，剔理那柘树。太王如此艰苦创业，使周邦得以迅速发展。下四句正是对太王功德的高度赞美。上帝迁明德之君于此，混夷便落荒而逃；上帝立他为配天之人，其承受天命固若磐石。

中二章写王季的功德。三章言王季友爱其兄。上帝俯视岐山，柞棫茂密，松柏笔挺，气象一新。为此，上帝兴周邦，立明君，自太伯、王季相让始。这个王季，生性友爱，"则友其兄"。这二句正隐含着王季、太伯相互让国的故事。由于王季具有这种友爱的美德，所以上帝既增厚其福禄，又赐予其荣光。王季所受福禄没有丧失，于是就广有四方。四章言王季之盛德。这个王季，上帝度量他的心，深知他道德清明。王季其德非常完美，能明是非，能辨善恶，能作师长，能为人君；统治这个大国，亦能上下相亲，慈和顺善。传至文王，其令德不已。既已承受上帝的福禄，还要传给后代子孙。这几句承上启下,使得行文过渡自然,了无痕迹。

后四章写文王伐密伐崇。四、五章言伐密。上帝对文王说:不要跋扈,不要贪婪,而要率先登上道德完美之岸。文王内修德政,国力充实。可是密国自傲不恭,竟然胆敢抗拒大邦。它既已侵犯阮国,又欲侵犯共国。这使文王勃然大怒。于是立即整顿军队,去阻止侵犯共国的密军。文王的这一举动,上可承天意以厚周家之福,下可符民望以答天下之心。这次战争,其结果自然是周师凯旋。"依其在京",是说文王之师已返回周京;"侵自阮疆",是追述息兵于阮疆。在归师途中,文王登上高冈,豪情荡胸,踌躇满志。此时兵息境安,再也无人敢陈兵于"我陵我阿",饮马于"我泉我池"了,一种胜利后的喜悦之情溢于言表。征服密国之后,文王德威影响更远,于是规划岐山之南、渭水之侧的"鲜原",以作周京。从此,这"鲜原"便成了万国的榜样,人民所归往的地方。七、八章言文王伐崇。上帝对文王说:不要暴显言貌,不要尊尚威力。要像"不识不知"一样,遵循上帝的法则。去跟大国"仇方"商量,去与小国"兄弟"联合。准备好云梯及战车去讨伐崇国。尽管崇国的城墙高大,然而也挡不住周军战车的猛烈攻击。经过激战,周军获俘甚多,连连审讯;割敌左耳,也不计其数。于是周军就地举行天祭和马祭。之后归还崇国之土地,安抚崇国之人民,这样四方之国再也不敢侵侮周邦也。接着周军又向崇国展开了更强大的攻势。战车疾驰,气势磅礴,高耸的"崇墉"已摇摇欲坠。此时,周军发起了冲锋,"是伐是肆","是绝是忽",终于灭掉了崇国,取得了彻底胜利,这样四方之国再也不敢违抗周邦了。

《诗序》说:"美周也。天监代殷莫若周,周世世修德莫若文王。"《序》言"美周",此属泛论。又言"莫若文王",方切近诗意。朱熹《诗集传》说:"此诗叙大王大伯王季之德,以及文王伐密伐崇之事。"此说不为大误,唯犯主次不分之弊。方玉润《诗经原始》说:"此诗历叙大王以来积功累仁之事,而尤着意摹写王季友爱一段至德。"此说将重点落在"摹写王季"也不切当。

灵　台

经始灵台①，经之营之。
庶民攻之②，不日成之。
经始勿亟③，庶民子来④。

王在灵囿⑤，麀鹿攸伏⑥。
麀鹿濯濯⑦，白鸟翯翯⑧。
王在灵沼⑨，於牣鱼跃⑩。

虡业维枞⑪，贲鼓维镛⑫。
於论钟鼓⑬，於乐辟廱⑭。

於论钟鼓，於乐辟廱。
鼍鼓逢逢⑮，矇瞍奏公⑯。

【注释】①经：经营。始：通"治"。治理。②攻：造。③亟：急。④子：通"兹"。更。⑤灵囿（yòu）：园名。⑥麀（yōu）：母鹿。⑦濯濯（zhuó）：肥泽貌。⑧白鸟：白鹤。翯翯（hè）：洁白貌。⑨灵沼：沼名。⑩牣（rèn）：满。⑪虡（jù）：悬编钟编磬的木架。业：鼓架。维：和。枞（cōng）：悬大钟的架。⑫贲（fén）鼓：大鼓。镛（yōng）：大钟。⑬论：通"伦"。鼓钟之声有序。⑭辟廱（pì yōng）：游乐宫。⑮鼍（tuó）：鳄鱼。逢逢：鼓声。⑯矇（méng）、瞍（sǒu）：皆盲人。奏公：演奏乐器。

【鉴赏】这是颂美文王游观之诗。

文王伐崇之后，即由"程"迁邑于"丰"。在"丰"之郊野，文王作"灵台"，建"灵囿"，辟"灵沼"，修"辟廱"，使这儿成了文王游观之胜地。

全诗四章。前二章写文王游观台池苑囿。一章言游观"灵台"。此章从营建"灵台"着笔，而文主游观"灵台"则自见言外。文王兴建"灵台"，工地一片繁忙，有的在测量地基，有的在设计蓝图，百姓则在尽力劳作，进度极为神速，仅用了几天工夫，一座雄伟的"灵台"就宣告建成。由于文王爱惜民力,不欲急于求成,故民情踊跃,反而蜂拥而至,这正是"不日成之"的根本原因。此时,文王站在"灵台"之上,观赏四方风物,心中好不欢悦。诗人见此情景,自然想起文王兴建"灵台"的一幕。二章言游观"灵囿"与"灵沼"。文王由"灵台"来到"灵囿",观赏飞禽走兽。那母鹿体态肥泽,正伏卧于地悠然自得;那白鹤羽毛洁白,正蹒跚地来回踱步。继而文王又来到"灵沼",观赏游鱼嬉戏。那满池的鱼儿正在跳跃嬉乐。

此章着墨不多,但写得很有情趣。这鹿"伏"鱼"跃"的情态,正好烘托出文王游观时的欢乐心情。后二章写文王游观"辟廱"。文王最后来到"辟廱",观赏优美的音乐。此时,乐架已经备好,鼓、钟已经挂上。顿时,钟鼓齐鸣,乐音和谐,节拍井然,配以"鼍鼓"嘭嘭之声,使音乐更增添几分壮美的色彩。这真是一座快乐的水上宫! 最后点明演奏者全是盲人乐师。

《诗序》说:"民始附也。"《正义》说:"其民从君而来,其心未见灵德,至于作台之日,民心始知,故言始附。"此说既不符合诗意也不符合史实。诗之首章只是追述文王作台百姓"攻之""子来"的情景,其余三章皆写文王游观之乐。很显然,这与"民始附"毫不相涉。再说,"民始附"也非自文王作台始。其实,文王作台之前,百姓就早已归附于周了。《诗序》又说:"文王受命,而民乐其有灵德以及鸟兽昆虫焉。"不用说,这是根据《孟子·梁惠王》"文王以民力为台为沼,而民欢乐之。……乐其有麋鹿鱼鳖"而立论,也非诗之本意。

生 民

厥初生民①,时维姜嫄。
生民如何? 克禋克祀②,以弗无子③。
履帝武敏歆④,攸介攸止⑤。

载震载夙⁶,载生载育,时维后稷。

诞弥厥月⁷,先生如达⁸。
不坼不副⁹,无菑无害⁰。
以赫厥灵,上帝不宁,
不康禋祀,居然生子⑪。

诞寘之隘巷,牛羊腓字之⑫。
诞寘之平林,会伐平林⑬。
诞寘之寒冰,鸟覆翼之。
鸟乃去矣,后稷呱矣⑭。
实覃实訏⑮,厥声载路。

诞实匍匐⑯,克岐克嶷⑰,以就口食⑱。
蓺之荏菽⑲,荏菽旆旆⑳。
禾役穟穟㉑,麻麦幪幪㉒,瓜瓞唪唪㉓。

诞后稷之穑,有相之道㉔。
茀厥丰草㉕,种之黄茂㉖。
实方实苞㉗,实种实褎㉘,
实发实秀㉙,实坚实好,实颖实栗㉚。
即有邰家室㉛。

诞降嘉种,维秬维秠㉜,维穈维芑㉝。
恒之秬秠㉞,是获是亩㉟。
恒之穈芑,是任是负㊱。
以归肇祀㊲。

诞我祀如何?或舂或揄㊳,或簸或蹂㊴。
释之叟叟㊵,烝之浮浮㊶。

267

载谋载惟㊷,取萧祭脂㊸,取羝以軷㊹。
载燔载烈,以兴嗣岁。

卬盛于豆㊺,于豆于登㊻,其香始升。
上帝居歆㊼,胡臭亶时㊽。
后稷肇祀,庶无罪悔,以迄于今。

【注释】①民:人。②禋祀:祭祀。③弗:通"祓"。除灾。④武:迹。敏:拇。歆:动。⑤介:止:休息。⑥震:动。夙:息。⑦弥:满。⑧先生:初生。达:通"羍"。小羊。⑨坼(chè)、副(pì):裂开。⑩菑(zāi):同"灾"。⑪居然:惊惧。子:卵。⑫腓(féi):庇护。字:哺乳。⑬会:适逢。⑭呱(gū):哭。⑮覃(tán):长。訏(xū):大。⑯匍匐(pú fú):爬行。⑰岐:知。嶷:识。⑱就:成。⑲蓺(yì):种植。荏菽:大豆。⑳旆旆(pèi):茂盛貌。㉑禾役:苗干。穟穟(suì):苗壮貌。㉒幪幪(méng):茂盛貌。㉓瓞(dié):小瓜。唪唪(běng):累累貌。㉔相:观看。道:方法。㉕茀(fú):拔除。㉖黄茂:泛指五谷。㉗方:始发芽。苞:含苞。㉘种:苗短貌。褎(xiù):苗渐长貌。㉙发:禾茎长貌。秀:禾穗秀实。㉚颖:禾穗垂貌。栗:谷粒饱满。㉛邰:地名。㉜秬(jù):黑黍。秠(pī):双米黍。㉝䵖(mén):赤梁粟。芑:白粱粟。㉞恒:遍地。㉟亩:把作物堆在田亩。㊱任:抱。负:背。㊲肇祀:开始祭祀。㊳揄(yóu):舀。㊴蹂:通"揉"。以手揉米使糠米分开。㊵释:淘米。叟叟:淘米声。㊶烝:即"蒸"。浮浮:热气上腾貌。㊷谋、惟:计划筹谋。㊸脂:指牛羊等的脂肪。㊹羝(dī):公羊。軷(bá):祭路神。㊺卬:我。豆:木盘。㊻登:瓦器。㊼歆:享受。㊽臭:香气。亶(dǎn):真。时:善。

【鉴赏】 这是歌颂周始祖后稷之诗。

全诗八章。此诗富有浓郁的神话色彩,诗中所塑造的后稷形象实为一位神化了的英雄。诗以"赫其灵"为纲,从不同侧面描写后稷的神异。

前三章写后稷诞生前后的神异。一章言后稷在母体孕育的神异。后稷的母亲即姜嫄。相传姜嫄是帝喾之妃。一天,她出游郊野,举行"禋祀"之礼,以消除"无子"之疾。她见地上有一个巨大的上帝的足印,心中欢悦,于是便践踏在足印的拇指处,结果身动如孕。自此以后,她独自别居止息。胎儿在她的腹中,时而震动,时而平息,渐渐生长,渐渐发育。这就是后稷。二章言后稷诞生的神异。姜嫄怀足了月份,生下头胎如同母羊产下羊羔那样滑利。诗以"先生如达"喻姜嫄生产极易十分贴切。由于后稷是"连胞而下",所以"不破不裂","无灾无害",甚至于连婴儿的哭声也听不到。后稷诞生所显示出来的这种赫赫神异,使得姜嫄惶恐不安。她以为上帝不安享她的"禋祀",才居然生下这么个圆球形的肉体,难怪姜嫄如此惊惧不已。三章言后稷被弃不死的神异。姜嫄见生下这么个如卵一样的怪物,只好忍痛割爱将后稷抛弃。先弃之小巷,谁知有牛羊跑来庇护哺乳;继而弃之树林,谁知又恰逢人们前来砍伐木材;最后弃之寒冰,谁知更有鸟儿飞来用翅膀覆盖后稷。这一笔写得尤为神奇。鸟"覆翼"后稷,有如伏卵一般。后稷得到鸟伏的暖气,便破胞而出,现出了婴儿的原形。鸟飞走后,后稷方始呱呱而哭。他的哭声又长又大,传满道路,震荡四野。姜嫄得知此情以为神异,遂收而养之。

　　中三章写后稷艺农的神异。四章言后稷幼时艺农之神异。后稷刚会匍匐爬行时,就有知有识,聪慧异常,竟会种植庄稼。后稷种上大豆,大豆茂盛;种上禾苗,禾苗苍翠;种上麻麦,麻麦茁壮;种上瓜果,瓜果累累。后稷天生就会艺农,这岂不神异。五章言后稷成人后艺农之神异。后稷长大成人,更谙于艺农之道。他懂得相地之宜,铲除杂草,精选良种,播上金黄色的谷物。此章描

写作物长势非常细致而逼真。那播入土中的种子,已开始发芽含苞;那禾苗出土初短而后渐高;那禾茎向上拔节已经抽穗;那禾干既坚实而又美好;那谷穗下垂谷粒饱满。这里一共选用了十个形容词,形象地描绘出作物生长的全过程,使人仿佛听到谷物拔节抽穗的声音,看到金色谷浪翻滚的画面。因后稷艺农有功,故受封于邰而立国。六章言后稷率民稼穑之

神异。由于上帝佑助后稷,故而降下许多"嘉种"。其中有黑色黍,有双米黍;有红粱粟,有黑粱粟等等。后稷率民遍地种上"秬秠",遍地种上"穈芑"。待到作物成熟,后稷又率民先收割作物堆放于田亩之中,然后抱起作物扛在肩上,回家开始举行祭祀。这"以归肇祀"一句递入下文,无迹可寻。

末二章写后稷率民祭祀的神异。七章言后稷率民准备祭品。为准备祭品,上上下下紧张而忙碌。有的在舂米,有的在舀米;有的在簸米,有的在揉米。淘米之声淅沥响,蒸米之气正飞扬。大家出主意,众人细思量。取来萧脂祭上帝,取来公羊祭路神。又是烧来又是烤,祈求来年好收成。八章言后稷率民举行祭祀。祭品业已备好,祭祀开始举行。将祭品盛上木盘,盛上瓦器。那祭品的香气,开始向上升腾,上帝闻之欣然而享用。这浓郁的香气的确美善。从后稷开始祭祀,世世代代均无过错,以至于今世。后稷首创祀典,这也显示出他的神异。

《诗序》说:"尊祖也。……文武之功起于后稷,故推以配天焉。"朱熹《诗集传》说:"尊后稷以配天。"这种说法似欠确切。姚际恒《诗经通论》指出:"述始祖后稷诞生之异以及耕播百谷之功而肇修祀典也。"姚氏谓后稷"肇修祀典"符合诗意。六章言后稷作物丰收后"以归肇祀",紧接着七章开头又承上言"诞我祀如何",末句又承上言"以兴嗣岁",这正是说后稷种谷有成,始修祀典,以兴来岁之事。八章再言"后稷肇祀"以总括后稷始修祀典之功。由此看来,七、八章是写后稷祭祀上帝,而绝非是写后王祭祀后稷。因此,那种"祀后稷以配天"的说法实难成立。

公　刘

笃公刘①,匪居匪康②。
迺场迺疆③,乃积乃仓。
迺裹餱粮④,于橐于囊⑤,思辑用光⑥。
弓矢斯张,干戈戚扬⑦,爰方启行⑧。

笃公刘,于胥斯原⑨。
既庶既繁⑩,既顺迺宣⑪,而无永叹⑫。
陟则在巘⑬,复降在原。
何以舟之⑭?维玉及瑶,鞞琫容刀⑮。

笃公刘,逝彼百泉⑯,瞻彼溥原⑰。
乃陟南冈,乃觐于京⑱。
京师之野⑲,于时处处⑳。
于时庐旅㉑,于时言言㉒,于时语语㉓。

笃公刘,于京斯依㉔。
跄跄济济㉕,俾筵俾几㉖。
既登乃依,乃造其曹㉗。
执豕于牢㉘,酌之用匏㉙。
食之饮之,君之宗之㉚。

笃公刘,既溥既长,既景迺冈㉛。
相其阴阳㉜,观其流泉,其军三单㉝。
度其隰原㉞,彻田为粮㉟。
度其夕阳㊱,豳居允荒㊲。

笃公刘,于豳斯馆㊳。
涉渭为乱㊴,取厉取锻㊵。
止基乃理㊶,爰众爰有㊷。
夹其皇涧㊸,溯其过涧㊹。
止旅迺密㊺,芮鞫之即㊻。

【注释】①笃:忠厚。②匪居匪康:匪康居,意为不安居。③迺:同"乃"。场(yì):田界。④餱(hóu)粮:干粮。⑤橐(tuó):无底口袋。囊:有底口袋。⑥辑:

271

和睦。光大。⑦戚:斧子。扬:大斧。⑧方:开始。启行:出发。⑨胥:察看。⑩庶、繁:指人物众多。⑪顺:归顺。宣:舒畅。⑫永:长。⑬巘(yǎn):小山。⑭舟:通"周"。环绕。⑮鞞琫(bǐng běng):刀鞘上的装饰物。容刀:装饰过的佩刀。⑯逝:往。⑰溥:广阔。⑱觏(gòu):看见。京:地名。⑲师:京都。⑳处处:居住。㉑庐旅:暂居。㉒言言:畅所欲言。㉓语语:无所不语。㉔依:安居。㉕跄跄济济:群臣威仪端庄肃穆。㉖俾:摆设。㉗造:犹"匕"。排位。曹:众宾。㉘牢:猪圈。㉙匏(páo):用葫芦做的瓢。㉚君:当君王。宗:当宗主。㉛景:同"影"。测日影。㉜阴:山北。阳:山南。㉝单:通"禅"。轮流代替。㉞隰:低湿地。㉟彻:治。㊱夕阳:山的西面。㊲允荒:实在大。㊳馆:建房舍。㊴乱:横流而断。㊵厉:磨刀石。锻:锻石。㊶理:治理。㊷众:人多。有:财足。㊸皇涧:水名。㊹溯:面向。过涧:水名。㊺旅:寄居。㊻芮(ruì):水边向内凹处。鞫(jū):水边向外凸处。即:就。

【鉴赏】这是歌颂公刘由邰迁豳之诗。

公刘的时代大约在夏末商初。公刘原居邰地,为避夏桀之乱而率众迁豳。

全诗六章。一章写开始出发。发端一个"笃"字,便写出了公刘忠厚的品性。他忠于职守,不敢安居。迁徙之前,公刘已作了充分的准备。他修治田亩,囤积食粮,这就为迁徙奠定了坚实的基础。出发前夕,公刘布置十分周全。为供途中生活之需,将干粮盛满口袋;为鼓舞士气,号召周族团结一心从而光大周邦;为以防意外,命令士兵张弓搭箭,高举干、戈、戚、扬。一切准备就绪,于是开始出发。二章写察看地形。一到豳地,公刘便察看这块平原。随来之民众多,其心归顺,其情舒畅,而无长叹之声。下几句描摹极有风致,也颇精彩。公刘时而登上山顶,时而又下至平原。仅一"陟"一"降"两个动词,便将公刘身体力行的作风、不惮操劳的精神刻画了出来。接着笔锋一转,设问公刘身上环绕什么,这看似闲笔,不关紧要,然而风致却正在此。公刘身系美玉,腰挂容刀,登山降原,显得多么威武。经这一点染,就给公刘的形象增色不少。三章写安顿百姓。公刘首先前往百泉之间,去视察那广阔的原野。然后他又登上南边的山冈,一眼便看到"京"这个地方。京都的郊野,真是人山人海,热闹非凡。有的在此定居,有的在此寄居,有的在此欢歌,有的在此笑语,民情欢洽,气氛极为活跃。此章描绘迁都人众、居住未定的景象,宛然在目。四章写庙成庆典。公刘在"京"首先营建宗庙。宗庙始成,即举行庆典,宴饮群臣。参加宴饮的群臣皆有威仪,公刘使之入席就座。就座已毕,群臣的尊卑长幼次序也就清楚了。此时,公刘请他们食肉,请他们饮酒;做他们的君王,做他们的宗主。五章写拓垦田亩。已开垦土地的面积又长又大。为了继续拓垦田亩,公刘又测量日影以定方向,登上高冈以望远方。他察看山北山南,看是否寒暖得宜,以便耕稼;他考察河流泉水,看是否地势适中,以便灌溉。公刘将军队分成三批,轮番服役,去测量地势低洼的平原,整治田亩生产粮食。为了扩大耕地,还必须勘测山西面的土地。至此,豳地所居之地的确广大。六章写营室定居。公刘在豳地修建房舍。为此,用船截流横渡渭水,去取来粗石与石砥,以作建房之用。房舍已经建成,百姓更多,财物益足。末四句分明是一幅美丽的图画。有的在"皇涧"两岸住着,有的面向"过涧"住着。由于归附日众,有的只好住在水边向内凹处,有的只好住在水边向外凸处。诗写至此戛然而止,余味无穷。由此不难看出,公刘之国已初具规模,而且还大有日进无疆之势。公刘真不愧为周族历史上一位伟大的英雄。

《诗序》说:"召康公戒成王也。"此说只可谓诗之用,而并非诗之意。据《史记·周本纪》所载,此诗专美公刘,无涉戒意,也不言召公所作,可知当为豳地遗诗。此诗后在民间广为流传,且不断增益润饰,而周公、召公则陈之于成王,以作为告诫之词也有可能。由此看来,《诗序》是将诗用当作诗旨,这显然不当。

卷 阿

有卷者阿①,飘风自南②。
岂弟君子③,来游来歌,以矢其音④。

伴奂尔游矣⑤,优游尔休矣⑥。

岂弟君子,俾尔弥尔性⑦,似先公酋矣⑧。

尔土宇昄章⑨,亦孔之厚矣⑩。
岂弟君子,俾尔弥尔性,百神尔主矣。

尔受命长矣,茀禄尔康矣⑪。
岂弟君子,俾尔弥尔性,纯嘏尔常矣⑫。

有冯有翼⑬,有孝有德,以引以翼⑭。
岂弟君子,四方为则。

颙颙卬卬⑮,如圭如璋⑯,令闻令望。
岂弟君子,四方为纲。

凤凰于飞,翙翙其羽⑰,亦集爰止⑱。
蔼蔼王多吉士⑲,维君子使,媚于天子⑳。

凤凰于飞,翙翙其羽,亦傅于天㉑。
蔼蔼王多吉人,维君子命,媚于庶人。

凤凰鸣矣,于彼高冈。
梧桐生矣,于彼朝阳㉒。
菶菶萋萋㉓,雝雝喈喈㉔。

君子之车,既庶且多㉕。
君子之马,既闲且驰㉖。
矢诗不多㉗,维以遂歌㉘。

【注释】①卷:曲。阿:山陵。②飘风:旋风。③岂弟:乐易。④矢:陈述。⑤伴奂:盘桓。⑥优游:闲暇。⑦俾:使。弥:充足。⑧似:通"嗣"。继承。酋:通"猷"。谋,即事业。⑨土宇:疆域。昄(bǎn)章:版图。⑩孔:很。⑪茀:通"福"。⑫纯嘏(gǔ):大福。⑬冯:满。翼:盛。⑭引:通"寅"。敬。翼:义同"引"。⑮颙

274

颙(yóng)：肃敬貌。⑮卬卬：气宇轩昂貌。⑯圭、璋：皆礼器。⑰翙翙(huì)：鸟飞声。⑱爰：犹"而"。⑲蔼蔼：犹"济济"。吉士：贤臣。⑳媚：爱。㉑傅：至。㉒朝阳：山的东面。㉓菶菶(běng)、萋萋：皆茂盛貌。㉔雝雝、喈喈：皆鸟鸣声。㉕庶：众。多：通"侈"。富丽堂皇。㉖闲：熟练。㉗矢：陈。㉘遂：进。

【鉴赏】 这是召康公从成王出游之诗。

全诗十章。《竹书纪年》载云："成王三十三年，游于卷阿，召康公从。"此言出游之年虽未足信，但说召康公从成王出游则无疑。

一章总述作诗之由。此章犹如一段出游小记。首二句点明出游时、地。蜿蜒曲折的山陵，树木繁茂，风光秀美；从南边吹来的旋风，习习作响，凉爽宜人。这确是一处旅游胜地。次二句描摹游人。和乐平易的君子，游兴正浓，他一边游览，一边唱歌，好不欢悦。末句点明作诗之由。由于成王唱出了他的歌，故召康公借游陈词，作此诗以答成王。

二至六章颂美成王之德。前三章言德之内蕴。"俾尔弥尔性"为这三章的主旋律。诗人祝愿成王美好的品性，永无亏损。此句咏叹再三，足以见出分量之重。二章颂善继。"伴奂"状游览盘桓之态，"优游"拟休憩闲暇之容。诗人见此情景，于是赞美成王能充其性，善继先公之业。三章颂奉祀。周之疆宇版图，辽阔无边。这分明是成王盛世之象。诗人思此丰功，于是赞美成王能充足其性，为百神之祭主。四章颂获福。成王受天命而久长，获福禄而安康。诗人想此福寿，于是赞美成王能充足其性，永享千秋之大福。这"似先公""主百神""常纯嘏"正是颂美成王德之内蕴。五、六章言德之外著。五章颂"为则"。成王忠诚满于内，威仪盛于外。正因为成王"有孝(善)有德"，故其威仪端庄肃敬。成王的威仪可成为四方的准则。六章颂"为纲"。成王神情肃敬，气宇轩昂，其德如圭璋般圣洁可贵，其善声美誉流播于四海。成王的盛德可成为四方的纪纲。这"为则"、

"为纲"正是颂美成王德之外著。

七至九章颂美贤臣之盛。凤凰是一种吉祥之鸟。此鸟品性高洁,可以说是美好事物的象征。相传自凤凰鸣于岐山,而周方始日盛。成王盛世,这座山陵梧桐繁茂,凤凰来集,当为实景。成王此次出游,众多贤臣相随,隆盛无比。诗人触景生情,以"凤凰"喻贤臣真是恰到好处。"吉士"与"瑞羽"相互辉映,"吉人"与"瑞物"双美并咏,可谓景美、意美。七章颂贤臣忠君。凤凰展翅飞翔,其羽发出"翙翙"之声,纷纷集于所止之处。诗以此喻成王之"吉士"济济一堂。这些贤臣为王驱使,奉职尽力,无不爱戴天子。八章颂贤臣爱民。凤凰展翅飞翔,其羽发出"翙翙"之声,纷纷向上直薄云天。诗以此喻成王之"吉人"奋发有为。这些贤臣听王驱使命,不失其职,无不爱护百姓。这"媚于天子""媚于庶人"正是贤臣之贤的具体表现。九章颂贤臣之盛。在那高冈之上,凤凰正在鸣叫,其声"雝雝喈喈",悦耳动听。在那山的东面,梧桐巍峨高耸,其貌"菶菶萋萋",枝繁叶茂。此章全为喻体,寓意深长。"梧桐生"喻明君出,"菶菶萋萋"喻君德盛。"凤凰鸣"喻贤臣众,"雝雝喈喈"喻贤臣和。凤凰毕集梧桐,正暗喻贤臣咸附于明君。从这番精彩的虚写之中,便足以想见成王贤臣之盛。

十章颂美车马之盛。成王出游,车马隆盛。成王之车,既众多又堂皇;成王之马,既熟练又轻快。此与首章"游"字正遥相呼应。召公自谓:陈诗不多,唯以此诗作为进献君王之歌。此照应首章"以矢其音"作收,章法极为严谨。

《诗序》说:"召康公戒成王也。言求贤用吉士也。"吴闿生《诗义会通》说:"全诗大旨,重在用贤。"此说未确。诗中明言"王多吉士""王多吉人",足见成王贤臣之盛,何待召公戒成王求而用之呢?

民　劳

民亦劳止,汔可小康①。
惠此中国②,以绥四方③。
无纵诡随④,以谨无良⑤。
式遏寇虐⑥,憯不畏明⑦。

柔远能迩⑧,以定我王。

民亦劳止,汔可小休。
惠此中国,以为民逑⑨。
无纵诡随,以谨惛怓⑩。
式遏寇虐,无俾民忧。
无弃尔劳⑪,以为王休⑫。

民亦劳止,汔可小息。
惠此京师,以绥四国。
无纵诡随,以谨罔极⑬。
式遏寇虐,无俾作慝⑭。
敬慎威仪,以近有德。

民亦劳止,汔可小愒⑮。
惠此中国,俾民忧泄。
无纵诡随,以谨丑厉⑯。
式遏寇虐,无俾正败⑰。
戎虽小子⑱,而式弘大⑲。

民亦劳止,汔可小安。
惠此中国,国无有残。
无纵诡随,以谨缱绻⑳。
式遏寇虐,无俾正反。
王欲玉女㉑,是用大谏。

【注释】①汔(qì):庶几。②中国:京师。③绥:安。④诡随:欺诈。⑤谨:谨防。⑥式:用。遏:制止。寇虐:残害。⑦惨(cǎn):曾,乃。⑧柔:安抚。迩:近。⑨逑:聚合。⑩惛怓(hūn náo):喧哗。⑪劳:功劳。⑫休:美。⑬罔极:无法纪。⑭慝(tè):邪恶。⑮愒(qì):休息。⑯丑厉:丑态。⑰正:正道。⑱戎:你。

⑲式:用。弘:大。⑳缱绻(qiǎn quǎn):固结不解。㉑玉:爱。

【鉴赏】这是召穆公谏厉王之诗。

全诗五章。据《国语·周语》记载,周厉王是一位贪暴之君。他亲近并将重用"好专利"的荣夷公。芮伯告诫他说:"荣公若用,周必败。"但厉王不听,仍用荣夷公为卿士。由于厉王推行"专利"之政,弄得民不聊生,故而"国人谤王"。召穆公告诉他说:"民不堪命矣!"但厉王不但不改弦更张,反而大怒,使卫巫监谤,"以告,则杀之"。这样一来,"国人莫敢言,道路以目"。结果国家大乱,诸侯离心,国人反叛,最后厉王只落得"流于彘"的可悲下场。此诗大概作于国之将乱尚可补救之际。

每章前四句谏王安民。国以民为本,若民劳瘁,则国必危。所以发端示警:"百姓已劳瘁不堪了,庶几可望稍事安息。"此时王若改图,减轻赋役,还可扭转危局。故首章言爱护京城百姓,便可安抚四方;次章言爱护京城百姓,便可聚集天下之民;三章言爱护京城百姓,便可安定四方之国;四章言爱护京城百姓,便可使民排除忧愁;五章言爱护京城百姓,便可使国家不致遭到败亡。京城为国之心脏,"惠中国"以安天下实乃良策。

每章中四句戒王防奸。要安民,就得防奸。奸不除,则民不安;民不安,则国不宁。因此,防奸当是此诗重点之所在。大凡奸邪之人,对上则以甘心媚于君,对下则以威力残于民。故诗中反复提醒不要放纵"诡随"之人,要谨防他"居心不良",谨防他"喧嚣胡言",谨防他"无恶不作",谨防他"丑恶多端",谨防他"反复纠缠"。"无良"状其本质,"憯恔"状其言语,"罔极"状其罪恶,"丑厉"状其态貌,"缱绻"状其用心,可谓入木三分。尤其是"缱绻"二字绝妙,小人固结其君,其君留恋小人,被这二字描摹无遗。唯有"无纵""以谨",方可用以遏止"寇虐"。这样便可出现一个好的政治局面:使小人知畏明法,使百姓无有忧愁,使小人不敢作恶,使政治不致败坏,使是非不会颠倒。诗人写此,显然是为警耸君听,并望君能以防奸除邪为急务。

每章末二句戒王修德。君修明德,则奸邪可除,则百姓可安。故而规劝君王要悦近怀远,以定王室;无弃前功,以成其美;敬慎威仪,接近有德。继而深戒:您虽年轻,作用甚大,关系天下安危,民生休戚,故德不可不修。最后倾吐忠言:"君王啊,我衷心热爱您,故作此诗来规劝。"诗旨至此而大明。

《诗序》说:"召穆公刺厉王也。"此说正确。朱熹《诗集传》说:"乃同列相戒之辞耳。"此说欠当。每章首四句言安民,中四句言防奸,末二句言修德,非君王不足以当此意。可见,"同列相戒"之说大可怀疑。

板

上帝板板①,下民卒瘅②。
出话不然③,为犹不远④。
靡圣管管⑤,不实于亶⑥。
犹之未远,是用大谏。

天之方难,无然宪宪⑦。
天之方蹶⑧,无然泄泄⑨。
辞之辑矣⑩,民之洽矣⑪。
辞之怿矣⑫,民之莫矣⑬。

我虽异事⑭,及尔同寮⑮。
我即尔谋⑯,听我嚣嚣⑰。
我言维服⑱,勿以为笑。
先民有言,询于刍荛⑲。

天之方虐,无然谑谑⑳。
老夫灌灌㉑,小子蹻蹻㉒。

匪我言耄㉓,尔用忧谑㉔。
多将熇熇㉕,不可救药。

天之方懠㉖,无为夸毗㉗。
威仪卒迷㉘,善人载尸。
民之方殿屎㉙,则莫我敢葵㉚。
丧乱蔑资㉛,曾莫惠我师㉜。

天之牖民㉝,如壎如篪㉞。
如璋如圭,如取如携。
携无曰益㉟,牖民孔易。
民之多辟㊱,无自立辟㊲。

价人维藩㊳,大师维垣㊴。
大邦维屏㊵,大宗维翰㊶。
怀德维宁,宗子维城㊷。
无俾城坏,无独斯畏。

敬天之怒,无敢戏豫㊸。
敬天之渝㊹,无敢驰驱。
昊天曰明,及尔出王㊺。
昊天曰旦㊻,及尔游衍㊼。

【注释】①板板:乖戾。②瘅(dàn):劳瘁病苦。③不然:不对。④犹:谋。⑤靡圣:目无圣人。管管:无所依据貌。⑥亶(dǎn):诚信。⑦宪宪:通"欣欣"。喜悦貌。⑧蹶(guì):动。⑨泄泄:喋喋不休。⑩辞:政令之辞。辑:缓和。⑪洽:和谐。⑫怿(yì):通"殬"。败坏。⑬莫:通"瘼"。病。⑭异事:职务不同。⑮同寮:即"同僚"。⑯即:就。⑰嚻嚻:不肯受言之貌。⑱服:用。⑲询:问。⑳荛:樵夫。㉑谑谑(xuè):喜乐貌。㉒灌灌:诚恳貌。㉓蹻蹻:骄傲貌。㉓耄(mào):老人。㉔忧谑:嬉戏。㉕熇熇(hè):炽盛貌。㉖懠(qí):愤怒。㉗夸毗(pí):说大话。㉘迷:乱。㉙殿屎:呻吟。㉚葵:庇护。㉛蔑资:无财物。㉜惠:体恤。师:民众。㉝牖(yǒu):诱导。㉞壎(xūn):土制乐器。篪(chí):竹管乐器。㉟益:通"隘"。阻碍。㊱辟:邪僻。㊲辟:法。㊳价人:指卿士掌军事者。藩:篱笆。㊴大师:最高的执政者。垣:墙。㊵大邦:周邦。屏:屏障。㊶大宗:周宗。翰:栋梁。㊷宗子:周天子。㊸戏:嬉戏。豫:通"娱"。快乐。㊹渝:变,灾异。㊺王:通"往"。㊻旦:明。㊼游衍:游逛。

【鉴赏】 这是凡伯刺厉王之诗。

凡伯是周公之后,入为卿士。厉王时,凡伯与召穆公为周之勋旧老臣,德高望重。故谓《民劳》为召穆公所作,《板》为凡伯所作,这是可信的。

全诗八章。此诗在写法上与《民劳》篇不同。《民劳》篇是以"是用大谏"终,而此诗则是以"是用大谏"始。两相比较,《板》诗意尤深而词尤迫。可见此时政局混乱,国势危殆,已到了难以挽回的地步。

一、二章斥王违圣慢天。上帝乖戾,反其常道,使百姓劳瘁不堪。何以至此? 盖因厉王违圣慢天所造成的恶果。厉王出言皆不合情理,为谋也不远长;漠视先圣,恣意妄为;言行不一,信誉扫地;目光短浅,"是用大谏"。上帝正在降灾,而您还如此欣喜;上帝正在作乱,而您还如此夸耀。若政教宽缓,则百姓和谐;若政教败坏,败百姓疾苦。这二章造语犀利,促人猛醒。

三、四章斥王不听善言。不听善言,是厉王违圣慢天的重要原因。您是君,我是臣,虽然职事不同,但同治天下则无异。我竭力出谋献策,而您却高傲自大,充耳不闻。我的话句句实在,不要以为是谈笑。古人说过"樵夫之言尚可询",何况"及尔同寮"者之语呢? 如今上帝正在暴虐,您不要如此喜乐。我诚恳忠告,而您却趾高气扬。不要以为我老昏而妄言,将我的话当作儿戏。您若行恶如炽盛之烈火,那将真正不可救药。这二章针砭入髓,意欲厉王猛醒,诗人之忠心于此可见。

五、六章斥王不恤民情。不恤民情,是厉王违圣慢天的必然结果。上帝正在发怒,您不要如此夸炫。人们威仪已经丧尽,虽有贤者也不敢言讲,唯有缄口尸位而已。如今百姓正在痛苦中呻吟,也没有谁敢于庇护我。时遭丧乱,财用匮竭,乃不能救济苍生。其实上天诱民,如壎唱而篪和,如璋判而圭合,如取物即得,如携物即随。携物不要说有什么障碍,诱导百姓极其容易。如今百姓之所以多行邪僻之事,正是因为"厉始革典"(《国语·周语》)的结果。难怪诗人要警告厉王不要擅自制定不合理的法律。

七、八章谏王修德敬天。由于厉王失德慢天,致使上帝震怒,民怨沸腾,故而规谏厉王要修德敬天。掌军权者是天下的藩篱,掌政权者是天下的围墙,天子之邦是天下的屏障,天子之宗是天下的栋梁。天子若怀明德,则天下太平。所以天子实乃天下的城墙。千万不能使城墙毁坏。若"城"坏,则"藩""垣""屏""翰"也就随之而坏。于是劝谏厉王务必修德,不要成为孤家寡人,独居而可畏。诗人见微知著,可谓有识。至于天变,尤当敬畏。要敬畏上天的盛怒,不敢嬉戏游乐;要敬畏上天的变异,不敢驾马驱车。上天明察秋毫,实在可畏。您出行、游逛,上天无时无刻不在监临。若要回天,务必敬天。此言此语,足以唤得人醒。厉王若还执迷不悟,那只能说是咎由自取。

《诗序》说:"凡伯刺厉王也。"此说不误。吴闿生《诗义会通》:"按诗明云'及尔同寮',其为戒同列之作,词意显然。"此说将"我虽异事,及尔同寮"理解为"戒同列"之词,实非。细察诗意,此句仍是斥厉王之语。王安石说:"事虽异,然同治天下。则凡伯与厉王,无以异于同僚矣。"(《李黄集解》)王氏此训,可谓启人疑窦,一扫诸家之肤见。此疑一消,那种"戒同列"之说实难成立。

荡

荡荡上帝①,下民之辟②。
疾威上帝③,其命多辟④。
天生烝民⑤,其命匪谌⑥。
靡不有初,鲜克有终。

文王曰咨⑦,咨女殷商。
曾是强御⑧,曾是掊克⑨。

曾是在位,曾是在服⑩。
天降慆德⑪,女兴是力⑫。

文王曰咨,咨女殷商。
而秉义类⑬,强御多怼⑭。
流言以对⑮,寇攘式内⑯。
侯作侯祝⑰,靡届靡究⑱。

文王曰咨,咨女殷商。
女炰烋于中国⑲,敛怨以为德⑳。
不明尔德㉑,时无背无侧㉒。
尔德不明,以无陪无卿㉓。

文王曰咨,咨女殷商。
天不湎尔以酒㉔,不义从式㉕。
既愆尔止㉖,靡明靡晦㉗。
式号式呼,俾昼作夜。

文王曰咨,咨女殷商。
如蜩如螗㉘,如沸如羹。
大小近丧,人尚乎由行㉙。
内奰于中国㉚,覃及鬼方㉛。

文王曰咨,咨女殷商。
匪上帝不时㉜,殷不用旧㉝。
虽无老成人,尚有典刑㉞。
曾是不听,大命以倾。

文王曰咨,咨女殷商。
人亦有言,颠沛之揭㉟,

枝叶未有害,本实先拨㊱。
殷鉴不远,在夏后之世。

【注释】①荡荡:广大貌。②辟:君。③疾威:暴虐。④辟:邪僻。⑤烝:众。⑥匪谌(chén):不信。⑦咨:叹词。⑧强御:暴虐。⑨掊(póu)克:横征暴敛。⑩服:政事。⑪慆(tāo)德:无德。⑫兴:助。⑬义类:邪曲。⑭怼(duì):怨恨。⑮对:应答。⑯攘:盗。⑰侯:语助词。作、祝:诅咒。⑱届:极。究:穷。⑲炰然(páo xiāo):同"咆哮"。⑳敛怨:积怨。㉑不明:昏暗。㉒时:是,背、侧:指恶人。㉓陪、卿:指善人。㉔湎:沉溺。㉕式:法。㉖愆(qiān):过错。止:举止。㉗晦:指黑夜。㉘蜩(tiáo):蝉。螗:蝉的一种。㉙尚:还。㉚奰(bì):盛怒。㉛覃(tán):延。鬼方:远方。㉜时:善。㉝旧:指旧有的典章制度。㉞典刑:即典型。㉟颠沛:倒下。揭:树根翘起貌。㊱本:树根或主干。拨:断绝,败坏。

【鉴赏】这是召穆公刺厉王之诗。

全诗八章。此诗格局尤奇,除首章直斥厉王之外,其余各章均为文王叹殷之词。这种奇特的格局,在《雅》诗中实属罕见。这是因为厉王之恶类似商纣,所以文王嗟叹商纣,即等于诗人讽刺厉王。这种托古讽今、指桑骂槐的手法,颇为别致。

首章斥王失德慢天。恩德广大的上帝,是下民的君王。这是写天之常。性情暴虐的上帝,他的命令多邪僻。这是写天之变。上帝如此反复无常,是由厉王失德慢天所致。上天生下众民,他的命令之所以难以相信,正是因为厉王不能以善道自终。此章实乃全诗之总旨。

二章斥王贪婪暴戾。"贪""暴"乃厉王之病根。唯"暴",故所用皆强暴之人;唯"贪",故所用皆聚敛之辈。怎么如此暴虐,怎么如此搜括,怎么让他们在位,怎么让他们在职。这四个排比句,一气贯注,揭露真是痛快淋漓。上天降下这些缺德之人,而你竟助之为恶。不用说,祸首不是别人,正是这个贪暴的厉王。

三章斥王任用小人。厉王所用皆邪恶小人。而这小人又可分为"强御"者和"柔恶"者两类。强暴者鱼肉百姓,故多遭怨恨;"柔恶"者爱进流言,故贼寇滋生。对此,百姓只有诅咒,且无穷无尽,因而国之大乱势所必至。

四章斥王善恶不明。厉王任用小人,盖由其德不明。他在中国骄横咆哮,积怨甚多。然而,他不但不以积怨为恶,反而以之为德,真是昏愦至极。唯如此,他才善恶不辨,良莠不辨。明有"背仄"之小人,厉王谓之"无"而加以重用;明有"陪卿"之贤人,厉王谓之"无"而加以摒弃,这岂不昏庸透顶。

五章斥王沉湎于酒。上天不让沉湎于酒,可是厉王不畏天命,偏偏纵酒逸乐,荒淫无度。他饮酒败仪,无时不醉,叫号狂呼,甚至"俾昼作夜",昏昏沉沉,真是荒乱到无以复加的地步。

六章斥王怙恶不悛。由于厉王荒淫至极,故使朝政无论大无论小皆临近丧亡。因此民情激愤,怨声载道。这怨叹之声如蝉之鸣,如羹之沸,整个中国无静之时,无宁之所。尽管局势如此混乱,但厉王不知幡然悔悟,仍坚持推行暴政。这样,开始不过内怒于中国,继而延及鬼方。远近皆怒,如火蔓延,岂可扑灭。

七章斥王废弃旧典。旧典乃治国之宝,可是厉王却弃而不用。国中虽无"老成人",但还有"典刑"可资效法。你怎么这样置若罔闻,不肯听从。既然如此,那国家的命运必将倾覆。

八章斥王败坏本根。道德是国君的根本,根本若坏,国将必亡。这犹如一棵大树,仆倒在地根儿翘起,其枝叶虽没损伤,但它的根首先离开了土壤。根既无土壤滋养,那枝叶也必将随之枯败。这一比喻既形象又深刻。厉王失德,根本已坏,若不修德,国之必亡。"殷鉴不远,在夏后世",这实际上是说"周鉴不远,在商纣之世"。这一结尾仍是规谏厉王改图,莫蹈纣王覆辙。古语云:"前车覆,后车戒。"厉王若还不猛醒,那车覆之祸就势必会降临。这一告诫何其深切。

此诗主题古今少有异议,唯今人杨公骥持有不同看法。他在《中国文学》一书中说是"反映周商斗争的诗篇","应是周初人的作品"。这种说法值得商榷。此诗首章只言上帝反复无常是由君王不能善终所致,而不见"文王"字样,由此便可见出此实非"周商斗争"之事。而以下各章均托言文王叹商,也只是借殷为喻,断非实录。尤其是诗之结尾二句意思更明。殷鉴在夏虽为文王叹纣之辞,然而托周鉴在殷也就不言而喻了。

桑 柔

菀彼桑柔①,其下侯旬②。
捋采其刘③,瘼此下民④。
不殄心忧⑤,仓兄填兮⑥。
倬彼昊天⑦,宁不我矜⑧。

四牡骙骙⑨,旟旐有翩⑩。
乱生不夷⑪,靡国不泯⑫。
民靡有黎⑬,具祸以烬⑭。
於乎有哀,国步斯频⑮。

国步蔑资⑯,天不我将⑰。
靡所止疑⑱,云徂何往。
君子实维⑲,秉心无竞⑳。
谁生厉阶,至今为梗。

忧心慇慇㉑,念我土宇。
我生不辰,逢天僤怒㉒。
自西徂东,靡所定处。
多我觏痻㉓,孔棘我圉㉔。

为谋为毖㉕,乱况斯削。
告尔忧恤㉖,诲尔序爵㉗。

谁能执热㉘,逝不以濯㉙。
其何能淑㉚,载胥及溺㉛。

如彼溯风㉜,亦孔之僾㉝。
民有肃心㉞,荓云不逮㉟。
好是稼穑,力民代食㊱。
稼穑维宝,代食维好。

天降丧乱,灭我立王㊲。
降此蟊贼㊳,稼穑卒痒㊴。
哀恫中国,具赘卒荒㊵。
靡有旅力㊶,以念穹苍。

维此惠君,民人所瞻。
秉心宣犹㊷,考慎其相㊸。
维彼不顺,自独俾臧㊹。
自有肺肠㊺,俾民卒狂。

瞻彼中林,甡甡其鹿㊻。
朋友已谮㊼,不胥以穀㊽。
人亦有言,进退维谷。

维此圣人,瞻言百里。
维此愚人,覆狂以喜。
匪言不能,胡斯畏忌㊾。

维此良人,弗求弗迪㊿。
维彼忍心,是顾是复㉛。
民之贪乱,宁为荼毒㉒。

大风有隧㊾,有空大谷。
维此良人,作为式榖㊿。
维彼不顺,征以中垢㊿。

大风有隧,贪人败类㊿。
听言则对㊿,诵言如醉㊿。
匪用其良,覆俾我悖㊿。

嗟尔朋友,予岂不知而作㊿。
如彼飞虫,时亦弋获㊿。
既之阴女㊿,反予来赫㊿。

民之罔极㊿,职凉善背㊿。
为民不利,如云不克㊿。
民之回遹㊿,职竞用力㊿。

民之未戾㊿,职盗为寇。
凉曰不可㊿,覆背善詈㊿。
虽曰匪予,既作尔歌。

【注释】①菀(wǎn):茂盛貌。②旬:阴浓。③捋采:摘取。刘:剥落。④瘼:病。⑤殄(tiǎn):绝。⑥仓兄(kuàng):即"怆怳"。悲怆。填:久。⑦倬:明貌。⑧宁:乃。矜:哀怜。⑨骙骙(kuí):马驰不息貌。⑩旟旐(yú zhào):旗子。翩:飞扬貌。⑪夷:平。⑫泯:乱。⑬黎:众多。⑭烬:灰烬。⑮国步:国家的前途。频:危殆。⑯蔑资:无依靠。⑰将:助。⑱疑:定。⑲维:思。⑳秉心:持心。无竞:无争。㉑愍愍:忧甚貌。㉒僤(dàn)怒:盛怒。㉓瘨(mín):痛苦。㉔棘:急。圉(yǔ):边疆。㉕毖:谨慎。㉖忧恤:忧患。㉗序爵:依贤能安排官位。㉘执热:热病。㉙濯:洗。㉚淑:善。㉛胥:皆。㉜溯风:逆风。㉝僾(ài):呃住。㉞肃:进。㉟并(pēng):使。逮:及。㊱力民:田畯。代食:代蚀。㊲立:位。㊳蟊贼:吃庄稼的害虫。㊴卒:尽。瘅(yáng):病。㊵瘵:连属。荒:荒芜。㊶旅力:体力。㊷宣犹:明哲。㊸相:辅佐之人。㊹臧:善。㊺肺肠:心肠。㊻甡甡(shēn):众多貌。

㊼谮：不信。㊽穀：善。㊾胡：大。畏忌：害怕。(50)迪：进用。(51)顾：照顾。复：通"覆"。包庇。(52)荼毒：毒害。(53)隧：迅疾。(54)式：法。穀：善。(55)征：行。中垢：指坏事。(56)类：善。(57)听言：好听之话。对：应对。(58)诵言：谏言。(59)悖：通"沛"。颠沛。(60)作：为。(61)弋（yì）获：用箭射得。(62)阴：覆盖。(63)赫：威吓。(64)罔极：没有法则。(65)职：主。凉：刻薄。善背：善于欺违。(66)克：胜。(67)回遹（yù）：邪僻。(68)力：暴力。(69)戾：定。(70)曰：说。(71)詈（lì）：骂。(72)匪：通"诽"。诽谤。

【鉴赏】这是芮伯刺厉王之诗。

全诗十六章。依诗意此诗当作于厉王奔彘之后。由于厉王无道，变更周法，推行暴政，弄得民不聊生，终于在公元前842年爆发了一次大规模的农奴大起义。厉王闻风逃到彘（今山西霍县）后，起义的怒火仍在各地蔓延。此诗正生动地再现了这一段历史。

首章写国家大乱之由。那茂盛的柔桑，其下浓阴覆盖。若采摘过甚，则枝叶剥落而枯败。诗以此喻百姓之病困是由于厉王残酷盘剥所致。为此，百姓忧心不已，悲怆之情久郁于胸。因无处发泄，只好怨天竟不怜悯我们。这就是致使国家大乱的根本原因。

二至四章写贵族逃散的情景。义军攻克镐京之后，起义的怒火仍在四方蔓延。京城附近君国的贵族们无不纷纷逃窜。马车奔驰不息，旌旗呼呼飞扬。这两句正描绘出贵族们仓皇逃散之状。乱子一旦发生就不会立即平静，没有哪一个国家不处于动乱之中。可见起义浪潮波及甚广。百姓都在起义，贵族们俱为祸乱所毁。唉！国家的前途异常危殆。国运无有依靠，上天也不相助。如今四方皆乱，百姓流离失所。君子无有贪求之心，这究竟是谁制造的祸难，至今还在害人作梗？想到这里，诗人心里隐隐作痛，无比顾念自己的国土。诗人慨叹自己生不逢时，遭天盛怒。眼下自西到东，无一处可以栖身。我遭到这么多的痛苦，我国的边疆也一定很危急。诗人所见，乱象环生；诗人所感，悲怆凄苦。厉王往日的所作所为顿时涌上心头。

五至十四章历叙厉王的种种政治弊端。五章斥王为政不公。要是当初谋划谨慎周密，这场乱子或许可免。诗人曾告诫厉王要忧国恤民，要重用贤者，安排官爵，但他听不进去。谁能患有热病，不用凉水沐浴呢？这说明治病须良方，治国须善道。而厉王不明此理，倒行逆施，这怎么能有好结果呢？只能是相率落水沉溺。六章斥王好利贪财。由于"厉始革典"，加重了剥削，使得百姓的生活极度痛苦。其苦状有如逆风而行，简直喘不过气来。这一比喻是多么深刻。百姓虽有向善之心，但使他们不能达到目的。原因何在？就是因为厉王专制贪财。他特"好稼穑"，派农官代为剥蚀百姓；只知道"稼穑"是宝贝，只知道宠信那些暴敛之辈。如此吮吸民脂民膏，难怪百姓会铤而走险。七章斥王重用小人。天降丧乱，灭我在位之王。由此可见厉王已逃离镐京，名存而实亡。上天降下这些"蟊贼"，把庄稼吃得一干二净。这是比喻厉王重用小人，纵容他们四处搜括民财。为此，诗人长吁短叹；可悲呀中国，到处一片荒凉！唯恨自己无力挽救，只好向上苍呼号。八章斥王不用贤者。凡贤君均为人们所景仰。他持心明哲，慎重选择辅佐贤相。凡昏君皆刚愎自用，别具心肝，使民发狂。厉王显属后者，致使百姓被迫作乱。九章斥王离群索居。诗以林中麋鹿结伴而行，反兴厉王不能容纳善人。他猜忌朋友，不能以善道彼此相处。如此，只会使自己进退两难，无路可走。十章斥王目光短浅。凡贤君目光远大，凡昏君狂妄自喜。厉王正是这种"愚人"。他人也并非不能言，为何缄口如此畏忌？盖因厉王暴虐，人不敢言。十一章斥王善恶不明。这善良之人，厉王不去寻求而进用之；那残忍之人，厉王则眷顾而庇护之。厉王如此善恶不明，难怪百姓作乱，宁愿造出这种灾祸。十二章斥王怙恶不悛。凡大风必迅疾，凡大谷必空旷。诗以此比喻善人做事皆合法，恶人做事必污秽。十三章斥王不纳善言。凡大风必迅疾，凡贪人必败善。厉王对好听的话就应对，对谏诤的话就装醉。由于厉王不纳善言，致使我颠沛流离，四处逃窜。十四章斥王滥施威力。哎呀朋友，我难道不知你的所作所为？犹如那飞鸟，会被射中、捕获。我出于忠心庇护你，可是你却对我大发脾气。厉王不知好歹由此可见一斑。

末二章总叙百姓作乱之因。百姓作乱，其因有二：一是因为厉王暴虐。百姓无法无天，是由于厉王刻薄善欺，大肆残害百姓，无所不用其极。

百姓犯上作乱,是由于厉王使用了暴力。二是因为厉王聚敛。百姓作乱未息,是由于厉王巧取豪夺。我曾说这样不可,你反而在背地骂我。尽管你如此诽谤我,我终于作了这首歌。

《诗序》说是"芮伯刺厉王"。此说正确。方玉润《诗经原始》说是"芮伯哀厉王"。恐非诗旨。一"刺"一"哀",感情色彩大不相同。"刺"表达的是愤慨之情,"哀"表达的是悲痛之情。通观全诗,当以"刺"说为善。

云 汉

倬彼云汉①,昭回于天②。
王曰於乎,何辜今之人③。
天降丧乱,饥馑荐臻④。
靡神不举⑤,靡爱斯牲⑥。
圭璧既卒⑦,宁莫我听。

旱既大甚,蕴隆虫虫⑧。
不殄禋祀⑨,自郊徂宫。
上下奠瘗⑩,靡神不宗⑪。
后稷不克⑫,上帝不临⑬。
耗斁下土⑭,宁丁我躬⑮。

旱既大甚,则不可推⑯。
兢兢业业⑰,如霆如雷。
周余黎民,靡有孑遗⑱。
昊天上帝,则不我遗⑲。
胡不相畏,先祖于摧⑳。

旱既大甚,则不可沮㉑。
赫赫炎炎,云我无所。

291

大命近止,靡瞻靡顾。
群公先正㉒,则不我助。
父母先祖,胡宁忍予㉓。

旱既大甚,涤涤山川㉔。
旱魃为虐㉕,如惔如焚㉖。
我心惮暑㉗,忧心如熏。
群公先正,则不我闻㉘。
昊天上帝,宁俾我遁㉙。

旱既大甚,黾勉畏去㉚。
胡宁瘨我以旱㉛,憯不知其故㉜。
祈年孔夙,方社不莫㉝。
昊天上帝,则不我虞㉞。
恭敬明神,宜无悔怒。

旱既大甚,散无友纪㉟。
鞫哉庶正㊱,疚哉冢宰㊲。
趣马师氏㊳,膳夫左右㊴。
靡人不周㊵,无不能止。
瞻卬昊天,云如何里㊶。

瞻卬昊天,有嘒其星㊷。
大夫君子,昭假无赢㊸。
大命近止,无弃尔成㊹。
何求为我,以戾庶正㊺。
瞻卬昊天,曷惠其宁㊻。

【注释】①倬:明貌。云汉:天河。②昭:阳光。回:旋转。③辜:罪。④荐:

重。臻：至。⑤举：指祭祀。⑥牲：牺牲，指祭祀时所用的牛羊等。⑦卒：尽。⑧蕴隆：暑气郁积而隆盛。虫虫：热气蒸熏貌。⑨殄（tiǎn）：绝。⑩奠：陈列祭品以祭天。瘗（yì）：埋玉于地以祭地。⑪宗：尊敬。⑫克：能。⑬临：降临。⑭耗斁（dù）：损失，败坏。⑮丁：当，遭遇。⑯推：排除。⑰兢兢：恐惧。业业：危险。⑱孑遗：剩余。⑲遗：恤问。⑳摧：至。㉑沮：止。㉒群公：先代诸公。先正：先代的公卿大夫。㉓忍：忍心。㉔涤涤：光秃貌。㉕魃（bá）：旱神。㉖惔（tán）：燎。㉗惮：怕。㉘闻：恤问。㉙遁：逃。㉚黾勉：勉力事神。㉛瘨（diān）：害。㉜憯（cǎn）：曾。㉝方：祭四方之神。社：祭土神。莫：即“暮”。晚。㉞虞：助。㉟友：通“有”。㊱鞫：穷。庶正：六官之长。㊲疚：忧虑。冢宰：相当于后世的丞相。㊳趣马：掌马之官。师氏：掌兵守王城者。㊴膳夫：掌王宫饮食。㊵周：通“赒”。拯救。㊶里：通“已”。止。㊷嘒：明貌。㊸昭假：祷告。无赢：无差错。㊹成：通“诚”。㊺戾：安定。庶正：庶民百官。㊻曷：何时。惠：赐。

【鉴赏】这是美宣王禳灾之诗。

全诗八章。宣王之世，连年发生严重的旱灾。当时整个中国赤地千里，土焦金流，哀鸿遍野，呈现出一种“周余黎民，靡有孑遗”的悲惨景象。为此，宣王忧心如焚，食不甘味，睡不安寝。在一个晴朗的夜晚，宣王向上天祈祷，为民禳灾。

首章写宣王向天祈祷。宣王仰望夜空，不见雨候，但见明亮的天河，清光随天回旋。宣王面对此景，开口便为民呼冤：唉！今之人又有何罪？然而上天竟降下灾祸，以至饥馑迭至。回想起来，真有点奇怪。百神都祭祀过，各种祭品都奉献过，礼器圭璧也都用过，上天怎么还不听祈求而兴雨呢？这里既有急切的期求，也有深深的责怨。

二章写宣王祭祖祀神。旱情严重，暑气蕴积而闷人。宣王不停地祭祀，从郊野至宗庙，天神、地祇，乃至人鬼，无神不祭。结果后稷不能拯救，上帝也不眷顾。因而宣王只得发出“上天败坏下土，我正遭逢此灾”的慨叹。

三章写宣王求先祖救灾。旱情严重,不可排除。何等恐惧,何等危险,犹如雷霆,骇人耳目。"周余黎民,靡有孑遗"二句写得触目惊心,惨不忍睹。虽语含夸张,但百姓深遭其害则是事实。百姓遭此荼毒,老天上帝既不肯恤问,先祖之灵怎不畏惧而前来相助。

四章写宣王求群公先正救灾。旱情严重,不可阻挡;热气蒸腾,无处躲藏。生命濒临死亡,也无谁照顾探望。先代诸位公卿之神既不佑助,已故父母先祖怎么也忍心而不相救。

五章写宣王求上帝救灾。旱情严重,山川枯竭,有如洗涤一般。那旱魔正在暴虐,整个大地好像火燎火烧,灼热难耐。宣王见旱生畏,忧心如焚。"群公先正"既不肯恤问,老天上帝怎么也使我们无法逃遁。

六章写宣王斥怨上帝。旱情严重,想勉力将它消除。不知何故,上帝竟以旱灾摧残我们。祈丰年之祭早就举行,祭四方及土地之神也未曾延误。可是老天上帝还是不肯相助。我们如此恭敬神明,不当有什么怨恨。

七章写宣王望群臣合力救灾。旱情严重,法纪散乱无有纪纲。为此,朝中"庶正""冢宰""趣马""师氏""膳夫""左右"无不在合力救灾,然而还是不能制止。宣王只好仰望上天,忧心不已。

八章写宣王望大夫君子通力救灾。宣王仰望上天,星儿闪闪发光。诗变"云汉"为明星,这不仅表明旱象丝毫未除,还暗示出时间在推移,宣王为了禳灾,自夜至晨通宵未寐。"大夫君子"虔诚祷告,无有差错。生命虽将丧亡,但不要放弃你们的诚心。祈求并非为我,而是为了安定庶民百官。最后宣王仰天呼唤:何时能赐给我们安宁呢?

诸家均认为是"美宣王禳灾"之诗,这本不误。但方玉润《诗经原始》却说"王自祷词"。此说欠当。诗中明言"王曰於乎"。可知此诗为他人代言,而绝非宣王自祷之词。

崧　高

崧高维岳①,骏极于天②。
维岳降神,生甫及申③。
维申及甫,维周之翰④。
四国于蕃⑤,四方于宣⑥。

亹亹申伯⑦,王缵之事⑧。
于邑于谢⑨,南国是式⑩。
王命召伯⑪,定申伯之宅。
登是南邦⑫,世执其功⑬。

王命申伯,式是南邦。
因是谢人⑭,以作尔庸⑮。
王命召伯,彻申伯土田⑯。
王命傅御⑰,迁其私人。

申伯之功,召伯是营。
有俶其城⑱,寝庙既成。
既成藐藐⑲,王锡申伯。
四牡蹻蹻⑳,钩膺濯濯㉑。

王遣申伯,路车乘马㉒。
我图尔居,莫如南土。
锡尔介圭㉓,以作尔宝。
往远王舅㉔,南土是保。

申伯信迈㉕,王饯于郿㉖。
申伯还南,谢于诚归。
王命召伯,彻申伯土疆。
以峙其粻㉗,式遄其行㉘。

申伯番番㉙,既入于谢。
徒御啴啴㉚,周邦咸喜。
戎有良翰㉛,不显申伯。
王之元舅㉜,文武是宪㉝。

申伯之德,柔惠且直。
揉此万邦㉞,闻于四国。
吉甫作诵,其诗孔硕。
其风肆好㉟,以赠申伯。

【注释】①崧:高貌。岳:四岳。②骏:高大。极:至。③甫:仲山甫。申:申伯。④翰:栋梁。⑤蕃:屏障。⑥宣:宣导。⑦亹亹(wěi):勤勉貌。⑧缵(zuǎn):任用。⑨谢:地名。⑩式:法。⑪召伯:召虎,即召穆公。⑫登:升。⑬功:政事。⑭因:用。⑮庸:城。⑯彻:治。⑰傅御:申伯家臣之长。⑱傚(chù):美貌。⑲藐藐:高大貌。⑳蹻蹻(jiǎo):强壮貌。㉑钩膺:即樊缨,马颈腹上的带饰。濯濯(zhuó):明亮。㉒路车:即"辂车",诸侯乘坐之车。乘马:四马。㉓介圭:大圭。㉔迈(jì):语助词。㉕信:的确。㉖饯(jiàn):摆酒送行。郿:地名。㉗峙(zhì):聚积。粻(zhāng):粮食。㉘遄(chuán):迅速。㉙番番:英俊貌。㉚啴啴(tān):人多貌。㉛戎:你。㉜元:大。㉝宪:效法。㉞揉:安。风:曲调。㉟肆好:极好。

【鉴赏】这是尹吉甫送申伯就封于谢之诗。

全诗八章。申伯是宣王之舅,原为申国之君。因贤,后入为周之卿士。继而宣王又命他为牧伯,总理南国之事。就在宣王为申伯饯行之时,尹吉甫作此诗以送之。

首章写申伯德才之盛。发端起笔突兀,造语雄奇。四岳大山,高耸云天。这四岳降下神灵,生下仲山甫及申伯。这里"甫""申"并提,意在给申伯增色。当时仲山甫为相,其位略高于申伯。诗以"甫"衬"申",更可见出申伯之贤。这"申"与"甫"德才相匹,均堪称周之栋梁。故他俩足可捍患难于四国,宣德泽于四方。可见此章实为申伯封谢而张本。

中四章写申伯受封。申伯就国之前,宣王就命召伯去经营谢邑;申伯就国之时,宣王又赏赐有加。而这些于诗中交错写来,很能曲尽宣王恩泽之优渥。二章言封谢之意。勤勉的申伯,宣王任命他统理南国之事。在"谢"地筑城邑,作那南国的榜样。为此,宣王命召伯前往谢地"定宅",以安申伯之居。宣王晋升申伯为南国牧伯,并让他传其子孙,世世代代执掌权柄。三章言封谢之命。宣王赐命申伯,作那南国的榜样。并赐命申伯就用那谢人建筑谢城。接着宣王命召伯前往谢地治理田亩,以为申伯久居之粮。最后宣王命申伯家臣之长将其"私人"也迁徙于谢。代迁"私人",古未有之,如此宠赐恐自宣王待申伯始。四章言封国建成。申伯的工程,是召伯负责经营。谢邑既成,其城壮美;宗庙既成,其貌高广。就国之前,宣王赐给申伯四匹强健之马以及明亮的缨带上的金钩。五章言即将就国。宣王遣送申伯就国,赐给他大车与四马。宣王宽慰申伯说:"我谋划你的居处,都不如谢邑好。"接着又赐给申伯一枚大圭玉,以作为传世珍宝。这足见申伯受赐之厚。最后宣王说:"去吧,舅父,保卫好那南方的国土。"话语之中寄托着殷切的期望。

六、七章写申伯就国。六章言宣王饯行。申伯果然起程,于是宣王在郿县设宴饯行。申伯转向南行,确实向谢邑归往。这"信迈""诚归"四字值得玩味。从中既可见出宣王数留申伯之情,同时也可见出申伯依恋京城之意。尽管如此,但申伯顾全大局,服从王命,到底还是就国于谢了。临行前,宣王又命召伯去规划疆界,并命备足食粮,以供途中急行之需。七章言申伯入谢。这是诗人设想申伯入谢的情景。申伯勇武,已进入谢邑。随行步卒车夫众多,遍国之人皆大欢喜,并相贺说:你们从此有了好国君。这显赫的申伯,他是宣王的大舅,文武兼备,故文臣武将皆效法申伯。这是对申伯文德武功的高度赞颂。

末章写作诗之由。申伯的德行温柔慈惠而又耿直。他安定了天下万邦,其声誉传播于四方。于是尹吉甫作诗加以颂扬。这诗意味深长,曲调优美,特用以赠给申伯以壮行色。

《诗序》说"美宣王"。此正中诗旨。诗言"定宅"、"彻土田"、"彻土疆"、营城邑、建寝庙及申伯入谢,此正所谓美宣王"能建国"。诗言"迁移人"、赐"四牡"、赐"路车"、赐"介圭"、"饯于郿"、"峙其粮",此正所谓美宣王能"亲诸侯"。宣王如此褒赏申伯之功,正可见出诗美宣王中兴之业。吴闿生《诗义会通》说是"刺宣王疏远贤臣,不能引以自辅",这恐非是。

如前所述,宣王晋升申伯为牧伯,而且赏赐还特加其度,这能说是"疏远贤臣"吗?这种以美为刺的说法难以令人置信。

烝 民

天生烝民①,有物有则。
民之秉彝②,好是懿德③。
天监有周④,昭假于下⑤。
保兹天子,生仲山甫。

仲山甫之德,柔嘉维则。
令仪令色⑥,小心翼翼。
古训是式⑦,威仪是力⑧。
天子是若⑨,明命使赋⑩。

王命仲山甫,式是百辟⑪。
缵戎祖考⑫,王躬是保。
出纳王命⑬,王之喉舌。
赋政于外⑭,四方爰发⑮。

肃肃王命,仲山甫将之⑯。
邦国若否,仲山甫明之。
既明且哲,以保其身。
夙夜匪解,以事一人。

人亦有言,柔则茹之⑰,刚则吐之。
维仲山甫,柔亦不茹,刚亦不吐。
不侮矜寡,不畏强御。

人亦有言,德𬨎如毛⑱,民鲜克举之。

我仪图之⑲,维仲山甫举之,爱莫助之。
衮职有阙⑳,维仲山甫补之。

仲山甫出祖㉑,四牡业业㉒。
征夫捷捷㉓,每怀靡及。
四牡彭彭㉔,八鸾锵锵㉕。
王命仲山甫,城彼东方㉖。

四牡骙骙㉗,八鸾喈喈㉘。
仲山甫徂齐㉙,式遄其归㉚。
吉甫作诵,穆如清风㉛。
仲山甫永怀,以慰其心。

【注释】①烝:众。②秉:赋有。彝(yí):常。③懿(yì):美。④监:视。⑤昭:明。假(gé):至。⑥令:美好。⑦古训:先王的遗典。式:效法。⑧力:勤修。⑨若:选择。⑩赋:颁布。⑪式:法。辟(bì):诸侯。⑫缵(zuǎn):继承。戎:你。⑬出纳:总揽。⑭赋政:颁布政令。⑮发:施行。⑯将:奉行。⑰茹:食,吞。⑱輶(yóu):轻。⑲仪图:揣度。⑳衮(gǔn)职:王职。阙:通"缺"。过失。㉑祖:通"徂"。行。㉒业业:马高大貌。㉓捷捷:敏捷貌。㉔彭彭:马奔驰貌。㉕鸾:车铃。锵锵:铃声。㉖城:筑城。东方:指齐国。㉗骙(kuí)骙:马奔驰貌。㉘喈喈:铃声。㉙徂:往。㉚遄(chuán):急。㉛穆:和美。

【鉴赏】这是尹吉甫送仲山甫城齐之诗。

仲山甫即樊仲。仲山甫曾封于樊,因贤,后入周为相。宣王为何要命他"城彼东方"呢?原来是为了坐镇东方,平定齐乱。宣王中兴之业自见于言外。全诗八章。

首章写仲山甫出生非凡。此章虽是说理,但理精词粹,活而不腐。天生众民,有事物就必有法则。这里的"物"当指"烝民","则"当指禀性。所以诗接着说百姓赋有常性,皆喜欢美好的德行。而上天更是公正无私,唯德是辅。上天监察周邦,能以昭明之德施及下土。由于上天宠爱这宣王,故而生下贤相仲山甫。仲山甫为天所生,这岂不灵异!难怪他文武双全,辅宣王而中兴。

中五章写仲山甫德职相称。二章言德。仲山甫之德,以"柔嘉"为准则。正因如此,他仪容端庄,面色和善,持身谨慎,从政谦恭,表里皆美。他效法故言遗训,学问精湛;勤修威仪,举止有度。于是宣王选择他担当重任,将"明命"使之布于四方。三章言职。此章写尽了仲山甫之职。他外则作"百辟"的榜样,即是"总领诸侯";内则保卫天子一身,即是"辅养君德";入则总揽王室政令,即是"典司政本";出则布政于外,即是"经营四方"。仲山甫能担当"外""内""入""出"诸职,足见其才全德备。四章言尽职。庄严的王命,仲山甫去奉行它。国事的好坏,仲山甫去明辨它。他既明于理,又察于事,因而他能顺理以守身,不致造成过失。这"明哲保身"断非后世趋利避害、苟且全躯之谓。他早晚不懈,事奉宣王。可见,仲山甫从政是何等尽心竭力。五、六章再言德。人们也有这样的话:凡软者则吞,凡硬者则吐。诗以此比喻那种凌弱而畏强之辈。唯仲山甫则不然。他软者也不吞,硬者也不吐。正因为他"不茹柔",故不欺鳏寡;正因为他"不吐刚",故不畏强暴。仲山甫之德可谓纯正。人们也有这样的话:德轻有如鸿毛,但人们少能举起它。原因何在? 这是因为不重修德之故。我私自揣度,唯仲山甫能够举起它。而修德之事,隐然无形,全靠自己,故虽爱他,但也无法相助。至于说王职有过失,也唯有仲山甫能够匡正。

末二章写仲山甫城齐及作诗之由。这二章方入正题。而前面言德职相称又为城齐之命必副张本。仲山甫出往东方,四马高大强壮,随从步履迅疾。尽管如此,仲山甫心里还唯恐不及于事。于是又催马扬鞭,兼程前进。四马奔驰忙,八铃响哕哕。王

命仲山甫,筑城于东方。仲山甫往齐,望完成使命早回还。这里既描绘出仲山甫不负王命急速往齐之态,同时也抒发了诗人盼他早回之情。于是吉甫写下了这首歌,这歌声非常和美,有如清风沁人心脾。诗人深知,仲

山甫虽奉命城齐,然而他的心仍系王室,必有所怀思,故作诗以安慰其心。

《诗序》说:"美宣王"。《诗集传》说:"作诗以送之。"《诗序》发其义,《诗集传》言其事,二说相辅相成,互为表面,不可谓误。姚际恒《诗经通论》谓美"仲山甫筑城于齐"而"不及'美宣王'之意",这未免失之片面。殊知,美仲山甫城齐,而美宣王能"任贤使能"自见于言外。吴闿生《诗义会通》说是刺"宣王失德",疏远贤臣,这显然不当。"城齐"之举,事关平齐乱、怀诸侯之大业,非仲山甫不足当此重任。由此可证吴说实非。

韩 奕

奕奕梁山①,维禹甸之②。
有倬其道③,韩侯受命。
王亲命之:缵戎祖考,无废朕命。
夙夜匪解,虔共尔位④。
朕命不易⑤,榦不庭方⑥,以佐戎辟⑦。

四牡奕奕,孔修且张⑧。
韩侯入觐⑨,以其介圭⑩,入觐于王。
王锡韩侯,淑旂绥章⑪,簟茀错衡⑫。
玄衮赤舄⑬,钩膺镂钖⑭,
鞹鞃浅幭⑮,鞗革金厄⑯。

韩侯出祖,出宿于屠⑰。
显父饯之⑱,清酒百壶。
其殽维何,炰鳖鲜鱼⑲。
其蔌维何⑳,维笋及蒲㉑。
其赠维何,乘马路车。
笾豆有且㉒,侯氏燕胥㉓。

韩侯取妻，汾王之甥㉔，蹶父之子㉕。
韩侯迎止，于蹶之里㉖。
百两彭彭，八鸾锵锵，不显其光。
诸娣从之㉗，祁祁如云㉘。
韩侯顾之，烂其盈门。

蹶父孔武，靡国不到。
为韩姞相攸㉙，莫如韩土。
孔乐韩土，川泽訏訏㉚，
鲂鱮甫甫㉛，麀鹿噳噳㉜，
有熊有罴，有猫有虎。
庆既令居㉝，韩姞燕誉㉞。

溥彼韩城㉟，燕师所完㊱。
以先祖受命，因时百蛮㊲。
王锡韩侯，其追其貊㊳。
奄受北国，因以其伯㊴。
实墉实壑㊵，实亩实籍㊶。
献其貔皮㊷，赤豹黄黑。

【注释】①奕奕：高大貌。②甸：治理。③倬：明貌。④虔（qián）：敬。共：奉。⑤易：更改。⑥榦（gàn）：正。不庭：不朝。⑦辟：君王。⑧修：长。张：大。⑨觐（jìn）：诸侯秋朝天子。⑩介：大。⑪淑旂：画龙之旗。绥章：文采斐然。⑫簟茀（diàn fú）：遮蔽车厢的竹席。错衡：饰以花纹的车辕前的横木。⑬玄：黑色。赤舄（xì）：红色的鞋。⑭钩膺：马颈腹上的带饰。镂：刻。钖（yáng）：马额头上的金色装饰物。⑮鞹（kuò）：去毛的兽皮。鞃（hóng）：轼上所蒙兽革或漆布。浅：浅毛虎。幭（miè）：轼上的覆盖物。⑯鞗（tiáo）：马缰绳。金厄：黄金色的轭头。⑰屠：地名。⑱显父：人名。⑲炰（páo）：烹煮。⑳蔌（sù）：蔬菜。㉑蒲：香蒲。㉒且：多貌。㉓燕：即"宴"。胥：语助词。㉔汾王：厉王。㉕蹶（guì）父：周王卿士。㉖里：里邑。㉗娣：同夫之妾。㉘祁祁：多貌。㉙韩姞：韩侯之妻。相攸：视所。㉚汻(xù)汻:广阔貌。㉛甫甫:多貌。㉜麀(yōu):母鹿。噳(yǔ)噳:鹿群相聚貌。㉝令:美好。㉞燕誉:安乐。㉟溥(pǔ):广阔貌。㊱燕师:燕国的民众。完:筑完。㊲因:凭借。㊳追、貊(mò):皆夷狄国名。㊴以:为。伯:长。㊵实:是。墉:筑城。壑:挖沟。㊶亩:治田亩。籍:订立税收。㊷貔(pí):猛兽。

【鉴赏】这是美韩侯入朝受命之诗。

全诗六章。此诗所写的韩国即近燕之韩国,在今河北省固安县境。这"韩侯"先祖为武王之后,其有功德者,受先王之命,封为韩侯,并居韩城为侯伯。此次"韩侯"以时入朝,宣王见他有贤德,故复其侯伯之职,总领北国之事。

首三章写韩侯入朝受命、受赏及饯返。首章言受命。开端设喻新奇,且寄意隽永。诗以禹治梁山除水患比喻宣王平大乱命诸侯。诗接着写宣王的命词。这段命词简古而庄严:你要继承祖、父之业,不要背弃我的命令。早晚不要懈怠,而要竭尽全力供职。我的命令不会改变,定要纠正那些背叛不朝之国,以期辅佐天子。此诗重韩侯来朝,故特从王命总起。二章言受赐。此章开头追叙韩侯入朝的情景。韩侯所乘四马身长体壮。韩侯手持"介圭"入朝拜见宣王。宣王见韩侯贤,既已赐命为侯伯,继而又赏之以诸种珍贵之物。其中有文采斐然的龙旗,有遮挡车门的纹席,有错置文彩的横木,有黑色的卷龙衣,有红色的复底鞋,有马腹之缨带,有马头之金饰,有覆盖车轼之虎皮,有马缰和马轭等等。这足见韩侯受赏之优渥。三章言饯返。朝拜已毕,韩侯立即返国,此时出行在道,歇息在"屠"。宣王为了以示厚爱,特派卿士"显父"为他设宴饯行。这次宴会极为丰盛。不仅有"清酒百壶",而且荤素皆备。"肴"有什么? 有烤鳖,有鱼片,其味香美;"蔌"有什么? 有竹笋,有蒲菜,其味清甜。就在这宴会上,宣王又使"显父"送韩侯车马,再示厚赠之意。末总言"笾豆"装满,宴席丰盛,在京未去之诸侯皆来"燕胥",这更见饯行之殷勤。

中二章写韩侯娶妻、蹶父择婿。四章言韩侯娶妻。韩侯的岳丈蹶父为周卿士,想必其采邑在王城之外。故有的学者说"便道迎亲归国"当亦可信。韩侯之妻是厉王的外甥,是蹶父的姑娘。这表明其妻出身高贵。韩侯迎亲,婚礼隆盛。迎亲车儿有百辆,八只铃儿响哐哐,多么辉煌,多么荣光。诸位侄娣陪出嫁,簇拥韩姞如云彩,此时韩侯一回顾,满门生辉多灿烂。这里忽插娶妻一段快事,不仅使诗增色不少,而且见为国戚,足以镇抚北方,捍卫王室。五章言蹶父择婿。蹶父其人非常勇武,他为周卿士,奉王命出使四方无国不到。他为女儿选择对象,都不如韩国好。这快乐的韩土,河湖广阔,物产丰富。那鳊鱼、鲢鱼众多,那母鹿、麋鹿成群,还有那熊、罴、猫、虎。这确是一个富庶之国。为此,特庆贺韩姞居住在这美好的国土,并祝愿她永远安适而快乐。此章借蹶父择婿、韩姞安乐,极力形容韩国之富及韩侯之贤,仍意在颂美韩侯能足以控制北方。文章映带之妙于此可悟。

六章写韩侯镇守北方。韩侯返国之后,即修内政。那广大的韩城,是燕国之民筑就。这就为控制北方立起了坚固的堡垒。因为韩侯先祖曾受王命作"百蛮"之长,故宣王又赐予韩侯"追""貊"之国,并享有北土,仍作侯伯。为了不负王命,韩侯广修内政。"实墉"是说高筑城墙,"实壑"是说深挖濠池,"实亩"是说整治田亩,"实籍"是说征收赋税。这"墉""壑""亩""籍"四字实乃治理北方之良策。由此看来,韩侯确有能力控制北方。末以贡献方物作收,足见韩侯忠于朝廷之心。添此一笔,更见韩侯德贤。

《诗序》说颂美宣王"能锡命诸侯",此说大体不差。而朱熹《辨说》斥之为"浅陋无理",实欠公允。诚然,天子赐命诸侯为常事,不值得大书而特书。然而,宣王赐命韩侯控制北方,事关中兴大业,这难道不值得颂美吗?

江　汉

江汉浮浮①,武夫滔滔②。

匪安匪游,淮夷来求③。
既出我车,既设我旟④。
匪安匪舒,淮夷来铺⑤。

江汉汤汤,武夫洸洸⑥。
经营四方,告成于王。
四方既平,王国庶定⑦。
时靡有争,王心载宁。

江汉之浒,王命召虎⑧:
式辟四方⑨,彻我疆土⑩。
匪疚匪棘⑪,王国来极⑫。
于疆于理⑬,至于南海。

王命召虎:来旬来宣⑭。
文武受命,召公维翰⑮。
无曰予小子,召公是似⑯。
肇敏戎公⑰,用锡尔祉⑱。

釐尔圭瓒⑲,秬鬯一卣⑳。
告于文人㉑,锡山土田。
于周受命,自召祖命㉒。
虎拜稽首㉓,天子万年。

虎拜稽首,对扬王休㉔。
作召公考㉕,天子万寿。
明明天子,令闻不已。
矢其文德㉖,洽此四国㉗。

【注释】①浮浮:水盛貌。②滔滔:众强貌。③来:语助词。无义。求:征讨。④旟(yú):军旗。⑤铺:讨伐。⑥洸(guāng)洸:威武貌。⑦庶:幸而。⑧召虎:召穆公。⑨式:语助词。辟:开辟。⑩彻:整治。⑪疚(jiù):病。棘:急。⑫极:准则。⑬疆:修治边疆。理:整治土地。⑭来:语助词。旬:周遍。宣:宣布。⑮召公:召康公,名奭,召虎之祖。翰(hàn):骨干。⑯似:继承。⑰肇敏:迅速敏捷。戎:大。公:功。⑱祉:福。⑲釐(lí):赐予。圭瓒(zàn):玉勺。⑳秬鬯(jù chàng):香酒。卣(yǒu):酒器。㉑文人:文德之人。㉒自:用。祖命:祖业。㉓稽首:叩头。㉔对:答。扬:赞扬。休:美。㉕考:即"簋(guǐ)"。古食器。㉖矢:施。㉗洽:协和。

【鉴赏】这是召虎所记簋铭之一。

全诗六章。首二章写宣王命召虎征讨淮夷,但没有描写交战过程,只是写出征,写"告成"。由此看来,这次征讨淮夷很可能是不战而胜。中三章写宣王册命召虎,赏赐优渥。末章写召虎作簋铭记其事,以美王休,以祀先祖。可见,这确是召虎家庙的记勋铭。

首二章写召虎率师征讨淮夷。一章言整师前往。开头二句画面开阔,气象恢宏。"江汉"一泻千里,奔腾不息;王师浩浩,威武雄壮。"江汉"句不仅点明了出征的路线,而且还烘托出王师不可阻挡之势。召虎率师出征,不敢安逸,不敢游览,日夜兼程前进,去讨伐淮夷。兵车已经出动,战旗已经树起。召虎率师出征,不敢安逸,不敢迟缓,日夜兼程前进,去征讨淮夷。此章反复迭唱,足见王师阵容肃整,纪律严明。"江汉"浩荡,王师雄壮。如此军队出征,定然是大获全胜。召虎率师"经营四方",结果"告成于王"。这"经营四方"实指征讨淮夷;这"告成于王"是指将平定淮夷的喜讯报告宣王。自此,天下已经清平,王国幸而安定。这就再没有战争,宣王之心就可安宁。

中三章写宣王的命词。三章命召虎善后安民。平定淮夷之后,宣王又命召虎从江汉之边去开辟四方,整理疆界。但不要病之以急切之政,只是使其以"王国"为准则。于是召虎前往叛国,正其疆界,治其田亩,一直延至南海之滨。四章命召虎再立丰功。宣王命召虎广泛地宣布王政。往昔文王、武王受命,以召康公为骨干。如今天下清平,不要说此功是我的,实乃你能继承你祖召康公而敏捷迅速成其大功。我将论功行赏,赐你福禄。五章言宣王赏赐召虎。宣王赏赐召虎玉勺一柄以及香酒一樽,用以告祭有文德之祖。宣王又赏赐召虎山川土田，以广其居。宣王欲尊显召虎，特令召虎到岐周受命，并用其祖召康公受封之礼。为此，召虎感激不已，立即叩头拜谢，祝福天子长寿。

末章写召虎作器铭恩。召虎再次叩头拜谢，报答称扬宣王的美意。为了铭恩记荣，召虎制成召公簋，以刻宣王册命之词，并祝福天子长寿，颂美天子"令闻不已"，布施美德，协和天下。

《诗序》说："尹吉甫美宣王也。"此说有两点可疑。一是疑此诗非尹吉甫所作，二是疑此诗并非专美宣王。诗明言"作召公考（簋）"。既是簋铭，当以颂祖祀先为重。因此，首章叙平淮之功甚略，后几章述受赏报答之意颇详。召虎为了归美祖德，特作庙器以铭恩记荣，永祀先祖。由此可见，诗中虽有"美宣王"之意，然而非专为"美宣王"而作。郭沫若说："《大雅·江汉》之篇，与存世《召伯虎簋铭》之一，所记乃同时事。《簋铭》：对扬朕宗君其休，用作列祖召公尝簋。诗云：作召公考，天子万寿。文例正同。考乃簋之假借字。是则《江汉》之诗实簋铭之一。"（《青铜时代·周代彝器进化观》）此以出土文物证明《江汉》为召虎所自作，应当说是可信的。

常　武

赫赫明明①，王命卿士②，
南仲大祖③，大师皇父④：
整我六师⑤，以修我戎⑥。
既敬既戒⑦，惠此南国⑧。

王谓尹氏⑨,命程伯休父⑩:
左右陈行⑪,戒我师旅⑫。
率彼淮浦⑬,省此徐土⑭。
不留不处⑮,三事就绪⑯。

赫赫业业⑰,有严天子⑱。
王舒保作⑲,匪绍匪游⑳。
徐方绎骚㉑,震惊徐方。
如雷如霆,徐方震惊。

王奋厥武,如震如怒。
进厥虎臣,阚如虓虎㉒。
铺敦淮濆㉓,仍执丑虏㉔。
截彼淮浦㉕,王师之所。

王师啴啴㉖,如飞如翰㉗。
如江如汉,如山之苞㉘。
如川之流,绵绵翼翼㉙。
不测不克㉚,濯征徐国㉛。

王犹允塞㉜,徐方既来。
徐方既同㉝,天子之功。
四方既平,徐方来庭㉞。
徐方不回㉟,王曰还归。

【注释】①赫赫:威武貌。明明:明察貌。②卿士:执政大臣。③南仲:人名。大祖:指太祖庙。④大师:即太师,主管军事。皇父:人名。⑤六师:泛指军队。⑥戎:武器。⑦敬:警觉。戒:戒备。⑧惠:加恩。⑨尹氏:大臣。⑩程伯休父:人名,大司马。⑪陈行:列队。⑫戒:命令。⑬率:沿着。淮浦:淮水之边。⑭省:视察。⑮不留:不停留。不处:不安处。⑯三事:主六师的三帅。⑰业业:勤勉貌。⑱严:威严。⑲舒:徐缓。保:安。作:行。⑳绍:继。游:遨游。㉑绎:续。骚:骚动。㉒阚(hǎn):虎叫声。虓(xiāo):虎怒吼。㉓铺敦:陈兵屯集。濆(fén):水边。㉔仍:副词。频,多次。丑:众。㉕截:整齐。㉖啴(tān)啴:众盛貌。㉗翰(hàn):凶猛之鸟。㉘苞:本。㉙绵绵:不断。翼翼:有序。㉚测:测度。克:胜。㉛濯(zhuó):洗。㉜犹:谋略。允:副词。的确。塞:坚实。㉝同:归顺。㉞来庭:来朝。㉟回:违。

【鉴赏】这是美宣王亲征淮徐之诗。

全诗六章。上篇《江汉》写王命召虎讨伐淮夷,此诗又写宣王亲征淮夷。朱熹《诗集传》谓王命召虎讨伐者是"淮南之夷",宣王亲征者是"淮北之夷"。这种说法较为可信。

首二章写宣王命将出征。一章命主将。开头一句为美宣王之词。"赫赫"状宣王强盛,"明明"状宣王明察。出征前,宣王于太祖庙命卿士南仲为主将,又命皇父监抚军众。宣王接着命令:要整顿好六军,要修理好武器。既已警惕,又已戒备,就去施惠于南国。二章命副将。宣王使近臣尹氏命程伯休父为副将。接着部署部队左右陈列,并命令军队沿着淮水边进发,去视察"徐土"。不要停留,不要安处,现在六军之三帅已安排就绪,于是就开始出征。

中三章写宣王亲征淮徐。三章言宣王亲征。宣王威风凛凛,率师亲征,镇定自若,循序安行,不敢继以遨游。由于宣王以重兵压境,徐方诸夷闻风丧胆,相继而骚动。王师声威如雷如霆,先声早已夺人,徐方见而惊恐。这预示着王师战则必胜。四章言宣王亲征淮夷。宣王奋扬其威,勃然大怒。宣王遣"虎臣"开道,呼啸前进有如猛虎怒吼,势不可挡。不多时,王师就一举拿下淮夷,以重兵屯守淮水岸边,并抓获淮虏无数。此时,整个"淮浦"截然服帖,于是此地成了王师驻扎之所。这表明淮夷既平,继而就要向徐国进击。五章言宣王亲征徐国。此章描写军事之盛尤为精彩。王师之盛,疾如飞鸟,众如江汉,稳如山岳,固如川流,连绵不绝,井然有序,不可测度,不可战胜。这可谓道尽了王师之盛貌。如此军队出征,定能洗尽徐国,不留后患。"濯征"一语,既新且奇,还含有更新之意。这如珠妙语,其意蕴何等深邃。

末章写宣王凯旋。宣王的谋略的确坚实。由于宣王命将得当,用兵得法,故很快平定了淮徐。"徐方"已经投降,"徐方"已经归顺,这是天子亲征之功。四方已经清平,"徐方"来到朝廷。"徐方"再不敢反叛,于是宣王下令:"班师回朝。"这里一连用了四个"徐方"字样,充分体现出了胜利后的喜悦之情。

这是美宣王亲征淮徐之诗,古今无有异议。但对标题《常武》含义的理解则存在着分歧。《诗序》说:"有常德以立武事,因以为戒然。"此训"常"为"有常德",训"武"为"立武事",显属增字解经。再说全诗极力夸美宣王的武功,毫无戒黩武之意,而谓"因以为戒然"也不确切。方玉润《诗经原始》说:"不可以武为常,而又不可暂忘武备,必如宣王之武而后为武之常。"此谓宣王之"武"为"武之常"也未中的。这里的"常"当通"尚"。《商颂·殷武》:"曰商是常。"俞樾《群经平议》:"常当作尚。"黄焯《毛诗郑笺平议》:"犹云惟商是宗尚耳。"准此,"常武"即"崇尚武力"之谓。作如此理解,不仅合乎句法,且与此诗美宣王中兴,炫耀武力,平治淮徐之功正相吻合。

瞻卬

瞻卬昊天①,则不我惠②。
孔填不宁③,降此大厉④。
邦靡有定,士民其瘵⑤。
蟊贼蟊疾⑥,靡有夷届⑦。
罪罟不收⑧,靡有夷瘳⑨。

人有土田,女反有之⑩。
人有民人,女复夺之。
此宜无罪,女反收之。
彼宜有罪,女复说之⑪。

哲夫成城⑫,哲妇倾城⑬。
懿厥哲妇⑭,为枭为鸱⑮。
妇有长舌,维厉之阶⑯。
乱非降自天,生自妇人。
匪教匪诲,时维妇寺⑰。

鞫人忮忒⑱,谮始竟背⑲。
岂曰不极⑳,伊胡为慝㉑。
如贾三倍㉒,君子是识。
妇无公事,休其蚕织㉓。

天何以刺㉔,何神不富㉕。
舍尔介狄㉖,维予胥忌㉗。
不吊不祥㉘,威仪不类㉙。
人之云亡,邦国殄瘁㉚。

天之降罔㉛,维其优矣㉜。
人之云亡,心之忧矣。
天之降罔,维其几矣㉝。
人之云亡,心之悲矣。

觱沸槛泉㉞,维其深矣。
心之忧矣,宁自今矣。
不自我先,不自我后。
藐藐昊天㉟,无不克巩㊱。
无忝皇祖㊲,式救尔后㊳。

【注释】①卬(yǎng):同"仰"。②惠:爱。③孔填(chén):很久。④厉:灾祸。⑤瘵(zhài):病。⑥蟊(máo)贼:害虫残害。蟊疾:义同"蟊贼。"⑦夷届:终极。⑧罪罟(gǔ)：罪恶之网。⑨瘳(chōu)：病愈。⑩有：占有。⑪说：通"脱"。开脱。⑫哲夫：聪明的男子。⑬哲妇：特指褒姒。⑭懿：叹息之声。⑮枭：恶鸟。鸱(chī)：猫头鹰。⑯阶：阶梯，根源。⑰寺：亲近。⑱鞫(jū)：奸。忮(zhì)：巧。忒(tè)：恶。⑲谮(zèn)：谗毁。竟：终。⑳极：甚。㉑胡：什么。慝(tè)：邪恶。㉒贾(gǔ)：商人。㉓休：止。㉔刺：责备。㉕富：通"福"。㉖舍：丢掉。介狄：大道远虑。㉗胥：相。忌：恨。㉘吊、祥：皆善。㉙类：善。㉚殄(tiǎn)瘁：病困。㉛罔：网。㉜优：宽大。㉝几：细密。㉞觱(bì)沸：泉水涌出貌。槛泉：四溢的泉水。㉟藐藐：高远貌。㊱巩：控制。㊲忝(tiǎn)：有愧。皇祖：祖先。㊳后：后代子孙。

【鉴赏】这是刺幽王宠爱褒姒致乱之诗。

全诗七章。幽王是一个荒淫无道的昏君。据史料记载，幽王亲近"善谀好利"的小人虢石父，特别宠爱龙沫感应而生的褒姒。为了博取褒姒欢心，竟然废弃申后及太子宜臼，更立褒姒，并立褒姒子伯服为太子。结果酿成大乱，申侯、缯侯联络犬戎向周室进攻，遂杀幽王于骊山之下，俘虏褒姒，尽取周赂而去，西周从此灭亡。

首二章斥责弊政。幽王即位之后，政治极端黑暗。诗人无所归咎，只好仰天呼诉：老天不爱我们。这哀怨之声是多么深沉！由于幽王倒行逆施，致使祸乱不已。当时，社会动荡，大祸迭至；国无宁日，"士民"劳病。接着，对幽王的暴政作了深刻的揭露。幽王害民如同蟊虫残害禾稼一样无休无止。幽王还撒下刑网，拘捕无辜，并且张而不敛，无有止息。更有甚者，他还侵占别人的"土田"，抢夺别人的"民人"，这真是无法无天。这人无罪，他反而拘捕；那人有罪，他反而宽赦，这真是善恶不明。幽王如此行政，必然造成诸侯离心，百姓怨恨。

三、四章追溯祸源。幽王推行苛政，是由于褒姒干政所致。这幽王跟纣王一样也是"惟妇是用"。(《尚书·牧誓》)而此诗描写女祸更是透入骨髓。聪明的男子则成国，聪明的女子则败国。通过这样鲜明的对比，更突出了"哲妇"干政的危险性。诗人"懿"的一声，表达了无限伤痛之情。那"哲妇"褒姒，就是不孝鸟，就是猫头鹰。这"枭"与"鸱"皆恶声之鸟，用来比喻"长舌"妇褒姒再恰当不过了。"长舌"不是能多言，而是指善为谗言。这善为谗言，正是祸乱的根源。因此，乱子并非降自上天，而是生于妇人。没有谁教王为恶，这是亲近妇人之故。正因为幽王如此宠爱褒姒，她才有恃无恐，胡作非为。你看她，害人诡计多端，手段毒辣，始则谗毁，终则背弃,无所不用其极。难道说这不够吗?为何还要继续为恶?她为恶至极,如同商贾索利三倍,凡君子皆知之。妇人本无"公事",然而她却停止蚕织,去干预朝政。如此,国家岂不败坏!这二章描写女祸,曰"倾城"、曰"长舌"、曰"厉阶"、曰"鞫人"、曰"为慝",可谓穷形尽相,不遗余力。

五、六章哀朝无贤。开头两个反诘句义正词严,犀利似剑。王无过恶,老天何以责备你?神灵何以不福你!弄得天怨神怒,盖由幽王行恶政之故。不是吗?遭此凶灾,还不思修德,反而废弃大道远虑,唯贤者是忌。既"不吊不祥",又不修威仪,"望之不似人君"。眼下朝中无有贤人,国家将要败亡,这岂不悲哉!故诗人在下面反复咏叹:天降罗网,又宽又密,这实在可思可畏!朝中无有贤人,国家难以挽回,这真是可忧可悲!

末章望王改悔。诗以"槛泉"之深喻心之忧非常贴切。诗人慨叹自己遭此祸乱,为何不先不后,恰逢其时。一种怨愤之情由这字里行间溢出。尽管祸乱之极,但高远的上天可以控制。故诗人期望幽王能改过自新,挽回天意。如此,既不辱没先祖,又可救其子孙。但幽王不听忠告,最后只落得身死国亡的可悲下场。

绝大多数学者认为是刺幽王宠褒姒致乱之诗,这无疑是正确的。《诗集传》说:"刺幽王嬖褒姒任奄人以致乱之诗。"姚际恒《诗经通论》说:"诗以'妇寺'连言者,大抵内有女宠,寺人密迩,自必因缘为奸。"以上将"寺"训作"奄人""寺人",失之远甚。《毛传》:"寺,近也。"《郑笺》:"是惟近爱人妇人。"陈启源《稽古编》:"言幽王惟妇人是近也。"这种说法很合诗意。准此,诗只刺幽王宠褒姒而致乱,与"奄人""寺人"无涉。

周　颂

清　庙

於穆清庙①，肃雝显相②。
济济多士③，秉文之德④。
对越在天⑤，骏奔走在庙⑥。
不显不承⑦，无射于人斯⑧。

【注释】 ①於(wū)：叹词。穆：美。清：清明。②肃：敬。雝(yōng)：和。显相：指助祭诸侯。③济济：威仪赫赫貌。④秉：奉行。文：美好，高尚。⑤越：于。⑥骏：迅疾。⑦不：语助词。显：昭明。承：继承。⑧射(yì)：厌倦。

【鉴赏】 这是祭祀文王之诗。

此诗列为《周颂》之首，可见出地位的重要。主祭者当为武王，诗作者为武王或周公均未可知。

全诗一章八句。首句写庙，辞清意美。诗言："多美啊，清明之庙。"一个"清"字尽见精神，它可谓对文王之德作了最好的概括。诗接着写祭祀时庄严肃穆的气氛。前来助祭的诸侯"显相"，一个个神情肃敬，仪态雍和；参与祭祀的执事"多士"，一个个也是威仪赫赫，无不奉行高尚的道德。唯有如此，这些"多士"方能报答文王在天之灵，而"骏奔走在庙"。"骏奔走"三字极为传神，它将"多士"操持祀事尽心竭力，无限虔诚，周旋趋跄尚恐不及的情态活画了出来。结尾二句是承上总言。"显"是说文王之德清明，昭显不昧；"承"是说继承文王之德，永勿废替。最后以对文王之德乐之无厌作收，诗意隽永，余味无穷。

此诗在艺术上很有特色。全诗绝不正面描写文王之德，而是从侧面着笔进行渲染。如：写庙宇之清明，写显相之敬和，写多士之肃整，末以咏叹"无射"作收，无不巧妙地烘托出文王之德确乎清明。如果从正面描写，虽有千言万语也难以穷尽其意。诗文虚实之妙，于此可悟。

烈　文

烈文辟公①，锡兹祉福②。
惠我无疆③，子孙保之。
无封靡于尔邦④，维王其崇之。
念兹戎功⑤，继序其皇之⑥。
无竞维人⑦，四方其训之⑧。
不显维德，百辟其刑之⑨。
於乎前王不忘⑩。

【注释】①烈：功。文：德。辟公：诸侯。②锡：通"赐"。赐给。兹：此。祉：福。③惠：恩惠。④封靡：大罪。《毛传》："封，大。靡，累（罪）。"⑤戎：大。⑥继序：继承。皇：光大。⑦无竞：莫强。⑧训：效法。⑨刑：模仿。⑩前王：先王。

【鉴赏】这是成王诫勉助祭诸侯之诗。

武王崩后，成王继位。成王年幼，周公摄政，七年致政成王。成王率领诸侯祭于宗庙，祭毕诫勉诸侯要用贤修德，要尊重王室。

全诗一章十三句。开头四句写烈祖赐予洪福。成王对助祭诸侯说："你们这些有功有德的诸侯，烈祖既赐予这洪福，而且对我们的恩惠无穷无尽，子子孙孙要保住它。"中间四句写成王诫勉助祭诸侯。诫则诫助祭诸侯"无封靡"与"维王崇"。其意是说："你们在国内不要犯大罪，要尊重王室。"儆诫之意甚明。勉则勉助祭诸侯要"念兹戎功，继序其皇之"。这两句很有分量。其意是说："你

315

们要牢记与前王佐定天下之大功,切莫居功自傲,要继续发扬光大。"马瑞辰《毛诗传笺通释》说:"'念兹戎功',谓诸侯协力平定天下之武功",因为此时"孟津诸侯固多存者"。这种说法是可信的。末五句写成王以前王治国之道教示助祭诸侯。前王的治国之道有两条:一是得贤人,二是修明德。严粲《诗缉》说:"尔归治其国,在用贤修德而已。莫强乎维得贤人也。能得人则四方皆识效之。莫光显者,修德也。能修德,则百君皆刑法之。呜呼,如此则岂唯予宠嘉之,实前王所念而不释也。"成王在这里打出祖宗"前王"的旗号教示助祭诸侯是很有说服力的。成王讲这番话语,意在期冀助祭诸侯能用贤修德,成为"四方""百辟"之楷模。

对此诗的主题虽无异议,但在诗意的理解上则又因人而异。欧阳修《诗本义》将此诗分作两截,以"继序其皇之"以上为君诫臣之词,以"无竞维人"以下为臣劝君之词。姚际恒《诗经通论》驳之,谓"诗当是周公作,以为献助祭诸侯之乐歌,而末因以勉王也。"方玉润《诗经原始》则以为"一诗不可作两人语,而一诗又岂可勉两人乎?"因而自谓"此君臣交儆之意"。以上三说各有偏颇。如此支离诗意,盖因忽略"烈文""戎功"真正含义所致。若将"辟公"理解为有功有德之诸侯,那么问题便可迎刃而解,涣然冰释。原来通篇是写成王诫勉有功有德之诸侯"无封靡""维王崇""念戎功""其皇之",并期他们能得人,能修德,成为"四方""百辟"的榜样。作如此理解,不是言从字顺吗?

天 作

天作高山①,大王荒之②。
彼作矣③,文王康之④。
彼徂矣⑤,岐有夷之行⑥。
子孙保之。

【注释】①作:生。高山:指岐山。②大王:即"太王"。文王的祖父古公亶父。荒:治理。杨树达《小学述林》:"荒谓之芜。垦治芜秽亦谓之荒。"③作:筑宫室。④康:安定。⑤徂(cú):往。⑥夷:平坦。行:道路。

【鉴赏】 这是祭祀岐山之诗。

岐山,在今陕西省岐山县境内。文王的祖父太王为避狄人侵扰,由豳地始迁于岐山。太王迁岐之后,开辟土地,发展农业,建筑宫室,安顿百姓,使周族得以发展。中经王季,再传至文王。文王受命,讨伐商之属国崇国之后,自岐迁都于丰,周之势力从此日渐强大。由此看来,岐山实为周族发祥之地,故后王祭祀岐山是完全可能的。

全诗一章七句。前三句写太王赖岐山以开基。"天作高山",造语雄俊。这"高山"似乎非自然形成,乃由上天造作。这不仅点明了祭祀的对象,而且还含蓄地表明此山实由上天赐予周族,从而给岐山蒙上一层神秘的色彩。"大王荒之"笔墨凝练。太王由豳迁岐,励精图治,开山创业,功勋卓著。诗仅用一个"荒"字便将太王开创周族基业之功囊括无遗。"彼作矣"是过渡之句。意思是说:"太王率领百姓营建宫室。"百姓定居,周业已创,这就为周族的兴旺奠定了基础。中三句写文王赖岐山以致盛。诗由"彼作矣"陡接"文王康之",行文一波三折,跌宕顿挫。这是说百姓已经定居,文王则能安定他们。正因如此,岐山之地有仁义之道,平坦而易行,所以四方百姓无不向往而归附之。"彼徂矣"一句正生动地描绘出了百姓归往岐山的兴旺景象。末句"子孙保之"诫勉后王永保周业,其意深长。总之,此诗是写太王光前开基,文王裕后致盛,皆赖岐山之灵秀,祭祀岐山之意于此可见。

此诗意境非常开阔。写地域之广,由豳地至岐山;写时间之久,由太王及文王。在写法上,犹如高山瀑布,飞流直下,一气贯注。由太王"荒"接入文王"康";由文王"康"接入百姓"徂";由百姓"徂"接入岐道"夷",诗意环环入扣,真可谓"峰峦起伏,绵亘万里,绝世奇文"。

《诗序》说是"祀先王先公",这恐欠当。诗中只言"大王""文王",而未及先公如后稷、公刘等,足证《序》说实非。朱熹《诗集传》说是"祀大王之诗",这也难成立。诗中"大王""文王"并提,若是祭祀太王,绝无祭其祖而并颂其孙、兼颂二君而可专指祭一君之理,可证朱氏之说也谬。方玉润《诗经原始》说是"享岐山也",诚有见地,毋庸置疑。

昊天有成命

昊天有成命①,二后受之②。
成王不敢康③,夙夜基命宥密④。
於缉熙⑤,单厥心⑥。
肆其靖之⑦。

【注释】①昊(hào)天:上天。成命:定命。②二后:指文王、武王。③康:安乐。④夙夜:日夜。基命:奉持天命。宥(yòu):通"有"。密:通"勉"。勤勉,努力。⑤缉:继续。熙:光大。⑥单:尽。厥:其。⑦肆:故,所以。靖:平定。

【鉴赏】这是颂美成王功德之诗。

《国语·周语》载有叔向论及此诗要旨的一段话:"《昊天有成命》……是道成王之德也。成王能明文昭,能定武烈者也。夫道'成命'而称'昊天',翼(敬)其上也;'二后受之',让于德也;'成王不敢康',敬百姓也。"叔向除解释句意外,还断定此诗是"道成王之德",这无疑是正确的。

全诗一章七句。首二句颂美成王谦让的品德。周自后稷已有王命。这说明上天赐周之王命由来已久。接着诗人神思万里,由后稷一下子接入"二后受之",这中间不知省却了多少笔墨。文王受天命,积极准备伐纣,为兴周开创了基业;武王受天命,克商制胜,天下一统。这句诗非常含蓄而深沉。诗只言文王、武王受天命,而不谓成王受天命,这不正好体现出成王"让于德"的品质吗?中间两句颂美成王勤勉的精神。成王深知,开创王业不易,固守王业更难。所以成王不敢安逸。于是成王日夜奉持天命,勤勉不懈,继承文王、武王之业。末三句颂美成王辉煌的功绩。文王有大德而功未就,武王有大功而治未成,而这治理天下的大任就由成王来完成。诗言"缉熙",是颂美成王能继承并光大王业;诗言"单厥心",是颂美成王能竭尽全力平治天下;诗言"肆其靖之",是颂美成王治国有成。这"靖之"二字正隐含着西周初年的政治局势。武王死后,成王嗣位,因为年幼,周公摄政。不久,管、蔡发难,淮夷背叛,局势动荡。于是周公东征,历时三年,终于平息了这场叛乱。自此之后,天下清平,为成康之治奠定了基础。成王的功绩可谓卓著。

《诗序》说是"郊祀天地",不知何据。诗仅首句言及"昊天",余皆言文王、武王受命,言成王功德,何以见出是"郊祀天地"呢?朱熹《诗集传》说是"疑祀成王之诗",也值得商榷。诗言"成王",非死后谥号,而是生号。马瑞辰《毛诗传笺通释》说:"成王盖时臣美其德,生有此号。"既然如此,岂能断定此为成王死后之诗?详察诗意,曰"不敢康",曰"夙夜基命",曰"缉熙",曰"单心",曰"靖之",这分明是对成王在位时的赞语,而绝非成王死后而追忆的悼词。

时 迈

时迈其邦①,昊天其子之②,实右序有周③。
薄言震之④,莫不震叠⑤。
怀柔百神⑥,及河乔岳⑦。
允王维后⑧,明昭有周⑨,式序在位⑩。
载戢干戈⑪,载櫜弓矢⑫。
我求懿德⑬,肆于时夏⑭。
允王保之。

【注释】①时:按时。迈:行。邦:国。②昊(hào)天:上天。子之:以武王为子。③右序:佑助。④薄言:语助词。震:动。⑤莫:没有谁。叠:惧怕。⑥怀柔:安抚。⑦乔岳:高山。⑧后:君。⑨明昭:显明告示。⑩序:安排。⑪戢(jí):收藏。⑫櫜(gāo):盛盔甲、弓矢之囊。此用作动词,即储藏。⑬懿:美。⑭肆:陈。时:是,此。夏:中国。

【鉴赏】这是武王巡守祭祀山川百神之诗。

全诗一章十五句。可分三层来理解。第一层五句写武王巡守之事。武王克商之后,即按时巡守诸侯之国。上天以武王为儿子,换言之,就是上天把君位赐给了武王。所以诗接着说:这确实是上天在佑助我周族。武王巡守之时,动之以威,声势极其显赫。为此,天下诸侯无不慑服此威。由此不难想见,当年之武王是何等威严!第二层四句写武王祭祀山川百神。按照古制,天子巡守邦国,至方岳之下则行柴望之礼。"柴",是烧柴祭天;"望",是祭祀山川。"安抚百神,以及大河高山"二句真实地描写了武王祭祀的情景。武王如此虔诚地举行柴望之礼,就是为了报答上天的赐命之恩。故接着赞美道:"诚哉武王为天下之君!"第三层七句写武王政教并修。诗言上天明显地告示我周朝,要赏罚分明,偃武修文,收藏干戈,储藏弓矢;还要施行美德,并将它散布到中国各个地方去。以上之善声美政,诚然是武王保守天命之道。

此诗以武王巡守邦国为主线,以武王受天命而作天子、敬天命而祀百神,保天命而修政教为核心,结构严谨,整然有度,确不失为一首好诗。

思 文

思文后稷①,克配彼天②。
立我烝民③,莫匪尔极④。
贻我来牟⑤,帝命率育⑥。
无此疆尔界,陈常于时夏⑦。

【注释】①思:语助词。文:文德。后稷:周的始祖。②克:能。③立:通"粒"。谷粒。烝:众。④莫:没有谁。匪:非,不。极:准则。⑤贻(yí):遗留。来:小麦。牟(móu):大麦。⑥率:皆,普遍。育:养育。⑦陈:布施。常:典,此指种田方法。于时:于是,在此。夏:中国。

【鉴赏】这是郊祀后稷以配天之诗。

全诗一章八句。首二句盛赞后稷美德。这两句文词虽简直,但含蕴却丰厚。诗仅用一个"文"字,一个"配"字,便将后稷的美德抒写无遗。

正因为后稷怀有文德,故可"配天"。这"配天"一语正含后稷、上天并祭之意。后六句极言后稷之功。后稷之功可用"养民"二字括之。"立我烝民"正含"养民"之意。这句是说:"后稷使我众民得有食粮。"古人云:"民以食为天"。后稷能给众民提供赖以生存的食粮,其功可谓大矣。正因如此,普天之下无不以你后稷为准则。"贻我来牟"也含"养民"之意。经过后稷培育而遗留下来的瑞麦良种实乃上天所赐。下句"帝命率育"正是此意。上帝赐瑞麦于周族,命令后稷普遍养育下民。结尾二句,其意深长。这似主祭者的诫勉之词:上帝"率育"之命不可违,要一视同仁,不分时地,凡民皆养;后稷艺农之典不可废,要把它推广到中国各地去,使农业得到普遍发展。只有如此,华夏之民族才能兴旺起来。总之,后稷其人,既有文德,又有丰功。此德此功,足以配天。

　　此诗主题诸家无有异议,唯有朱熹《诗集传》闭口不提"郊祀"之旨,只说"后稷之德,真可配天"。这纯属泛论。诗言"克配彼天""帝令率育",这不正含祀天之意吗?要知道颂体简直,上天之德,只须"配天"、"帝令"二语及之便可,何待多言?

臣　工

嗟嗟臣工①,敬尔在公。
王釐尔成②,来咨来茹③。
嗟嗟保介④,维莫之春⑤,
亦又何求⑥?如何新畬⑦?
于皇来牟⑧,将受厥明⑨。

321

明昭上帝⑩,迄用康年⑪。
命我众人⑫,庤乃钱镈⑬。
奄观铚艾⑭。

【注释】①嗟嗟:叹词。臣工:群臣百官。②釐(lí):赐。成:成法。③来:语助词。咨:询问。茹:度量。④保介:农官。⑤莫:同"暮"。⑥又:通"有"。⑦新:耕过两年的田。畬(yú):耕过三年的田。⑧皇:美好。⑨受:通"抽"。明:通"芒"。⑩明昭:光明显著。⑪迄:通"乞"。赐。用:以。⑫众人:农奴。⑬庤(zhì):准备。钱:铲子。镈(bó):锄头。⑭奄:一忽儿,不久。铚(zhì):镰刀。艾:通"刈(yì)"。镰刀。

【鉴赏】这是成王举行藉礼之诗。

西周初年,周天子拥有一大片土地,古书上称作"藉田"。为了表示对农业的重视,周天子除始耕时举行典礼外,藉草时、收割时也举行典礼。

此诗一章十五句。因诗中有"王釐尔成"一语,故知此诗非成王口吻,而能"嗟臣工"、"嗟保介"者非周公莫属。首四句为周公告诫群臣百官之词。周公告诫群臣百官要恭敬地筹办好藉草典礼,要遵循周王赐给你们的成法行事,若有不明之处,便要询问请示。中八句为周公与农官的问答

之词。周公询问道:"现在正是暮春时节,你于农事还有什么要求?那'新畬'之田的麦苗生长得如何?"素以"重农"而著称的周公,一到天子"藉田"便向农官问这问那,足见他对农事是何等关切。这位农官很善于言词,周公的话音刚落,他当即果断地作了回答:"麦苗生长得非常旺盛,再过些时就要抽穗了。光明显著的上帝,又将以一个好年景赐予我。"诗以"皇"字描写麦苗生机勃勃、郁郁葱葱之态;以"将"字叙写麦苗由返青到抽穗之过程。这期间正是锄草的时令,如果放松了这个环节,

将会影响麦苗的生长。所以周天子在此时举行藉礼,劝农之用心显而易见。末三句为周公告诫农官之词。周公说:"你去命令众农奴,赶快准备好铲子与锄头,不久周王又将视察挥镰割麦哩!"举行藉礼时,周天子只是象征性地拿起锄头藉一下罢了,典礼一结束,这偌大一片麦田里的杂草,自然是由农奴去铲除了。"命众人""庤钱镈",正与藉礼合。至于"奄观铚艾"为顺及之语,它只是预示着在挥镰割麦之时,周天子还要举行收割典礼。

《诗序》说:"诸侯助祭遣于庙也。"因诗中毫无于庙中祭祀之意,故此说实不足辨。朱熹《诗集传》说:"此戒农官之诗。"此说虽接近诗意,但未言在什么背景下告诫农官,又不免失之笼统。魏源《诗古微》说:"成王耕籍后,受釐嘏(xī gǔ)祝也。"说"成王耕籍"不算大误,而说"受福之祝词"则纯为蛇足。郭沫若说是周王"催耕",陈子展说是周王"省耕",憩之说是"为麦收督造农具的诗"。这些说法与诗意也不符合。

噫 嘻

噫嘻成王①,既昭假尔②。
率时农夫③,播厥百谷④。
骏发尔私⑤,终三十里⑥。
亦服尔耕⑦,十千维耦⑧。

【注释】①噫嘻:赞叹声。②昭假:明白告谕。尔:指代农官。③时:此,这些。④厥:其,那。⑤骏:迅疾。发:颁发。私:"耜"字之误。即耕具。⑥终:耕完。⑦服:从事。⑧耦:两个犁头。《周礼·考工记》:"耜广五寸,二耜为耦。"

【鉴赏】这是周成王举行"耤田"典礼之诗。

《国语·周语》载虢文公谈及"耤田"典礼时说:"王耕一坺,班三之,庶人终于千亩"。其意是说,在举行"耤田"典礼时,"王"只是将犁杖推一下,"公"推三下,"卿"推九下,"大夫"推二十七下,最后由农夫"终于千亩"。这就是"耤田"典礼的主要内容。试看,诗中的农夫"终三十里"与史中的"庶人终于千亩",其文意是多么相似。由此可见,这确是一首举行耤田典礼时所唱的歌。

全诗一章八句。诗中明言"噫嘻成王",可知此诗非成王所自作,而这位"噫嘻"者定为成王的代言人。若与性质相近的《臣工》篇联系起来看,那位"嗟嗟"者为周公,这位"噫嘻"者也应为周公。因此,这首诗中实际上有四类人物:一是成王,他是命令的发布者;一是周公,他是命令的传达者;一是农官,他们是命令的承受者;一是农夫,他们是命令的执行者。全诗均为周公向农官传达成王的命令之词。"噫嘻成王"一句,不仅含有赞美的意味,而且还点明了诗的主格。这里的"成王"确为生成王,因为下句"既昭假尔"的主格正是成王。其意是说,啊啊成王,既已明白告谕你们这些农官。接着,成王的命令更为具体:一是命令农官率领农夫,去播种那各种谷物;二是命令农官赶快分发耕具,将三十里田亩耕完;三是命令农官从事自己的督耕工作,要在一万张犁杖上都装上两个犁头。不用说,这完全是为提高生产效率,能尽快将三十里田亩耕完。这"十千维耦"正描写出在"三十里"田野上大规模集体生产的盛况。

《诗序》说:"春夏祈谷于上帝也。"诗中无有向上帝祈祷之意,故此说无据。朱熹《诗集传》说:"盖成王始置田官,而尝戒命之也。"农官自古有之,况且武王对农业极为重视,岂待成王始置农官?再说,"尝戒命之"亦属泛论,仍未明此诗究竟作何用。

振 鹭

振鹭于飞①,于彼西雝②。
我客戾止③,亦有斯容④。
在彼无恶⑤,在此无斁⑥。
庶几夙夜⑦,以永终誉⑧。

【注释】①振:群飞貌。鹭:白鹭。于:语助词。②雝(yōng):即"辟雍"。大池。③戾:至。④斯:指白鹭。容:洁白之态。⑤彼:指宋。恶:怨恨。⑥此:指周朝。斁(yì):讨厌。⑦庶几:差不多。夙夜:早晚。⑧永终:长久。誉:美声。

【鉴赏】这是宋公微子朝周助祭之诗。

全诗一章八句。前四句美微子之仪容。鹭是一种水鸟,它栖息水边,善于捕鱼,羽毛洁白,可为舞仪。"西雝"即"辟雝"。这"辟雝"正是白鹭所集之所,同时也是祭祀之地。诗人就地取景,以白鹭在"辟雝"上面展翅飞翔,来兴比"我客"微子前来助祭"亦有斯容"。鹭羽洁白,喻微子身着白服;"鹭于飞",喻微子仪态万千,楚楚动人。这真可谓妙喻解颐。后四句诫微子永葆美德。这几句告诫微子在国内要勤政修德,不要被国人怨恨;在周朝要心服忠顺,不要被周人讨厌;并要早晚谨慎,永葆美好之声誉。

《诗序》说:"二王之后来助祭。"《郑笺》说:"二王,夏殷也。其后,杞也,宋也。"此说不可通者有二:其一,《左传·襄公二十五年》记载说:"而封诸陈,以备三恪。"准此,周有"三恪",助祭理应皆来,而只言"二王之后",显与史实不符。其二,殷尚白而夏不尚白,诗明以白鹭喻微子身着白服。故诗中"我客"定指殷后而不指夏后,说"二王之后"助祭,显与兴体不类。另有"专为武庚而发"之说与诗意不符。武庚庸愚,何"誉"之有?武王死后,武庚就恃管叔、蔡叔叛乱,结果被诛。由此看来。武庚确是一个"在彼有恶,在此有斁"之罪人。正因如此,诗才告诫微子要鉴往,切莫步武庚之后尘,真正成为一个"无恶""无斁"之宋君。

丰 年

丰年多黍多稌①,亦有高廪②,万亿及秭③。
为酒为醴④,烝畀祖妣⑤。
以洽百礼⑥,降福孔皆⑦。

【注释】①黍:小米。稌(tú):稻谷。②廪:粮仓。③秭(zǐ):亿亿曰秭。④醴:甜酒。⑤烝:献。畀(bì):给予。祖妣:历代男女祖先。⑥洽:合。⑦孔:甚,很。皆:普遍。

【鉴赏】这是周天子丰收后祭祖祀神之诗。

全诗一章七句。前三句写丰收景象。《左传·僖公十九年》记载说:

"周饥,克殷而年丰。"可知西周初年,的确连年遇上了好年景。诗以"丰年"发端,这不仅契合史实,同时也抒发了丰收之后的狂喜之情。"多黍多稌"句中的二个"多"字,不正是"丰年"的真实写照吗?诗仅言其"多",似乎还不足以描绘出丰年之景象,于是接着又以夸张的笔墨,极力形容"黍""稌"之多。盛粮之"廪"可以说是高大无比。这"高廪"绝非只有一座,定是座座并耸,鳞次栉比。不然,那"万亿及秭"的"黍""稌"岂能盛装得下。语虽含夸张,但也符合西周初年屡获丰收的实情。不用说,这大量的粮食当然归周天子所据有。后四句写祭祖祀神。农业丰收了,周天子自然不会忘记祖宗与百神。于是用新谷酿

成清酒,酿成甜酒,用来祭祖宗,祀百神。"烝畀祖妣"是就祭祖而言。此句是说将"酒醴"奉献给世代祖妣享用。祭祖妣,不外乎是为了追养继孝,以报答先祖的生养之恩。"以洽百礼"是就祀百神而言。此句是说举行各种祭礼合祭天地百神。祀百神,不外乎是为追念神助,以报答百神赐予丰年之功。末句"降福孔皆"点明了祭祀缘由,即报功今年,且祈福来岁。秋祭主要是酬报神助,而祭祖之意不重,只不过是配以祀百神而已。

有 瞽

有瞽有瞽①,在周之庭②。
设业设虡③,崇牙树羽④。
应田县鼓⑤,鞉磬柷圉⑥。
既备乃奏,箫管备举⑦。
喤喤厥声⑧,肃雝和鸣⑨,先祖是听。
我客戾止⑩,永观厥成⑪。

【注释】①瞽(gǔ):双目失明的乐官。②庭:庙庭。③设:陈列。业:悬鼓的木架。虡(jù):悬编钟编磬的木架。④崇牙:锯齿。用以悬挂乐器。树羽:插上五彩羽毛。⑤应:小鼓。田:大鼓。县鼓:周鼓。⑥鞉(táo):摇鼓。磬:用玉石制作的乐器。柷(zhù):木制敲击乐器。用以引乐。圉:木制状似伏虎的乐器。用以止乐。⑦箫:类似今之排箫。⑧喤喤:乐声清脆洪亮。⑨肃雝:乐声和谐悦耳。⑩戾:至。⑪成:乐曲终结。

【鉴赏】这是周天子大合乐于宗庙祭祀祖先之诗。

全诗一章十三句。首二句总叙其事。双眼失明的乐师,在周朝的庙庭里。这二句预示着一场合奏乐曲祭祀祖先的音乐盛会即将拉开帷幕。中间九句为诗之主体。首言置备乐器。"设业"是说陈列大板,"设虡"是说陈列立柱。在大板之上涂以白色,刻为锯齿,谓之"崇牙"。在"崇牙"之上还饰以五彩羽毛。看上去,整个悬挂乐器的木架显得十分典雅。所备乐器品类繁多,应有尽有。有玲珑的小鼓"应",有浑圆的大鼓"田",有别致的周鼓"县鼓",有精致的摇鼓"鞉",有光洁的玉石之"磬",有形似漆桶的引乐之器"柷",有状如伏虎的止乐之器"圉"。此外,还有"参差像凤翼"的排"箫",有如笛而小的双"管"。凡乐必有器,一器不备难成乐。次言演奏乐章。现在乐器既已备齐,演奏就要开始。顿时,钟鼓齐鸣,箫管并奏。这乐声清脆而洪亮,和谐而悦耳。它不仅在庙庭中回旋飘荡,而且上达于天庭。于是先祖之灵闻之欣然,纷纷倾听这优美的乐曲。结尾二句写请客观乐。参与合乐助祭者当有公卿诸侯之属。这里的"我客"想必仍指殷后微子。请客观乐,用意尤深。请客观乐,意在施行教诫,使"客"深感和乐,走上正道,终无过错,永远忠顺周朝。"永观其成"虽就观乐而言,但在"永观乐曲奏成"的话语之中,不也包含着教诫"我客"永不萌生图谋复辟的异志吗?其意趣与《振鹭》篇"无恶""无斁""以永终誉"正同。两相比较,只不过此诗更加委婉含蓄罢了。

潜

猗与漆沮①,潜有多鱼②。
有鳣有鲔③,鲦鲿鰋鲤④。
以享以祀⑤,以介景福⑥。

【注释】①猗与：叹词。漆沮(jū)：西周二水名。②潜：通"槮"。水中积柴以养鱼。③鳣(shān)：大鲤鱼。鲔(wěi)：似鲤。④鲦(tiáo)：白条鱼。鲿：黄颊鱼。鰋(yǎn)：鲇鱼。⑤享：献。⑥介：求。景：大。

【鉴赏】 这是周天子用鱼祭献宗庙之诗。

全诗一章六句。前四句写鱼之品类繁多。漆、沮二水，源自豳地，历经岐周，流入丰、镐，在今陕西省境内。漆、沮二水流经岐周地段均设有"潜"。这"潜"实为天然的养鱼池。因为水中有积柴，可避寒暑，所以鱼儿纷纷入其里而止息。在"潜"处，既可投放饲料以养鱼，同时捕鱼也极易，随时都可供急需。故诗云"潜有多鱼"。那么"潜"中有哪些鱼呢？诗接着一口气列举了六种：有鳣鱼，有鲔鱼，有鲦鱼，有鲿鱼，有鰋鱼，有鲤鱼。后二句写用鱼祭祖。祭品既已备齐，祭祖即将开始。用鱼献祭祖先，以求更大的福禄。用岐山之鱼祭祖还有特殊的含义。岐山为周之发祥之地，太王在此开基，文王在此兴业，因而用岐山之鱼祭祖，以示永不忘本，矢志光大王业，其用意可谓深长。这种用鱼祭祖的礼俗，历代沿用而不衰。直到今天，有些地区祭祖之时仍在香案上供着鱼，想必就是周礼的沿袭吧。

《诗序》说："冬荐鱼，春献鲔也。"此说认为此诗用于冬、春二祭，实误。诗明言"潜有多鱼"，并列名鱼六种，故可断定是"冬荐鱼"而非"春献鲔"。若是"春献鲔"，则诗就应专言"鲔"，而绝不会将"鲔"与其他五鱼并提。方玉润《诗经原始》说："(冬)凡鱼皆可荐之时也。故总举六鱼，随荐皆可，用以为乐。"方氏此说可取。

有　客

有客有客，亦白其马。
有萋有且①，敦琢其旅②。
有客宿宿③，有客信信④。
言授之絷⑤，以絷其马⑥。
薄言追之⑦，左右绥之⑧。
既有淫威⑨，降福孔夷⑩。

【注释】①姜、且:盛貌。②敦琢:治玉之名。喻彬彬有礼。③宿宿:住两夜。④信信:住四夜。⑤絷:绳索。⑥絷:用绳索绊住。⑦薄言:语助词。追:送。⑧绥:安。⑨淫威:大德。⑩孔夷:很大。

【鉴赏】这是美宋公微子朝周助祭之诗。

全诗一章十二句。首四句写客至。"有客"指宋公微子。何以知之?据史书记载,殷人尚白,不仅旗是白的,车是白的,而且连马也是白的。由此可知那骑着白马的"有客"定是宋公微子。在微子的身旁还有众多的随从,这些随从一个个威仪隆盛,彬彬有礼。中四句写留客。由于微子大贤,周王惧其离去,故而挽留再三。微子一行已住了一夜二夜,已住了三夜四夜,但周王还唯恐微子猝然离去,依然盛意相留。这"授绳绊马"的细节非常生动,非常典型。它不仅衬托出微子的贤德,而且还描绘出了周王厚爱微子的挚情。这正是主客相投,有来必来,有去不忍即去。末四句写送客。周王设宴为微子饯行。微子即将离去之际,周王之臣又安抚微子,还以美好的祝词"你既有大德,将获大福"赠给微子。

《诗序》说:"微子来见祖庙。"此说符合诗意。另有"美箕子朝周"一说同样值得重视。姚际恒《诗经通论》说:"盖谓微子则当为成王之朝,谓箕子则当为武王之朝。"姚氏此说较为客观。高亨《诗经今注》说是"诸侯或大臣来朝",金启华《诗经全译》说是"待宾之辞",这未免失之宽泛,似与诗中"亦白其马"句不类。

武

於皇武王①,无竞维烈②。
允文文王③,克开厥后④。
嗣武受之⑤,胜殷遏刘⑥。
耆定尔功⑦。

【注释】①於(wū)：叹词。皇：伟大。②无竞：无疆。烈：功勋。③允：的确。文：文德。④厥：其。⑤嗣：继承。之：指代文王的功业。⑥遏：止住。刘：杀戮。⑦耆(zhǐ)：致，达到。定：实现。尔：指代文王。功：事业。

【鉴赏】这是歌颂武王伐纣获胜之诗。

据《礼记·乐记》记载，《大武舞》的乐曲共有"六成"，每一成还伴有舞蹈。第一成"始而北出"，舞容为"总干而山立"，像武王手持武器率师北伐；第二成"再成而灭商"，舞容为"发扬蹈厉"，像牧野大战之状；第三成"三成而南"，舞容为"自北而南"，像武王凯旋还镐；第四成"四成而南国是疆"，舞容为"再向南"，像武王经营南国；第五成"五成而分：周公左，召公右"，舞容为"分成两队：一队向东，一队向西"，像周公、召公分陕而治；第六成"六成复缀，以崇天子"，舞容为"退回原位"，像尊奉武王之态。又据学者们考证，除第五成无诗外，其余五成诗章的排列顺序当为：第一成唱《酌》，第二成唱《武》，第三成唱《般》，第四成唱《赉》，第六成唱《桓》。依据诗意，这种看法较为合理。这五首诗本是组歌，只是由于时代遥远，又经秦火，错乱其序是完全可能的。

此诗为《大武舞》的第二章。《大武舞》第二成表演的是"再成而灭商"，舞容为"发扬蹈厉"。这与《武》诗内容正合。

全诗一章七句。首二句颂美武王的功勋。诗云："啊，伟大的武王，其功勋无法估量！"这并非虚语。武王克商之举，合乎民心，顺乎潮流，故八方诸侯如响之应，如影之从。武王率师亲征，大战牧野，会朝清明。武王的功勋可谓卓著。然而，武王克商兴周之业实由文王奠定。饮水思源，岂能忘怀文王开创之功。文王受命之后，便积极准备伐商，相继灭掉了一些商之属国，为武王伐商扫清了道路。所以诗中横插"确有文德的文王，能为其后代开创基业"一笔，盛赞文王辉煌的功业。这一基业由嗣继武王接受了下来。武王继承父志，恭行天讨，吊民伐罪，牧野一战，终于战胜了商纣，止住了杀戮。这确是一项伟大的事业，它对于推动历史向前发展具有重大的意义。诗的结尾庄严宣告："武王完成了你(指文王)的事业。"胜利的喜悦溢于言表。

《诗序》说："奏《大武》也。"此说甚是。《左传·宣公十二年》载云："武王克商，作《武》。"这本不误。而朱熹《诗集传》驳之曰："《传》以此诗为武王所作,则篇内已有武王之谥,而其说误矣。"《左传》只云"武王克商作",而并未言"武王所作",朱熹之说实为曲解。诚然,诗中有"於皇武王"字样,此诗定为他人代言而非武王自作。而《诗集传》将"武王"视作死后谥号则不当。武王克商后,为了庆贺这一伟大胜利,即作此诗以纪武王功勋,这岂不是顺理成章的事吗?

闵予小子

闵予小子①,遭家不造②,嬛嬛在疚③。
於乎皇考④,永世克孝⑤。
念兹皇祖⑥,陟降庭止⑦。
维予小子,夙夜敬止⑧。
於乎皇王⑨,继序思不忘⑩。

【注释】①闵(mǐn):忧伤。小子:成王自称。②不造:不幸。③嬛嬛(qióng):孤独无依貌。疚:忧病。④於乎:叹词。皇考:指武王。⑤永世:终生。克:能。⑥兹:此。皇祖:指文王。⑦陟降:上下。庭:直。⑧敬:谨慎。⑨皇王:指文王和武王。⑩序:绪,事业。

【鉴赏】这是成王居丧朝庙之诗。

全诗一章十一句。首三句写成王悲痛之情。一个"闵"字领起,沉痛无限。成王为何如此悲痛欲绝?原来是因为遭到武王崩殂的凶丧之事。武王崩殂犹如五雷轰顶,成王遭此凶丧,怎不肝胆俱裂,忧伤至极。要知道,此时成王还很年轻,父王已死,依靠失去,因而他深感孤独,成天处于忧病之中。中四句写成王不忘先王之德。成王虽幼,但很有志向,不以居丧而忘先王之德。前二句为成王念武王之词。诗言"啊,父亲武王,一生能行孝道。"言下之意,自己也要像父亲那样终身奉行孝道。后二句为成王念文王之词。诗言"想念祖父周文王,上上下下行直道。"言下之意,自己也要像祖父那样事天治民以直道。末四句写成王矢志不忘先王之业。成王日夜谨慎,不敢懈怠,始终奉守善道,矢志不忘继承祖考之王业。成王当年还是一位幼冲小子,竟能如此深谋远虑,后来成为圣世明王就绝非偶然了。

《诗序》说:"嗣王朝于庙。"此说虽不误,但略嫌笼统。究竟是何时"朝于庙"?对此历来说法不一。《正义》说是"周公致政,成王嗣位,始朝于庙"。此说殊误。周公致政成王,距武王之崩相隔七年之久,纵使余哀犹存,能有这般哀痛吗?朱熹《诗集传》说是"成王免丧,始朝于先王之庙"。此说虽通,但欠贴切。免丧之时,哀思固然尚存,但其词也不至于这等凄怆悲凉。审之文情,当以"武王既葬祔主于庙"之说为是。

敬 之

敬之敬之①,天维显思②,命不易哉。
无曰高高在上④,陟降厥士⑤,日监在兹⑥。
维予小子,不聪敬止⑦。
日就月将⑧,学有缉熙于光明⑨。
佛时仔肩⑩,示我显德行⑪。

【注释】①敬:谨慎。②显:明察。③易:容易。④无曰:不要说。⑤士:事。⑥监:察。⑦聪:明。⑧就、将:积累。⑨缉熙:渐积广大。⑩佛:通"弼"。辅助。仔肩:重任。⑪示:指示。

【鉴赏】这是成王自诫之诗。

全诗一章十二句。前六句写成王敬畏天命。周家圣圣相传,唯在奉行一个"敬"字。诗以"敬之"发端,其意甚为警切。为何要如此谨慎呢?这是因为上天显赫明察,天命不易保有。若稍有懈怠,天命就有可能得而复失,"殷鉴不远",岂不警诫!成王深知此理,彻悟此道,于是警诫自己:

切莫说上天高高在上,离人甚远而不敬畏,其实上天无时不在升降其事,无日不在监察下土,主宰人间的一切。正因如此,为人君者不可不敬啊!后六句写成王诫勉自己。"维予小子"一句紧接上文而启下语,此为诗之接榫之处。成王自谓性既不聪,行又不敬,但愿奋发学习。只要日积而月累,学习渐进而广大,便可达到光明的境界。然而要实现这一宏愿,尚赖群臣辅助担当重任,并指示以光明的德行。唯如此,方能使自己"聪"而"敬",从而永保上天之"命"。不难看出,诗之上下两节前后呼应,意相连续,浑然一体,确为成王敬天勉己之词。值得一提的是,诗中"日就月将,学有缉熙于光明"之语,可谓"《三百篇》言'学'之始"。后世文人墨客引以劝学者颇多,它成了激励后人勤奋学习的座右铭。

小 毖

予其惩①,而毖后患②。
莫予荓蜂③,自求辛螫④。
肇允彼桃虫⑤,拚飞维鸟⑥。
未堪家多难,予又集于蓼⑦。

【注释】①惩:惩戒。②毖:谨慎。③莫:没有谁。荓(pēng)蜂:联绵词。牵引。④辛螫(zhē):辛苦之事。⑤肇:始。允:信。桃虫:即"鹪鹩"。小鸟。⑥拚(fān):通"翻"。飞翔。⑦集:会。蓼(liǎo):苦菜。比喻困境。

【鉴赏】这是成王惩管、蔡之乱而自儆之诗。

全诗一章八句。"惩""毖"二字为全诗主脑。成语"惩前毖后"就是由此演变而成。成王"惩"些什么呢?首先是惩不要自讨苦吃。往日之事没有谁牵引我,而是自求苦事。由于成王误信流言,怀疑周公,为此周公一度避嫌居东,从而致使管叔、蔡叔之辈得意张狂。这实乃酿成后来大祸之根由,教训深刻,不可不戒。其次是惩不要忽略小患。桃虫始小而终大,这与俗语所说"向为鼠,后为虎"之意正同。这一比喻深刻说明小事不慎终成大祸。事实正是如此。当初管、蔡流言,武庚"小腆(殷之余孽)",

只是犹如"桃虫"之小。可是对流言而未慎思,对武庚而未提防,曾几何时,武庚恃管、蔡反叛,结果酿成大祸,恰如桃虫翻飞终成大鸟。这一血的教训,岂可不戒。末二句蕴含"毖后"之意。"家难""于蓼"既是往日未"惩"之恶果,同时也是"毖后患"之缘由。黄山说:"'家多难'指三监启商。'又集于蓼'正指淮夷之继叛。"(见《诗三家义集疏》)此言甚是。成王自谓:正不堪家难,继而又处苦境,真是祸患迭至。鉴此,为"毖后患"而切望群臣助己。此意虽未明言,但已溢于言外,诗之含蓄于此可见。不难看出,此诗情致缠绵,哀音动人,文词古奥,设喻奇巧,可谓《颂》之佳品。

《诗序》说:"嗣王求助。"此说失之片面。胡承珙《毛诗后笺》说:"《小毖》之作,似正值周公东征。"此说欠切。观诗"毖后患"之语,可知"家难"既平,"蓼"菜已除。诗云"莫予、自求""桃虫、维鸟""家难、于蓼"均为管蔡淮夷乱后追忆之词,而断非当时之语。因为如此创巨痛深之词气,正切合乱后之心境。《正义》谓"周公归政之后",又似觉定时过晚。

载 芟

载芟载柞①,其耕泽泽②。
千耦其耘③,徂隰徂畛④。
侯主侯伯⑤,侯亚侯旅⑥,侯强侯以⑦。
有嗿其馌⑧,思媚其妇⑨,有依其士⑩。
有略其耜⑪,俶载南亩⑫。
播厥百谷,实函斯活⑬。
驿驿其达⑭,有厌其杰⑮。
厌厌其苗⑯,绵绵其麃⑰。
载获济济⑱,有实其积⑲,万亿及秭。
为酒为醴,烝畀祖妣,以洽百礼。
有飶其香⑳,邦家之光。
有椒其馨㉑,胡考之宁㉒。
匪且有且㉓,匪今斯今㉔,振古如兹㉕。

【注释】①载:语助词。芟(shān):除草。柞:砍树。②泽泽:通"释释"。起土声。③耘:清除残存的草木根株。④徂(cú):往。隰(xí):新开田。畛(zhěn):田间小路。⑤侯:语助词。主:指天子。伯:指公卿。⑥亚:指大夫。旅:指军士。⑦强:指强劳力。以:指弱劳力。⑧噲(tǎn):众人饮食之声。馌(yè):吃饭。⑨媚:美。⑩依:通"殷"。盛壮貌。⑪略:锋利。⑫俶(chù):始。载:从事。⑬实:种子。函:含。⑭驿驿:苗出土貌。达:破土之苗。⑮厌:美好。杰:先出之苗。⑯厌厌:整齐貌。⑰绵绵:仔细精密。麃(biāo):除苗间杂草。⑱济济:众多。⑲实:充满。⑳馥:通"苾"。芬芳。㉑椒:通"俶"。浓郁。馨:香。㉒胡考:长寿。㉓匪:通"非"。且:此。㉔斯:语助词。㉕振古:自古。

【鉴赏】这是周天子举行耤田典礼或祭祖祀神之诗。

全诗一章三十一句。这是《周颂》中最长的一首诗。

前二十一句写一年的农政。首先写垦荒耕地的情景。为辟新田,农夫们正在除草砍木,深耕土地。"其耕"句不仅言事而且摹态,耒耜起土"泽泽"作响,泥浪翻滚,真是有声有色。"千耦"极言人多。"耘"紧接"耕"言,是垦荒耕地的另一道工序,即清除耕过的土壤中残存的草木根株。由"耕"至"耘",这表明耕作更为精细。此时,农夫们或前往新田,或经由田径前往旧田。两个"徂"字写出了农夫们急趋之态,可谓逼真宛肖。参加耕作者有天子,有公卿,有大夫,有士,有强劳力,有弱劳力。这与"耤田"典礼合。时至中午,农夫们干得精疲力竭,早已腹内空空,饥渴难耐了。就在这时,农妇们将饭送到了田头,这真是雪中送炭。请看,他们吃起饭来狼吞虎咽,"噲噲"有声,觉得格外香甜。他们还一边吃饭一边与妻子倾谈,一种亲昵之情油然而生,倍感"其妇"温柔可爱。这虽是一段小插曲,但很富有生活情趣。午饭刚过,农夫们又推起锋利的耒耜,开始深耕"南亩"成田。"有依"状男子强壮,"有略"状耒耜锋利,皆是传神之笔。

其次写播种、耘草、收获的情景。"南亩"既已耕毕,播种即将开始。撒播在疏松土壤中的种子,饱含生气,很快发芽。那破土之苗绵绵不断,那特出之苗青葱茁壮,那一般之苗整整齐齐。这几句写禾苗生长之态,尤为精彩。"绵绵其麃"句写锄草。意思是说,锄草之人小心翼翼,仔细精密。由于田间管理得法,故又喜获丰收。"获"言在野,"济济"状粮谷之众多;"积"言在场,"有实"状粮谷之充盈;"万亿及秭"言在仓,此状粮谷之丰盛。至此,一年的农事已叙写完毕。

后十句写祭祖祀神。为祈神灵佑助,周天子用新谷酿成清酒,酿成甜酒,先到宗庙祭先祖,后到郊外祀百神。所进酒醴香气芬芳,为我们邦家增添荣光;所奉酒醴香气浓郁,请赐予我们长寿与安康。这种祭祀自古有之,非自今始,因此要长保享祀,永勿废替,以祈求更大的福禄。

《诗序》说:"春籍田而祈社稷。"此说不为大误。说"春籍田"完全正确;说"祈社稷"稍欠周全。诗明言"烝畀祖妣""以洽百礼",无神不祀,"社稷"自然也括其中,而只云"祈社稷"与诗意难合。魏源《诗序集义》说:"腊先祖五祀也。……以礼属民饮酒,正其齿位。"说"腊先祖五祀"近是,而说"属民饮酒"则非诗意。诗云"有飶其香"、"有椒其馨"只是形容祭品"酒醴"芬芳浓郁,而并非说举行宴饮之礼,可证魏氏之说也误。

酌

於铄王师①,遵养时晦②。
时纯熙矣③,是用大介④。
我龙受之⑤,蹻蹻王之造⑥。
载用有嗣⑦,实维尔公⑧。
允师⑨。

【注释】①铄(shuò):强盛。②遵养:保养实力。时晦:黑暗时代。③纯熙:光明。④大介:大发甲兵。⑤龙:通"宠"。恭敬。⑥蹻蹻:英武貌。造:通"曹"。众多将士。⑦载用:乃用于。有嗣:指武王。⑧尔:指文王。公:通"功"。武功。⑨允:信。

【鉴赏】这是武王即将伐纣之诗。

此诗为《大武舞》的第一章。《大武舞》第一成表演的是"始而北出",舞容为"总干而山立"。此像武王手持武器,率师北伐。

全诗一章九句。发端盛赞文王之师:"啊,强盛的文王军队!"这赞语出自武王之口,足见其内心充满着必胜的信念。然而,在当时商强周弱的情势下,武王还不敢贸然一试,只得韬光养晦,等待时机。此后,武王经过了几年充分的准备,觉得时机已经成熟,光明的时刻已经到来,于是便将"王师"全副武装起来,准备出征伐纣。此时此刻,武王的心情异常激动,他仰对文王之灵,好像是在默默地念道:"英武的文王之师,我恭敬地接受了他们。现在我就用于出征伐纣,这实在是师法您的武功。"结尾"允师"一句再次盛赞文王之师,这与首句正好呼应。由此可见,此诗实为武王伐纣的前奏曲。

《诗序》说:"告成,《大武》也。言能酌先祖之道,以养(取)天下也。"此说正确。何谓"告成"?胡承珙《传疏》说:"此乐成,告武王。"此说误,而应为武王以其成功告祭文王。篇名"酌"何意?一说舞名。朱熹《诗集传》说:"《酌》即《勺》也。《内则》十三舞《勺》。"《酌》诗既为《大武舞》的乐章,不会另立舞名,故此说不当。一说"灼"之误。孙作云《周初大武乐章考实》说:"此篇《酌》,应作'灼',即'於铄王师'之'铄','铄'字一作'灼'。"此未必然。诗中虽无"酌"字,但有酌意。武王养晦待时,"纯熙"一到,便立即"大介",这不正是审时度势吗?因此,"酌"意为"酌时宜"或"酌先祖之道",它与此诗内容正弥合无间。

桓

绥万邦[①],娄丰年[②]。

天命匪解③。
桓桓武王④,保有厥士⑤。
于以四方⑥,克定厥家⑦。
於昭于天⑧,皇以间之⑨。

【注释】①绥:安定。②娄:通"屡"。③解:通"懈"。④桓桓:威武貌。⑤士:指将士。⑥以:用。⑦家:即"国"。⑧昭:明。⑨皇:天。间:代。

【鉴赏】这是武王克殷后呈现太平景象之诗。

此诗为《大武舞》的第六章。《大武舞》第六成表演的是"以崇天子",舞容为复缀(退回原位)。此像崇敬天子之态。

全诗一章九句。首二句写武王克殷后的太平景象。"绥万邦"是说安定了天下;"娄丰年"是说连连获得丰收。仅一个"绥"、一个"娄"字,便将武王功德描绘了出来。为何能出现这种太平景象呢?诗接着便作了申补。"天命匪解"一句至关重要。正因为天命之于周,久而不厌,所以武王能保有将士,用于征讨四方,于是才奠定了周家的王业。末二句再以赞语总收。"昭"以状德,"皇"以代天。意思是说,武王之德昭著于天,故天以武王代纣。此诗先言太平景象,次言天命武王奠定王业,末言天以武王代殷之因,诗意由表及里,层层深入,寥寥几笔,道尽了武王的圣德及武功。

《诗序》说:"讲武类祃也。桓,武志也。"诗中既无"讲武"之事,也无"类祃"(祭神)之意,此属纯乎杜撰;"桓"为"武志",也与诗旨难协,此属泛混之论。朱熹《诗集传》说:"谓武王时作者,亦误矣。"朱氏将此诗定为武王死后而作,实非。

赉

文王既勤止①,我应受之。
敷时绎思②,我徂维求定③。
时周之命,於绎思。

【注释】①勤:劳。②敷:布。时:是,此。绎:连续不绝。③徂:往。

【鉴赏】这是武王经营南国之诗。

此诗为《大武舞》的第四章。《大武舞》第四成表演的是"南国是疆",舞容为"再向南"。此像武王克殷后经营南国之状。

全诗一章六句。首句颂美文王经营南国之功。诗言"既勤止",正表明文王已经营过南国。《论语·泰伯》说:"(文王)三分天下有其二。"朱熹注:"《春秋传》曰:文王率商的畔国以事纣。盖天下归文王者六州,荆梁雍豫徐扬也。惟青兖冀尚属纣耳。"可见,这"其二"之中有一部分正是从南国获得的。文王遗留下来的这份基业极其宝贵,所以武王无限感激地说道:"我应当继承下来。"不仅如此,武王还决心使文王的事业连续不绝,发扬光大。事实正是如此。武王伐纣之后,改封周公于鲁,封姜尚于吕,改封召公于南鄹。而这"鲁""吕""南鄹"均在今之河南省境内。由此可知,"敷时绎思"正隐括着武王经营南国的这一史实。武王经营南国,其目的非常明确,即"徂维求定"。当时,东方仍为殷孽武庚的势力范围。唯恐武庚心不诚服,于是武王便着手巩固南方。只有如此,方能震慑东方,以防有变,从而求得天下安定。不难看出,武王的谋略可谓深远。诗之结尾以"天命"作收余味无穷。武王深知,得天下靠的是"天命",这安天下靠的也是"天命"。正是基于这种观念,故而才发出"这周所受的天命,永无止境"的咏叹。"天命"之于周既然永无止境,那么周朝定能长治久安。

《诗序》说:"大封于庙也。赉,予也。言所以锡予善人也。"此说显然不当。此诗只言文王"勤",武王"受"、"绎"与"求定",毫无"大封"诸如封侯裂土赐财之意。朱熹《诗集传》说:"颂文武之功,而言大封功臣之意。"其言"大封功臣"仍是承袭《序》说,固非;又言"颂文武之功",更谬。姚际恒《诗经通论》指出:"此篇上言'文王',下言'我'者,武王自我也。若谓颂文武之功,则必作于成王,诗既无'武王'字,其云'我应受之'及'我徂维求定,时周之命'岂成王语气耶?"姚氏此言诚然有理,但他说"此武王初克商,归祀文王庙"也未达诗旨。此外,须得说明的是,篇名"赉",并非指"武王赏赐功臣",而当为"上天赐命武王"。

般

於皇时周①,陟其高山。
隋山乔岳②,允犹翕河③。
敷天之下④,裒时之对⑤,时周之命。

【注释】①皇:伟大。②隋(duò):小山。乔岳:大山。③允犹:诚又。翕(xì):合。④敷:通"普"。⑤裒(póu)时:聚此。之对:以答。

【鉴赏】这是武王克殷后班师回朝之诗。

此诗为《大武舞》的第三章。《大武舞》第三成表演的是"三成而南",舞容为"自北而南"。此象武王克殷后班师回朝之状。

全诗一章七句。前四句写班师途中所见之景。发端总赞周土山川之美:"啊,伟大的周国!"武王"陟其高山",便脱口发出这一赞语,这真是"登山则情满于山"。武王站立山巅,放眼四顾,那狭长的小山,那巍峨的大山,那奔腾的黄河,尽收眼底。这三句写尽了周土的山川形胜。读者可以想象,一条宽广的黄河横贯周土的东西,那西边的岍山、岐山,那东边的华岳、秦岭皆连接着黄河,这该是一幅多么壮美的图画。不用说,这众山皆合于河的壮观,正好衬托出武王克殷后班师回朝时的那种豪情。后三句写回镐后万国朝贺的情景。武王凯旋回镐之后,定要举行一次庆功祝捷盛会。此时,普天之下,万国诸侯皆聚集于镐京,以报答称扬武王所受的天命。可见,周之开国,其气象甚为隆盛。

《诗序》说:"巡守而祀四岳河海也。"此诗虽有"隋山乔岳,允犹翕河"之句,但这仅是用以描写山川形胜,而从中看不出有祭祀山川之意。篇名"般"即取义还镐。"般"有"还"义。《尔雅·释诂》:"般,还也。"陆德明释文:"般,音班。"《汉书·赵充国传》:"而明主般师罢兵。"颜师古注引邓展曰:"般,音班。班,还也。"可见,篇名"般"正好揭示了此诗的主题。

鲁　颂

駉

駉駉牡马①,在坰之野②。
薄言駉者,有骄有皇③,
有骊有黄④,以车彭彭⑤。
思无疆⑥,思马斯臧⑦。

駉駉牡马,在坰之野。
薄言駉者,有骓有駓⑧,
有骍有骐⑨,以车伾伾⑩。
思无期⑪,思马斯才⑫。

駉駉牡马,在坰之野。
薄言駉者,有驒有骆⑬,
有骝有雒⑭,以车绎绎⑮。
思无斁⑯,思马斯作⑰。

駉駉牡马,在坰之野。
薄言駉者,有骃有騢⑱,
有驔有鱼⑲,以车祛祛⑳。
思无邪㉑,思马斯徂㉒。

【注释】①駉駉(jiōng):马肥壮貌。牡:指壮大之马。②坰(jiōng):遥远。

③骃(yù):腹胯间有黑毛的白马。皇:黄白兼有的马。④骊(lí):纯黑色的马。黄:黄色马。⑤以:驾,拉。彭彭:形容有力有容。⑥无疆:无限。⑦臧:美好。⑧骓(zhuī):毛色苍白相杂的马。駓(pī):毛色黄白相杂的马。⑨骍(xīn):赤色马。骐:青黑色。⑩伾伾(pī):形容勇猛矫健。⑪无期:义同"无疆"。⑫才:灵活。⑬驒(tuó):有鳞状黑斑纹的青毛马。骆:白身黑鬣的马。⑭駠(liú):赤身黑鬣的马。雒(luò):黑身白鬣的马。⑮绎绎:疾驰貌。⑯无斁:不厌倦。⑰作:娴熟。⑱骃(yīn):浅黑带白的杂毛马。騢(xiá):赤白色的杂毛马。⑲驔(diàn):白毫脚杆马。鱼:双眼发白的马。⑳祛祛(qú):形容气力充足。㉑无邪:不邪曲。㉒徂:通"驵"。马壮大。

【鉴赏】这是颂美僖公牧马蕃盛之诗。

鲁僖公即位之后,便广修文教,大兴武力,务勤农牧,从而使鲁之国力日渐强盛,成为中兴之主。僖公死后,大夫季孙行父请周天子赐命僖公。既已获准,于是史克作《駉》诗以颂僖公牧马之盛。

全诗四章。每章首二句总写马之蕃盛。茫茫原野,水草丰茂。成群的壮马,或饮或食,或戏或逐,生气盎然。仅此二句便勾勒出一幅壮美的牧马画图。每章中四句写马之精良。首章描写"骃"、"皇"、"骊"、"黄"四种马。这四种马毛色各异,那胯间有黑色者为"骃",黄白兼有者为"皇",纯黑色者为"骊",黄色者为"黄"。毛色白、黑、黄杂然相间,真是五彩斑斓。这四种马拉起来有力有容。次章描写"骓"、"駓"、"骍"、"骐"四种马。这四种马毛色不同,那苍白相杂者为"骓",黄白相杂者为"駓",赤色者为"骍",青黑者为"骐"。毛色苍白、黄白、赤色、青黑相互映衬,真是异彩纷呈。这四种马拉起来强健有力。三章描写"驒"、"骆"、"駠"、"雒"四种马。这四种马毛色有别,那鳞状黑斑纹者为"驒",白身黑鬣者为"骆",赤身黑鬣者为"駠",白鬣者为"雒"。马身毛色或白或黑,或赤,马鬣毛色或黑,或白,众色相间,真是斑驳陆离。这四种马拉起车来迅疾如飞。末章描写"骃"、"騢"、"驔"、"鱼"四种马。这四种马毛色、眼色各异,那浅黑带白者为"骃",赤白者为"騢",脚杆白毫者为"驔",双目发白者为"鱼"。毛色或黑,或白,双目发白,杂然相处,真是绚丽夺目。这四种马拉起车来气力充足。以上一共描写了十六种毛色各异膘肥体壮的良马,足见僖公牧马蕃盛。每章末二句颂美僖公牧马之功。首章"思无疆,思马斯臧",是说僖公思虑深微,无有止境,故马儿皆美善。次章"思无期,思马斯才",是说僖公思虑远长,无有期限,故马儿皆灵活。三章"思无斁,思马斯作",是说僖公思虑详审,无有厌倦,故马儿皆娴熟。末章"思无邪,思马斯徂",是说僖公思虑纯正,无有邪曲,故马皆肥壮。总之,由于僖公重视马政,因此牧马兴旺。

《诗序》说"颂僖公也。……牧于坰野",这是不错的。但又说"俭以足用,宽以爱民,务农重谷"则非诗意,全为赘语。方玉润《诗经原始》说:"假牧马以颂育贤。"并说:"牧马纵盛,何关大政?"方氏此说不仅求之过曲,而且殊为不当。牧马之盛,是国家富强的重要标志。方氏谓"牧马纵盛,何关大政",显然是小视了牧马之盛关系到国力强盛这一重大作用。

有 駜

有駜有駜①,駜彼乘黄②。
夙夜在公③,在公明明④。
振振鹭⑤,鹭于下。
鼓咽咽⑥,醉言舞⑦。
于胥乐兮⑧。

有駜有駜,駜彼乘牡⑨。
夙夜在公,在公饮酒。
振振鹭,鹭于飞。
鼓咽咽,醉言归。
于胥乐兮。

有駜有駜,駜彼乘駽⑩。
夙夜在公,在公载燕⑪。

自今以始,岁其有⑫。
君子有穀⑬,诒孙子⑭。
于胥乐兮。

【注释】①駜(bì):马肥壮貌。②乘:四马曰乘。黄:指黄毛马。③公:办公之所。④明明:通"勉勉"。勤勉。⑤振振:群飞貌。鹭:指鹭羽。⑥咽咽:鼓声。⑦言:犹"而"。⑧于:语助词。胥:皆。⑨牡:公马。⑩駽(xuān):青黑色的马。⑪载:则。燕:通"宴"。宴饮。⑫有:丰年。⑬穀:同"谷"。善。⑭诒:留给。

【鉴赏】这是鲁国君臣宴饮公室庆贺丰年之诗。

全诗三章。每章首二句写群臣上朝。上朝之时,群臣或乘坐四匹肥壮黄马拉的车子,或乘四匹肥壮公马拉的车子,或乘坐四匹肥壮青黑马拉的车子。诗意仅此,别无他意。每章中六句写君臣宴饮庆贺丰年。"夙夜"言群臣早兴夜寐侍奉国君,"明明"谓群臣"在公"尽力操办公事。"饮酒""载燕"言国君宴请群臣。宴会伊始,舞师们手持鹭羽,和着"咽咽"的鼓声,跳着欢快的乐舞。他们时而俯仰上下,时而如鹭飞翔,以助其兴。酒过数爵,君臣也陶醉于宴乐之中,为尽其欢,便起而"醉舞"。本有醉意,参与舞蹈,真不知手之舞之,足之蹈之。酒既足饭既饱,欢既尽乐既极,最后才"醉言归"。为何如此狂欢呢?原来是在庆贺丰年。"自今以始,岁其有"正点明了狂欢之由。从今开始,岁岁丰年,这难道不值得宴饮庆贺吗?更为可贺的是,君臣有美德可留给后代子孙。唯如此,方能永保"岁其有"。每章结尾"于胥乐兮"一句为总收,反复咏叹君臣同乐之情,有力地渲染了宴会的热烈气氛。

《诗序》说:"颂僖公群臣之有道也。"此诗写君臣宴饮之乐,丰收之喜,未见君臣有道之意,故此说与诗意不合。何楷《世本古义》说:"疑为僖公饮酒泮宫而作。……又疑为喜丰年而作。"其说疑信参半,终无定见,甚可惋惜。殊不知"饮酒"正是为"喜丰年",两者互为因果,关系密切,岂可分开,疑为二说?

泮 水

思乐泮水①,薄采其芹②。
鲁侯戾止③,言观其旂④。
其旂茷茷⑤,鸾声哕哕⑥。
无小无大⑦,从公于迈。

思乐泮水,薄采其藻⑧。
鲁侯戾止,其马蹻蹻⑨。
其马蹻蹻,其音昭昭⑩。
载色载笑⑪,匪怒伊教⑫。

思乐泮水,薄采其茆⑬。
鲁侯戾止,在泮饮酒。
既饮旨酒,永锡难老⑭。
顺彼长道⑮,屈此群丑⑯。

穆穆鲁侯⑰,敬明其德。
敬慎威仪,维民之则⑱。
允文允武,昭假烈祖⑲。
靡有不孝⑳,自求伊祜㉑。

明明鲁侯㉒,克明其德。

既作泮宫㉓,淮夷攸服㉔。
矫矫虎臣㉕,在泮献馘㉖。
淑问如皋陶㉗,在泮献囚。

济济多士㉘,克广德心。
桓桓于征㉙,狄彼东南㉚。
烝烝皇皇㉛,不吴不扬㉜。
不告于讻㉝,在泮献功。

角弓其觩㉞,束矢其搜㉟。
戎车孔博㊱,徒御无斁㊲。
既克淮夷,孔淑不逆㊳。
式固尔犹㊴,淮夷卒获。

翩彼飞鸮㊵,集于泮林。
食我桑黮㊶,怀我好音㊷。
憬彼淮夷㊸,来献其琛㊹。
元龟象齿㊺,大赂南金㊻。

【注释】①思:语助词。乐:通"烁"。美,清澈。②芹:水菜。③鲁侯:指僖公。戾:至。④言:语助词。旂:旗。⑤茷茷(pèi):旗飘动貌。⑥鸾:车铃。哕哕(huì):铃声。⑦小:指小官。大:指大官。⑧藻:水藻。⑨蹻蹻:马强壮貌。⑩昭昭:洪亮。⑪载:则。色:和颜悦色。⑫伊:是。教:教导。⑬茆(máo):水草。⑭锡:赐。难老:长寿。⑯顺:沿着。⑯屈:征服。丑:指淮夷。⑰穆穆:肃敬貌。⑱则:榜样。⑲昭假:明白告谕。⑳孝:效法。㉑祜:福。㉒明明:通"勉勉"。勤勉。㉓作:修复。泮宫:泮水之官。㉔攸:犹"乃"。㉕矫矫:勇武貌。㉖馘(guó):指敌尸左耳。㉗淑:善。问:审问俘虏。皋陶(yáo):尧舜时的狱官。㉘济济:众多貌。㉙桓桓:威武貌。㉚狄:通"剔"。除。㉛烝烝皇皇:美盛貌。㉜吴、扬:大声。㉝告:通"噪"。呼叫。于:与。讻:通"訩"。喧哗。㉞觩(qiú):弯曲貌。㉟搜:矢疾貌。㊱孔博:很多。㊲斁:厌倦。㊳孔淑:甚善。不逆:顺利。㊴式:乃。

尔：指僖公。犹：谋。㊵翩：飞貌。鸮（xiāo）：猫头鹰。㊶桑黮（shèn）：桑实。㊷怀：赠。㊸憬（jǐng）：觉悟。㊹琛：珍宝。㊺元龟：大龟。象齿：象牙。㊻大赂（通“璐”）：大玉。南金：南方之金。

【鉴赏】这是颂美僖公作泮宫平淮夷之诗。

全诗八章。前三章写鲁侯举行“泮宫”落成庆典。鲁国境内有一条泮水。在泮水之滨，不知何年建有一座宫庙，因以水名，故称“泮宫”。由于年久失修，此宫已陈旧不堪，直至僖公方修葺一新。“泮宫”早已有之，非僖公所建，他只不过是“增益更治”罢了。但僖公对这项修复工程极端重视，待到竣工之日，他还特地举行落成庆典。每章首二句为兴体。在清澈碧绿的泮水之中，生长有许多“芹”“藻”“茆”之类的水草。“芹”有香，“藻”有文，“茆”有味，故诗以采美菜于泮水喻僖公取善政于列祖。修复“泮宫”正属善政之一端。每章后六句写鲁侯前往泮宫举行庆典。首章言鲁侯前往的情景。向远望去，车上旌旗迎风飘扬；侧耳静听，车上和铃“哕哕”作响。国之群臣，不分尊卑，皆簇拥鲁侯而来。次章言鲁侯到来的情景。近而观之，驾车之四马高大肥壮；凝神听之，鲁侯之话音清脆洪亮；细而察之，鲁侯面色温润，且带笑容。他从不发怒，总是谆谆教诲。寥寥几笔的勾勒，一位贤君的形象便跃然纸上。三章言鲁侯举行庆典。鲁侯高举酒杯，与群臣畅饮美酒，庆贺泮宫修复，祈祷“难老”长寿，谋划平淮之策，可谓一举数得。这三章层次井然，首言往至，次言“饮酒”，末以“屈此群丑”领起下文，结构极为严谨。后五章写鲁侯平治淮夷大获全胜。四章言鲁侯能明其德，能效其祖。肃敬的鲁侯，既能光明其德行，又注重其威仪。鲁侯表里皆善，堪称民之楷模。“允文允武”句为一篇之枢纽。鲁侯“允文”，故内能治国；鲁侯“允武”，故外能克敌。为平治淮夷，鲁侯明谕列祖：事事效法先祖，自己求得福禄。这一章为下面写平治淮夷张本。五章言鲁侯能以德服人。勤勉的鲁侯，能修文德以怀来远人。而“作泮宫”

正是广施德政的具体表征。故而淮夷闻之而慑服。有此一端,不战则已,战则必胜。勇武的"虎臣",时而"献馘"于宫,时而"献囚"于宫,并如狱官皋陶审讯战俘。这表明初战告捷。六章言鲁侯将士皆勇猛无敌。鲁侯将士胸襟开阔,威武雄壮。他们出征讨淮,"烝烝皇皇",士气高昂,众志成城。他们不大声,不张扬,不呼号,不喧哗,军容肃整,纪律严明。如此军队出征,定然是再战告捷:"在泮献功。"七章言鲁侯士卒耐战、武器精良。士卒拉满弓弦,箭矢如飞;战车滚滚急驰,声如巨雷;步兵车夫斗志旺盛,毫无倦容。如此军队出征,必然是大获全胜:既已战败淮夷,旗开得胜而还。坚持既定战略,淮夷终被制服。八章言淮夷来献宝物。诗以"飞鸮""集林"喻淮夷归服;以"飞鸮""食桑黮""怀好音",喻淮夷被感化而报恩。于是觉悟了的淮夷前来奉献珍宝:大龟、象牙、大璐与黄金。此章收得堂皇典重,雍容大雅,这充分体现出战胜国坐受方物的豪迈气象。

閟 宫

閟宫有侐①,实实枚枚②。
赫赫姜嫄③,其德不回④。
上帝是依⑤,无灾无害。
弥月不迟⑥,是生后稷,降之百福。
黍稷重穋⑦,稙穉菽麦⑧。
奄有下国⑨,俾民稼穑。
有稷有黍,有稻有秬⑩。
奄有下土,缵禹之绪⑪。

后稷之孙,实维大王⑫。
居岐之阳⑬,实始翦商⑭。
至于文武,缵大王之绪。
致天之届⑮,于牧之野。
无贰无虞⑯,上帝临女⑰。

348

敦商之旅[18],克咸厥功[19]。
王曰叔父[20],建尔元子[21],俾侯于鲁。
大启尔宇[22],为周室辅。

乃命鲁公,俾侯于东。
锡之山川,土田附庸[23]。
周公之孙,庄公之子。
龙旂承祀[24],六辔耳耳[25]。
春秋匪解[26],享祀不忒[27]。
皇皇后帝[28],皇祖后稷。
享以骍牺[29],是飨是宜[30]。
降福既多,周公皇祖,亦其福女[31]。

秋而载尝[32],夏而楅衡[33]。
白牡骍刚[34],牺尊将将[35]。
毛炰胾羹[36],笾豆大房[37]。
万舞洋洋[38],孝孙有庆[39]。
俾尔炽而昌[40],俾尔寿而臧[41]。
保彼东方,鲁邦是常[42]。
不亏不崩[43],不震不腾[44]。
三寿作朋[45],如冈如陵。

公车千乘,朱英绿縢[46],二矛重弓[47]。
公徒三万,贝胄朱綅[48],烝徒增增[49]。
戎狄是膺[50],荆舒是惩[51],则莫我敢承[52]。
俾尔炽而昌,俾尔寿而富。
黄发台背[53],寿胥与试[54]。
俾尔昌而大,俾尔耆而艾[55]。

349

万有千岁,眉寿无有害。

泰山岩岩㊚,鲁邦所詹㊗。
奄有龟蒙㊨,遂荒大东㊩。
至于海邦,淮夷来同㊰。
莫不率从㊱,鲁侯之功。

保有凫绎㊲,遂荒徐宅㊳。
至于海邦,淮夷蛮貊㊴。
乃彼南夷㊵,莫不率从。
莫敢不诺㊶,鲁侯是若㊷。

天锡公纯嘏㊸,眉寿保鲁。
居常与许㊹,复周公之宇。
鲁侯燕喜㊺,令妻寿母㊻。
宜大夫庶士㊼,邦国是有。
既多受祉㊽,黄发儿齿。

徂来之松㊾,新甫之柏㊿。
是断是度㉗,是寻是尺㉘。
松桷有舄㉙,路寝孔硕㉚,新庙奕奕㉛。
奚斯所作㉜,孔曼且硕㉝,万民是若㉞。

【注释】①閟(bì)官:姜嫄庙。侐(xù):清静貌。②实实:广大貌。枚枚:细密貌。③赫赫:显赫。姜嫄:后稷之母。④回:邪。⑤依:眷顾。是:指代姜嫄。⑥弥月:满月。⑦重:通"穜"。先种后熟的农作物。穋(lù):后种先熟的农作物。⑧稙:早种的谷类。稺:晚种的谷类。⑨奄:尽。⑩秬(jù):黑黍。⑪缵:继续。绪:事业。⑫大王:即太王古公亶父,为后稷十二代孙。⑬岐:岐山。阳:山的南面。⑭翦:除掉。⑮致:执行。届:诛罚。⑯贰:三心二意。虞:畏惧。⑰临:注视。女:指战士。⑱敦:攻击。旅:军队。⑲克:能。咸:犹"成"。⑳王:成王。叔父:

周公。㉑建:立。元子:长子伯禽。㉒启:开创。宇:疆域。㉓附庸:城郭。㉔承祀:继承祭祀先祖之礼。㉕辔:缰绳。耳耳:华美貌。㉖解:通"懈"。怠惰。㉗忒(tè):差误。㉘后帝:上帝。㉙骍(xīn)牺:赤色的牲畜。㉚飨:以饮食献神。宜:以肉类献神。㉛女:指代僖公。㉜载:则。尝:秋祭名。㉝福(bì)衡:把横木缚在牛角上,以免牛角碰坏。㉞白牡:白色公牛。骍刚:赤色公牛。㉟牺尊:铜质牛形酒器。将将:碰杯之声。㊱毛炰(bāo):带毛烧熟的猪。胾(zì)羹:肉汤。㊲笾、豆:皆盛器。大房:盛大块肉的木格。㊳万舞:大舞,包括文舞和武舞。洋洋:盛大貌。㊴孝孙:指僖公。㊵炽:盛。㊶臧:善,健康。㊷常:守。㊸亏、崩:皆毁坏。㊹震:动荡。腾:沸腾。㊺三寿:上寿九十,中寿八十,下寿七十。作朋:作僖公的朋友。㊻朱英:红缨。绿縢:绿绳。㊼重弓:两张弓。㊽贝胄:饰以贝壳的头盔。朱綅:红线。㊾烝:众。增增:犹层层。㊿膺:击。(51)惩:罚。(52)承:抵挡。(53)台背:驼背。(54)胥:相。试:比。(55)耆:老。艾:久。(56)岩岩:高峻貌。(57)詹:至。(58)龟:山名。在今山东新泰市西南。蒙:山名。在今山东蒙阴县南。(59)荒:至。大东:极东之地。(60)同:朝会。(61)率从:相继服从。(62)凫(fú):山名。在今山东邹县西南。绎:山名。在今山东邹县东南。(63)徐宅:徐国。(64)蛮貊(mò):南方或北方的少数民族。(65)南夷:南方少数民族。(66)诺:应诺。(67)若:顺从。(68)纯嘏(gǔ):大福。(69)常:地名。在今山东蒙阴县西北。许:地名。在今山东临沂县西。(70)燕:安。(71)令:善,贤。(72)宜:善待。(73)祉:福。(74)徂来:山名。在今山东泰安市东南。(75)新甫:山名。在今山东新泰市西北。(76)度:通"剫"。伐木。(77)寻:八尺。尺:一尺。寻、尺在此用作动词,谓锯成八尺长或一尺长的木料。(78)桷(jué):方形椽子。(79)舄(xì):大貌。(79)路寝:正寝。孔硕:很大。(80)新庙:即"闷宫"。《郑笺》:"修旧曰新,新者姜嫄庙也。"奕奕:高大美盛貌。(81)奚斯:大夫公子鱼。所作:指作《闷宫》诗。(82)曼:长。(83)若:善。是:指代此诗。此句意谓"万民以为惬意"。

【鉴赏】这是颂美僖公修庙之诗。

全诗八章。凡一百二十句,是《诗经》中最长的一首诗。诗之发端言庙,诗之作收又言庙,足以见出颂美僖公修庙实为全诗之总纲。中间言推本、言侯封、言祭祀、言武功、言获福,皆围绕修庙承祀而生发。首言"闷宫",末言"新庙",实为一事。所谓"修庙",只是"增益更治"罢了。既如此,为何要铺扬其事呢? 这是因为"祀"是古代国之大事,僖公能修庙承祀,意欲振兴鲁国,于是奚斯作诗美之也理属当然。

首三章历叙僖公之远祖。一章写姜嫄生后稷。鲁国之兴,源远而流长。开端八字赫然醒目。姜嫄"閟宫"清静而神秘,广大而细密,这俨然是一座"新庙"耸立在鲁之郊外。见庙如见人。那威灵赫赫的姜嫄,其德纯正,上帝眷顾于她,因而安然生下后稷。而后稷一降生便荷天百福,灵异非常。他继承夏禹之业,尽有天下,并教民稼穑,种植百谷,从而使周族得以繁衍兴旺。这姜嫄、后稷正是僖公之始祖。二章写大王、文王和武王的兴周之功。太王为后稷十二代之孙。他由豳迁岐之后,励精图治,垦荒辟田,发展农业,营建宫室,安定百姓,使周族得以迅速发展,并开始图谋剪除商朝。太王之子文王,文王之子武王,继承太王之业,执行上天诛罚之命,力图克商。武王屯兵牧野,命令战士不要犹豫不要畏惧,因为上帝正在佑助你们。果然,克商制胜,成其大功。武王之子成王,见周公勋劳显赫,便对叔父周公说:立你长子伯禽为鲁侯,大大开创你的疆土,以作为周室的屏障。这太王、文王,这武王、成王,正是僖公之先祖。三章写鲁之立国及僖公祭祀而获福。成王策命伯禽为鲁侯,赐之山川、土田城郭,从此鲁国始兴。诗接着由"周公之孙,庄公之子"递至僖公,方入正题。僖公深知,周族兴旺发达,绵绵不绝,皆赖上帝及先祖佑助。于是他驱车郊外,祭祀上帝与先祖。车上所建蛟龙之旗绚丽夺目,六条缰绳柔软华美。岂止如此,春秋之祭他从不懈怠,毫无差误,总是以丰富的赤牲与酒食奉献上帝与先祖,从而获福甚多。

中四章详叙祭祀而获多福。所谓多福,即非止一端。它包括长寿、昌大、富有、战功、保土、复宇等等。四章写僖公祭祀的情景。秋天祭祀,夏天就准备好完整无损的牲畜。所备祭品极为丰富,有白色公牛,有赤色公牛,有带毛熟猪,有喷香肉汤。酒器相碰"将将"有声,"笾豆"装圆"大房"贮满。祭祀之时,伴有文武兼备的大型舞蹈,舞容美盛动人。不祭则已,祭则"有庆"。僖公保有鲁邦,像高山不崩,像川流不惊,固若金汤。僖公享有高寿,可与"三寿"为侣,有如冈陵久长。这一章为下三章写获多福作了铺垫。五章写僖公出征而获胜。千辆兵车之上均插有两支长矛,矛上系有红缨;每个战士身背两张弓箭,弓上缠有绿绳。步兵三万,头戴饰以

红线缀贝的盔甲。军队出征,密密层层,去攻击"戎狄",去惩创"荆舒",结果奏凯而归,再也没有谁敢抵挡我们。六章写僖公保鲁土而永固。鲁国境内名山座座,有泰山,有龟山,有蒙山,有凫山,有绎山等等。尤其是泰山与蒙山(东山)最为著名。孔子说:"登东山而小鲁,登泰山而小天下。"杜甫《望岳》云:"岱宗(泰山)夫如何?齐鲁青未了。……会当凌绝顶,一览众山小。"由此可以想见泰山与蒙山的雄伟风姿。诗云至"大东"、至"海邦"、至"徐宅",足见鲁国幅员之广。由于鲁土巩固,"淮夷"以时朝会,"蛮貊""南夷"莫不相继归从,一切唯鲁侯之命是听。这一切皆为"鲁侯之功"。七章写僖公收土而复宇。天赐僖公大福,长寿而保鲁。"许"在鲁之西境,在隐公、桓公之世属于郑国。"常"在鲁之南境,在庄公、闵公之世属于齐国。这"许"与"常"本是周公故土,伯禽之后,君德渐衰,其地久属他国。至僖公又"居常与许"。末几句形容僖公一家燕喜之福,君臣交敬之欢,并以"既多受祉"作收。以上五章言战功,六章言保土,七章言复宇,皆承四章言祭祀而获福。这正是僖公修庙承祀之缘由。

八章写僖公修庙之事及奚斯作诗之因。松柏良木取自"徂来""新甫"之山。工匠按"寻""尺"标准锯成木料以备修庙之用。"閟宫"修成,方形松橼长大,增益之正寝非常空阔,经过修葺的姜嫄"新庙"重放异彩。这与首章"閟宫有侐,实实枚枚"二句正遥相呼应。修复"閟宫"于鲁国来说确是一件盛事。于是奚斯作此长篇之诗,颂美僖公修庙功德,以顺万民之望,以合万民之心。

《诗序》说:"颂僖公能复周公之宇。"此说未达诗旨。僖公"能复周公之宇",仅诗中之一端,岂可以偏而概全?陈子展《诗经直解》说:"此颂美僖公保卫疆土、修建寝庙之诗。"此说不为大误,只是将"保卫疆土"与"修建寝庙"相提并论似觉欠妥。

商　颂

那

猗与那与①，置我鞉鼓②。
奏鼓简简③，衎我烈祖④。
汤孙奏假⑤，绥我思成⑥。
鞉鼓渊渊⑦，嘒嘒管声⑧。
既和且平，依我磬声⑨。
於赫汤孙⑩，穆穆厥声⑪。
庸鼓有斁⑫，万舞有奕⑬。
我有嘉客，亦不夷怿⑭。
自古在昔，先民有作⑮。
温恭朝夕，执事有恪⑯。
顾予烝尝⑰，汤孙之将⑱。

【注释】①猗、那：美盛。②置：通"持"。握。鞉(táo)鼓：摇鼓。③简简：鼓声。④衎(kàn)：乐。⑤汤孙：主祭时王。奏假：祷告。⑥绥：通"遗"。赐予。思：语助词。成：犹福。⑦渊渊：鼓声。⑧嘒嘒：箫管之声。⑨依：依随。⑩於：叹词。赫：显赫。⑪穆穆：美。⑫庸：大钟。斁：音乐盛貌。⑬奕：舞态美盛貌。⑭亦不：即"不亦"之倒语。夷怿：喜悦。⑮作：指作乐。⑯恪(kè)：敬谨。⑰顾：光顾。烝、尝：时祭名。⑱将：奉献。

【鉴赏】这是祭祀成汤之诗。

全诗一章二十二句。一层四句写将祭。一声"猗""那"，抒发了赞叹音乐美盛之情。将祭之时,乐师们手持摇鼓准备引奏。顿时,摇鼓齐奏,鼓声雍和。这是为了娱乐"烈祖"成汤。二层四句写方祭。时王"汤孙"开始向烈祖祈祷,请求赐予福禄。此时摇鼓之声"渊渊"而远闻,箫管之声"嘒嘒"而细长。正式祭祀业已开始。三层八句写正祭。摇鼓、箫管之声既协调又和平,还与清柔玉磬之声相依合拍。啊,显赫的汤孙,所奏乐音是多么优美!继而,大钟大鼓在交响,节奏明朗而和谐。舞师们和着钟鼓的节拍,跳起了大型的"万舞"。前来助祭的"嘉客"观之无不欢悦异常。四层四句写传恭。早在古代,先民便作有此乐。祭时终日恭敬,"执事"荐馔敬慎。先王传恭,时王受之,不言而喻。

五层二句写冀享。这二句有如后世乐曲的和声,也是当时祭祀的套语。诗言期冀"烈祖"光顾我们的祭祀,欣享"汤孙"奉献的祭品。

玄 鸟

天命玄鸟[①],降而生商[②],宅殷土茫茫[③]。
古帝命武汤[④],正域彼四方[⑤]。
方命厥后[⑥],奄有九有[⑦]。
商之先后,受命不殆[⑧],在武丁孙子[⑨]。
武丁孙子,武王靡不胜[⑩]。
龙旂十乘,大糦是承[⑪]。
邦畿千里[⑫],维民所止[⑬]。
肇域彼四海[⑭],四海来假[⑮]。
来假祁祁[⑯],景员维河[⑰]。
殷受命咸宜,百禄是何[⑱]。

【注释】①玄鸟：燕子。②商：指契（xiè）。③宅：定居。④古帝：上帝。武汤：成汤。⑤正：通"征"。征伐。域：有。⑥方：遍。后：诸侯。⑦奄：尽。九有：九州。⑧殆：通"怠"。懈怠。⑨武丁：高宗。⑩靡：无。⑪糦：同"饎"。酒食。承：供奉。⑫畿（jī）：边境。⑬止：居。⑭肇：始。域：有。⑮假：至。⑯祁祁：众多貌。⑰景：山名。商所都之地。员：四周。⑱何：通"荷"。蒙受。

【鉴赏】 这是祫祭先祖之诗。

全诗一章二十二句。一层三句写契祖诞生。契祖诞生具有神话色彩。上天命令燕子，降下卵来，契母简狄得而含之，误而吞之，于是生契。后来契为尧的司徒，因有功而封于商。这商地范围宽广，为商族的勃兴奠定了基础。二层七句写成汤立国。成汤为商之始祖契的十四代孙。成汤之时，夏朝政治腐败，夏桀为人残暴。当此之际，上帝赐命成汤，吊民伐罪，去征讨无道，结果据有四方。成汤立国之后，接着普遍地册封各地诸侯，因而尽有九州国土，从而商朝始兴。商之先王，受天命而不懈怠，因有武丁这样的孙子存在。"在武丁孙子"一句起着承上启下的作用。三层十句写武丁中兴。武丁为商之始祖契的二十二代孙，为商之一代贤君。有武丁这样的孙子在，无不胜任"武王"成汤之业。从诗意看，武丁负荷汤业，复兴商朝，似有三举。一是承祭祀。武丁建有"龙旂十乘"，驱车前往祭祀，向先祖供奉酒食。二是拓疆土。武丁驱逐了鬼方，国境千里，又始有那四海之地，恢复了汤的旧土，从而使商朝得以复兴。三是朝诸侯。武丁讨伐了鬼方，从此声威大振，天下慑服，四海诸侯无不纷纷前来商都"景"地朝会贡奉。四层二句写本其天意。殷王受天命处处适合，承受福禄无穷无尽。

《诗序》说："祀高宗。"此说不甚确切。《郑笺》指出："祀当为祫。祫，合也。"此说甚是。此诗首言契祖诞生，次言成汤立国，末言高宗中兴，可知绝非只"祀高宗"，而当为合祭契、汤及高宗之诗。

殷　武

挞彼殷武①，奋伐荆楚②。
罙入其阻③，裒荆之旅④。
有截其所⑤，汤孙之绪⑥。

维女荆楚,居国南乡。
昔有成汤,自彼氐羌⑦。
莫敢不来享⑧,莫敢不来王⑨,曰商是常⑩。

天命多辟⑪,设都于禹之绩⑫。
岁事来辟⑬,勿予祸適⑭,稼穑匪解⑮。

天命降监⑯,下民有严⑰。
不僭不滥⑱,不敢怠遑⑲。
命于下国,封建厥福⑳。

商邑翼翼㉑,四方之极㉒。
赫赫厥声㉓,濯濯厥灵㉔。
寿考且宁,以保我后生㉕。

陟彼景山㉖,松柏丸丸㉗。
是断是迁,方斲是虔㉘。
松桷有梴㉙,旅楹有闲㉚,寝成孔安㉛。

【注释】①挞(tà):勇武貌。殷武:指高宗武丁。②荆楚:荆州之楚国。③罙:即"深"。④裒(póu):俘获。旅:众。⑤截:齐一貌。所:处。⑥汤孙:指高宗。绪:业。⑦氐(dǐ)、羌:西方少数民族。⑧享:献。⑨王:朝见。⑩常:通"尚"。崇尚。⑪多辟:众诸侯。⑫绩:通"迹"。地方。⑬辟:朝见。⑭予:施行。適:通"谪",谴责。⑮匪解:不懈息。⑯监:注视。⑰严:通"俨"。肃敬。⑱僭:过分。滥:过度。⑲遑:暇。⑳封:大。建:立。㉑翼翼:繁盛貌。㉒极:准则。㉓声:政声。㉔濯濯:隆盛貌。灵:威望。㉕后生:后人。㉖陟:登。景山:山名。㉗丸丸:直貌。㉘方:犹"是"。斲(zhuó):砍。虔:削。㉙桷:方形椽子。梴(chān):长大貌。㉚旅:通"梠",楣。楹:柱。闲:大貌。㉛寝:寝庙。

【鉴赏】这是立庙祭祀高宗之诗。

高宗为殷代中兴明君。据《史记·殷本纪》记载,他缘梦求贤,终得傅

说为相以辅政；他见野鸡登鼎鸣叫，惧而修政行德，从而使殷道复兴。高宗死后，因其功高，故后世特立宗庙以祭祀他。

全诗六章。此诗结构严谨，层次井然。前五章历叙高宗中兴之功，诗意递进，一层深似一层。末章写立庙安神，方点明诗之主旨。

一章写伐楚之功。"荆楚"即荆州之楚国，据说在今贵州省境内。高宗前世，殷道中衰，故荆楚伺机背叛。高宗即位之后，这位勇武的殷王，便奋扬其威讨伐荆楚。王师英勇无畏，深入险阻，攻城略地，所向披靡，俘虏荆楚士兵无数。所征之地无不服帖，从而成就了汤孙高宗的事业。

二章写戒楚之义。既伐荆楚，继而又戒之以义。荆楚居中国之南，距殷邑不远，义不当背叛。往时成汤之时，连西方远夷氐羌也诚服于殷，以时朝拜奉献，并崇尚商朝。此章字面上虽温和，但骨子里却严厉。这番话语，既是斥责荆楚不如氐、羌，也是告诫荆楚不要再犯龙颜。

三章写诸侯来朝。高宗讨伐荆楚，声威大振，于是诸侯纷纷来朝。借此机会，高宗打出"天命"的旗号安抚诸侯。众多诸侯设都于夏禹治水之所，这是"天命"，理应悦服于商，不得有违。只要以时来朝以尽其忠，劝民稼穑以尽其职，殷王就不会责备你们。

四章写中兴之故。上天监察，下民肃敬。而下民肃敬，是由于高宗治国有方。高宗施政，赏不过分，罚不过严，酌情适中，不敢懈怠，不敢荒废。故上天赐命下国，并大降其福。这正道出了高宗中兴之故。

五章写中兴之盛。商之都邑异常繁盛。"翼翼"一词正描绘出了当年商邑堂皇的气象。商邑地处国之中央，可作为四方的准则，从而构成众星拱月之势。高宗之政教极其显赫，高宗之威望极为隆盛，足可引以自豪。高宗既长寿又安宁，以此保佑我后世子孙。

六章写立庙安神。景山松柏粗壮笔直,时王指派工匠伐它搬它,砍它削它,用以修建新庙。寝庙落成,非常壮观。松木橡子又长又大,横梁立柱浑圆光滑。末以"寝庙建成甚安宁"作收,点明立庙安神祭祀之旨。

《诗序》说:"祀高宗。"此只言"祀"不言"庙",似欠全面。另有三说很值得商榷。一说美宋襄公,一说美宋桓公,一说美宋武公。以上三说虽然有异,但均确认此为宋诗则是相同的。

此诗之"荆楚"非周朝之楚国。赵悳《诗辨说》:"今考殷之所伐荆楚,即昆吾是也。"杨公骥《中国文学》说:"《殷武》中所描写的伐楚与齐桓公的伐楚是不相干的两回事。"既如此,说此诗美宋襄公、宋桓公、宋武公理由不足。

附录

《诗经》名句荟萃

一画

一之日觱发,二之日栗烈。无衣无褐,何以卒岁?(《豳风·七月》)
冬月北风呼呼起,腊月寒气刺骨肌。没有粗布没有衣,怎样挨到今年底?

一日不见,如三秋兮。(《王风·采葛》)
一天不见面,就像过了整三季。(成语"一日三秋"本此。)

二画

乃生女子,载寝之地。载衣之裼,载弄之瓦。(《小雅·斯干》)
如果生下女孩,就放在地上安睡,就为她裹上裸被,就给她玩弄纺锤。

乃生男子,载寝之床。载衣之裳,载弄之璋。(《小雅·斯干》)
如果生下男孩,就让他睡在床上,就给他穿上衣裳,就给他玩弄玉璋。

乃如之人兮,德音无良。(《邶风·日月》)
像他这种人,品行不善良。

人之为言,苟亦无信。(《唐风·采苓》)
人家的鬼话,千万别相信。

人之多言,亦可畏也。(《郑风·将仲子》)
外人的流言蜚语,也很可怕啊。(成语"人言可畏"本此。)

人之好我,示我周行。(《小雅·鹿鸣》)
客人爱护我,指示我光明大道。

人之齐圣,饮酒温克。彼昏不知,壹醉日富。(《小雅·小宛》)
这人正派又聪明,饮酒温文能适度。那人糊涂又无知,每日狂饮醉不休。

人亦有言:进退维谷。(《大雅·桑柔》)
人们也曾这样讲:进退两难真悲凉。(成语"进退维谷"本此。)

人而无仪,不死何为?(《鄘风·相鼠》)
人如果没有威仪,不死还有何意义?

人知其一,莫知其他。(《小雅·小旻》)
人们只知这危险,不知其他灾祸多。(成语"只知其一,不知其二"本此。)

人涉卬否,卬须我友。(《邶风·匏有苦叶》)
别人过河我等待,我等哥哥过河来。

三画

三岁贯女,莫我肯顾。(《魏风·硕鼠》)
多年把你来供养,从不把我来照顾。

上天之载,无声无臭。(《大雅·文王》)
上天的事情,没有声音没有臭香。(成语"无声无臭"本此。)

下民之孽,匪降自天。(《小雅·十月之交》)
百姓的灾难,不是从天而降。

凡今之人,莫如兄弟。(《小雅·常棣》)
如今一般的人,都不如亲兄弟。

凡百君子,各敬尔身。(《小雅·雨无正》)
凡是所有的君子,各人都要保全自身。

于嗟鸠兮,无食桑葚。于嗟女兮,无与士耽。(《卫风·氓》)
唉!斑鸠啊,千万不要吃桑葚。唉!女子啊,不要和男子相厮混。

士也罔极,二三其德。(《卫风·氓》)

男子没定准,三心二意丧天良。

士之耽兮,犹可说也。女之耽兮,不可说也。(《卫风·氓》)
男子相厮混,还能脱开身。女子相厮混,便会误一生。

大无信也,不知命也。(《鄘风·蝃蝀》)
她抛弃媒妁之言,不听父母之命。

大风有隧,有空大谷。(《大雅·桑柔》)
凡大风必迅速,凡大谷必空旷。(成语"空穴来风"本此。)

女也不爽,士贰其行。(《卫风·氓》)
女子没过错,男子变心肠。

女子有行,远父母兄弟。(《邶风·泉水》)
女子已出嫁,远离了父母和兄弟。

女子善怀,亦各有行。(《鄘风·载驰》)
女子多愁又善感,也有各自的好主张。

子子孙孙,勿替引之。(《小雅·楚茨》)
但愿子子孙孙,继承美好传统。

子不我思,岂无他人?(《郑风·褰裳》)
你要是不想我,难道没有别人爱我?

子之清扬,扬且颜也。(《鄘风·君子偕老》)
她双眼明媚很有神,额头丰满多秀气。

子兮子兮,如此良人何!(《唐风·绸缪》)
你呀你呀,把这新娘怎么办才好?

之死矢靡它。(《鄘风·柏舟》)
我到死誓不变心。

四画

不大声以色,不长夏以革。(《大雅·皇矣》)
不要暴显言和貌,不要崇尚棒和鞭。

不见子都,乃见狂且。(《郑风·山有扶苏》)
不见子都美男子,却见一个坏娃娃。

不见复关,泣涕涟涟。(《卫风·氓》)
看不见男子的身影,热泪不断往下淌。

不失其驰,舍矢如破。(《小雅·车攻》)
(猎马)奔跑不会乱步伐,射箭就能射中靶。

不忮不求,何用不臧!(《邶风·雄雉》)
只要不害人不贪求,干什么不吉祥?

不我以,其后也悔。(《召南·江有汜》)
你不同我相好,定会悔恨懊恼。

不我过,其啸也歌。(《召南·江有汜》)
你不同我来往,定会悲歌哀伤。

不识不知,顺帝之则。(《大雅·皇矣》)
你要做到不声不响,上帝意旨遵循莫忘。

不念昔者,伊余来塈。(《邶风·谷风》)
往日旧情全忘光,你曾经爱过我一场。

不知我者,谓我士也骄。(《魏风·园有桃》)
不了解我的人,说我骄狂。

不思旧姻,求尔新特。成不以富,亦祇以异。(《小雅·我行其野》)
你不把旧人想,一心求你的新对象。的确不是因为她富有,只是因为她模样强。

不闻亦式,不谏亦入。(《大雅·思齐》)
(文王)听到善言也采用,听到批评也采纳。

不能辰夜,不夙则莫。(《齐风·东方未明》)
日夜界限不能辨,不是早来就是晚。

不敢暴虎,不敢冯河。(《小雅·小旻》)
不敢空手打虎,不敢徒步过河。(成语"暴虎冯河"本此。)

不愧于人,不畏于天?(《小雅·何人斯》)
你对人不惭愧,难道不惧怕那天神?

不愆不忘,率由旧章。(《大雅·假乐》)
不犯错不迷狂,遵循那旧典章。

不解于位,民之攸墍。(《大雅·假乐》)
对王位不懈怠,百姓安息乐开怀。

不稼不穑,胡取禾三百廛兮?不狩不猎,胡瞻尔庭有悬貆兮?(《魏风·伐檀》)
不种不收,为何有那么多粮食进谷仓?不狩不猎为何院里野味挂成行?

中心好之,曷饮食之?(《唐风·有杕之杜》)
心中爱着他,何时共餐乐融融。

中心藏之,何日忘之?(《小雅·隰桑》)
心中把他深藏起,哪天对他能忘记?

为此春酒,以介眉寿。(《豳风·七月》)
把这甜酒来酿造,乞求老人年寿高。

予其惩,而毖后患。(《周颂·小毖》)
我要惩戒呀,谨防后患。(成语"惩前毖后"本此。)

予室翘翘,风雨所飘摇。(《豳风·鸱鸮》)
我的巢儿晃摇摇,猛雨打来狂风飘。(成语"风雨飘摇"本此。)

云谁之思?西方美人。(《邶风·简兮》)
她思念谁呢?就是那西方的美男子。

今夕何夕,见此良人。(《唐风·绸缪》)
今夜是何夜?见这新娘俏。

今者不乐,逝者其亡。(《唐风·车邻》)
现在不行乐,转眼之间就死亡。

天之牖民,如埙如篪。如璋如圭,如取如携。(《大雅·板》)

上天诱导百姓,如埙如篪相和鸣。如璋如圭配得紧,如取物携物在手心。(意谓诱导百姓很容易。)

天生烝民,有物有则。(《大雅·烝民》)
上天生下众百姓,有事物就有法则。

天命不彻,我不敢效我友自逸。(《小雅·十月之交》)
天命难预测,我不敢效法我友享乐。

天保定尔,亦孔之固。(《小雅·天保》)
上天保佑您,根基很牢固。

夫也不良,歌以讯之。讯予不顾,颠倒思予。(《陈风·墓门》)
那人心肠坏,用歌声来告诫。我告诫桓公不理睬,跌倒才会想起我来。

心之忧矣,我歌且谣。(《魏风·园有桃》)
我的心里真忧伤,把那歌谣来诵唱。

手如柔荑,肤如凝脂,领如蝤蛴,齿如瓠犀。(《卫风·硕人》)
(庄姜)手指像初生茅草细软,皮肤像凝固脂膏白皙,脖子像天牛颈儿柔嫩,牙齿像瓠瓜子儿整齐。(成语"肤如凝脂"本此。)

文王初载,天作之合。(《大雅·大明》)
文王即位的时光,上天为他配成双。(成语"天作之合"本此。)

文武吉甫,万邦为宪。(《小雅·六月》)
能文能武的吉甫,他是天下的榜样。

无已大康,职思其外。(《唐风·蟋蟀》)
不要太享乐,当思分外事。

无已大康,职思其忧。(《唐风·蟋蟀》)
不要太享乐,当思那忧惧。

无已大康,职思其居。(《唐风·蟋蟀》)
不要太享乐,当思那工作。

无田甫田,维莠骄骄。无思远人,劳心忉忉。(《齐风·甫田》)

不要耕种大片的田,田中的杂草长得高。不要思念远方的人,忧愁的心儿多烦恼。(成语"劳心忉忉"本此。)

无弃尔辅,员于尔辐。(《小雅·正月》)
不要抛弃厢板,还要加固车轴。

无纵诡随,以谨无良。(《大雅·民劳》)
不要放纵骗子手,谨防他们心不良。

无言不雠,无德不报。(《大雅·抑》)
凡话皆有反响,凡德皆有影响。

无易由言,无曰苟矣。(《大雅·抑》)
不要轻易发言,承诺不要随便。

无信人之言,人实迋女。(《郑风·扬之水》)
不要相信他人的话,他人是在欺骗你。

无怨无恶,率由群匹。(《大雅·假乐》)
没憎恨没怨恨,诚恳遵从众贤臣。

无草不死,无木不萎。(《小雅·谷风》)
无草不吹死,无树不吹垮。

无竞维人,百辟其训之。不显维德,百辟其刑之。(《周颂·烈文》)
你如果能得贤人,四方就会来效仿。你如果能修明德,诸侯就会来模仿。

日之夕矣,羊牛下来。(《王风·君子于役》)
太阳落西山,羊牛下山冈。

日居月诸,出自东方。(《邶风·日月》)
太阳和月亮,从东方升起。(成语"日居月诸"本此。)

日居月诸,照临下土。(《邶风·日月》)
太阳和月亮,普照大地上。

月出皎兮,佼人僚兮。(《陈风·月出》)
月亮出来皎皎的,姑娘容貌娇娇的。

毋金玉尔音,而有遐心。(《小雅·白驹》)
不要吝惜你的音讯,不要有疏远我的心。

毋教猱升木,如涂涂附。(《小雅·角弓》)
不要教猴子把树爬,如同物上涂泥巴。(成语"教猱升木"本此。)

王于兴师,修我戈矛,与子同仇。(《秦风·无衣》)
国王出兵去征讨,赶快修好我戈矛,咱们共把国土保。

王事靡盬,不能艺稻粱。(《唐风·鸨羽》)
国家差遣没个完,不能在家种稻粱。

风雨如晦,鸡鸣不已。(《郑风·风雨》)
一夜风雨黑沉沉,鸡儿喔喔叫不停。(成语"风雨如晦"本此。)

五画

东方未明,颠倒衣裳。(《齐风·东方未明》)
东方未亮就起床,下穿衣来上穿裳。

乐只君子,邦家之光。(《小雅·南山有台》)
君子快乐啊,是国家的荣光。

乐只君子,邦家之基。(《小雅·南山有台》)
君子快乐啊,是国家的根基。

乐只君子,福履绥之。(《周南·樛木》)
君子快乐啊,福禄安养他。

他人有心,予忖度之。(《小雅·巧言》)
他人有什么心思,我能测度它。

令仪令色,小心翼翼。(《大雅·烝民》)
好仪表好容貌,小心谨慎无烦恼。(成语"小心翼翼"本此。)

仪既成兮,终日射侯,不出正兮。(《齐风·猗嗟》)
射法很精良,整天射箭靶,箭箭中靶心。

兄及弟矣,式相好矣,无相犹矣。(《小雅·斯干》)

哥哥和弟弟,要和睦相亲,不要相欺凌。

兄弟阋于墙,外御其务。(《小雅·常棣》)
兄弟有时在家争斗,但能共同抵御侮辱。(成语"兄弟阋墙"本此。)

出自幽谷,迁于乔木。(《小雅·伐木》)
鸟儿从深谷飞出来,飞到高大的树木上。(成语"乔迁之喜"本此。)

出纳王命,王之喉舌。(《大雅·烝民》)
总揽周王的政令,天子喉舌责任重。

出其东门,有女如云。虽则如云,匪我思存。(《郑风·出其东门》)
走出东门去踏青,美丽的姑娘如彩云。虽然姑娘如彩云,都不是我的意中人。

出话不然,为犹不远。(《大雅·板》)
说出话来不像样,订的谋略不久长。

击鼓其镗,踊跃用兵。(《邶风·击鼓》)
战鼓擂得咚咚声,士兵跳着练刀枪。

北风其凉,雨雪其雱。(《邶风·北风》)
北风寒凉,大雪纷飞。

古训是式,威仪是力。(《大雅·烝民》)
先王遣典他仿效,勤修威仪态度好。

四国无政,不用其良。(《小雅·十月之交》)
四方国家动荡,不用它的贤良。

它山之石,可以攻玉。(《小雅·鹤鸣》)
其他山上的石头,可以用来磨玉。

巧言如簧,颜之厚矣。(《小雅·巧言》)
巧言如同鼓笙簧,厚着脸皮胡乱讲。(成语"巧舌如簧"本此。)

巧笑之瑳,佩玉之傩。(《卫风·竹竿》)
轻巧一笑真够甜,身佩美玉步蹁跹。

未见君子,忧心忡忡。(《召南·草虫》)

未见丈夫归来,忧愁的心像火烧。(成语"忧心忡忡"本此。)

未见君子,惄如调饥。(《周南·汝坟》)
未见丈夫归来,忧思如同早晨饥饿一般。

母氏圣善,我无令人。(《邶风·凯风》)
母亲圣明善良,我们个个不成才。

民之多辟,无自立辟。(《大雅·板》)
百姓多干邪僻事,不要擅自立法制。

民的讹言,宁莫之惩。我友敬矣,谗言其兴。(《小雅·沔水》)
民间的谣言,竟没有谁去澄清。我的朋友要谨慎,莫让谗言乘隙兴。

民之秉彝,好是懿德。(《大雅·烝民》)
百姓禀性善良,喜欢美好的道德。

永言孝思,孝思维则。(《大雅·下武》)
长久行孝道,行孝是准则。

汉有游女,不可求思。(《周南·汉广》)
汉水有神女,不可去追求。

白圭之玷,尚可磨也。斯言之玷,不可为也。(《大雅·抑》)
白玉上的斑点,还可以磨掉。这话语的毛病,那就改变不了。

纠纠葛屦,可以履霜。掺掺女子,可以缝裳。(《魏风·葛屦》)
葛布鞋儿丝线绑,穿它能够踏寒霜。女子十指根根细,巧手缝出好衣裳。

六画

仲氏任只,其心塞渊。(《邶风·燕燕》)
妹妹为人很真诚,她心胸宽广能容人。

伐柯伐柯,其则不远。(《豳风·伐柯》)
砍斧柄砍斧柄,它的榜样在手上。

先民有言:询于刍荛。(《大雅·板》)

古人曾说过:要向樵夫来请教。

先君之思,以勖寡人。(《邶风·燕燕》)
她叮嘱要我思先君,勉励寡人情意深。

关关雎鸠,在河之洲。窈窕淑女,君子好逑。(《周南·关雎》)
叫声关关的鱼鹰,在黄河的沙洲上。美丽善良的姑娘,是男子理想的对象。

刑于寡妻,至于兄弟,以御于家邦。(《大雅·思齐》)
文王示范给他的正妻,影响到他的弟兄,进而推行到一国之中。

厌厌良人,秩秩德音。(《秦风·小戎》)
丈夫神情很安详,聪明多智美名传。

厌厌夜饮,不醉无归。(《小雅·湛露》)
安乐的晚宴,不醉无人还。

各敬尔仪,天命不又。(《小雅·小宛》)
各人谨慎你仪表,否则天命不保佑。

吉甫作诵,穆如清风。(《大雅·烝民》)
吉甫创作这首诗,和美如同那清风。(成语"穆如清风"本此。)

夙兴夜寐,无忝尔所生。(《小雅·小宛》)
早起晚睡很辛勤,不要辱没你双亲。(成语"夙兴夜寐"本此。)

夙夜匪解,虔共尔位。(《大雅·韩奕》)
日夜工作莫拖沓,要敬供职位守国法。

好乐无荒,良士休休。(《唐风·蟋蟀》)
好乐无沉醉,贤士要惊惧。

好言自口,莠言自口。(《小雅·正月》)
好话出自人口,坏话出自人口。

如山如阜,如冈如陵,如川之方至,以莫不增。(《小雅·天保》)
(事业兴旺)像高山像土丘,像山陵像山冈,像河水涌来,没啥不增长。

如月之恒,如日之升。如南山之寿,不骞不崩。如松柏之茂,无不尔

或承。(《小雅·天保》)

(事业兴旺)像月亮上弦,像太阳初升。像南山高寿,不塌也不崩。像松柏繁茂,无不相继承。(成语"寿比南山"本此。)

如可赎兮,人百其身。(《秦风·黄鸟》)
如果能够赎回他,用百人替代也应当。

如筑室于道谋,是用不溃于成。(《小雅·小旻》)
如同那建屋的只同路人商量,因此不会获得成功。

如匪行迈谋,是用不得于道。(《小雅·小旻》)
如同那赶路的只同路人商量,因此达不到预期的路程。

妇有长舌,维厉之阶。乱匪降自天,生自妇人。(《大雅·瞻卬》)
妇人有个长舌头,是那祸害的理由。祸乱不是从天降,生自妇人这一方。

岂不尔思?远莫致之。(《卫风·竹竿》)
难道不想你?路远无法见。

岂不怀归?是用作歌,将母来谂。(《小雅·四牡》)
我难道不想回家乡?因此作歌放声唱,把我的母亲来怀想。

岂曰无衣?与子同袍。(《秦风·无衣》)
难道说没有衣裳穿?与你同披这战袍。

岂弟君子,无信谗言。(《小雅·青蝇》)
和乐的君子,不要听信谗言。

式微式微,胡不归?(《邶风·式微》)
国势衰弱国势衰弱,为何不回故国?

戎虽小子,而式弘大。(《大雅·民劳》)
你虽然很年轻,但作用很重大。

执子之手,与子偕老。(《邶风·击鼓》)
我曾紧拉你的手,与你偕老无二心。

扬之水,不流束薪。(《王风·扬子水》)
激扬的流水,流不走一捆柴薪。

有力如虎,执辔如组。(《邶风·简兮》)
舞师有力如猛虎,一把缰绳手中握。

有女同车,颜如舜华。(《郑风·有女同车》)
我与女子同车行,她容貌美丽如木槿花。

有女如玉。(《召南·野有死麕》)
有个姑娘美如珠玉。

有女怀春。(《召南·野有死麕》)
有个姑娘春情萌动。

有冯有翼,有孝有德,以引以翼。(《大雅·卷阿》)
忠诚肃敬貌端庄,道德完美很善良,神情肃敬令人仰。

有怀于卫,靡日不思。(《邶风·泉水》)
我怀念故乡,无日不思念祖国。

有美一人,伤如之何!寤寐无为,涕泗滂沱。(《陈风·泽陂》)
有位美男子,我对他无奈何。躺在床上难入睡,涕儿泪儿流成河。(成语"涕泗滂沱"本此。)

有美一人,婉如清扬。(《郑风·野有蔓草》)
有位美女子,水汪一双眼。(成语"婉如清扬"本此。)

有美一人,硕大且俨。寤寐无为,辗转伏枕。(《陈风·泽陂》)
有位美男子,身材高大双下颚。躺在床上难入睡,翻来覆去伏枕卧。(成语"辗转伏枕"本此。)

有匪君子,如切如磋,如琢如磨。(《卫风·淇奥》)
文采斐然的君子,如牛骨象牙经过切磋,如美玉宝石经过琢磨。(成语"切磋琢磨"本此。)

此令兄弟,绰绰有裕。不令兄弟,交相为瘉。(《小雅·角弓》)
这些善良的兄弟,大家相处多宽厚。那些不善良的兄弟,相互明争与暗斗。(成语"绰绰有余"本此。)

此邦之人,不可与明。(《小雅·黄鸟》)
这个地方的人,不可与他讲诚信。

死生契阔,与子成说。(《邶风·击鼓》)
回想起和你共生死,那誓言耳里还留存。

百川沸腾,山冢崒崩。高岸为谷,深谷为陵。(《小雅·十月之交》)
百川滚滚沸腾,山顶突然陷崩。高岸变成深谷,深谷变成山陵。

百尔君子,不知德行。(《邶风·雄雉》)
所有这些人,全不知修养。

百尔所思,不如我所之。(《鄘风·载驰》)
你们即使有百般计,都不如我选择的方向。

百岁之后,归于其居。(《唐风·葛生》)
但愿百年后,与夫共长眠。

百辟卿士,媚于天子。(《大雅·假乐》)
诸侯和群臣,爱戴周成王。

考槃在涧,硕人之宽。(《卫风·考槃》)
一间草棚在山涧,隐士心胸宽无限。

自伯之东,首如飞蓬。岂无膏沐,谁适为容?(《卫风·伯兮》)
自从丈夫去东方,我的头发乱如蓬。难道没有润发油?丈夫不在为谁美容?

虫飞薨薨,甘与子同梦。(《齐风·鸡鸣》)
虫飞嗡嗡响,愿与你同梦乡。

七画

伯也执殳,为王前驱。(《卫风·伯兮》)
丈夫手持长柄枪,替国君打仗当先锋。

伯兮朅兮,邦之桀兮。(《卫风·伯兮》)

丈夫真英勇,他是国家的大英雄。

伴奂尔游矣,优游尔休矣。(《大雅·卷阿》)
你潇洒自如地浏览,你从容自得地休息。

何有何亡,黾勉求之。凡民有丧,匍匐救之。(《邶风·谷风》)
家里有啥缺啥,我尽力去寻求。左邻右舍有灾难,我设法去援救。

何彼秾矣,唐棣之华。(《召南·何彼秾矣》)
怎么那样堂皇?是棠棣之花闪红光。

君子于役,如之何勿思?(《王风·君子于役》)
丈夫当兵上前方,怎么能不想?

君子无易由言,耳属于垣。(《小雅·小弁》)
君子不要轻易发言,耳朵就贴在那墙边。(成语"隔墙有耳"本此。)

君子有徽猷,小人与属。(《小雅·角弓》)
君子如果有善道,小人自然会仿效。

君子偕老。(《鄘风·与子偕老》)
她与夫君白头到老。

君子屡盟,乱是用长。(《小雅·巧言》)
君子屡次立誓言,乱子因此便蔓延。

听言则对,诵言如醉。(《大雅·桑柔》)
好听的话就答对,劝告的话就装醉。

听言则答,谮言则退。(《小雅·雨无正》)
奉承的话就采纳,批评的话就斥退。

孝子不匮,永锡尔类。(《大雅·既醉》)
孝子行孝无尽头,祖先永赐你福禄。

忘我大德,思我小怨。(《小雅·谷风》)
忘我大功德,记我小毛病。

怀德维宁,宗子维城。无俾城坏,无独斯畏。(《大雅·板》)
如怀明德天下安,天子就是那城墙。不要使那城墙坏,不要独居太恐慌。

我心匪石,不可转也。我心匪席,不可卷也。(《邶风·柏舟》)
我的心不是石头,哪能任人来转动。我的心不是席子,哪能任人来卷起。

我心蕴结兮,聊与子如一兮。(《桧风·素冠》)
我的心多忧闷,姑且跟你结同心。

我车既攻,我马既同。(《小雅·车攻》)
我的田车已修牢,我的猎马已选好。

我仪图之,维仲山甫举之,爱莫助之。(《大雅·烝民》)
我揣度它,只有仲山甫能举起它,虽爱他却不能帮助他。(成语"爱莫能助"本此。)

我生之初,尚无为。我生之后,逢此百罹。(《王风·兔爰》)
听说我们上代,不用为官府当差。打我来到世上后,遭到种种灾害。

我姑酌彼兕觥,维以不永伤。(《周南·卷耳》)
我姑且斟满那牛角杯,为了不长久地悲伤。

我有嘉宾,德音孔昭。视民不恌,君子是则是效。(《小雅·鹿鸣》)
我有一些好客人,他们的品德很崇高。指示百姓不轻佻,君子把他们来仿效。

我姑酌彼金罍,维以不永怀。(《周南·卷耳》)
我姑且斟满那酒壶,为了不长久地怀念。

我徂东山,慆慆不归。我来自东,零雨其濛。(《豳风·东山》)
我出征前往东山,多年不曾回过家园。我从东方归来,遇上蒙蒙细雨洒满天。

我思古人,实获我心。(《邶风·绿衣》)
我思念亡妻,实在合我心意。

我虽异事,及尔同寮。(《大雅·板》)
我的职务虽不一样,和你都在朝廷上。

我闻有命,不敢以告人。(《唐风·扬之水》)
我听说有密令,不敢告诉人。

我闻其声,不见其身。(《小雅·何人斯》)
我听见他的声音,不见他的身影。(成语"只闻其声,不见其人"本此。)

我躬不阅,遑恤我后。(《邶风·谷风》)
我自身不能被容纳,哪有闲暇顾以后。

投我以木瓜,报之以琼琚。(《卫风·木瓜》)
她送我香甜的木瓜,我用美玉报答她。(成语"投瓜报琚"本此。)

投我以桃,报之以李。(《大雅·抑》)
人家给我用桃,我用李来回报。(成语"投桃报李"本此。)

求之不得,寤寐思服。悠哉悠哉,辗转反侧。(《周南·关雎》)
追求她啊追不上,男子日夜把她想。夜太长啊夜太长,翻来覆去不能忘。(成语"求之不得"、"悠哉悠哉"、"辗转反侧"本此。)

求我庶士,迨其吉兮。(《召南·摽有梅》)
追求我的小伙子,趁着这美好的时辰。

沔彼流水,朝宗于海。(《小雅·沔水》)
那漫漫的流水,汇合到大海上。

犹之未远,是用大谏。(《大雅·板》)
谋略定得不久长,因此劝告把话讲。

言不可逝矣。(《大雅·抑》)
话一出口不可收回。

言念君子,温其如玉。(《秦风·小戎》)
我在家中想丈夫,他性情如玉很温柔。

饮之食之,教之诲之。(《小雅·绵蛮》)
谁给我吃喝,谁来教诲我。

八画

丧乱既平,既安且宁。虽有兄弟,不如友生。(《小雅·常棣》)
丧亡祸乱平定,生活平静安宁。虽有亲兄弟,但不如朋友情。

其雨其雨,杲杲出日。(《卫风·伯兮》)
下雨吧下雨吧,偏出太阳红彤彤。

其室则迩,其人甚远。(《郑风·东门之墠》)
他家虽在我家旁,那人却像在远方。

其容不改,出言有章。(《小雅·都人士》)
他的容貌不曾改,说出话来有文采。(成语"出口成章"本此。)

具曰予圣,谁知乌之雌雄?(《小雅·正月》)
都说自己是圣人,谁知乌鸦的雌雄?

叔兮伯兮,倡予和女。(《郑风·萚兮》)
小伙子啊小伙子,你来领唱我随唱。

叔兮伯兮,褎如充耳。(《邶风·旄丘》)
大国的君臣啊,充耳不闻真失望。(成语"充耳不闻"本此。)

呦呦鹿鸣,食野之苹。我有嘉宾,鼓瑟吹笙。(《小雅·鹿鸣》)
鹿群呦呦地长鸣,吃那原野的青苹。我有一些好客人,弹起瑟来吹起笙。

周余黎民,靡有孑遗。(《大雅·云汉》)
周地余下那些百姓,现在几乎一无所剩。

周道如砥,其直如矢。(《小雅·大东》)
大路平坦像磨刀石,它笔直好像箭一样。(成语"其直如矢"本此。)

夜如何其?夜未央。(《小雅·庭燎》)
夜怎么样?夜茫茫。

妻子好合,如鼓瑟琴。(《小雅·常棣》)
夫妻意厚情深,如奏琴瑟心相印。

委委佗佗,如山如河。(《鄘风·与子偕老》)
她从容不迫大大方方,如山稳重如河宽广。(成语"委委佗佗"本此。)

宜尔子孙,振振兮。(《周南·螽斯》)
你的儿孙,兴旺在一堂。

宜鉴于殷,骏命不易。(《大雅·文王》)
应以殷亡作明镜,天命常常会变更。

彼月而食,则维其常。此日而食,于何不臧?(《小雅·十月之交》)
那月亮被食,这本是正常。那太阳被食,为何这样不祥?

彼君子兮,不素餐兮!(《魏风·伐檀》)
你们那些君子啊,哪顿不是白吃饭!

彼苍者天,歼我良人。(《秦风·黄鸟》)
那老天爷呀,杀我好人丧天良。

彼其之子,邦之司直。(《郑风·羔裘》)
他这样的人,是国家的柱石。

彼其之子,邦之彦兮。(《郑风·羔裘》)
他这样的人,是国家的俊杰。

彼其之子,舍命不渝。(《郑风·羔裘》)
他这样的人,献出生命不变节。(成语"舍命不渝"本此。)

彼其之子,美无度。(《魏风·汾沮洳》)
那个人呀,美得无法衡量。

彼其之子,美如玉。(《魏风·汾沮洳》)
那个人呀,美得像玉一样。

彼其之子,美如英。(《魏风·汾沮洳》)
那个人呀,美得像花一样。

彼其之子,硕大无朋。(《唐风·椒聊》)
那个女子,高大无比。(成语"硕大无朋"本此。)

彼茁者葭,壹发五豝。(《召南·驺虞》)
那芦苇多繁茂,只发一箭就射中五只大野猪。

彼美孟姜,洵美且都。(《郑风·有女同车》)
那个美孟姜,的确美丽又娴雅。

彼美孟姜,德音不忘。(《郑风·有女同车》)
那个美孟姜,妙语清音记心上。

彼美淑姬,可与晤歌。(《陈风·东门之池》)
美丽善良的姑娘,正可跟她唱心声。

昏以为期,明星煌煌。(《陈风·东门之杨》)
约会在黄昏,金星亮堂堂。

昔我往矣,杨柳依依。今我来思,雨雪霏霏。(《小雅·采薇》)
从前我奔赴前线,杨柳轻轻飘荡。如今我返回家乡,大雪纷纷扬扬。(成语"雨雪霏霏"本此。)

析薪如之何？匪斧不克。取妻如之何？匪媒不得。(《齐风·南山》)
劈柴怎么样？没有斧头不能成。娶妻怎么样？没有媒人也不行。

武王岂不仕,诒厥孙谋,以燕翼子。(《大雅·文王有声》)
武王怎不把功业放心上,他为子孙来设想,保护后代永安康。

泾以渭浊,湜湜其沚。(《邶风·谷风》)
泾水使渭水变浑浊,其实渭水静止也清澈。(成语"泾渭分明"本此。)

物其多矣,维其嘉矣。(《小雅·鱼丽》)
食物真丰富,而且还香甜。

物其旨矣,维其偕矣。(《小雅·鱼丽》)
食物真香甜,而且还齐全。

物其有矣,维其时矣。(《小雅·鱼丽》)
食物真齐全,而且还时鲜。

知我者,谓我心忧。不知我者,谓我何求。(《王风·黍离》)
了解我的人,说我心烦恼。不了解我的人,说我把什么找。(意谓知音难觅。)

终温且惠,淑慎其身。(《邶风·燕燕》)
她既温和又恭顺,立身善良又谨慎。

终窭且贫,莫知我艰。(《邶风·北门》)
家境穷困,没有谁知道我的艰辛。

经始勿亟,庶民子来。(《大雅·灵台》)
营建不要急躁,百姓更加前来。

质尔人民,谨尔侯度。(《大雅·抑》)
安定你的百姓,谨守你的法度。

迨天之未阴雨,彻彼桑土,绸缪牖户。(《豳风·鸱鸮》)
趁着老天没阴雨,剥取那桑树的皮,修补窗子和门户。(成语"未雨绸缪"本此。)

采葑采菲,无以下体。(《邶风·谷风》)
采萝卜采蔓菁,别用茎叶要用根。

青青子衿,悠悠我心。(《郑风·子衿》)
青青的是你的衣领,悠悠的是我的真心。(曹操《短歌行》:"青青子衿,悠悠我心。但为君故,沉吟至今。"《子衿》本是一首情诗。曹操承袭《诗序》之说,在诗中以"青青子衿"代指学子中的贤才,寄托渴慕贤者之思。)

驾言出游,以写我忧。(《邶风·泉水》)
只好驾车出游,为了排泄忧愁。

鱼网之设,鸿则离之。(《邶风·新台》)
设网捕鱼一场空,一只鸿雁落网中。(兴比所得过所望。)

鸢飞戾天,鱼跃于渊。(《大雅·旱麓》)
雄鹰飞上天,鱼儿跃在渊。(兴比文王育人之盛。)

383

黾勉同心,不宜有怒。(《邶风·谷风》)
夫妻共勉要同心,不该发怒太狠心。

九画

亲结其缡,九十其仪。其新孔嘉,其旧如之何?(《豳风·东山》)
她母亲把佩巾系胸前,礼节叮嘱一遍又一遍。当年新娘很漂亮,如今模样是否像从前?

侯服于周,天命靡常。(《大雅·文王》)
商朝臣服于周邦,天命变化本无常。

信誓旦旦,不思其反。(《卫风·氓》)
你赌咒发誓多诚恳,不料你违反这誓言。(成语"信誓旦旦"本此。)

南有樛木,葛藟累之。(《周南·樛木》)
南方有弯曲的树木,葛蔓缠绕着它。

威仪抑抑,德音秩秩。(《大雅·假乐》)
(成王)仪表多美盛,言谈条理明。

思无邪,思马斯徂。(《周颂·駉》)
思虑无邪杂,马儿皆壮大。

战战兢兢,如临深渊,如履薄冰。(《小雅·小旻》)
恐惧啊谨慎啊,如临深渊恐坠落,如踏薄冰恐溺河。(成语"战战兢兢"、"如临深渊"、"如履薄冰"本此。)

既生既育,比予于毒。(《邶风·谷风》)
现在日子过好了,把我比作毒蛇和猛兽。

既阻我德,贾用不售。(《邶风·谷风》)
既拒绝我的好意,好比货物难出售。

既明且哲,以保其身。(《大雅·烝民》)
既开明又聪明,保他自身多安宁。(成语"明哲保身"本此。)

既醉以酒,既饱以德。(《大雅·既醉》)

酒已喝个醉,又饱大恩惠。

春日迟迟,采蘩祁祁。(《豳风·七月》)
春天日子长,人们采蘩忙。(成语"春日迟迟"本此。)

昭明有融,高朗令终。(《大雅·既醉》)
光明照四方,美名而善终。

柔亦不茹,刚亦不吐。(《大雅·烝民》)
软的也不吞下它,硬的也不吐出它。

柔远能迩,以定我王。(《大雅·民劳》)
安抚远人亲善近旁,安定我们的君王。

洵有情兮,而无望兮。(《陈风·宛丘》)
我对她呀确有情,可是没有什么指望。

相在尔室,尚不愧于屋漏。(《大雅·抑》)
看你一人在室内,暗角里也不会有惭愧。

相彼投兔,尚或先之。行有死人,尚或墐之。(《小雅·小弁》)
看那投网的兔,还有人放走它。路上有死人,还有人埋葬他。

相鼠有皮,人而无仪。(《鄘风·相鼠》)
看老鼠还有皮,人却没有威仪。

胡不相畏?不畏于天。(《小雅·雨无正》)
为何不相互惧怕?居然不惧怕上天。

胡然而天也,胡然而帝也。(《鄘风·君子偕老》)
怎么这样像天仙,怎么这样像天神。

虽无老成人,尚有典刑。(《大雅·荡》)
虽然身边没老臣,还有典章可效仿。

虽速我讼,亦不女从。(《召南·行露》)
即使让我吃官司,我也绝不屈从你。

赳赳武夫,公侯干城。(《周南·兔罝》)
雄赳赳的武士,是国君的盾牌和城墙。(成语"雄风赳赳"、"雄赳赳"

385

本此。)

赳赳武夫,公侯好仇。(《周南·兔罝》)
雄赳赳的武夫,是国君的臂膀。

赳赳武夫,公侯腹心。(《周南·兔罝》)
雄赳赳的武夫,是国君的亲信。

追琢其章,金玉其相。(《大雅·棫朴》)
雕琢良材刻纹花,如金如玉质地佳。

食之饮之,君之宗之。(《大雅·公刘》)
(公刘)给他们饮给他们尝,作他们君王他们宗长。

骄人好好,劳人草草。(《小雅·巷伯》)
谗人者忘了形,被谗者愁在心。

十画

匪女之为美,美人之贻。(《邶风·静女》)
不是你红管草有多美,只因为它是美人赠送的。

匪先民是程,匪大犹是经。(《小雅·小旻》)
不把前贤来效法,不经大道来出发。

匪报也,永以为好也。(《卫风·木瓜》)
不是要答谢她的礼物,是希望永开同心之花。

匪言勿言,匪由勿语。(《小雅·宾之初筵》)
不问就不要乱说,无理就不要胡诌。

匪直也人,秉心塞渊。(《鄘风·定之方中》)
他是一位正直的国君,治国谋略远且深。

匪面命之,言提其耳。(《大雅·抑》)
不但当面开导他,还要拎着耳朵要他听。(成语"耳提面命"本此。)

哲夫成城,哲妇倾城。(《大雅·瞻卬》)
聪明的男子筑起城,聪明的妇人毁坏城。

宴尔新婚,如兄如弟。(《邶风·谷风》)
你俩新婚多快乐,如同兄弟一般亲。(成语"新婚燕尔"本此。)

展如之人兮,邦之媛也。(《鄘风·君子偕老》)
像她这样的人啊,的确是倾国的美女。

展矣君子,实劳我心。(《邶风·雄雉》)
丈夫诚实啊,实在使我心忧伤。

桃之夭夭,有蕡其实。(《周南·桃夭》)
桃树真盛壮,它的果实圆又大。

桃之夭夭,灼灼其华。(《周南·桃夭》)
桃树真盛壮,它的花朵闪红光。(一些诗词中的"面如桃花"、"艳若桃花"及"人面桃花"的传奇故事、成语"桃之夭夭"皆本此。)

桃之夭夭,其叶蓁蓁。(《周南·桃夭》)
桃树真盛壮,它的叶儿郁苍苍。

桑之未落,其叶沃若。(《卫风·氓》)
桑树叶儿未脱落,它的叶儿多润泽。

桑之落矣,其黄而陨。(《卫风·氓》)
桑树的叶儿离了枝,随风飘零色变黄。

殷鉴不远,在夏后之世。(《大雅·荡》)
殷朝的镜子并不远,就在夏桀怎么亡。(成语"殷鉴不远"本此。)

爱而不见,搔首踟蹰。(《邶风·静女》)
她故意隐藏不见面,急得我徘徊抓头皮。

秩秩大猷,圣人莫之。(《小雅·巧言》)
宏大的治国方略,是圣人精心描绘。

秩秩斯干,幽幽南山。如竹苞矣,如松茂矣。(《小雅·斯干》)
涧溪水多清澈,终南山多幽深。这里绿竹丛生,这里青松茂盛。意谓宫室地理环境幽雅,景色宜人。

窈窕淑女,钟鼓乐之。(《周南·关雎》)

美丽善良的姑娘,敲击钟鼓娱乐她。

窈窕淑女,琴瑟友之。(《周南·关雎》)
美丽善良的姑娘,弹奏琴瑟亲爱她。

羔裘如膏,日出有曜。岂不尔思?中心是悼。(《桧风·羔裘》)
羔裘润泽如脂膏,太阳一出光闪耀。难道我不想念你?我的心里真苦恼。

羔裘豹饰,孔武有力。(《郑风·羔裘》)
羊皮袍子饰豹皮,他很威武有力气。(成语"孔武有力"本此。)

耿耿不寐,如有隐忧。(《邶风·柏舟》)
心中焦灼难入睡,而有深重的忧愁。

莫赤匪狐,莫黑匪乌。(《邶风·北风》)
没有红的不是狐狸,没有黑的不是乌鸦。兴比统治者都是一样的残酷暴虐。(俗语"天下乌鸦一般黑"本此。)

莫高匪山,莫浚匪泉。(《小雅·小弁》)
没有高的不是山,没有深的不是泉。

谁侜予美?心焉忉忉。(《陈风·防有鹊巢》)
谁个欺骗我爱人?我的心里真苦恼。

谁谓河广?一苇杭之。(《卫风·河广》)
谁说黄河宽广?一叶扁舟便可渡彼岸。

谁谓河广?曾不容刀。(《卫风·河广》)
谁说黄河宽广?竟然容不下一条船。

谁谓荼苦?其甘如荠。(《邶风·谷风》)
谁说荼菜苦,它的甜味如荠菜。

逝将去女,适彼乐土。(《魏风·硕鼠》)
发誓将要离开你,前往那安乐的地方。

高山仰止,景行行止。(《小雅·车舝》)
仰望高山,行走大道。(成语"高山仰止"本此。)

十一画

假寐永叹,维忧用老。(《小雅·小弁》)
和衣睡长叹,忧伤令人老。

庶人之愚,亦职维疾。哲人之愚,亦维斯戾。(《大雅·抑》)
一般人愚蠢,那常是一种通病。聪明人愚蠢,那就违背常情。

戚戚兄弟,莫远具尔。(《大雅·行苇》)
相亲相爱的兄弟,不要疏远要亲近。(成语"戚戚具尔"本此。)

淇则有岸,隰则有泮。(《卫风·氓》)
淇水总有个岸,低地总有个边。

淑人君子,其仪一兮。(《曹风·鸤鸠》)
那位贤德的人,他的仪表始终如一。

淑人君子,其德不回。(《小雅·鼓钟》)
善人君子,他的品德真高尚。

深则厉,浅则揭。(《邶风·匏有苦叶》)
水深和衣过,水浅提衣蹚。

硕鼠硕鼠,无食我黍!(《魏风·硕鼠》)
大老鼠啊大老鼠,不要贪吃我的黍。

维士与女,伊其将谑,赠之以勺药。(《郑风·溱洧》)
小伙和姑娘,有说有笑心花放,将芍药赠对方。

维此文王,小心翼翼。(《大雅·大明》)
这个周文王,小心谨慎又端庄。(成语"小心翼翼"本此。)

维此王季,因心则友。(《大雅·皇矣》)
这个王季,依本性友爱其兄。

维此圣人,瞻言百里。维彼愚人,覆狂以喜。(《大雅·桑柔》)
这个聪明人,一眼能看一百里。那个愚蠢人,反而狂妄而自喜。

维此奄息,百夫之特。(《秦风·黄鸟》)

这个奄息呀,一个能抵百人强。

维此哲人,谓我劬劳。维彼愚人,谓我宣骄。(《小雅·鸿雁》)
这些聪明人,说我真辛劳。那些糊涂人,说我太骄傲。

维迩言是听,维迩言是争。(《小雅·小旻》)
只听从浅近之言,只采纳浅近之言。

维南有箕,不可以簸扬。维北有斗,不可以挹酒浆。(《小雅·大东》)
南边有座箕星,不能用来簸米糠。北边有座斗星,不能用来舀酒浆。

维是褊心,是以为刺。(《魏风·葛屦》)
因贵妇人心地狭窄,因此写诗讽刺她。

维桑与梓,必恭敬止。(《小雅·小弁》)
看到桑树和梓树,我一定肃然起敬。(成语"毕恭毕敬"、"恭敬桑梓"本此。)

维清缉熙,文王之典。(《周颂·维清》)
清明长久而广大,文王的法典放光华。

维鹊有巢,维鸠居之。(《召南·鹊巢》)
喜鹊树上筑个巢,斑鸠却来居住了。(成语"鹊巢鸠占"本此。)

绵绵翼翼,不测不克,濯征徐国。(《大雅·常武》)
(王师)连绵不断有序不慌,不可测度不可阻挡,把那徐国洗荡。

绸缪束薪,三星在天。(《唐风·绸缪》)
紧缠一捆柴草,参星在天空闪耀。("绸缪束薪"后世演变成"柴新郎"的风俗,"三星在天"后世演变成"福禄寿三星图"。)

萚兮萚兮,风其吹女。(《郑风·萚兮》)
枯叶啊枯叶,风将吹动你。兴比女子春心萌动。

萧萧马鸣,悠悠旆旌。(《小雅·车攻》)
萧萧马儿鸣,飘飘旗儿影。(杜甫《后出塞》中"落日照大旗,马鸣风萧萧"二句,实脱胎于此。)

谋夫孔多,是用不集。(《小雅·小旻》)
谋划的人太多,因此意见难达成。

谋臧不从,不臧覆用。(《小雅·小旻》)
政策好不采用,政策坏反推行。

谓予不信,有如皦日。(《王风·大车》)
如说我的誓言不诚信,头上白日可作证。

谓天盖高,不敢不局。谓地盖厚,不敢不蹐。(《小雅·正月》)
说天怎么高,不敢不弯腰。说地怎么厚,不敢不轻走。意谓社会环境太险恶。(成语"跼天蹐地"本此。)

谗言罔极,交乱四国。(《小雅·青蝇》)
谗人无准则,惑乱于四国。

十二画

善戏谑兮,不为虐兮。(《卫风·淇奥》)
他善于开玩笑,他又不失礼。

嗟尔君子,无恒安息。(《小雅·小明》)
哎!你们这些君子,不要常常贪图安逸。

嘅其叹矣,遇人之艰难矣。(《王风·中谷有蓷》)
只好自叹长号,世上好男子实难找。

嘅其歗矣,遇人之不淑矣。(《王风·中谷有蓷》)
只好自叹又长啸,碰上这男人实在糟。

就其深矣,方之舟之。就其浅矣,泳之游之。(《邶风·谷风》)
遇到深水,就用筏船渡。遇到浅水,就和衣去泅游。

惠此中国,以绥四方。(《大雅·民劳》)
爱护京城百姓,可以安抚四方。

惠而好我,携手同行。(《邶风·北风》)
亲朋和好友,携手奔他乡。

敬天之怒,无敢戏豫。敬天之渝,无敢驰驱。(《大雅·板》)
要敬畏上天的怒气,不敢随便地嬉戏。要敬畏上天的变异,不敢成天奔驰急。

敬慎威仪,以近有德。(《大雅·民劳》)
谨慎保持你威仪,亲近仁人与志士。

棘人栾栾兮,劳心怛怛兮。(《桧风·素冠》)
这人瘦得骨嶙峋,我真为他而担心。

温温恭人,如集于木。惴惴小心,如临于谷。(《小雅·小宛》)
温和恭敬的人,好像处在高树上。恐惧啊小心啊,好像面临深谷旁。(成语"惴惴小心"本此。)

温温恭人,维德之基。(《大雅·抑》)
温和恭敬的人,是道德的根本。

琴瑟在御,莫不静好。(《郑风·女曰鸡鸣》)
你弹琴来我鼓瑟,生活宁静又美好。

翘翘错薪,言刈其楚。(《周南·汉广》)
高高错杂的木柴,当割取那荆条。

鲂鱼赪尾,王室如燬。(《周南·汝坟》)
鲂鱼劳累成红尾,朝廷苛政如火旺。

十三画

墓门有棘,斧以斯之。夫也不良,国人知之。(《陈风·墓门》)
墓门有荆棘,用斧头铲除掉。那人心肠坏,国人都知道。

慎尔言也,谓尔不信。(《小雅·巷伯》)
你说话要谨慎,人家会说你不可信。

溥天之下,莫非王土。率土之滨,莫非王臣。(《小雅·北山》)
普天之下,哪一块不是王的领土。四海之内,哪一个不是王的臣仆。(成语"普天之下"本此。)

溱与洧,方涣涣兮。(《郑风·溱洧》)
溱水和洧水,春天正茫茫。

滔滔江汉,南国之纪。(《小雅·四月》)
长江汉水浪滔滔,统领南方诸河道。

肆成人有德,小子有造。(《大雅·思齐》)
从政者有德行,青年人有造就。

蒹葭苍苍,白露为霜。所谓伊人,在水一方。(《秦风·蒹葭》)
芦苇绿苍苍,白露变成霜。所怀念的那个人,在水的另一方。

蜉蝣之羽,衣裳楚楚。(《曹风·蜉蝣》)
蜉蝣的翅膀,漂亮的衣裳。(成语"衣冠楚楚"本此。)

跻彼公堂,称彼兕觥,万寿无疆。(《豳风·七月》)
一起登上大厅堂,举起那酒杯,祝福老爷万寿无疆。(成语"万寿无疆"本此。)

辞之辑矣,民之洽矣。辞之怿矣,民之莫矣。(《大雅·板》)
政教如宽缓,百姓就舒畅。政教如败坏,百姓就遭殃。

雉鸣求其牡。(《邶风·匏有苦叶》)
母鸡鸣叫求配偶。

靖共尔位,正直是与。(《小雅·小明》)
谨慎履行你们的职责,要亲近正直的人。

鹑之奔奔,鹊之彊彊。(《鄘风·鹑之奔奔》)
鹑鹑好斗胜,喜鹊爱拼争。

鼓钟于宫,声闻于外。(《小雅·白花》)
宫内敲钟钟声沉,声音必定宫外闻。

鼠思泣血,无言不疾。(《小雅·雨无正》)
暗自忧愁血泪流,没话不遭人嫉妒。

十四画

兢兢业业,孔填不宁。(《大雅·召旻》)

多恐惧呀多危险,很久不安宁。(成语"兢兢业业"本此。)

兢兢业业,如霆如雷。(《大雅·云汉》)
多恐惧多危险,像霹雳像雷霆。(成语"兢兢业业"本此。)

墙有茨,不可埽也。(《鄘风·墙有茨》)
墙上有蒺藜,不可扫除光。

寤言不寐,愿言则嚏。(《邶风·终风》)
眼睁睁地躺在床上,愿他喷嚏知我把他想。

愿言思子,不瑕有害。(《邶风·二子乘舟》)
每当思念兄弟俩,究竟因何遭此殃。

愿言思伯,甘心首疾。(《卫风·伯兮》)
每当思念丈夫,就会心苦头痛。

蔽芾甘棠,勿剪勿伐。(《召南·甘棠》)
甘棠树高又大,不要剪它不要砍它。

螮蝀在东,莫之敢指。(《鄘风·螮蝀》)
彩虹出现在东方,没有谁敢用手去指它。兴比女子不能自己去寻找配偶。

赫如渥赭,公言锡爵。(《邶风·简兮》)
舞罢脸色放光辉,国君赐他酒一杯。

静女其姝,俟我于城隅。(《邶风·静女》)
善良的姑娘多美丽,等我就在城角里。

静言思之,不能奋飞。(《邶风·柏舟》)
静下心来想一想,不能高飞展翅膀。

十五画

德辀如毛,民鲜克之。(《大雅·烝民》)
德行轻得像毛发,人们很少能举起它。(成语"德辀如毛"本此。)

榖则异室,死则同穴。(《王风·大车》)

活着不能成夫妻,死后同葬在一起。

颙颙卬卬,如圭如璋,令闻令望。(《大雅·卷阿》)
貌堂堂气昂昂,像玉圭像玉璋,好声誉好威望。(成语"令闻令望"本此。)

鹤鸣于九皋,声闻于天。(《小雅·鹤鸣》)
白鹤鸣叫在水泽边,它的叫声响彻云天。

十六画

螓首蛾眉,巧笑倩兮,美目盼兮。(《卫风·硕人》)
(庄姜)前额宽广眉毛秀丽,轻巧一笑现酒窝,眼皮流动妩媚无比。(成语"巧笑倩兮"本此。)

螟蛉有子,蜾蠃负之。教诲尔子,式穀似之。(《小雅·小宛》)
小青虫有幼子,细腰蜂背负它。教育你的下一代,好品德要继承它。(细腰蜂常捕捉螟蛉入巢,以养育其幼虫,古人误以为是代螟蛉哺养幼虫,故称养子为"螟蛉之子"。)

衡门之下,可以栖迟。泌之洋洋,可以乐饥。(《陈风·衡门》)
横木门下,便可休息,洋洋泉水,便可疗饥。兴比所求不高。

邂逅相遇,适我愿兮。(《郑风·野有蔓草》)
不期而相会,正合我心愿。(成语"邂逅相遇"本此。)

颠沛之揭,枝叶未有害,本实先拨。(《大雅·荡》)
树木倒下根儿扬,枝枝叶叶没损伤,根儿首先离土壤。

骎骎征夫,每怀靡及。(《小雅·皇皇者华》)
使臣出行多匆忙,常怕考虑不周详。

十七画

螽斯羽,诜诜兮。(《周南·螽斯》)
蝗虫的翅膀,密麻聚在一方。兴比子孙众多。

十八画

瞻望弗及,泣涕如雨。(《邶风·燕燕》)
瞻望身影再不见,泪下如雨实难收。(成语"泣涕如雨"本此。)

十九画

靡不有初,鲜克有终。(《大雅·荡》)
无不有个好开头,很少能够有善终。

二十三画

麟之趾,振振公子。(《周南·麟之趾》)
麒麟的蹄子不踢人,厚道的公子不欺人。

图书在版编目(CIP)数据

诗经鉴赏辞典 / 杨合鸣主编. —武汉：崇文书局，2015.6（2018.1重印）
（中华诗文鉴赏典丛）
ISBN 978-7-5403-3936-4

Ⅰ.①诗…
Ⅱ.①杨…
Ⅲ.①诗经-鉴赏-词典
Ⅳ.①I207.222-49

中国版本图书馆CIP数据核字（2015）第116059号

本作品之出版权(含电子版权)、发行权、改编权、翻译权等著作权以及本作品装帧设计的著作权均受我国著作权法及有关国际版权公约保护。任何非经我社许可的仿制、改编、转载、印刷、销售、传播之行为，我社将追究其法律责任。

法律顾问：吴建宝律师工作室

诗经鉴赏辞典

选题策划：王重阳	责任编辑：王重阳
责任校对：万山红	责任印制：李佳超

出版发行：崇文书局有限公司
发行热线：027-87293001
网　　址：www.cwbook.cn
地　　址：武汉市雄楚大街268号C座11楼　　邮政编码：430070
印　　制：中印南方印刷有限公司
开　　本：880毫米×1230毫米　1/32
印　　张：13
字　　数：380千
版　　次：2015年6月第1版
印　　次：2018年1月第2次印刷
书　　号：ISBN 978-7-5403-3936-4
定　　价：32.00元

（如发现印装质量问题，影响阅读，请与承印厂调换）